W0087915

KLAUS-MICHAEL TAUBE
GABRIELE RAPP
KURT SEIKOWSKI
UWE GIELER (HG.)

DIE HAUT UND DIE SPRACHE DER SEELE

fischer & gann

DIE HAUT
UND DIE SPRACHE
DER SEELE

HAUTKRANKHEITEN
VERSTEHEN UND HEILEN

KLAUS–MICHAEL TAUBE, GABRIELE RAPP, KURT SEIKOWSKI UND UWE GIELER (HG.)

Bibliografische Information der Deutschen Nationalbibliothek:
Die Deutsche Nationalbibliothek verzeichnet diese Publikation
in der Deutschen Nationalbibliografie; detaillierte bibliografische Daten
sind im Internet über http://dnb.d-nb.de abrufbar.

Dieses Werk einschließlich aller seiner Teile ist urheberrechtlich geschützt.
Jede Verwertung außerhalb der engen Grenzen des Urheberrechtsgesetzes
ist unzulässig und strafbar.

© Verlag Fischer & Gann, Munderfing 2015
Umschlaggestaltung | Layout: Gesine Beran, Turin | Hamburg
Umschlagmotiv: © 68/George Doyle/Ocean/Corbis
Gesamtherstellung | Druck: Aumayer Druck und Verlags Gesellschaft m.b.H. & Co KG
Printed in The European Union
ISBN 978-3-903072-04-6
ISBN E-Book: 978-3-903072-15-2
www.fischerundgann.com

INHALT

„Manchmal, wenn es besonders in mir rumpelt, tut [meine Haut] richtig weh.
Ohne sichtbare Spuren brennt sie. Von allein, bei Berührung noch mehr."

Sarah Kuttner, „Wachstumsschmerz"

VORWORT DER HERAUSGEBER – DIE HAUT ALS SPIEGEL DER SEELE

ES HAT LANGE GEBRAUCHT, ehe in der Schulmedizin der Zusammenhang zwischen Haut und Psyche, zwischen der Seele und den Erkrankungen an der Haut anerkannt wurde: Seit etwa 150 Jahren gibt es in der wissenschaftlichen Literatur immer wieder Hinweise auf eine solche Verbindung. Mitte des 19. Jahrhunderts beschrieb der Chirurg Erasmus Wilson die Wechselwirkungen zwischen Haut und Empfindungen sowie die Bedeutung der gesunden Haut für den Gesundheitszustand insgesamt. Erst allmählich entdeckte die Wissenschaft die näheren Verbindungen zwischen den Nerven und der Haut: Es zeigte sich, dass in der embryonalen Entwicklung beide Gewebe gemeinsam aus einem sogenannten Keimblatt, dem Ektoderm, hervorgehen, also enge entwicklungsgeschichtliche Parallelen aufweisen. Schon von daher ist es verständlich, dass zwischen Psyche und Körper (griechisch: *Soma*) enge Beziehungen, sogenannte psychosomatische Wechselwirkungen, bestehen.

Schon die deutsche Sprache weist uns in bestimmten Wendungen auf diese Zusammenhänge hin: *Die Haut ist der Spiegel der Seele.* Wir können dünn- oder dickhäutig sein, wir können aus Erregung oder Scham erröten. Wenn etwas unter unsere Haut geht, dann berührt es unsere Seele, manchmal möchten wir am liebsten aus unserer Haut fahren, dann wieder nicht in der Haut des anderen stecken.

Immer mehr haben wir in den letzten Jahren gelernt, dass die Haut als größtes unserer Organe nicht nur eine äußere Hülle darstellt, sondern eine zwischenmenschliche Bedeutung hat. Sie dient zur körperlichen Kontaktaufnahme, grenzt aber auch einen Menschen von der Umwelt ab. Innerhalb der Haut, das bin ich, außerhalb meiner Haut ist meine Umwelt.

DIE HAUT – DAS GRÖSSTE SINNESORGAN DES MENSCHEN

DIE HAUTOBERFLÄCHE WIRD VON DER HORNSCHICHT GEBILDET, die eine Barriere- und Schutzfunktion aufweist. Sie besteht aus Hornzellen sowie weiteren Hautschichten und einer darunter liegenden Fettschicht. Sie schützt vor Austrocknung und dem Eindringen von schädigenden Stoffen. Bestimmte Zellen in der Haut, die Langerhanszellen, sind in der Lage, eindringende Allergene, also Stoffe, gegen die der Körper überempfindlich und allergisch reagiert, abzufangen, zu verarbeiten und in veränderter Form ans Immunsystem weiterzugeben, so dass sich unser Abwehrsystem darauf einstellen kann. Zudem läuft in der Haut eine Vielzahl von Stoffwechselvorgängen ab. So wird mithilfe von Vitamin D, dessen Vorstufen in der Haut unter dem Einfluss von ultraviolettem Licht der Sonne gebildet werden, der Kalziumstoffwechsel beeinflusst und Kalzium aus dem Darm aufgenommen, eine wichtige Voraussetzung für die Festigkeit unserer Knochen.

Die Haut vermittelt darüber hinaus durch unterschiedliche in ihr befindliche Nerven die Wahrnehmung von Berührungen, Schmerz, Wärme und Kälte ans Gehirn. Nerven verantworten auch die Durchblutung der Haut und die Steuerung der Schweißregulation. Gibt es hier Störungen, kann es zu sichtbaren Veränderungen der Durchblutung kommen, wie zu „blauen" Händen oder zu einem vermehrten Schwitzen. Eine besondere Wahrnehmung der Haut ist der Juckreiz, wie er mit vielen

Hauterkrankungen einhergeht. Wahrscheinlich besaß er ursprünglich eine Schutzfunktion, um stechende oder eindringende Insekten oder Parasiten wegkratzen zu können.

Neue Forschungen geben immer mehr Hinweise darauf, dass es eine enge Verbindung zwischen Immunsystem, Nerven, dem Gehirn und der Haut gibt. Die Untersuchungen auf dem Gebiet der Neuroimmunologie und der Psychoendokrinologie, also Forschungen zum Zusammenhang von Nerven und Abwehrsystem sowie von Empfindungen und Stoffwechselvorgängen im Körper, verdeutlichen immer stärker, wie intensiv die Haut mit ihren vielen Aufgaben unsere Gesundheit beeinflussen kann und welch bedeutende Rolle sie bei Krankheiten spielt.

BEEINDRUCKEN UND KOMMUNIZIEREN: DIE HAUT MACHT ES MÖGLICH

ABER DIE HAUT IST NOCH MEHR: Sie ist ein besonderes Ausdrucksorgan, das unsere Empfindungen mitteilt: Sie errötet, erblasst, wird zur Gänsehaut, indem sie ihre Härchen hochstellt, oder kräuselt sich, wenn wir die Stirn runzeln. Sie ist nicht nur auf diese Weise ein wichtiges Element unserer sozialen Interaktion. Wenn wir etwas oder einander berühren, erleben wir die Nähe, den Kontakt und die Beziehung zu Ding und Mensch vor allem auch dank unserer Haut. Vom Händedruck übers Streicheln und einen Freundschaftskuss bis hin zu intimen Körpererfahrungen ist sie ein zentrales Element der Kommunikation, der menschlichen Wirklichkeitserkundung und der alltäglichen zwischenmenschlichen Beziehungen. So prägt sie auch unser Selbstwertgefühl. In einer unversehrten Haut fühlen wir uns wohl. Die intakte Haut darf daher für die individuelle Lebensqualität nicht unterschätzt werden. Ist sie beschädigt oder gar entstellt, verlieren wir an Ausdrucksfähigkeit und Ausstrahlungskraft. Bereits Hauttrockenheit und -fettigkeit oder Ausschläge an der Haut werden als störend und stigmatisierend empfunden.

Die Haut mit ihren speziellen, individuellen Eigenschaften trägt erheblich dazu bei, wie die soziale Umwelt einen Menschen wahrnimmt. Wer uns sieht, sieht gewöhnlich auch unsere Haut. Wir pflegen sie, um jung und attraktiv auszusehen. Dabei spielen die Haare und Nägel, die aus medizinischer Sicht Hautanhangsorgane darstellen, eine große Rolle. Zeitschriften sind voll mit Empfehlungen zur Hautpflege, zur richtigen Hautreinigung und zum Umgang mit Haaren und Nägeln. Wollen wir den Eindruck, den wir auf andere machen, weiter steigern, werden die Haut, die Haare oder Nägel künstlich verändert: durch Tätowierungen, durch Piercing, Hautunterspritzungen, Hautstraffung, Haartransplantationen oder Nagelbemalungen. Neue Techniken wie beispielsweise Lasertherapie machen im Hinblick auf die Haut und ihren „organischen Anhang" immer mehr möglich. Denn der Markt wächst rasant und mit ihm und seinem Tempo entwickeln sich die neuen Techniken.

SCHWERPUNKTE: GEFÜHLE IN DER HAUT, ERKRANKUNGEN DER HAUT, BEHANDLUNGSSTRATEGIEN

Dieses Buch wendet sich neben ärztlich und psychologisch tätigen Kollegen in der Praxis vor allem auch an Betroffene und am Thema Interessierte, die hier hilfreiche Erklärungen finden können.

Der Inhalt ist in drei Teile gegliedert:

Der *1. Teil* „Was die Haut fühlt" beschäftigt sich mit grundlegenden Problemen im Hinblick auf Seele und Hautkrankheiten. Wieso haben wir Gefühle in der Haut? Wie verändern sie sich im Krankheitsfall? Gibt es neue Erkenntnisse darüber aus der Psychoimmunologie? Erläutert werden Stress, Scham, die Macht der Berührung und der oft quälende Juckreiz. Und es wird nach Lebensqualität und Krankheitsbewältigung gefragt.

Im *2. Teil* „Was die Haut krank macht" werden häufige Hauterkrankungen dargestellt, die zudem oft mit psychischer Belastung einhergehen. Wir sprechen über die Nesselsucht bzw. das Nesselfieber (Urticaria), die Schuppenflechte (Psoriasis), die Akne, die Neurodermitis, die Weißfleckenkrankheit (Vitiligo), Bindegewebserkrankungen (wie die Schmetterlingsflechte) und Hautkrebserkrankungen. Weitere Kapitel widmen sich modernen Entwicklungen wie den sogenannten Life-Style-

Erkrankungen. Es handelt sich hier um Erkrankungen, die im Bemühen der Menschen, ewig jung und leistungsfähig zu bleiben, entstehen: ein Bemühen, das dem gesellschaftlichen Lebensstil zu entsprechen scheint. Ist es etwa falsch? Nein, aber jeder sollte das für ihn tolerable Maß finden. Wer seinen Körper ungehemmt belastet, trägt körperliche und seelische Folgen davon. Eine psychische Erkrankung stellen die körperdysmorphen Störungen dar, man könnte sie auch als Hässlichkeitswahn bezeichnen. Es wird auf die Fragen eingegangen: Bin ich normal? Bin ich entstellt? Gar hässlich? Wie bleibe ich schön, werde ich schön oder schöner? Schließlich kommen wir zu der Frage: Was machen Hautärzte mit den Patienten, bei denen man die Hautkrankheit gar nicht sieht, nicht wahrnehmen kann? Sind das Spinner, die von einem Arzt zum anderen wandern (doctors hopping)? Wie wird man diesen Patienten, die oft einen hohen Leidensdruck verspüren, gerecht?

Im **3. Teil** „Was der Haut und der Psyche hilft" geht es um die Behandlung und um Behandlungsstrategien. Auch in diesem Teil orientieren wir uns ganz an der Praxis. Wohin wendet man sich mit seinen Beschwerden? Kann uns der Hausarzt helfen? Bis wohin kann er helfen? Mit welchen Mitteln arbeitet der Hautarzt? Welche Möglichkeiten nutzt der Hautarzt? Wann wird ein Spezialist auf dem Gebiet der Psychotherapie hinzugezogen? Bei welchen der genannten Hauterkrankungen ist eine Psychotherapie sinnvoll? Welche der verschiedenen Psychotherapieformen passt zu welcher Erkrankung, zu welchem Individuum? Welche steht zur Verfügung bzw. welche Verfahren übernimmt die Krankenkasse? Verschiedene Psychotherapieformen werden erklärt. Welche Möglichkeiten gibt es noch? Wir erfahren etwas über Rehabilitationsmaßnahmen (Reha), über Patientenschulungen, über Selbsthilfgruppen und die verschiedenen unterstützenden psychopharmakologischen Möglichkeiten.

Somit bekommen Therapeuten, Ärzte, Psychologen, Mitarbeiter in Selbsthilfeorganisationen und Betroffene das Rüstzeug, die komplexen Zusammenhänge zwischen Vorgängen in unserer Haut auf der einen und den Nerven, den subjektiven Empfindungen und der psychischen Befindlichkeit auf der anderen Seite besser zu verstehen. Der aktuelle Trend, bei dem „Äußerlichkeiten", das heißt das Aussehen, die „Visibility," eine zunehmende Rolle spielen, verstärkt den Druck, unter dem Patienten und Betroffene stehen. Auch hierfür werden praktikable Lösungsansätze vermittelt.

Juni 2015

Klaus-Michael Taube
Halle (Saale)

Gabriele Rapp
Stuttgart

Kurt Seikowski
Leipzig

Uwe Gieler
Gießen

WAS DIE HAUT FÜHLT

UNSERE HAUT FÜHLT MIT UNS
UWE GIELER

„DIE SCHÖNHEIT DER HAUT", schreibt Hufeland 1789, „ist nichts mehr und nichts weniger als Gesundheit der Haut, eine reine Abspiegelung der inneren Harmonie des Körpers in seine Oberfläche, wenn ich so sagen darf, die sichtbare Gesundheit."

SPIEGLEIN, SPIEGLEIN AN DER WAND

JEDER KENNT DAS: DIE HAUT MACHT SICH BEMERKBAR, wenn es uns nicht gut geht. Wir schauen in den Spiegel, sehen einen Pickel, eine Hautverfärbung oder ein graues Haar, und schon beginnt eine Auseinandersetzung mit uns selbst. Wir fangen an, uns Sorgen zu machen, und sind geradezu gezwungen, uns mit uns selbst zu beschäftigen: Was bedeutet diese Hautveränderung? Kann ich mich damit sehen lassen?

Gerade Menschen, die mit einer Hautkrankheit, vielleicht schon seit ihrer Geburt, leben müssen, wissen nur zu genau, wie stark unser

Äußeres unser Gefühlsleben beeinflusst. Dabei muss dies nicht immer gleich negativ sein. Aber Studien zur Einschränkung der allgemeinen Lebensqualität zeigen sehr deutlich, dass eine Hautkrankheit das Leben ebenso stark wie andere schwere Krankheiten, zum Beispiel Diabetes oder Rheuma, beeinträchtigt. Nur eben anders, der Umgang mit sich selbst im Spiegel verändert sich, die Erwartung, wegen des Äußeren von anderen abgelehnt zu werden, spielt eine entscheidende Rolle, nicht selten folgen Rückzug, Ängste oder sogar Depressionen. Die Haut erweist sich hier tatsächlich als Seelenspiegel, allerdings im umgekehrten Sinne: Sie zwingt die Seele des Kranken dazu, sich immerzu mit dem eigenen Spiegelbild auseinanderzusetzen. So gibt es hautkranke Menschen, die jeden Tag stundenlang vor dem Spiegel zubringen und kaum in der Lage sind, ihrem normalen Lebensrhythmus nachzugehen. Solche Extreme nennt man unter anderem soziale Phobie und sie müssen intensiv psychotherapeutisch behandelt werden, um wieder in ein normales Spiegel-Maß zurückzufinden.

DAS ZU ERLEBEN WAR SCHLIMM FÜR MEINE HAUT

KRANKE HAUT KANN EINEN MENSCHEN IN STRESS VERSETZEN – bis hin zu dem Effekt, dass er an nichts anderes mehr denken kann. Das ist die eine Seite. Aber gibt es auch die andere Seite, nämlich dass nicht die Hautkrankheit den Stress, sondern der Stress die Hautkrankheit auslöst? Ist es denkbar, dass ein Lebensereignis Hautsymptome verursacht? Ja, auch das ist inzwischen wissenschaftlich hinreichend dargestellt worden. So weiß man inzwischen sehr genau, dass der sogenannte Distress, also ein subjektiv kaum zu bewältigender Stress, immer auch körperliche Auswirkungen hat. In Japan konnte nach dem großen Erdbeben in Kobe beispielsweise gezeigt werden, dass Menschen mit Neurodermitis, die dieser furchtbaren Katastrophe ausgeliefert gewesen waren, wesentlich häufiger eine Verschlechterung ihrer Hautkrankheit erlebten als eine Vergleichsgruppe in einer Region, die nicht vom Erdbeben betroffen war.

Ein Großereignis wie das Erdbeben in Kobe taugt dazu, einen statistischen Zusammenhang herzustellen, weil viele gleichzeitig von ihm betroffen sind. Aber meist sind es eher die vielen täglichen kleinen Stressoren, die sich auf der Haut bemerkbar machen. Nur lassen sich diese wissenschaftlich viel schwerer erfassen. Menschen mit Schuppenflechte berichten ebenso häufig wie Menschen mit Haarausfall, mit der Weißfleckenkrankheit (bei der sich weiße Flecken über die Haut ausbreiten) oder mit Akne, dass sich ihre Krankheit durch Stressereignisse und in stressigen Zeiten verschlechtere.

Im Rahmen einer Psychotherapie hat manch Hautkranker dann allerdings festgestellt, dass die kranke Haut, die Neurodermitis, Schuppenflechte oder Weißfleckenkrankheit, die so sensibel auf Stress reagiert, auf eine psychisch nicht verkraftbare Situation, eine persönliche Erfahrung der Vergangenheit zurückgeht: etwas, was verleugnet, verdrängt werden musste und sich deshalb offenbar auf der Haut niedergeschlagen hat. Erbliche Anlagen spielen hierbei zudem eine Rolle, lassen einen Menschen für eine solche Hautreaktion empfänglich sein (reagibel).

Bei anderen Menschen und anderen Hautkrankheiten kann sich ein akutes Stressereignis auch sehr schnell und direkt auf der Haut bemerkbar machen. Die Nesselsucht (Urticaria) ist eine Erkrankung, bei der sich häufig ein Lebensereignis, das einen belastet oder aufregt, sofort durch eine Bildung von Quaddeln auf der Haut zeigt. Jeder vierte Mensch hat mindestens einmal im Leben eine solche Reaktion gehabt und sehr viele der chronisch Erkrankten erzählen von gravierenden Lebensveränderungen kurz vor dem Ausbruch der Erkrankung.

Vor lauter Wut oder Dankbarkeit

Ein junger Mann wuchs als Adoptivkind bei seinen Stiefeltern auf. Er fühlte sich in der Familie, die übermäßig religiös war und ihm keinerlei Freiheiten zugestand, nicht besonders wohl. Als er in der Pubertät seine erste Freundin kennenlernte und sich von seinen Adoptiveltern anhören musste, dass bereits ein Kuss eine Sünde sei, reagierte er in der Nacht mit einer massiven Nesselsucht.

In seinem Fall hatte das mit den ambivalenten Gefühlen, die er gegenüber seinen Adoptiveltern empfand, zu tun. Solche Gefühle spielen beim Auftritt der Nesselsucht häufig eine Rolle. Der junge Mann war auf der einen Seite dankbar, dass er als Adoptivkind in einer behüteten Familie aufwuchs. Er spürte die Zuwendung der Adoptiveltern, und das stimmte ihn diesen gegenüber wohlwollend. Doch auf der anderen Seite war die zunehmende Aggressivität, vor der er bei den immer deutlicher werdenden Einschränkungen der Adoptiveltern innerlich erbebte. Er konnte die Moralvorstellungen nicht teilen und erlebte das Elternhaus als einengend. Da er sich mit seinen 17 Jahren noch nicht traute, sich völlig auf eigene Füße zu stellen, konnte die Aggression, die in ihm steckte, ihm aber durch die religiöse Haltung verboten war, nicht heraus. Sie durfte gegenüber den Adoptiveltern nicht „laut" werden und sich auf diese Weise abreagieren. Und so tat es stattdessen auf ihre Weise seine Haut. Sie drückte seine Wut somit fast symbolisch aus.

SOWOHL KÖRPER ALS AUCH PSYCHE REAGIEREN ALLERGISCH

AUCH BEI ALLERGIEN ERLEBEN WIR häufig psychische Verstärkungsmechanismen. Hierbei sind die Wechselwirkungen zwischen Körper und Seele eindrucksvoll, da es sich nicht um ein Entweder-oder, sondern viel häufiger um ein Sowohl-als-auch handelt. Allergien sind inzwischen leider sehr häufig geworden. Jedes vierte Baby, das auf die Welt kommt, hat ein potentielles Risiko, eine Allergie zu entwickeln. Hat sich eine Allergie einmal eingestellt, versucht der Betroffene den Auslöser zu finden und danach zu meiden. Wenn es sich dabei zum Beispiel um eine Nahrungsmittelallergie handelt, führt dies nicht selten dazu, dass sich Ängste entwickeln, die zu einer übermäßigen Vermeidungshaltung gegenüber Nahrungsmitteln führen, ohne dass eine solche Einschränkung notwendig wäre. Hier ein Beispiel:

Eine 55-jährige Patientin war vor zehn Jahren ihren Kindern zuliebe, die eine bessere Zukunft suchten, aus Osteuropa nach Deutschland ausgewandert und versuchte, sich in dem für sie fremden Land einzugewöhnen. Sie hatte schon als Kind eine Birkenpollenallergie, von der sie nichts wusste, aber jeweils im Frühjahr hatte sie von klein auf Heuschnupfen. Sie entwickelte eine Kreuzreaktion und vertrug Äpfel nicht mehr. Dies führte sie zu einem Hausarzt, der sich mit Allergien nicht genau auskannte und ihr sofort eine Diät empfahl und sagte, es könne sich um eine Unverträglichkeit auf Milchzucker und Gluten (ein Stoff, der in vielen Getreidesorten enthalten ist) handeln. Die Patientin nahm diesen Vorschlag dankbar auf und setzte die Diät recht konsequent um. Da dies ohne Ernährungsberatung stattfand, dauerte es nicht lange, und die recht strenge Einschränkung der Nahrungsmittel führte zu einer deutlichen Gewichtsabnahme, bei der sie sich nicht wohlfühlte. Sie hatte aber den Eindruck, dass sich die Symptome wieder verschlechterten, wenn sie etwas außer der Reihe gegessen hatte.

So kam sie schließlich deutlich depressiv in die Behandlung und hatte inzwischen eine Essstörung mit einer Magersucht entwickelt, deren eigentliche Ursache die Allergie gewesen war. Durch die unsachgemäße Behandlung der allergischen Reaktionen waren in der Folge jedoch schwierige psychische Prozesse entstanden. Da sie inzwischen fest glaubte, vieles nicht essen zu können, wollte sie auch nicht gerne bei Freunden oder Bekannten essen. So hatte sich ihre Depression entwickelt: Sie hatte sich mehr und mehr sozial zurückgezogen. In der Therapie konnte sie nun lernen, kritischer mit sich selbst und den vermeintlichen Allergien umzugehen. Eine Provokationsdiät zeigte, dass sie außer den Äpfeln doch sehr viel vertragen konnte, und so konnte sie sich langsam wieder stabilisieren und auch wieder Freude am Leben und am Miteinander mit anderen empfinden. Natürlich spielte in ihrem Fall auch der Verlust der von ihr sehr geliebten Heimat eine nicht unbedeutende Rolle und musste mit bearbeitet werden.

DIE HAUT ALS AUSTRAGUNGSORT VON PROBLEMEN

DER EINFLUSS DER PSYCHE auf den Körper und sein Erscheinungsbild ist, wie die Beispiele des jungen Mannes und der 55-jährigen Osteuropäerin gezeigt haben, nicht zu unterschätzen. In beiden Fällen traten die körperlichen Veränderungen aufgrund von Vorgängen auf, die die Betroffenen nicht wahrnehmen konnten. Ein anderes Phänomen ist, dass nicht wenige Menschen – beim Hautarzt geht man von Häufigkeiten von circa 0,5 Prozent aus, das heißt von jedem zweihundertsten Patienten – mit einem psychischen Problem sich selbst die Haut verletzen. Das heißt, sie machen die Haut zu dem Ort, an dem sie ihren Konflikt austragen. In diesen Fällen nimmt das Bewusstsein das, was geschieht, wahr. Dies klingt merkwürdig und in der Tat hat man hierfür keine plausible Erklärung. Aber wenn man sich vorstellt, dass man in eine Lebenssituation hineingerät, bei der man subjektiv nur noch die Entscheidung zwischen „sich selbst umbringen" oder „verrückt werden" hat, dann ist es vielleicht einigermaßen verständlich, dass man sich stattdessen die Haut verletzt. Es lässt sich also annehmen, dass Menschen, die sich sehr schmerzvolle Hautverletzungen zufügen, innerlich sehr verzweifelt sind.

Vielleicht überrascht es, dass im Grunde jeder das Phänomen der Hautverletzung schon einmal als harmlos erscheinendes Verhaltensmuster erlebt hat und kennt. Denn jeder kennt Situationen, in denen Menschen an ihren Fingernägeln knibbeln oder kauen, sich die Haut abpulen, sich ein wenig mit den Zähnen in die Wangen beißen oder an der Unterlippe kauen. Dies geschieht zum Beispiel beim Sehen von spannenden Filmen und wenn ein Problem überdacht werden muss, also wenn man sich in einem leicht angespannten Zustand befindet.

Diese Reaktionen nennt man Paraartefakte und sie sind unschädlich und harmlos – solange sie ein gewisses Maß nicht überschreiten. Aber wenn ein solches Verhalten zur Gewohnheit, ja zur Zwangshandlung wird, dann steht sehr oft ein tiefer liegendes psychisches Problem dahinter. Vor allem die sogenannte Knibbel-Akne stellt ein solches Problem dar. Der Betroffene steht vor dem Spiegel und taucht nahezu unbewusst in einen Zustand ein, der durch die Nähe der Haut zum Spiegel entsteht. Es kommt zu unkontrollierten Knibbeleien, die nicht selten mindestens dreißig Minuten, wenn nicht sogar länger als eine Stunde andauern. In dieser Zeit wird natürlich viel mehr an Pickeln aufgedrückt, als vielleicht nötig gewesen wäre, und hinzu kommt, dass durch das Knibbeln wieder neue Entzündungen entstehen. Erst später, wenn derjenige, den der Impuls zur Knibbel-Akne erfasst hat, vom Spiegel etwas zurücktritt, wird ihm das Ausmaß der Zerstörung der Haut deutlich und es entstehen postwendend Vorwürfe an sich selbst. Dies führt zu einer dramatischen Verschlechterung des Selbstwertgefühls und nicht selten zu einem sozialen Rückzug, der das Problem in einem Teufelskreis weiter verstärkt. Es geht in den Behandlungen solcher psychischen Probleme dann nicht nur darum, das Verhalten an der Haut zu verändern, sondern auch dahinter verborgene Selbstwertzweifel zu bearbeiten und deren Hintergründe aufzudecken. Bei solchen Impulsen werden an der Haut mehr Probleme als nur das der Akne ausgetragen.

DAS HAUT-ICH ALS SYNONYM FÜR DIE EINHEIT DER PERSÖNLICHKEIT

DER ZUSAMMENHANG ZWISCHEN HAUT UND PSYCHE ist evident, die Haut stellt quasi eine psychische Hülle dar, die den Körper nicht nur vor Bakterien und sonstigen äußeren Einflüssen schützt, sondern auch die psychische Stabilität aufrechterhält. Der französische Psychoanalytiker und Philosoph Didier Anzieu drückte dies mit seinem Terminus „Haut-Ich" („Moi-Peau") aus. Dabei wird die Haut zum Synonym für die Einheit und Intaktheit der Persönlichkeit. Insofern ist es nur allzu gut verständlich, dass durch Hautkrankheiten die psychische Stabilität sehr schnell angegriffen wird, das heißt, dass mit ihnen eine psychische Instabilität einhergeht. Die Haut ist in der Lage, über Nervenbotenstoffe und Stresshormone Entzündungsvorgänge in der Haut (also sich selbst) auszulösen, weshalb es wichtig ist, die „Sprache der Haut" zu verstehen, um die psychischen Konflikte, die sich in Hautkrankheiten ausdrücken, zu erkennen.

Die Haut kann unterdrückte Gefühle ebenso ausdrücken wie Nervosität, Verzweiflung und Glücksgefühle, wenn sie sich zum Beispiel nach einem Orgasmus ganz weich und samtartig anfühlt. Die Berührung, die jeder Mensch elementar zu seinem Leben ebenso benötigt wie auch die meisten Tiere, dient als Kommunikation mit der Außenwelt, nur dieser Austausch stellt Identität her. In einer Gesellschaft und Zeit, in der Berührung oft entweder nur noch etwas rein Formales, Gefühlsarmes oder mit sexistischen Ambitionen verbunden ist, scheint die Rolle, die der Haut bei der Entwicklung der subjektiven Persönlichkeit zukommt, besonders im Focus zu stehen. Die Einschränkungen, die ein Mensch mit

Hautkrankheiten durch mangelnde Berührung erlebt, sind oft schlimmer als die Schmerzen, die wegen einer Erkrankung empfunden werden. Die psychische Hülle drückt hierbei oft etwas aus, was nur symbolisch zu verstehen ist.

THEORETISCHE ERKLÄRUNGSMUSTER FÜR INDIVIDUELLE VORGEHENSWEISEN

DIE PSYCHODERMATOLOGIE ist die Wissenschaft, die die Zusammenhänge zwischen Hautkrankheiten (*derma* ist das altgriechische Wort für Haut) und psychischen Zuständen und Vorgängen erforscht. In den letzten Jahren haben sich neue Theorien zur Psychodynamik, das heißt zu dem Einfluss psychischer Vorgänge auf das Befinden und Verhalten des Menschen, etabliert. Diese haben in der Psychodermatologie zu einem erweiterten Verständnis der Hautkrankheiten beigetragen. Patienten mit Hautkrankheiten können demgemäß unter den folgenden Fragestellungen vom Dermatologen betrachtet und vom Hautarzt behandelt werden:

▸ Bindungsregulierung: Besteht ein Nähe-Distanz-Konflikt?
▸ Spielen Scham und Ekel und damit zusammenhängende Bewältigungsstrategien (Coping-Prozesse) eine Rolle?
▸ Wie sieht es mit der Steuerung von bewussten und unbewussten psychischen Vorgängen und der Impulskontrolle aus (Ich-Regulation)? Dies hat vor allem im Umgang mit der eigenen Haut, zum Beispiel bei Patienten mit Akne, eine große Bedeutung.
▸ Bestehen Konflikte (Konfliktebene)? Wie sieht der Umgang mit Konflikten aus? Besteht eine Stigmatisierung?
▸ Lassen sich Hautsymptome mit psychischen Erfahrungen und Erlebnissen in Zusammenhang bringen? Sind sie symbolisch aufzufassen? Das heißt, stehen sie für etwas anderes (Symbolebene; entspricht den psychosomatischen Aspekten von Georg Groddeck, einem Begründer der deutschen Psychosomatik)? – Hat ein Ausschlag an den Händen zum Beispiel etwas damit zu tun, dass der Erkrankte etwas nicht *hand*haben kann? Oder ist Haarausfall auf versteckte Wut zurückzu-

führen – reißt sich sozusagen der Kranke symbolisch aus Ärger die Haare aus?

▸ Wie wirken sich Hauterkrankungen auf die Objektbeziehungen, die Beziehungen zu anderen aus? Gibt es Berührungs-Schwierigkeiten? Wie sieht es mit der Sexualität aus?

▸ Sind Aspekte der Gefühlsblindheit (Alexithymie), der Unfähigkeit, die eigenen Gefühle wahrzunehmen, vorhanden? Vor allem solche, die für die Entstehung einer Hauterkrankung bedeutsam sind? Zum Beispiel könnte eine Nesselsucht Ausdruck eines psychisch nicht erlebbaren Ärgers sein.

▸ Wie organisiert sich das Selbst im Zusammenspiel mit der Umwelt, wie erhält es sich aufrecht? Die Konzepte der Selbst-Psychologie können auch für die Hauterkrankungen in Bezug auf die Selbst-Regulierung (Ich-Regulation) eine Rolle spielen.

▸ Was lässt sich im Hinblick auf das Haut-Ich bzw. die „psychische Hülle" nach Anzieu herausfinden? Die Haut wird innerhalb dieser Betrachtungsweise als Metapher für die Persönlichkeitsentwicklung, das eigene Ich, gesehen.

Diese theoretischen Fragestellungen helfen, die jeweils individuellen Störungen und Probleme besser zu erklären, und tragen damit zu einem Verständnis für die jeweilige Hautkrankheit bei einem speziellen Menschen bei. Nur die individualisierte Sicht erlaubt es am Ende, den einzelnen Kranken im Rahmen der bekannten medizinischen, aber auch psychodynamischen Aspekte, das heißt nicht nur der körperlichen, sondern auch der inneren psychischen Kräfte und Vorgänge, zu verstehen. Erst damit ist es möglich, einen Ansatz für eine individualisierte, auf die einzelne Persönlichkeit, das einzelne Haut-Ich abgestimmte Therapie zu finden.

AN DER HAUT SIEHT MAN DEN STRESS
EVA M. J. PETERS

DASS STRESS UNTER DIE HAUT GEHT, darüber sind sich Laien wie Profis in der Medizin inzwischen einig. Darüber, wie dies geschieht oder wie relevant der Einfluss ist, den Stress auf Erkrankungen der Haut hat, aber ganz und gar nicht. Zwar wird jeder Mediziner eingestehen, dass eine chronische Hauterkrankung, insbesondere, wenn sie mit unansehnlichen Hautläsionen einhergeht, die Seele belastet. Er wird auch zugeben, dass die Lebensqualität eines chronisch kranken Patienten drastisch eingeschränkt ist und dass aus solch einer Belastung eine Angststörung oder eine Depression resultieren kann. Gerade Patienten mit belastenden Symptomen wie Juckreiz wird auch von den Ärzten Empathie zuteil, die sich ganz den körperlichen Symptomen verschrieben haben.

Den Umkehrschluss werden die meisten Mediziner allerdings noch immer schwer akzeptieren, trotz der inzwischen überwältigenden Datenlage: Kann es sein, dass Neurodermitis durch Stress verschlechtert wird? Wie kann es sein, dass psychische Belastung die Schuppenflechte verschlechtert? – Und Krebs? Kann Krebs durch Stress verschlechtert, vielleicht sogar begünstigt werden? Die Psychoneuroimmunologie sagt ja und erklärt ein Stück weit, wie und warum.

FINDET STRESS IM GEHIRN STATT?
WENN WIR STRESS HABEN, werden im Gehirn die sogenannte Hypophysen-Hypothalamus-Nebennierenrindenachse und das sympathische Nervensystem angesprochen, der Teil des Nervensystems, der dafür zuständig ist, dass unser Körper Belastungen gewachsen ist. Das heißt, jede Situation, die vom Organismus erfordert, sich anzupassen, um seinen Lebensweg fortzusetzen, sorgt dafür, dass in der Schaltzentrale der Stressreaktion, dem Hypothalamus, das Corticotropin-Releasing-Hormon ausgeschüttet wird. In der Hirnanhangsdrüse wird dann das adrenocorticotrope Hormon in den Blutkreislauf entlassen und schlussendlich wird aus der Nebenniere Kortisol freigesetzt. Fast gleichzeitig kommt es zur Aus-

schüttung von Adrenalin aus der Nebenniere und von Noradrenalin aus Nervenendigungen. Diese Reaktion hat 1950 zuerst Hans Seyle als Stressreaktion tituliert, seither kennen wir überhaupt erst den Stressbegriff.

Anfangs war nicht bekannt, dass diese Reaktion nicht immer zu einer Anpassung führt und dazu verhilft, auf der Verhaltensebene den Stressor zu attackieren oder zu meiden und ihn auf der neuro-endokrin-immunen Ebene zu eliminieren. Es dauerte bis in die 1970er Jahre hinein, bis Experimente zunächst an der Maus und dann am Menschen nachweisen konnten, dass unter psychosozialem Stress die Anfälligkeit für virale, das heißt durch Viren ausgelöste Entzündungen steigt. Seither hat sich hartnäckig das Konzept gehalten, dass Stress zu einer Schwäche der körpereigenen Abwehr, der Immunantwort, und dadurch zu Krankheit führe. Dieses Konzept trifft so allerdings nur auf chronische Stressoren zu.

HORMONE UND BOTENSTOFFE WERDEN AKTIV

DER BEGRIFF „HORMONE" geht auf das griechische Verb „horman", das antreiben, erregen bedeutet, zurück. Hormone werden von bestimmten Zellen produziert und abgegeben, um eine Signalkaskade auszulösen, die dazu dient, verschiedene Körperfunktionen zu regulieren. Auch im Wort Neurotransmitter versteckt sich eine Signalfunktion. Es kombiniert die griechischen Wörter für *Nerv* und *hinüberschicken* bzw. *übertragen*. Neurotransmitter sind demzufolge Botenstoffe, die eine Erregung von einer Zelle nur nächsten übertragen. So sind es diese zwei Botenstoffe, die Hormone und Neurotransmitter, die auch bei der Abwehr- und Widerstandsfähigkeit des Körpers dafür sorgen, dass die nötigen Zellen erregt und die notwendigen Signale weitergeleitet werden. Erst die Boten verhelfen dem Körper zu seiner Immunantwort, genauer gesagt, zu derjenigen Antwort, mit der dieser sich gegen bestimmte Reize zu schützen vermag.

Auf einen akuten Stressreiz hin wird innerhalb von Minuten, zum Beispiel morgens nach dem Aufstehen, eine große Menge des Botenstoffes (Neurotransmitters) und Hormons Kortisol im Blut und in anderen Körperflüssigkeiten wie der Spucke nachweisbar. Nach einer halben

Stunde ist die Reaktion jedoch schon wieder abgeflacht, hat der Bote also seinen Dienst getan. Ähnlich verhalten sich die Neurotransmitter bzw. Hormone Noradrenalin und Adrenalin. Kreislauf und Energiehaushalt stellen sich rasch auf Kampf oder Flucht ein. Was weniger bekannt ist, ist, dass auch das Immunsystem darauf eingestimmt wird, rasch und effizient neue Herausforderungen, zum Beispiel neue Keime, aufzufinden und zu eliminieren. Insbesondere Zellen des Abwehrsystems, die relativ unspezifisch Bakterien und kranke Zellen erkennen und töten können, darunter die sogenannten natürlichen Killerzellen, die großen Fresszellen – bekannt als Makrophagen –, und bestimmte weiße Blutkörperchen, die zellabtötenden zytotoxischen T-Zellen, werden unter diesem neuroendokrinen Regime aktiv.

Für die Abwehr der meisten Infekte, aber auch für die Zerstörung von Krebszellen ist diese Reaktion von großem Vorteil. Es konnte im Tierexperiment sogar gezeigt werden, dass akuter Stress vor UV-induzierter Karzinogenese schützt, das heißt, dass es zu weniger weißem Hautkrebs kommt, wenn Mäuse, bevor sie ultraviolett strahlendem Licht ausgesetzt werden, für eine kurze Zeit in ihrer Bewegungsfreiheit eingeschränkt werden.

DIE ABWEHR VON AKUTEM STRESS FÜHRT ZU BEGLEITSCHÄDEN

DIE KILLERZELLEN TÖTEN nicht nur das, was dem Körper schadet. Die Immunantwort des Körpers auf Stress verursacht auch Begleitschäden, Kollateralschäden genannt. Zum Beispiel tötet das H_2O_2 aus den Makrophagen auch gesunde Zellen in der Nachbarschaft ab, eine Reaktion, die beim Herpes (medizinisch genauer: beim Herpes simplex) gut sichtbar wird.

Aktiviert Stress ohne ein auslösendes Moment, das eine Immunantwort erforderlich macht, die Abwehr-Kaskaden, kommt es erst recht zu unerwünschten Folgen. Das eindrücklichste Beispiel dafür ist vielleicht die Schwangerschaft, bei der unter Stress der Fötus als fremd erkannt und abgestoßen werden kann, als wäre er eine kranke Zelle. Hauterkrankungen, bei denen die genannten Zellen des Immunsystems im Mittelpunkt der Entstehung und Entwicklung der Krankheit (bzw. der pathogenetischen Zusammenhänge) stehen, reagieren sehr empfindlich auf akuten Stress; darunter fällt zum Beispiel die Psoriasis, die Schuppenflechte.

CHRONISCHER STRESS MACHT BLIND FÜR NEUE HERAUSFORDERUNGEN

WENN BELASTUNGEN OHNE PAUSE über einen langen Zeitraum bestehen – und das gilt für psychosoziale Belastungen genauso wie für Belastungen, die chronische körperliche Störungen, zum Beispiel eine chronische Entzündung, verursachen –, verändert das die Stressreaktion. Egal, ob also das chronisch übertriebene Arbeitspensum Psyche und Beziehungen belastet oder der Stuhl, auf dem man chronisch falsch sitzt, den Körper: Die Ausschüttung von Kortisol entwickelt bei jeglicher chronischen Belastung ein neues Muster – das Kortisol steigt auf einen akuten Stressreiz nicht mehr so stark an, fällt aber auch nicht mehr so stark ab. Diese Konstellation sorgt dafür, dass die körpereigene Abwehr sich umstellt. Es werden Botenstoffe, überwiegend Zytokine, ausgeschüttet, die die üblicherweise eintretende zelluläre Immunantwort unterdrücken und stattdessen Zellen des Immunsystems auf den Plan rufen, die maßgeschneidert nur noch bestimmte Störfaktoren erkennen und eliminieren.

Diese neu entwickelte Abwehr braucht jedoch Zeit, ist daher unter akuten Bedingungen nicht abrufbar. Sie stellt einen erlernten Anteil der Immunreaktion dar. Das Immunsystem ist also in der Lage dazuzulernen. So schaltet es eine akute Entzündung ab und macht den Aufräumarbeiten Platz. Das Problem ist jedoch, dass jetzt neue Störungen schlechter erkannt werden können und es zu Fehlern in der Zuordnung von *fremd* und *eigen* kommt. Das eindrücklichste Beispiel hierfür ist das Allergen, das fälschlicherweise als Krankheitserreger identifiziert wird. Es wundert daher nicht, dass gerade die chronischen Hauterkrankungen, bei denen die geschilderte Reaktion des Immunsystems in der Entstehung und im Verlauf der Krankheit im Vordergrund steht – etwa wenn zu viele und die falschen Antikörper hergestellt werden –, besonders häufig mit chronischem Stress verbunden sind. Am besten ist dies für die Neurodermitis belegt: Traumatische Lebensereignisse und andere chronische psychosoziale

Belastungen, zurückverfolgbar bis hin zur frühen Entwicklung, das heißt, bis hin zur Entwicklung des Organismus (der epigenetischen Prägung), fördern die krankheitsspezifisch fehlgeleitete Immunreaktion.

Ein anderes hochaktuelles Beispiel ist Krebs. Für weißen Hautkrebs konnte im Tierversuch gezeigt werden, dass chronischer Stress ihn fördert. Bei Mäusen, denen Melanomzellen gespritzt wurden, traten unter Haltungsbedingungen, die bei Mäusen Stress reduzieren, im sogenannten *Enriched Environment*, weniger und kleinere Lungenmetastasen auf. Normalerweise werden Versuchstiere in größeren Gruppen in relativ kleinen Käfigen gehalten, in denen es außer Futter und Wasser und Einstreu wenig gibt, was einen Mäusealltag ausfüllen kann. Enriched-Environment-Käfige sind deutlich größer, bieten Möglichkeiten zum Rückzug, zum Bauen und zur körperlichen Aktivität. Tiere, die in diesen Käfigen gehalten werden, produzieren mehr von einem Wachstumsfaktor, dem Brain-Derived-Neurotrophic-Factor, der unter anderem die Struktur des sympathischen Nervensystems verändern kann. Jüngste epidemiologische Studien – das heißt Studien, die sich mit Epidemien, zeittypischen Massenerkrankungen und Zivilisationsschäden beschäftigen – haben mit großen Teilnehmerzahlen verdeutlicht, dass eine gestörte psychische Gesundheit acht Jahre später die Häufigkeit von Krebserkrankungen erhöht. Der Zusammenhang zwischen Stress und Krebs ist also dringend auszuloten.

DIE HAUT-HIRN-ACHSE

PARALLEL ZU DEN OBEN BESCHRIEBENEN, vom zentralen Nervensystem ausgehenden Stressreaktionsmustern findet jedoch auch vor Ort, in der Haut, eine Stressreaktion statt. Schon Hans Seyle beschrieb die Mastzelle als eine wichtige Zelle, wenn es um die Wahrnehmung von und Reaktion auf Störungen in Geweben an der Grenze zwischen Organismus und Umwelt geht. Der Stressforscher sah sie allerdings nur für Störungen auf der Ebene von Keimen und Entzündungsreizen als relevant an. Einige Jahre später, mit der Entdeckung von Botenstoffen in sensiblen Nervenfasern, wurde bekannt, dass Mastzellen in einem engen Kontakt mit

Nervenfasern in der Haut stehen, von denen man bis dahin gedacht hatte, dass sie ganz im Dienste der Wahrnehmung stehen, also rein afferent (zum Gehirn hinführend) sind. Diese Nervenfasern enthalten jedoch Neuropeptide, das heißt, sie können auch efferente (vom Gehirn wegführende) Aufgaben übernehmen und Signale vom Gehirn an die Haut leiten.

Das erste entdeckte Neuropeptid, die Substanz P, ist seit den 1970er Jahren bekannt und wird aus sogenannten peptidergen Nervenfasern direkt an der Zellmembran der Mastzellen freigesetzt. Wird eine Mastzelle durch die Substanz P stimuliert, reagiert sie wesentlich empfindlicher auf weitere Reize, die üblicherweise zu einer Aktivierung von Mastzellen führen (zum Beispiel auf IgE). Außerdem kann die Stimulation mit Neuropeptiden die Mastzellen dazu bewegen, nicht nur ihr bekanntestes Sekret, das Histamin, auszuschütten, sondern auch ganz gezielt nur bestimmte, entzündungsfördernde Zytokine (zum Beispiel den Tumor Nekrose Faktor alpha, TNF α).

Dass auch dem Stress in diesem Zusammenspiel von Nerven und Immunreaktionen eine Rolle zukommt, war zu erwarten, und in der Tat konnte in den 1990er Jahren Theoharides zeigen, dass psychosozialer Stress zu einer Reaktion der Mastzellen (Degranulation) und zu einer Ausschüttung ihrer Entzündungsbotenstoffe führt. Unsere Arbeitsgruppe zeigte dann 2005 erstmalig, dass hierfür die Substanz P aus Nervenfasern in der Haut verantwortlich ist, und einige Jahre später, dass die dieser Reaktion nachfolgende, sogenannte neurogene Entzündung auf eine experimentelle Entzündung der Haut in Mäusen, die auf ein Allergen sensibilisiert wurden, einen verheerenden Effekt ausübte. Das bedeutet: Es kommt unter Stress zu einer Verdopplung der Entzündungsreaktion.

WER SPIELT NOCH MIT?

NEBEN DEN NEUROPEPTIDEN aus den sensorischen, also die Sinneswahrnehmungen betreffenden Nervenfasern werden auch aus sympathischen und parasympathischen Nervenfasern Neurotransmitter und Neuropeptide direkt an den Zellen der Haut deponiert, die eine Entzündungsreaktion in der Haut koordinieren. So führt zum Beispiel Noradrenalin zusammen mit dem Neuropeptid Y dazu, dass Blutgefäßendothelien das Einwandern von Zellen des Immunsystems in die Haut begünstigen, während Acetylcholin als Botenstoff möglicherweise die Ausschüttung von proentzündlichen Zytokinen wie dem TNF α unterdrückt. Hier, bei all den verschiedenen Mitspielern, all den Hormonen und Neurotransmittern sowie bei all den Körperreaktionen, die sie jeweils genau in Gang setzen, befindet sich ein breites, neues Feld für Forschung, das wir erst beginnen, zu beackern.

WER SCHALTET DEN STRESS AB?

SCHON DER MÄUSEVERSUCH zum durch größere Käfige ermöglichten Enriched Environment zeigt eindrücklich, dass es offenbar Bedingungen gibt, die eine krankheitsverschlechternde Stressreaktion abschalten können. Man hat vermutet, dass es in diesem Experiment einfach die höhere körperliche Aktivität der Tiere war, die weniger und kleinere Lungenmetastasen nach sich gezogen hatte. In einem Experiment, in dem die Mäuse in einem Laufrad körperlich aktiv wurden, fand sich jedoch kein Effekt auf die Größe und Menge der Lungenmetastasen.

Die klinische Beobachtung zeigt immer wieder, dass ein Neurodermitiker nicht nur von stressfreien, sondern auch von stressreichen Lebensphasen profitieren kann. Wie ist das zu erklären? In unserem Mausmodell konnten wir sehen, dass bei Mäusen, die während der Sensibilisierungsphase auf ein Allergen wiederholt Stress ausgesetzt wurden, dann, wenn lange Phasen der Erholung dazwischenlagen, teilweise eine andere Art von neuro-immuner Kommunikation entstand. Peptiderge Nervenfasern finden sich auch dort, wo die Zellen des Immunsystems sitzen, die fremde Stoffe aufnehmen und den T-Zellen sagen, ob sie diese bekämpfen sollen oder nicht. Die sogenannten antigenpräsentierenden Zellen, die eingedrungene Erreger und veränderte Körperzellen erkennen, sitzen in der Epidermis und unterhalten dort enge Kontakte mit peptidergen Nervenfasern. Wird hier zum Beispiel immer wieder die Substanz P freigesetzt, sorgen diese Zellen dafür, dass sogenannte

T-regulatorische Zellen vermehrt auftreten und eine Entzündung unterdrücken. Neurodermitis wird dadurch gebessert.

DIE HAUT VERFÜGT ÜBER IHRE EIGENE LOKALE PRODUKTION VON STRESSVERMITTLERN

FASZINIEREND IST, dass die Haut selbst über die Kapazität verfügt, alle genannten Stressbotenstoffe zu produzieren und freizusetzen. Für den Darm und seine mikrobielle Besiedelung – ein weiteres Organ an der Grenze zwischen Organismus und Umwelt, das dicht mit Nerven versehen ist – konnte bereits eindrücklich gezeigt werden, dass Stress und seine Botenstoffe die Zusammensetzung der Mikroorganismen, die ihn besiedeln, stark beeinflussen und dass von der Art ihrer Beeinflussung wiederum abhängt, wie ausgeprägt Angst und depressives Verhalten, zumindest im Tierexperiment, sind. Wir können es nur vermuten, aber es besteht die Möglichkeit, dass eine lokale Entzündung in der Haut auf das Gehirn und unsere Psychopathologie zurückwirkt, dass das Gehirn tatsächlich und im wörtlichsten Sinne in einer Wechselbeziehung mit der Peripherie steht. Man könnte den Organismus mit einem föderalistischen Staat vergleichen, bei dem eine zentrale Regierung mit den lokalen Gesetzmäßigkeiten interagiert – manchmal wird vom Zentrum aus regiert, oft kommt die Veränderung aber aus der Peripherie.

Mir juckt der Pelz – das ist mir alles zu viel

Eine junge Studentin der Medizin kommt zu mir in die psychodermatologische Sprechstunde. Sie erzählt, dass sie, seit sie denken kann, an juckenden Hautveränderungen (Hautläsionen) leide. Immer mal wieder seien die Läsionen an den Ellenbeugen, am Hals und im Gesicht besser gewesen, manchmal über Jahre, so dass sie keine Gedanken mehr daran verschwendet habe. Dann wieder seien die Läsionen so schlecht geworden, dass sie nicht nur unter dem quälenden Juckreiz, sondern vor allem unter dem veränderten Aussehen und den Auswirkungen dieses Aussehens auf ihre Umwelt stark gelitten habe. Über Jahre habe sie immer wieder Kortisoncreme verwendet, meist sei es dann jedoch direkt nach dem Absetzen schlimmer geworden. Jetzt, im Medizinstudium, gehe ihr auf, wie schädlich dies für ihre Haut sei. Ein befreundeter Student habe meine Vorlesung gehört und ihr den Tipp gegeben, sich doch mal bei mir vorzustellen.

Die genauere Erkundung des Phänomens ergibt, dass die ersten Hautläsionen kurz nach der Trennung der Eltern aufgetreten waren. Die Trennung war lautstark, der Kontakt zum Vater für viele Jahre unterbrochen, die Mutter wenig aufmerksam für das heranwachsende Mädchen. Wurden jedoch die Läsionen schlimmer, dann ging sie mit der Tochter stark besorgt, insbesondere um das Aussehen ihrer Tochter, zum Arzt.

Mit dem Auszug von zu Hause war im Leben der Studentin zunächst längere Zeit Ruhe eingekehrt. Die aktuelle Verschlechterung, die sie zu mir geführt hat, fällt zum einen mit der Vorbereitung auf die Abschlussprüfung zusammen. Zum anderen hatte sich ihr Freund von ihr getrennt, der sich in der Lernphase bei ihr zu Hause eingenistet hatte und zwar neben ihr gelernt, aber nichts zum gemeinsamen Haushalt beigetragen hatte. Die Trennung stehe, so meint die Studentin, sicher im Zusammenhang mit ihrer unansehnlichen Haut. Sie berichtet außerdem davon, dass sie in dieser Phase wenig schlafe und viel rauche, auch ihre Ernährung vernachlässige sie im Moment stark. Sie esse unregelmäßig, und wenn, dann vor allem Pizza und andere Fertigprodukte. Sie lerne meist zu Hause in der zentralgeheizten Wohnung und sei daher in letzter Zeit kaum vor die Tür gekommen. Kortisoncreme (Klasse II) habe sie einige Tage verwendet, als es besser wurde aber sofort wieder abgesetzt.

Bei genauem Nachfragen erinnert sie sich, dass das Absetzen der Creme meist mit besonderen Belastungen zusammengefallen sei, sie habe dann einfach keine Energie mehr gehabt, sich um sich selbst zu kümmern. Sie berichtet außerdem, dass der Juckreiz dem Kratzen und der Läsion meist vorausgehe, fast schon ein Anzeiger kommenden Ärgers sei. Sie habe schon mal versucht, mit progressiver Muskelrelaxation dagegen anzugehen, habe sich dabei aber immer wie auf dem Stuhl festgebunden gefühlt.

Wir besprechen, wie in der Haut Juckreiz ausgelöst wird und dass er tatsächlich große innere Anspannung anzeigen kann. Außerdem klären wir, dass dann tatsächlich eine verstärkte Entzündungsreaktion in der Haut stattfindet. Durch einen relativen Kortisolmangel der entzündeten Haut wird die Entzündung weiter unterhalten. Nikotin, Nahrung, die arm an ungesättigten Fettsäuren ist, und trockene Luft spielen ebenfalls in die Entzündung mit hinein. Wir beschließen daraufhin eine konsequente Behandlung der Haut mit barrierestabilisierenden Externa, kortisonhaltigen Cremes in absteigender, der Symptomverbesserung angepasster Dosierung, die dann sehr langsam wieder abgesetzt werden; außerdem ist von der Studentin gesundheitsförderndes Verhalten gefordert: Sie soll frische Lebensmittel, die reich an ungesättigten Fettsäuren sind, essen, zum Beispiel Lachs und Leinsamen, sich regelmäßig draußen im Sonnenlicht bewegen, ausreichend schlafen und mit dem Rauchen aufhören. Schließlich reden wir über die möglichen Effekte, schwelende Konflikte und ihre Bewältigung. Wir vereinbaren einen neuen Termin, um zu sehen, ob sie umsetzen kann, was wir besprochen haben. Ich vermittle sie zudem an eine ambulante, tiefenpsychologisch arbeitende Kollegin.

Sechs Monate später hat sie einen neuen Freund, immer noch Läsionen, aber weniger Frustration und die ersten drei, wie sie findet, sehr aufschlussreichen Gespräche bei der Kollegin liegen hinter ihr. Im Zimmer befindet sich ein Luftbefeuchter, sie cremt sich regelmäßig ein, aber die Ernährung und das Rauchen ...

STRESS VERÄNDERT DIE KOMMUNIKATION IN DER HAUT

STRESS, UND ZWAR AUCH PSYCHOSOZIALER STRESS, greift über neurobiologische, auf das Hormonsystem bezogene (endokrine) und immunologische Veränderungen in die Fähigkeit der Haut ein, auf Umweltveränderungen und -reize angemessen zu reagieren. Vor allem, wenn die Haut durch weitere Faktoren geschädigt ist, zum Beispiel durch eine Neurodermitis, kommt es schneller und heftiger zu einer Verschlechterung von Krankheitsmerkmalen. Der Umkehrschluss liegt nahe: Alles, was Stress reduziert, muss auf diesen Zusammenhang einen positiven Einfluss haben. Gerne wird das missverstanden und jeder Stress gemieden. Das ist jedoch falsch, es kommt auf die richtige Dosierung an, auf ein Gleichgewicht zwischen Anspannung und Entspannung, auf ein Training der Stressreaktion. Es geht darum, dass der Abwehrreaktion des Körpers erlaubt wird, bei Erkrankungen rasch und effizient anzufluten, im geeigneten Moment auf eine spezifische Antwort umzuschalten und schließlich rechtzeitig ihre Aktivität einzustellen, um die Körperdefensive bei neuen Umweltveränderungen oder auch bei veränderten Bedürfnissen des Organismus angemessen umstellen zu können. In diesem Sinne gilt: *„A little stressor a day keeps the therapist away."*

ICH SCHÄME MICH MEINER HAUT
UWE GIELER

EINE VERÄNDERUNG DER HAUT fällt einem oft schnell ins Auge. Wer sich seine Haut ansieht und bemerkt, dass da etwas nicht stimmt, bewertet in der Regel sofort, wie das denn nun aussieht, was sich da machen lässt und ob es etwas Schlimmes sein könnte. Flecken im Gesicht oder an den Händen, wo sie auf jeden Fall jeder sieht, werden selten als Schönheitsflecken angesehen. Ist bereits ein Pickel an exponierter Stelle mitten im Gesicht ärgerlich und macht einem zu schaffen, so wird ein vernarbtes Gesicht zur Entstellung, mit der man sich kaum sehen lassen kann. Denn es gilt, wie es nicht von ungefähr sprichwörtlich heißt, Gesicht zu zeigen. Doch nicht nur im Gesicht ist eine Haut, die unschöne Veränderungen aufweist, ein Makel. Und es gibt einige gutartige, aber auffällige Hautveränderungen, die als Verunstaltung beurteilt werden können: Akne, Warzen, Leberflecken, Altersflecken, Sommersprossen, Feuermale, Narben, Blutschwämme, Fibrome … Viele Hautveränderungen bereiten keine Beschwerden außer der, dass sie einem unangenehm sind. Bei anderen wie Neurodermitis oder Schuppenflechte kommt zu den Beschwerden und der Schwere der Krankheit noch das peinliche Aussehen der Haut hinzu. Man schämt sich seiner Haut. Sowohl in der Praxis der Dermatologen wie auch in der Psychotherapie ist die Scham wohl bekannt. Verglichen damit, welche Rolle sie spielt, wird sie oft viel zu wenig beachtet.

WOHER KOMMT DIE SCHAM?

ETYMOLOGISCH LEITET SICH das Wort Scham von dem althochdeutschen „scama" ab, das bereits im 8. Jahrhundert schriftlich erwähnt wird und mit Schamgefühl, Beschämung, Schande gleichzusetzen ist.[1] Während *Schande* jedoch die objektiven Umstände bezeichnet, drückt *Scham* das subjektive Erleben aus. Die germanischen Wurzeln „skam/ skem" stammen von dem indogermanischen „kam/kem" ab und beinhalten ein Be- und Zudecken, Verschleiern, Verbergen, Verhüllen. Das vorangestellte „s" ergänzt den reflexiven Aspekt („sich zudecken"). Scham hat also sehr viel mit einer Spannung zwischen den Gegensätzen Zeigen und Verbergen, Offenheit und Verschlossenheit, Interesse und Hemmung zu tun. Der lateinische Begriff „pudor", der für sexuelle Scham steht, taucht in der medizinischen Terminologie als Schambeinknochen (Os pudenda) auf und verdeutlicht die häufige Verknüpfung von Scham und Sexualität.

In der Umgangssprache gibt es eine ganze Reihe von Begriffen, die im Zusammenhang mit dem Erleben von Scham und Beschämung stehen:[2] Demütigung, Niederlage, Verfehlung, Entfremdung, Schüchternheit, Scheu, Bescheidenheit, Verlegenheit, Kränkung, Geringschätzung, Verachtung des Selbst, Unzulänglichkeit, Gelähmtheit, Befangenheit, Bloßstellung, Sich-Zieren, Betretenheit, Peinlichkeit, Sich-Genieren, Schmach, Schande, Schuld ... Allein diese Aufzählung bezeugt die vielen emotionalen Aspekte der Scham und dass ihr im System der Emotionen somit keine unerhebliche Stellung zukommt.

WAS SAGT DIE PSYCHOTHERAPIE ZUR SCHAM?

IN DER PSYCHOTHERAPIE und Psychoanalyse war die Scham lange Zeit ein wenig beachteter Affekt.[3] Wolfgang Kalbe, der 2002 seine Doktorarbeit über die Komponenten, Determinanten und Dimensionen der Scham geschrieben hat, sieht in der Scham einen fundamentalen emotionalen Faktor des menschlichen Daseins, dessen Stellenwert in der Psychodynamik neurotischer Störungen unterschätzt werde.[4] Da Scham die Eigenschaft besitzt, sich auf den Beobachter zu übertragen, wird das Schamerleben des Patienten selten therapeutisch bearbeitet. Leibig fordert deshalb, im therapeutischen Handeln nicht schamvoll zu schweigen, wenn Scham ausgesprochen oder nonverbal ausgedrückt wird.[5]

Die Psychoanalyse verband Scham zunächst mit der psychosexuellen Entwicklung und ihrer Abwehr. Hierzu gehört die Vorstellung, dass Scham entstehe, um die Freude an der Zurschaustellung des Sexualorgans abzuwehren:[6] Sie bilde sich nach der Verdrängung des kindlichen Exhibitionismus aus und sorge dafür, dass sich dieser Trieb nicht mehr durchsetze. Seit den 1970er-Jahren wird Scham zunehmend im Rahmen von Beziehungsprozessen und hinsichtlich ihrer Rolle bei der Bewusstseins- und Identitätsbildung diskutiert.

Die meisten Autoren siedeln die Entstehung der Scham zwischen dem vierten und 18. Lebensmonat an und zählen sie zu den Primäremotionen. Nach Lewis (1993) entstehen die ersten Emotionen in den ersten sechs Lebensmonaten: Zufriedenheit, Interesse, Trauer, Ekel, Freude, Überwachung, Wut und Angst. Sie bestimmen die Reaktionsfähigkeit des Säuglings und beruhen auf einem Bewusstsein vom Selbst und von einem selbstbezogenen Verhalten. Hinzu kommen dann in der zweiten Hälfte des zweiten Lebensjahres Emotionen wie Verlegenheit, Neid und Empathie. Erst im zweiten bis dritten Lebensjahr entstehen nach Lewis dann Verlegenheit, Stolz, Scham und Schuld.

Einige sehen im Abwenden des Kopfes eine frühe Schamform, mit der sich das Kind von anderen abgrenzt. Auch das Fremdeln, das Kleinkinder zwischen dem vierten und achten Lebensmonat entwickeln, begreifen einige als frühes Schamverhalten. Kleinkinder schämen sich – so die Autoren –, weil sie nun den Irrtum erkennen, die Mutter mit einem Fremden verwechselt zu haben, und verhalten sich Fremden gegenüber auf einmal verschreckt. Um den 18. Lebensmonat etabliert sich das Selbstkonzept des Kindes; es ist fähig, zwischen Ich und Nicht-Ich zu unterscheiden, Symbole zu verstehen, und es beginnt zu sprechen. Damit kann es sich erstmals selbst reflektieren, es lernt, sowohl Bezüge zwischen verschiedenen Objekten als auch zwischen sich und Objekten herzustellen.

Der Herausbildung des Schamgefühls liegen interaktive Prozesse, genauer gesagt, die Kommunikation und das Zusammenspiel zwischen dem Kind und seinen Bezugspersonen, zugrunde. Nach Leibig kommt besonders der frühen Mutter-Kind-Beziehung eine zentrale Bedeutung zu. Ob und in welchem Ausmaß ein Mensch sich schämt, hängt also vor allem davon ab, welche Art von Resonanz er als Kind von der Mutter erhalten hat, ob seine Bedürfnisse und Handlungen bei ihr ein positives Echo gefunden haben oder nicht, ob sie somit seine Selbstobjektbedürfnisse gespiegelt hat.[8] Auch von der Entwicklung des Selbstbewusstseins und Selbstwertgefühls hängen die Ausdrucksmöglichkeiten des Kindes – zu denen ja auch die Fähigkeit, Scham zu zeigen, gehört – ab. Zuwendung, Sanktionen und die Konkurrenz zu Geschwistern in der Kinderzeit beeinflussen das spätere Sich-Schämen eines Menschen. Das Kind reagiert auf eigene Leistungen mit Stolz. Reagiert jedoch seine soziale Umwelt mit Hemmung und Scham, wenn sie diesen Stolz des Kindes nicht teilt, prägt sich das dem Kind ein. Im Laufe der Zeit eignet sich das Kind Vorstellungen, Normen und Gebräuche seiner Umwelt an und versucht diesen gerecht zu werden. Es baut eine innere Struktur auf, sozusagen ein „Ichideal".[9] Kalbe sieht außerdem einen relevanten Zusammenhang zwischen der Fähigkeit des Menschen, Ziele zu erkennen, zu verfolgen und zu erreichen, und der Scham. Denn würden diese Ziele nicht erreicht oder ihre Erfüllung in einem Maße überschritten, das einem gegenüber anderen ein schlechtes Gefühl gibt, dann äußere sich dies als Misserfolgs- oder Überschreitungsscham.[10]

Der Psychiater Léon Wurmser sieht in der Scham eine verinnerlichte Reaktion des übermächtigen Blickes einer idealisierten Figur (des Über-Ichs). Der Blick des inneren Ideal-Ichs nimmt wahr, dass das Ich ihm bei dem, was es tut, nicht entspricht. Es führt dem Ich also als eine Art innerer Kritiker die eigenen Schwächen vor Augen und dem Ich bleibt nichts übrig, als sich zu schämen. Wurmser geht also von einer rein intrapsychischen Konfiguration aus. „Der innere Richter bei der Scham verachtet die Person, er ist kalt, er lähmt. Scham beinhaltet Angst, Angst die entsteht, wenn der Wunsch nach Achtung und Selbstachtung plötzlich enttäuscht wird. Es kommt zu einem Auseinanderklaffen zwischen dem Wunsch, wie man gesehen werden will, und wie man sich ganz versteckt selbst wahrnimmt."[11] Seidler erweitert diesen Ansatz, indem er die Interaktion mit dem Gegenüber betont, also eine interpsychische Konfiguration hinzufügt.[12] Diese Interaktion bestehe aus einem Wechsel von Wahrnehmen und Wahrgenommenwerden; Scham entwickle sich in mehreren Stufen über die zunehmende Aneignung des Blickes des Gegenübers und münde in einem verinnerlichten (internalisierten) Ideal, wodurch sich die Person vor sich selbst schämen könne. Damit sieht Seidler, anders als Wurmser, im Über-Ich keine Voraussetzung zum Schamerleben, vielmehr bilde sich dieses erst im Laufe der Entwicklung heraus.

Nach Auffassung anderer treten Schamgefühle wiederum allgemein immer nur dann auf, wenn ein persönlich empfundenes Defizit öffentlich sichtbar oder hörbar wird oder werden könnte.[13] Dies kann durch eine Verletzung der Intimsphäre geschehen, aber auch durch Verhaltensweisen, die gegen moralische, ethische oder religiöse Kontexte, Normen, Ge- und Verbote verstoßen. Der Betroffene erlebt, dass wesentliche innere Bereiche berührt sind, die nicht ohne weiteres entblößt und offengelegt werden dürfen. Das (vermeintliche) Versagen wird dem ganzen Selbst zugeschrieben, wodurch dieses in Frage gestellt wird. Ein plötzliches Bewusstwerden der eigenen Inkompetenz tritt auf. Unfähigkeit, Hilflosigkeit, Gelähmtheit, Befangenheit, Blockiertsein, die Erfahrung, sich isoliert, abgelehnt, einsam, elend oder entmutigt zu fühlen, werden als Schamerlebnisse geschildert. Begleitet werden diese Gefühle von unwillkürlichem Erröten, Schwitzen, schnellerem Pulsschlag, einem Kloß im Hals, Schwindel, einem Senken des Blicks, dem Niederschlagen der Augen, einem Sich-Abwenden, Erschreckbarkeit, dem Vermeiden von normalen Formen des Kontaktes (wie zum Beispiel Handgeben), nervösen Bewegungen (einer Verstärkung der Motorik), Verstecken oder Weglaufen, einem Herumnesteln (Herumfummeln) an sich bzw. an Gegenständen oder einem verlegenen Kichern. Rost sieht in all diesen körperlichen Reaktionen den Versuch, sich dadurch, dass die Scham gezeigt und anderen offenbar wird, zu entlasten und auf diese Weise der befürchteten sozialen Ablehnung entgegenzuwirken.[14] Wurmser spricht in diesem Zusammenhang von einer fundamentalen Trias aus Schwäche, Defekt und Schmutzigkeit, charakteristisch sei der Wunsch, im Boden zu versinken. In der stärksten Form wird die Scham als Überzeugung empfunden, unberührbar zu sein, eklig und nicht liebenswert: „Ich bin schwach, ich versage; ich bin dreckig, schmutzig, der Gehalt meines Selbst wird mit Verachtung und Ekel angeschaut; ich habe einen Defekt, ich bin in physischer und geistiger Ausstattung zu kurz gekommen; Wahrnehmen und Zeigen sind gefährliche Aktivitäten und können bestraft werden."

AGGRESSIVE, SEXUELLE UND SOZIALE SCHAM

ROST UND LEIBIG grenzen Scham von Schuld ab. Rost beschreibt Scham als „emotionaler, instinktiver, einfacher strukturiert, […] leichter auslösbar" als das eher kognitiv, vom Verstand her gesteuerte Schuldgefühl. Scham sei eine Art „emotionale Mutter" eines „kognitiven Schuldbewusstseins". Leibig spricht Schamgefühlen im Gegensatz zu Schuldgefühlen zusätzliche intrapsychische Abwehrfunktionen zu, neben einer selbsterhaltenden Wirkung würden auch das Wertegefühl und die innersten Überzeugungen des Betroffenen geschützt. Es finde eine Anpassung an soziale Werte statt, Grenzen zu anderen würden bewahrt. Auch sei das Erleiden von Scham fundamentaler als Schuld.[15]

Rost nennt drei mögliche Auslöser von Schamgefühlen:[16]

▶ instinktiv-emotionale Auslöser, die vorprogrammiert seien (zum Beispiel das Fremdeln bei Kleinkindern),
▶ sozialisationsbedingte Veränderungen dieser Auslöser durch Konditionierung (neu erlernte Reaktionsmuster),
▶ kognitive Auslöser.

Daneben spielen auch Kultur, Alter, Schönheitsideale, Statussymbole, Leistungsfähigkeit, institutionelle Vorschriften, Ethik und Moral eine wichtige Rolle. Schon bei einer ärztlichen Untersuchung werden je nach Körperregion Schamgrenzen verletzt, besonders Mund-, Genital- und Analbereich sind hiervon betroffen.

Rost sieht in der Scham einen Gegenspieler zu sexueller Freizügigkeit, exhibitionistischen Tendenzen, aggressivem Durchsetzungsverhalten und dem ungestümen Drang, sich in neue soziale Räume hineinzustürzen. Ihr kommt demgemäß die Aufgabe zu, offensive und andere verletzende Handlungsweisen zu dämpfen oder zu verhindern. Durch Scham werde stark extrovertiertes Verhalten gebremst. Deshalb unterscheidet Rost drei Teilbereiche der Scham – aggressive, sexuelle und soziale Scham – und ordnet sie den verschiedenen, entgegengesetzten Funktionen der Scham zu:[17]

Aggressive Scham: Der Mensch besitzt zahlreiche aggressive Dispositionen und Neigungen, die durch verschiedene entgegengesetzt wirkende Neigungen gehemmt werden: Mitleid, Angst, Schwäche, Ekel, Scham oder Schuldbewusstsein. Dabei hängen die Scham- und Schuldgefühle mit einer Angst vor sozialer Ablehnung und Bestrafung zusammen. All diese Anlagen stehen in der Regel in einer labilen Balance zueinander, die bei Störungen zu einer Seite kippen kann. Die Folge ist eine Art soziopathischer, sprich: verhaltensgestörter Niedertracht – Gewissenlosigkeit, Infamie und Gemeinheit auf der einen und deprimierende, erdrückende Scham- und Schuldlast auf der anderen Seite. Auch die soziale Situation spielt hier eine wichtige Rolle, da Schamerleben und Aggressionshemmung von der sozialen Gruppe, der man zugehört, beeinflusst werden. Besteht eine soziale Unterstützung, so ist die Angst vor sozialen Sanktionen vergleichsweise gering, woraus ein wesentlich geringeres Schamerleben in einer anonymen Öffentlichkeit resultiert.

Sexuelle Scham: Zwischen Sexualität und Scham besteht eine ausgeprägte Beziehung. Der Sexualakt zeichnet sich durch ein hohes Maß an Intimität und Emotionalität aus, aufgrund der Hingabe wird die Wahrnehmung der Umwelt beeinträchtigt, wodurch er sehr verwundbar wird. Sexuell wird persönlicher und offener miteinander kommuniziert als sonst irgendwo, man entblößt sich sozusagen nicht nur körperlich. Selbst bei großer Vertrautheit der Partner bleibt aufgrund des emotionalen, enthüllenden Charakters der sexuellen Begegnung ein Grundmaß an Scham bestehen, das im Hintergrund achtgibt. Werden die Erregung oder Freude, also zentrale Aspekte der Sexualität, gestört, tritt es hervor. Dies scheint nach Rost ein Grund für das Verbergen des Sexualaktes vor anderen zu sein. Auch bei Tieren geschieht der Geschlechtsverkehr zum Teil im Verborgenen. Denn die geschlechtliche Vereinigung provoziert Angriffe durch Artgenossen.

Soziale Scham: Eine der ersten Formen von Scham ist das Fremdeln. Scheu, Scham und Genieren stellen in diesem Zusammenhang eine milde Form sozialer Unsicherheit und Angst dar. Die Scheu benennt generell ein entscheidendes Gefühl des Menschen gegenüber fremden Menschen. Sie beeinflusst das soziale Zusammenleben ausschlaggebend. Gerade in der heutigen, weitgehend anonymen Gesellschaft wirken angstauslösende Signale von Mitmenschen stärker, wodurch das menschliche Verhalten von Misstrauen geprägt ist. Ein Beispiel ist das Vermeiden von Blickkontakt. Das kann bis zu einem derart verfestigten Verhalten führen, dass sich der Betroffene selbst unter vertrauten Personen nicht mehr von seiner Maske lösen und öffnen kann – er absolut wortwörtlich niemandem mehr in die Augen sehen kann. Eine weitverbreitete soziale Scham betrifft die Annahme von Geschenken. Sie führt zu der Vorstellung, das Geschenk erwidern zu müssen, um das Gefühl der Scham loszuwerden. Auch Lob führt zu einer Verunsicherung und zum Erleben von Scham.

SCHAM BEI HAUTPATIENTEN

DER AFFEKT SCHAM spielt bei Hautpatienten eine zentrale Rolle. Schon im Hinblick auf den Vorgang des Verdeckens und Verhüllens teilen Affekt und Organ eine Gemeinsamkeit: Haut und Scham schützen innere Werte. Das Schamerleben findet teilweise auf der Haut statt, der Beschämte versucht, „den Sitz der Identität, das Gesicht sowie den gesamten Körper dem Scheinwerferlicht der inneren Blicke zu entziehen".[18] Auch umgangssprachliche Ausdrücke wie „das Gesicht verlieren" oder das Gesicht bedeckende Gesten verdeutlichen den Zusammenhang von Scham und Haut. Hautkranke fühlen sich häufig hässlich, verunstaltet, minderwertig, körperlich ungeliebt. Nicht selten kommt es zum Erröten. Als Kommunikationsorgan scheint die Haut wie geschaffen, um psychische Prozesse abzubilden. Hautpatienten erfahren durch ihre Erkrankung Scham als noch bedrohlicher. Das subjektive Erleben von Entstellung ruft Schamgefühle hervor, die schlecht anhand der Schwere der Hautveränderungen abgeschätzt werden können. Patienten ohne sichtbare Hautveränderungen können trotzdem unter starken Schamgefühlen leiden, andererseits erleben manche Patienten mit erheblichen Hautveränderungen nur geringe Schamgefühle. Kommt es zu wirklichen oder scheinbaren Stigmatisierungserfahrungen, reagiert der Betroffene oft mit sozialem Rückzug, Isolation bis hin zur Sozialphobie. Das massive Schamerleben schwächt in entscheidender Weise das Selbstwertgefühl, der Betroffene schämt sich für sein Äußeres und empfindet sich als unterlegen.

Auch hier muss Scham von Schuld unterschieden und getrennt wahrgenommen werden: Als Hautkranker kann ich mich schuldig fühlen, die Haut verletzt oder nicht ausreichend gepflegt zu haben (Tat), dann bin ich aber immer noch stärker als in dem Gefühl, existentiell dem Verlauf der Erkrankung ausgeliefert zu sein, passiv die Hauterkrankung ertragen zu müssen.

VITILIGO – DIE WEISSFLECKENKRANKHEIT

DIE WEISSFLECKENKRANKHEIT, deren wissenschaftlicher Name Vitiligo ist, nach dem lateinischen Wort für Flechte, kommt schon seit langer Zeit vor und wurde bereits im alten Ägypten beschrieben. Der deutsche Name bezieht sich auf das Erscheinungsbild. An verschiedenen Stellen der Haut treten auffallend weiße Flecken auf. Es handelt sich also um eine Störung der normalen Hautfärbung. Schon im alten Ägypten nutzten die Ärzte bestimmte Pflanzenstoffe, die eine Lichtempfindlichkeit steigern, in Kombination mit Sonne zur Therapie. Die heutige pharmakologische Form entspricht noch immer diesem Prinzip.

Die Weißfleckenkrankheit wird bei den Dermatologen heute als Autoimmunreaktion angesehen, was bedeutet, dass sich das Immunsystem gegen die eigene Haut wehrt. Es kommt in den pigmentbildenden Zellen, den Melanozyten, zu Veränderungen, so dass kein Pigment – Melanin – mehr gebildet wird. Menschen, deren Haut eine solche Erkrankung, die keine erbliche Veranlagung zeigt, entwickelt, sind meist sehr überrascht und müssen oft eine Hilflosigkeit in der Behandlung erfahren. Es gibt bis heute keine zuverlässige Methode, die diese Zellen, die durch die Abwehrreaktionen des Körpers in eine Art Dornröschenschlaf fallen, wieder zur Pigmentbildung anregt. Mit UV-Bestrahlung und Entzündungshemmung gelingt es allerdings, den Prozess aufzuhalten und manchmal sogar umzukehren.

Besonders Menschen mit dunkler Hautfarbe leiden sehr unter diesem Makel einer gefleckten Haut. Die Flecken stechen bei ihnen wie die einer Kuh hervor. So ist bei dieser Krankheit die Scham besonders hervorzuheben. Das folgende Patientenbeispiel aus der psychosomatischen Behandlung soll zeigen, wie die Scham vielleicht sogar an der Entstehung dieser Pigmentstörung beteiligt sein kann, die Abwehrreaktion mit ausgelöst haben mag. Wissenschaftlich lässt sich das insofern bestätigen, als die immunologische Reaktion in den Pigmentzellen wesentlich durch Nervenbotenstoffe, die sogenannten Neuropeptide, ausgelöst wird und auch Veränderungen an den Kontaktstellen der Nerven, den Synapsen, mit den Pigmentzellen dafür sprechen, dass emotionale Reaktionen sich hier auswirken könnten.

Frau K. – ein erstes Fallbeispiel

Eine Apothekerin,[19] Frau K., die in einem größeren Unternehmen arbeitet, sucht die psychodermatologische Sprechstunde auf, da sie bemerkt hat, dass sich ihre weißen Flecken in Zeiten von größerer Stressbelastung vermehren. Die bisherigen dermatologischen Behandlungen haben zwar zeitweise einen Stillstand der Ausbreitung der Flecken erreicht, jedoch die Krankheit nicht auf Dauer stoppen können.

Sie lebt zusammen mit ihrem Ehemann und ihrer inzwischen erwachsenen Tochter in einem Haus. Ihr Ehemann arbeitet als Beamter in einer öffentlichen Einrichtung und unternimmt gerne Reisen. Zunächst scheint ihre Lebenssituation recht harmonisch und ohne Auffälligkeiten hinsichtlich psychischer Zusammenhänge zu sein. Erst bei einem genaueren Blick auf ihre Vorgeschichte zeigen sich die psychischen Belastungen – die Beschämungen, die ihr innerlich keine Ruhe lassen.

Frau K. hat eine ältere Schwester, die sie als erfolgreicher erlebt hat und die auch in ihren Augen den besseren Kontakt zu den Eltern und insbesondere zu ihrem Vater hatte. Dieser ist vor einigen Jahren gestorben. Sie macht sich Vorwürfe, dass sie es nicht übers Herz bringen konnte, ihn noch kurz vor seinem Tod auf der Intensivstation zu besuchen, und stattdessen ihrer Schwester diese Aufgabe allein überließ. Die Mutter ist rüstig und zu dieser unterhält Frau K. nach wie vor Kontakt.

In ihrer Schulzeit hatte sie eine längere und durchaus auch problematische Beziehung mit einem künstlerisch begabten jungen Mann. Bereits als Studentin war Frau K. sehr sportlich und das brachte ihr im Sportverein viel Anerkennung ein. Dort lernte sie einen Dozenten der Universität ihres Studienortes kennen, in den sie sich im ersten Semester verliebte. Dieser war bekannt dafür, dass er sich gerne jungen Studentinnen näherte. Es dauerte nicht lange und sie und er hatten ein Verhältnis. Die Beziehung erfüllte sie sexuell, doch signalisierte er ihr, dass sie sich nur heimlich treffen dürften, da er sonst wegen Unzucht mit Abhängigen seine Stellung verlieren könnte. Frau K. litt mit der Zeit sehr unter diesem Arrangement. Sie konnte weder den Eltern noch der Schwester oder den Freundinnen von der Beziehung offen erzählen, da ja niemand von dieser wissen durfte. Sie lernte, dass sie eine Sexualität, die ihr gefiel, nur heimlich erleben konnte.

Es kam, wie es kommen musste: Der Dozent verließ sie wegen einer neuen und jüngeren Studentin, nicht ohne sie in einer Form zu demütigen, die unter die Haut geht. Beide hatten sich für einen gemeinsamen Skiurlaub verabredet und sie wollte trotz schon ausgesprochener Trennung in der Hoffnung mitfahren, es käme noch einmal zu einer körperlichen Nähe und mehr Intimität. Kurz vor der Abreise erfuhr sie, dass er noch eine andere Studentin in seinem Wagen mitnehmen würde. Auf der Fahrt – die beiden saßen vorne im Wagen, sie hinten – begann er schon bald, die andere sexuell zu berühren. Frau K., unfähig, ihm die Meinung zu sagen, und erstarrt vor Entsetzen und Ablehnung, musste sich das Liebesspiel zwischen den beiden ansehen. Sie ließ alles schweigend über sich ergehen, wurde zur passiven Zeugin von Intimitäten des Dozenten, den sie noch immer selber begehrte.

Einige Wochen später entdeckte sie die erste Depigmentierung ihrer Haut – weiße Flächen, die alles andere als schön aussahen. Sie hatte ihre Schamreaktion offenbar nicht anders kompensieren können.

Es verging einige Zeit, und sie lernte ihren Ehemann kennen, einen zuverlässigen und soliden Menschen, mit dem sie sich dann sehr schnell eine Beziehung wünschte, den sie heiratete, mit dem sie ihre Tochter bekam und großzog.

Sie musste dennoch immer wieder einmal an die schöne Zeit mit dem Liebhaber zurückdenken. So kam es in der Beziehung zu ihrem Ehemann von Anfang an zu Situationen, in denen sie das Schuld- und Schamgefühl überrannte, weil sie sich ihrer Meinung nach nicht genügend auf ihn einlassen konnte. Sie hatte in dieser Beziehung auch niemanden, mit dem sie darüber sprechen konnte, so dass sie nicht erfahren konnte, dass viele Frauen und auch Männer dieses Gefühl der Scham und Schuld nur allzu gut kennen.

Nach einigen Jahren der Ehe, die Tochter ging inzwischen zur Schule, verliebte sie sich noch einmal, diesmal in einen Vorgesetzten ihrer Apothekenorganisation. Es blieb jedoch eine platonische Liebe. Obwohl sie sich stark zu dem Mann hingezogen fühlte, vermied sie es unter allen Umständen, dass er etwas davon erfuhr. Zusätzlich zu der Anstrengung, ihre Verliebtheit nicht zu zeigen, machte ihr das schlechte Gewissen ihrem Ehemann gegenüber zu schaffen. Die Situation zog sich über Jahre hin.

Ihre Tochter wurde erwachsen und noch immer hatten sich ihre Gefühle nicht verändert. Sie lebte ihre (erneut) heimliche Liebe unter anderem in der Form aus, dass sie sich am Arbeitsplatz absichtlich in die Nähe des Vorgesetzten begab. Dabei musste sie oft zwischen Regalen hindurchgehen, in denen sich die Medikamente befanden. Eines Tages begegnete sie ihm dabei allerdings derart überraschend, dass sie sich sehr erschrak und den Eindruck hatte, er habe etwas bemerkt. Am nächsten Tag erfuhr sie, dass der Vorgesetzte vom Dach seines Hauses gestürzt sei und mit einer ernsthaften Kopfverletzung im Krankenhaus liege. Der Schock, den diese Mitteilung bei ihr auslöste, war enorm, da sie einen Zusammenhang zu der Situation vom Vortag, die sie selbst so sehr belastete, herstellte.

Scham als Auslöser der weißen Flecken bei Frau K.

Es dauerte einige Monate, ehe der Vorgesetzte seinen Dienst wieder aufnehmen konnte. Während dieser Zeit bangte Frau K. um sein Leben, konnte aber über ihre Angst und vermeintliche Schuld mit niemanden reden. Die weißen

Flecken auf ihrer Haut vermehrten sich wieder, die Krankheit begann weiter fortzuschreiten. Als der Vorgesetzte dann vor kurzem tatsächlich wieder in den Dienst zurückkehrte, bemerkte sie, dass er ihr seltsam fremd geworden war. Sie vermisste seine Aufmerksamkeit, die er in ihren Augen nun einer anderen Person schenkte. Heftige Gefühle der Eifersucht erfassten sie und lösten eine Depression aus.

Die weißen Flecken vermehren sich seitdem derart extrem, dass sie – verängstigt über ihre Haut und ihren Gefühlszustand der Zerrissenheit und Ratlosigkeit – die Psychotherapie begonnen hat. Erst in dieser wird offensichtlich, dass ihre jahrelange Verliebtheit eine Übersprungshandlung gewesen ist, da sie immer noch nicht mit ihren Schamkonflikten und ihrer Ehe zurechtkam und niemanden hatte, den sie darauf ansprechen konnte. In den psychotherapeutischen Gesprächen wird ihr nun langsam bewusst, dass ihrer Hautkrankheit eine Schamproblematik zugrunde liegt.

Durch die Psychotherapie lernt sie, ihre Zurückhaltung und Verschämtheit einerseits und ihre Eifersucht und Verlassenheitsgefühle andererseits als Ausdruck mangelnden Selbstbewusstseins zu verstehen. So arbeitet sie nun vor allem daran, ihr Selbstbewusstsein zu verbessern. Sie kann sich dadurch ihrem jetzigen Ehemann wieder mehr annähern und mit ihm glücklich fühlen. Ihre weißen Flecken verschwinden durch die Psychotherapie nicht, jedoch bleiben sie stabil und es zeigen sich kaum neue Schübe.

Wie sich herausstellt, waren die Scham und der Umgang mit der Scham bei Frau K. schon in der Kindheit und Jugend sehr deutlich. Sie kann sich an eine Situation erinnern, als sie zusammen mit ihrer Schwester und dem Vater einen Spaziergang unternahm und der Vater sich angeregt mit der Schwester unterhielt, die sie in den Augen des Vaters als intellektuell besser und interessanter erlebte. Schon damals zog sie sich zurück und wünschte sich heimlich die Anerkennung durch den Vater, weshalb sie auch einer heimlichen Beziehung so leicht zustimmen konnte. Die Verknüpfung von heimlicher Liebe und zufriedenstellender Sexualität war schließlich ein Lernprozess, den Frau K. mit in ihr weiteres Leben nahm. Als sie mit der Demütigung konfrontiert wurde, den Intimitäten des Dozenten hilflos zuschauen zu müssen, zeigte sich – in Ermangelung einer psychischen Verarbeitung durch Gespräche – die erlernte Scham als körperliches Symptom. Die sichtbaren Flecken verkörperten die Erinnerung daran, dass sie sich entblößt hatte und ihre Gefühle schamlos ausgenutzt worden waren. Insofern hatte sich der psychische Apparat in der Haut ein durchaus, so könnte man sagen, sinnvolles Reaktionsorgan gewählt.

Das Beispiel Frau K.s zeigt also, wie die Scham körperlich verarbeitet werden kann, indem sich der psychische Konflikt auf die körperliche Fläche der Haut verschiebt. Oder? Ist eine solche Körperreaktion wirklich wahrscheinlich? Wie sieht das die dermatologische Forschung? Um eine psychosomatische Reaktion auch wissenchaftlich als wahrscheinlich annehmen zu können, ist es wichtig, die immunologischen Abläufe der Weißfleckenkrankheit zu kennen.

Die Vitiligo gilt heutzutage als autoimmunologische Reaktion, das bedeutet: Das Abwehrsystem des Körpers greift den eigenen Körper an. Inwiefern trifft das im Falle der Weißfleckenkrankheit zu? Warum sollte die Bildung der weißen Flecken auf einen gegen sich selbst gerichteten Körperwiderstand zurückgehen? Es sind spezialisierte Zellen, die Melanophoren, die der Haut, den Haaren und den Augen ihren Ton verleihen, indem sie das Melanin produzieren. *Melanophor* bedeutet gemäß dem Altgriechischen: Träger von Melanin. Es handelt sich hier jedoch nicht nur um Farbpigmentträger, sondern auch um die Erzeuger der Farbe. Dort, wo die Produktion des Pigments in den Melanophoren der Haut auf einmal versiegt, bilden sich somit weiße Flächen. Diese Depigmentierung wird im Wesentlichen durch die Degranulation der Melanophoren ausgelöst, einen Prozess, der die Funktion der Zellen zerstört. Die Melanophoren werden durch verschiedene Mechanismen stimuliert, wobei hier Neuropeptide und Neuromediatoren, also Botenstoffe des zentralen Nervensystems, offenbar eine bedeutende Rolle spielen. Eine Reaktion, bei der Stress sich auf die Pigmentbildung der Haut auswirkt, wie bei Frau K., ist daher durchaus wahrscheinlich.

In der psychotherapeutischen Situation, in der Frau K. dem Therapeuten vom Erlebten erzählte, übertrug sich die schamhafte Peinlichkeit auf diesen. Das heißt: Die Erregung und das Erschrecken über das Geäußerte wurden auch in der Gegenübertragung, in den bei dem Therapeuten erzeugten Gefühlen, deutlich spürbar.

„Ein Teil von mir, der nicht sein darf" – ein zweites Fallbeispiel

Frau B., 33 Jahre alt, Verwaltungsangestellte, entschließt sich, eine Psychotherapie zu beginnen. Die Entscheidung kann sie in dem Moment fällen, in dem ihre seit der Kindheit bestehende schwere Neurodermitis sich über Monate dermatologisch-therapeutisch nicht mehr ausreichend beeinflussen lässt, sie zunehmend mit Unruhe, Hilflosigkeit, Erschöpfung, depressiven Verstimmungen reagiert und die Ehe dadurch sehr belastet wird. Die Patientin schildert, dass ihre Mutter sich nach der Entbindung wenig um sie gekümmert habe, der leibliche Vater sei gewalttätig gewesen, suchtkrank. Vernachlässigung und Gewalterfahrung traten später zurück, als die Mutter sich erneut partnerschaftlich band.

Die Familie lebte mit einer schwerstbehinderten Schwester von Frau B., die zu Frau B. häufig einen Haut-an-Haut-Kontakt suchte. Sie habe immer zurückstehen müssen, erklärt Frau B., die sich in der Therapie schnell öffnet. Die Gefährdung der Schwester habe im Vordergrund gestanden, die Mutter sei immer wieder ganz plötzlich wegen eines notwendigen Krankenhausaufenthaltes weg gewesen. Der Stiefvater sei liebevoll gewesen, aber ein bisschen bizarr, sie habe sich als Kind für sein Benehmen geschämt. Die Mutter habe es gemocht, Gewaltvideos anzuschauen – sie habe ihr dann, während die Mutter selbst sich vor Furcht die Augen zugehalten habe, die Inhalte erzählen müssen.

Über Jahre hinweg hat Frau B. unter schwersten Ekzemschüben gelitten. Sie hat sich bis zum letzten Schub der Erkrankung die entzündete Haut mit den Fingernägeln selbst verstümmelt. Erst hat sie sich die Haut abgezogen, dann aber vor dem rohen Fleisch geekelt und Phantasien gehabt, dass Würmer aus ihrem Leib gekrochen kämen. Sie hasse sich selbst, verachte sich, habe oft Angst, erklärt Frau B. Schaut man sich den äußern Rahmen an, ist Frau B. beruflich erfolgreich und versorgt ihre eigene Kleinfamilie und zudem ihre Herkunftsfamilie engagiert. In ihrem Inneren spielen sich jedoch Gefühle ab, die sie überschwemmen und die sie nicht beherrschen kann. Sie versucht sich heute selbst durch Anschauen von Horrorvideos zu entspannen.

Im Erstkontakt wirkt Frau B. motorisch extrem unruhig, sie zappelt im Sessel, scheuert selbstverloren die ohnehin wunde Haut, schwankt zwischen Nähe und Distanz, zwischen Not und der Betonung, vielleicht doch keine Therapie zu brauchen, zwischen vernünftigem Erklären, warum sie hier sei, und kindlich weinenden Durchbrüchen. Die vom Ekzem überdeckte Haut löst beim Gegenüber den Impuls aus, ihr Leid zu lindern.

In der Behandlung kommt heraus, dass Frau B. ihre Haut und sich selbst in ihrer Haut nicht fürsorglich behandeln kann, weil sie sich mit ihrer vernachlässigenden Mutter identifiziert. Die Schübe des Ekzems bilden ihre frühen Objekterfahrungen ab, bei denen das Kleinkind begann, sich als ein Selbst und von den anderen (Objekten) getrennt zu erkennen: Frau B. erlebt sich mit dem Ekzem als anstrengend, überfordernd für die Mutter, deren Rolle in der Übertragung die Therapeutin erhält, und übernimmt damit Schuldgefühle für das Nicht-Gelingen einer Beziehung. Ihr extremes selbstzerstörerisches Kratzen entspricht einer Aggression gegen die geliebten und zugleich gehassten Objekte, die einst Mutter und Schwester für sie darstellten. Sie wendete ihre Aggression gegen sich selbst, entwickelte eine Neurodermitis.

Es zeigt sich, dass Frau B. innere Bilder, die mithilfe von Tagtraumtechniken gefunden werden, nur für Sekunden als gute Bilder wahrnehmen kann. Dann kippen sie in etwas Destruktives, Zerfallendes um und werden von Gefühlen wie Ekel, Scham, Abscheu oder Hass begleitet. Neu ist für sie jedoch, dass sie sich traut, sich mit solchen Anteilen zu zeigen. Diesen negativen und zerstörerischen Teil, den sie besaß, wollte sie ihrer Mutter nie offenbaren, um diese nicht zu belasten.

Äußerungen der Patientin wie: „Die anderen denken, ich bin verrückt, wenn ich so herumzappele, ich schäme mich so", lenken den Blick des Therapeuten auf die Scham, die sie bei allem empfindet. Im Rahmen einer Imagination zum Thema: „Ein weiblicher Name und eine Person dazu", sagt sie: „Es ist eher ein Gespenst, es hat kein Gesicht, es darf nicht da sein, das ist ein Teil von mir, der darf nicht sein." Im Kontext eines weiteren Tagtraumes mit dem Bildmotiv „Tier" nimmt sie einen unbeweglichen Wurm wahr, der sie ekelt und der sich in ihre Haut hineinfrisst. Ihr fällt dazu assoziativ sofort ein, wie viel Schmutziges die Mutter über den leiblichen Vater erzählt hat und wie sehr sie sich dafür schäme und dass die Mutter berichtet habe, während der Schwangerschaft mit ihr neun Monate gekotzt zu haben. Sie habe immer gedacht, sie sei Dreck, nein, dass Dreck sogar noch schöner als sie sei. In der Familie mache man sich emotional nackt, das Emotionale sei grenzenlos. Sie ergänzt: „Die Angst ist schlimmer, wenn ich nur Phantasien habe, als wenn ich mir was Schlimmes wie die Videos anschaue. Es ist dann, als ob es in einem Karton wäre, auch wenn es eklig ist, aber es ist in einem Karton, nicht so diffus in mir."

Innerhalb der hundertstündigen tiefenpsychologisch fundierten Psychotherapie gelingt es, die Symptome fast vollständig zu reduzieren. Frau B. kommt zu einer inneren und äußeren Ruhe; so ist es ihr auch möglich, auf Horrorvideos zu verzichten. Sie entwickelt eine liebevoll fürsorgliche Haltung sich selbst gegenüber und die Sicherheit, die eigene Situation positiv gestalten zu können, so dass sie sich in der eigenen Haut wohl fühlt. Am Ende der Therapie kann sie sagen: „Die Haut ist so schön, so glatt, ich kann so etwas Normales wahrnehmen, Äderchen, Haare; ich dachte, ich hätte gar keine Haare an den Beinen, die hab ich wohl immer weggekratzt; so Äderchen würde ich mir auch nicht wegmachen lassen, die sind so normal."

NICHT WEGSCHAUEN, SONDERN ÜBER DIE SCHAM SPRECHEN

DIE KRANKHEITSGESCHICHTEN von Frau K. und Frau B. illustrieren, wie sehr die Scham nicht nur durch die Hautkrankheit ausgelöst wird, sondern bereits bei deren Entstehung eine bedeutende Rolle zu spielen scheint. Sie stehen für viele Fallgeschichten. Gefühle der Scham sind bei Menschen mit Hautkrankheiten häufig vorhanden. Der Scham kommt somit eine erhebliche Bedeutung im Zusammenhang mit Hautkrankheiten zu.

Über Scham spricht niemand gerne, obwohl jeder sie kennt und der Umgang mit ihr nicht allzu einfach ist. Wer sagt schon jemandem, dass er Mundgeruch oder Schweißfüße habe. Wir möchten den anderen nicht beschämen. Es handelt sich hier also um einen extrem starken Affekt.

Menschen mit Hautproblemen empfinden meist eine besonders ausgeprägte Scham. Sie wollen sich nicht zeigen, ihre Hautsymptome verstecken, was oft nur möglich ist oder am besten gelingt, wenn sie sich
erst gar nicht unter Menschen begeben. Geschickt gewählte Kleidung
oder Frisuren können manchmal schon helfen, indem sie die betroffenen Hautstellen verdecken, doch verhindern sie auch, dass offen mit der
Scham umgegangen werden muss. Nicht selten wissen selbst die engsten
Vertrauten und Partner nicht, wie sehr sich die Betroffenen schämen.
Es ist zu hoffen, dass in der Psychotherapie und speziell in der psychosomatischen Behandlung von Hautkranken die Scham-Affekte deutlicher
herausgestellt werden, anstatt wie bisher in der Behandlung oft übersehen
oder in ihrer Bedeutung nicht adäquat erkannt zu werden.

DIE MACHT DER BERÜHRUNG
UWE GIELER

EINEN MENSCHEN ODER SICH SELBST bewusst zu berühren, heißt, sich auf
die nonverbale Kommunikation von Haut zu Haut einzulassen. Für die
Gratwanderung zwischen Nähe und Distanz ist Fingerspitzengefühl
erforderlich.[20]

WAS IST BERÜHRUNG?

BERÜHRUNG (KONTAKT),[21] so das Lexikon, „ist das Maximum des Aneinander zweier Körper. Durch ‚Berührung' (haphê) erfolgt nach Aristoteles
die Sinneswahrnehmung (De an. III 13, 435 a 12). Der Sternhimmel wird
von Gott durch ‚Berührung' (haptesthai) bewegt (De gener. I 6, 323 a 4).
Die Assoziationspsychologie versteht unter ‚Berührung' (contiguity) das
räumlich-zeitliche Zusammen von Vorstellungen. Michelangelo hatte
schon zu seiner Zeit die Idee, dass Berührung Leben einhauchen kann,
und hat damit wohl schon dokumentiert, wie wichtig Berührung für
unser Leben ist."

Was heißt das aber eigentlich genau: sich berühren zu lassen oder berührt zu werden? Lasse ich mich nur äußerlich berühren, oder berührt mich etwas auch innerlich, rührt es mich an? Wann wird mein Herz berührt, wann meine Seele? Will und kann ich es überhaupt zulassen, dass mich eine andere/ein anderer berührt, kann ich es genießen oder macht es mir Angst? Wo werde ich gerne berührt und an welchen Stellen ist es mir unangenehm? Wie fühlt es sich an, von einem Mann berührt zu werden – oder von einer Frau? Und befindet sich nicht vielleicht hinter all diesen Fragen ein ganz großes Bedürfnis, eine Sehnsucht nach Nähe und Verbundenheit? Berührung bedeutet, mit unserer äußeren Umwelt in Kontakt zu sein, aber auch mit unseren inneren Welten, mit unseren Gefühlen, Gedanken und Erinnerungen.

Die Frage ist, ob wir Taktilität, das heißt all das, was der Tastsinn wahrnimmt und beinhaltet, und Berührung, das heißt all das, was wir berühren und was uns berührt, wirklich benennen können. Ist es nicht fast aussichtslos, die vielen Facetten von Berühren und Berührt-Werden sprachlich zu beschreiben? Allein der Juckreiz, der entstehen kann, wenn wir etwas berühren, und der uns unangenehm berührt, zeigt sich bereits in den verschiedensten Hirnanteilen und in den verschiedenen emotionalen Reaktionen.[22] Deshalb brauchen wir eine Metapher – eine Metapher, die ausdrückt, wie die Persönlichkeit und die Haut gemeinsam Erfahrungen und Zustände mit vielfältigen Facetten hervorbringen. Anzieu hat deshalb den Begriff Haut-Ich geprägt.[23]

DIE HAUT: EIN ORGAN FÜR KÖRPER UND PSYCHE ZUGLEICH

DIE HAUT IST SICHER ein psychosomatisches Organ par excellence, schließt also Körper und Psyche zugleich ein, weshalb sie im Zusammenhang mit Psyche und Stress fast immer sofort genannt wird. Dies drückt sich vor allem in der Volksweisheit: „Haut – Spiegel der Seele" aus, welche eigentlich besser: „Haut – Spiegel der Psyche" lauten sollte. Da aber der griechische Ausdruck für Psyche und Seele der gleiche ist, kommt es wohl zu dieser undifferenzierten Darstellung.

Als Pionier psychosomatischer Aspekte bei Hautkrankheiten darf sicher Freud gelten, aber auch Groddeck und Stern. Die Anthropologin Ashley Montagu hat in ihrem wunderschönen Buch „Körperkontakt", das inzwischen bereits in der 10. Auflage erschienen ist, zeigen können, dass Berührungen und der Kontakt, den die Haut ermöglicht, essentiell für die psychische Entwicklung sind. Dies wissen wir nicht erst, seitdem Frühgeborene vermehrt gestreichelt werden und dadurch besser überleben und sich auch bei Kindern aus Waisenhäusern die Überlebenswahrscheinlichkeit nach Körperkontakten zum Teil extrem gebessert hat. Christina Detig-Kohler[24] hat sehr klar den Nähe-Distanz-Konflikt bei Neurodermitis herausgearbeitet. Caroline Koblenzer aus Philadelphia[25] zeigte die Abhängigkeit der emotionalen Entwicklung von Faktoren taktiler Stimulation. Das heißt, sie wies nach, dass sich, je nachdem, ob Berührungen erfahren und Hautkontakte erlebt wurden oder nicht, Affekte wie Wut, Anspannung, Hysterie besser oder schlechter regulieren ließen, die Wahrnehmung des eigenen Körperbildes und die Beziehung zu ihm und seinen Grenzen sowie die Selbstachtung verbesserten oder verschlechterten.[26] Anzieu hat schließlich mit der Einführung des Begriffs des „Haut-Ichs" und später dann der „psychischen Hülle (im Französischen „l'enveloppe psychique") die Bedeutung der Haut für die psychische Entwicklung herausgestrichen. Da die Theorie, die Aspekte der Lacanschen Philosophie enthält, relativ kompliziert ist, werde ich sie hier nicht ausführlich und detailliert darstellen, sondern nur plakativ und oberflächlich. Ich würde die meisten von Ihnen mit den „signifikanten Signifikaten" und ähnlichen Formulierungen eher langweilen![27] Wer sich interessiert, sei hier auf das Buch „Die Haut als psychische Hülle" hingewiesen, das Burkhard Brosig und ich 2004 herausgegeben haben. Houzel – ein Mitarbeiter – schreibt in einem Beitrag:[28]

„Es scheint so, dass D. Anzieu (1974 und 1976) der erste Psychoanalyst ist, der den Ausdruck der Hülle benutzt hat, um die Grenzstrukturen, die uns hier beschäftigen, zu beschreiben. Ihre Existenz wurde jedoch seit den Anfängen der Psychoanalyse ausfindig gemacht. Die psychoanalytische Entdeckung liegt fast ausschließlich in dem Feld der Neurose. Man kann dort den Grund sehen, warum die Analysten sich lange Zeit mehr Gedanken um die Inhalte der Psyche als um ihr Behältnis [...] gemacht haben. Bewusste und unbewusste Phantasmen, Affekte, Repräsentationen von Dingen, Repräsentationen von Wörtern, interne Objekte (oder: Ziele) [...] waren Teile des Materials, die der psychoanalytischen Untersuchung (oder: Forschung) [unterlagen]. Es musste gewartet werden, bis die Analyse eine bessere Basis aufgebaut hatte [...] und [...] wagte, sich mit den neuen Formen der Psychopathologie zu konfrontieren, damit man sich für das Behältnis interessierte. Die Kinderpsychoanalyse, die psychotische Psychoanalyse [...], die Gruppenpsychoanalyse und kürzlich noch die Familienpsychoanalyse haben die Aufmerksamkeit in Richtung der begrenzten, umhüllten und enthaltenen Strukturen [gelenkt], nur weil diese neuen analytischen Situationen die Psychoanalysten mit den möglichen Schwächen dieser Strukturen konfrontierten."

UNSER HAUT-ICH

DIE HAUT, so viel scheint zumindest klar, scheint als Grenze zwischen Körper und Psyche prädestiniertes Organ zur physischen Darstellung psychischer Konflikte zu sein.

Jeder Mensch braucht Berührung; sie ist ein Grundbedürfnis. Berührung ist genauso wichtig wie Atmen, Nahrung oder Wasser. Ohne Berührung sterben wir zwar nicht unmittelbar, aber wir verkümmern langsam, zuerst emotional, später körperlich. Bei Säuglingen und kleinen Kindern ist sehr offensichtlich, wie wohltuend liebevolle Berührung empfunden wird und dass sie für die weitere Entwicklung lebenswichtig ist.

Wir leben heutzutage jedoch in einer Gesellschaft, die als berührungsfeindlich gilt. Als Erwachsene haben wir gelernt, unser ursprüngliches Bedürfnis nach Berührung zu verdrängen und uns mit den Ersatzbefriedigungen unserer Konsumgesellschaft zu begnügen. Körperliche Berührungen tauschen wir meist nur innerhalb einer Partnerschaft aus – und dort wird diese oftmals nur im Zusammenhang mit Sexualität erfahren. Oder wir kennen sie nur in einer hochgradig ritualisierten Form, zum Beispiel als förmlichen Händedruck zur Begrüßung. Eine Berührung der

Haut ist immer auch eine sinnliche Erfahrung. Wenn uns jemand zu nahe kommt, empfinden wir den körperlichen Kontakt schnell als zu intim. Es gibt zwar ein großes Bedürfnis nach Zuwendung und Geborgenheit, aber oft sind die Grenzen nicht klar.

Georg Büchner, der hessische Schriftsteller aus dem 18. Jahrhundert, lässt Danton, einen der Führer der französischen Revolution, in seinem Stück „Dantons Tod" sagen: „Was weiß ich? Wir wissen wenig voneinander. Wir sind Dickhäuter, wir strecken die Hände nacheinander aus, aber es ist vergebliche Mühe, wir reiben nur das grobe Leder aneinander ab – wir sind sehr einsam." Jean-Paul Marat, ebenfalls ein Führer der Revolution und somit ein Weggenosse von Danton, hatte bezeichnenderweise eine schwere Hauterkrankung, die als Ekzem überliefert wurde (vermutlich eine Neurodermitis). Sie brach 1788, also genau zu Beginn der Revolution aus! Sie verschlimmerte sich deutlich unter dem Stress seiner politischen Macht. Am Ende seines Lebens (er wurde ermordet) war er gezwungen, zur Linderung seines Juckreizes die meiste Zeit in einer speziell für ihn hergestellten Badewanne zu verbringen. Es ist überliefert, dass nicht nur Marat sich unbeherrschbar kratzte, sondern auch Tausende seiner französischen Revolutionäre. Die Sympathie, eine Emotion, machte das Kratzen zu einer Art Massenhysterie!

Viele Forscher sind der Ansicht, dass Berührung Identität stiftet. Bereits ein Embryo in der siebten Lebenswoche reagiert auf eine Berührung spezifisch und weicht dem Druck aus, wie man aus Untersuchungen im Mutterleib, die zu dieser Zeit notwendig sind, weiß. Es entwickeln sich in dieser frühen Embryonalperiode sieben bis fünfzig Nervenendigungen pro Quadratzentimeter der Haut, wobei wir insgesamt zwei Quadratmeter Haut haben.

Allein die Tatsache, dass eine Kommunikation bei Taubblinden – also bei Menschen, die weder sehen noch hören können und denen damit zwei wichtige Sinnesorgane fehlen – ausschließlich über den taktilen Sinn, das heißt über die Berührung, möglich ist, macht klar, wie wichtig die Berührung für unsere Kommunikation ist.[29] Die amerikanische, taubblinde Schriftstellerin Helen Keller, deren Leben mehrmals verfilmt wurde, ist eines der faszinierenden Beispiele, was alles im Leben allein über Tastsinn und Geruchssinn erreicht werden kann.

Auch Freud hat sich zur Haut geäußert und sagte 1923 in seinem Aufsatz über das Ich und das Es: „Die Haut entspricht zwei Empfindungen: Die eine ist eine innere Wahrnehmung, die andere eine äußere Wahrnehmung." Außerdem sagte er: „Das Ich ist vor allem ein körperliches, es ist nicht nur ein Oberflächenwesen, sondern selbst die Projektion einer Oberfläche."[30]

DER TASTSINN IST EIN GANZ BESONDERER SINN

VON DER GEBURT bis zum 6. Lebensjahr durchläuft das Kind laut Psychoanalyse vier Phasen:

▸ Taktile Phase   0–12 Monate
▸ Orale Phase   0–24 Monate
▸ Anale Phase   3.–4. Lebensjahr
▸ Ödipale Phase   5.–6. Lebensjahr

Wir gehen heute beim Verständnis psychosomatischer Hautreaktionen davon aus, dass insbesondere in der taktilen Phase der psychischen Entwicklung eines Kindes wichtige Prozesse ablaufen, die die späteren Reaktionen auf Affekte wesentlich beeinflussen und offenbar sogar Gene anschalten können. Die taktile Phase ist nach dem Tastsinn benannt. Dieser spielt also gleich zu Beginn der psychischen Entwicklung eines Kindes eine wichtige Rolle.

Die Haut scheint als Sinnesorgan eine Besonderheit darzustellen, weil der Tastsinn der einzige selbstreflexive Sinn ist. Dies merken Sie unter anderem daran, dass sich wohl keiner von Ihnen selbst kitzeln kann.[31]

Die Haut und das zentrale Nervensystem entstehen aus demselben Keimblatt, dem Ektoderm. Die Ektodermzellen bilden sich hierbei um zu Neuroblasten im zentralen Nervensystem oder zu Keratinozyten – also den Hornzellen – in der Haut. Insofern scheint sich unser Bewusstsein nicht nur im Gehirn, sondern auch in der Wahrnehmung der Peripherie zu bilden.

ZWISCHENMENSCHLICHE NÄHE UND SEXUALITÄT OHNE HAUT?
UNDENKBAR!

DIE KURZE BESCHREIBUNG eines Neurodermitis-Patienten, der sich auf unserer Psychosomatik-Station behandeln ließ, zeigt, was es heißt, sich in seiner Haut menschlich und zwischenmenschlich nicht mehr wohl zu fühlen:

„Bei den Temperaturen war meine Haut durch das Schwitzen angegriffen und ich fühlte auch Kälteschauer über den Körper ziehen. So bin ich im kühlen Haus geblieben und habe mich auf das Lesen konzentriert. [...] Später am Abend, nachdem es etwas abgekühlt hatte, bin ich doch nach draußen gegangen, um die Hecke zu schneiden. Das ist eine ungeliebte Tätigkeit, schmutzig, es kratzt auf der Haut – und dann noch bei der Hitze. Aber ich hatte das Gefühl, dass ich es gut überstanden hatte; auch ein Heuschnupfen war mir erspart geblieben. Als ich fertig war, habe ich mich bald unter die kalte Dusche begeben, um die glühende Haut zu beruhigen. Im Bett ging es erst ganz gut, aber bald wachte ich mit brennender Haut wieder auf. Die Arme hatten Flecken wie von Brennnesseln und auch der ganze Oberkörper brannte wie Feuer. Kräftige Berührung löste intensive heiß-kalte Schauer aus, die meinen ganzen Körper durchfluteten. Ich musste an mich halten, um mich nicht zu zerkratzen, und hatte Angst, dass ich die Körperlotion nicht mehr vertragen könnte. Durch leichtes Streicheln konnte ich mich bzw. die Haut so einigermaßen beruhigen. Es hat einige Tage und einige kalte Duschen gedauert, bis die Arme wieder normal aussahen. Die starke Empfindlichkeit am ganzen Oberkörper setzte sich an allen heißen Tagen fort. Am nächsten Tag habe ich ihr Buch[32] zu Ende gelesen. [...] Ihr Schlusswort hat mich besonders berührt: ‚Lassen Sie sich berühren!‘ – aber mich berührt keiner mehr. Ich sträube mich gegen dieses Wagnis. Ich hatte Zeit, hierüber eine Woche lang nachzudenken, und habe darüber auch schon mit meinem Therapeuten gesprochen; aber jetzt beim Schreiben trifft es mich wieder" (U. H., Juli 2005).

Mindestens jeder zweite Mensch hat schon einmal im Leben eine mehr oder weniger schwere Hauterkrankung durchlitten, wenn nicht öfter. Patienten in Allgemeinpraxen werden zu circa 30 bis 40 Prozent wegen

Hauterkrankungen behandelt. In Hautkliniken gehen Studien davon aus, dass es in unserer Gesellschaft circa 30 bis 35 Prozent Hautpatienten mit psychischen Problemen gibt.[33] Es stellt sich die Frage, ob alle diese Menschen als berührungskrank zu bezeichnen sind und ob sie alle zu wenig oder auch zu viel Berührung erlebt haben.

In ihrem Buch „Körperkontakt: Die Bedeutung der Haut für die Entwicklung des Menschen" schreibt die Anthropologin Ashley Montagu 1979: „Der witzige Franzose, der den Geschlechtsverkehr als die Harmonie zweier Seelen und die Berührung zweier Epidermen beschrieb, traf mit Eleganz die Wahrheit: die immense Beteiligung der Haut beim sexuellen Verkehr zweier Menschen. Tatsächlich ist in keiner anderen Beziehung die Haut so einbezogen wie beim Geschlechtsverkehr."[34]

Tiffany Field, die Leiterin des Touch-Research-Instituts an der medizinischen Fakultät der University of Miami in Florida, schreibt in ihrem Buch „Streicheleinheiten"[35]: „Für manche ist der wichtigste Aspekt der sexuellen Intimität der Körperkontakt. In einer statistischen Umfrage von Ann Landers antworteten 72 Prozent der 100.000 Teilnehmer auf die Frage ‚Wären Sie mit Nähe und Zärtlichkeit zufrieden und bereit, auf den sexuellen Akt zu verzichten?' mit Ja; 40 Prozent der Befragten waren unter vierzig.[36] Es wurde oft darauf hingewiesen, dass der Körperkontakt, besonders bei Frauen, ein sehr intimer Akt ist. Frauen haben in allen Lebensphasen, mit der Geburt beginnend, eine niedrigere Berührungs- und Schmerzschwelle als Männer, was erklären könnte, warum sie sensibler auf Körperkontakt reagieren. Jungen werden von klein auf weniger berührt, liebkost und auf den Arm genommen als Mädchen; vielleicht sind sie deshalb weniger empfänglich für Körperkontakt ohne sexuelle Komponente."

Saul Schanberg erklärte sogar: „Die Berührung ist zehnmal intensiver als der verbale oder emotionale Kontakt, und sie wirkt sich auf nahezu alle unsere Aktivitäten aus. Kein anderes Sinnesorgan stimuliert uns so sehr wie der Fühl- oder Tastsinn. Das war schon immer bekannt, aber wir haben uns nie bewusst gemacht, dass es dafür eine biologische Grundlage gab. Wenn sich die Berührung nicht gut anfühlte, gäbe es keine Artenvielfalt, keine Eltern, kein Überleben. Eine Mutter würde den Körperkontakt zu ihrem Baby nicht suchen, wenn sie keine Freude daran hätte. Wenn uns das Berühren und Erkunden des anderen nicht gefiele, gäbe es keinen Sex. Tiere, die instinktiv mehr Körperkontakt hatten, zeugten Nachkommen, die überlebensfähiger waren und mehr Energie besaßen; auf diese Weise vererbten sie die Neigung zum Körperkontakt, die sich dadurch immer stärker ausprägte. Wir vergessen, dass die Berührung nicht nur ein grundlegendes Bedürfnis, sondern der Schlüssel für das Überleben unserer Art ist."[37]

Die Berührung im Laufe der Entwicklung wurde von McAnarney dargestellt: Wie oft werden ein Säugling, ein Vorschulkind, ein Schulkind, ein Jugendlicher und ein Erwachsener berührt? Wie häufig von ihren Eltern und Verwandten? Wie oft von anderen Menschen, von sich selbst, von Freunden und Gleichgesinnten?

Gemäß einer Untersuchung von McAnarney 1984 erfahren vor allem Säuglinge, wie gut es ist, wenn andere sich nicht scheuen, einen zu berühren. Bis zur Pubertät lässt die Erfahrung, von anderen, vor allem von Menschen, die einem nahestehen, berührt zu werden, nach. Nur die Peer-Group hält hier noch – wenn vorhanden – den Berührungskontakt. Erwachsene erleben dann wieder mehr Berührung, und zwar von ihren Partnern und später auch von ihren Kindern – natürlich auch nur, wenn sie Partner oder Kinder haben!

Wie sieht es nun mit den Zusammenhängen zwischen Berührung, Hautkrankheit und Sexualität aus? Herman Musaph, einer der Pioniere der Psychodermatologie, sagte 1968: „Die Haut ist das Organ, welches im erotischen Vorspiel den sexuellen Kontakt initiiert und durch Berührung und Betrachtung dazu beiträgt, das sexuelle Verlangen anzuregen." Eine Studie von uns[38] zu diesem Thema erfasste per Fragebogen zur Sexualität 53 Menschen mit Psoriasis, 24 Patienten mit Neurodermitis und 52 gesunde Vergleichspersonen.[39] Erstaunlicherweise hatten alle Gruppen etwa gleichermaßen häufig Geschlechtsverkehr in letzter Zeit gehabt. Wie oft Hautkranke und Gesunde Zärtlichkeiten erlebt und ausgetauscht hatten, unterschied sich allerdings deutlich. Einen Orgasmus gaben die

Frauen, die unter einer Hautkrankheit litten, signifikant weniger an als die gesunden. Dagegen stellten Appelt und Strauß in ihrer Befragung nach Partnerschaft und Sexualität[40] deutliche Unterschiede in der Zärtlichkeit und sexuellen Gehemmtheit fest: Einerseits wurde das Bedürfnis nach Zärtlichkeit von den Menschen mit Schuppenflechte (Psoriasis) am höchsten angegeben. Auch die Neurodermitiker hatten ein wesentlich stärkeres Bedürfnis nach mehr Zärtlichkeit, als es bereits Gesunde auf den Fragebögen verrieten. Andererseits erwiesen sich die Hautkranken als sexuell bedeutend weniger gehemmt. Wir schlossen daraus, dass die eigenen, unerfüllten Wünsche nach Hautkontakt und Zärtlichkeit als bedrohlich erlebt werden können, weil sie die eigenen Grenzen zu gefährden scheinen. Daher wird möglicherweise das Verlangen nach mehr Nähe und zärtlichen Berührungen sexualisiert und vorwiegend in der geschlechtlichen Vereinigung befriedigt.

ICH BIN ICH UND MEINE HAUT IST MEINE HAUT, ODER?

EIN HAUTSYMPTOM IST SICHTBAR und wird daher sofort wahrgenommen – dies unterscheidet Hautsymptome wesentlich von den Symptomen anderer Organe, die nur mittelbar erlebt werden können. Diese Sichtbarkeit verändert die Beziehung zum eigenen Ich. Die veränderte Haut wird als Objekt, als vom Ich abgetrenntes Es angesehen. Dies drückt sich auch in der vorhin zitierten Aussage des Neurodermitis-Patienten aus, der sagte: „Durch leichtes Streicheln konnte ich *mich* bzw. die *Haut* so einigermaßen beruhigen". Das Selbst und die Haut werden plötzlich wie zwei für sich bestehende Objekte erlebt und behandelt.

Im Hinblick auf das Haut-Ich nach Anzieu stellt sich das Ganze noch etwas komplizierter dar: Die Haut und Persönlichkeit können sich verschieden zueinander verhalten. Im Normalfall wird sich die Haut in die Persönlichkeit integrieren. Dies ist in der Regel bei allen Hautgesunden der Fall. Bei Hautkranken kommt es aber häufig zu einer Konfrontation zwischen der Haut und der Persönlichkeit, so dass die Frage an den Patienten, wie es ihm gehe, folgendermaßen beantwortet wird: „Mir geht es gut, aber meiner Haut nicht"! Schließlich kann es sogar zu einer Nicht-Akzeptanz der eigenen Haut kommen, wie sie für selbstverletzendes Verhalten recht typisch ist. Hauterkrankungen können also dazu führen, dass die Haut als nicht zum Ich gehörig wahrgenommen und daher von der Gesamtheit der eigenen Persönlichkeit ausgeschlossen wird.

AM BEISPIEL NEURODERMITIS – EINER DER HÄUFIGSTEN HAUTERKRANKUNGEN ÜBERHAUPT

NEURODERMITIS BETRIFFT circa drei bis vier Millionen Menschen in Deutschland. In den letzten Jahrzehnten ist die Häufigkeit deutlich angestiegen. Es gibt einige Hypothesen, warum die Erkrankungen an Neurodermitis derart zugenommen haben. In diesen spielen vor allem Umweltfaktoren eine Rolle. Vielleicht ist aber auch die mangelnde Berührung, das heißt das nicht befriedigte Bedürfnis nach Hautkontakt, mit einer der Auslöser.

Will man die Zusammenhänge zwischen Hauterkrankung und Psyche angemessen beurteilen, ist es wichtig, zu bedenken, dass circa 40 Prozent aller Erkrankungen im Säuglingsalter auftreten, meist um den dritten Lebensmonat herum. Also scheint die Haut des Menschen gerade in der Zeit des Abstillens und Zufütterns krankheitsanfällig zu sein – in derjenigen Zeit also, in der das Immunsystem des Säuglings aufgebaut wird und der Säugling seine ersten Härteproben erlebt.

Was passiert bei solch einer Erkrankung im Säuglingsalter mit dem in dieser Phase üblichen häufigen Hautkontakt, mit der über die Berührung vermittelten Kommunikation? Selbst wenn wir einfachheitshalber einmal davon ausgehen, dass die Neurodermitis durchaus genetisch bedingt auftritt, so dass Mutter und Vater oftmals bereits mehr oder weniger mit dem Krankheitsbild vertraut sein mögen: Die Beziehung zwischen Eltern und Kind, das heißt, meist insbesondere von Mutter und Kind, ändert sich dramatisch! In der akuten Krankheitsphase wird die Mutter bzw. die Hauptbezugsperson versuchen, besonders aufmerksam zu sein. Sie wird sich darum bemühen, sich ihrem Kind und seiner Haut mit Liebe zuzuwenden und Linderung herbeizuführen. Es wird ihr dann schnell klar werden, dass dies nicht gelingt. Was sich einstellt, ist eine gewisse Frustration. Das Kind lernt sehr schnell, das Kratzen einzusetzen, damit sich die Mutter ihm zuwendet, es beachtet und belohnt. Es kann leicht dazu kommen, dass das Kind sich gebrandmarkt und stigmatisiert fühlt. Es spürt, dass etwas mit seiner Haut nicht stimmt – gerade weil die Erwachsenen dieser so viel Aufmerksamkeit schenken. Diese Aufmerksamkeit kann auch zu narzisstischen Entwicklungen des Kindes beitragen: Da die Eltern sich übermäßig mit dem Kind beschäftigen, beginnt es, sich selbst eine zu große Bedeutung beizumessen. Dass die Eltern dem Kind Erleichterung verschaffen wollen, dass sie ihre Beziehung zu ihm nur noch an der Hauterkrankung ausrichten, kann zu einer Dominanz des Kindes über die Eltern und ihre Reaktionen führen. Ein Test[41] konnte bei dreißig Vorschulkindern im Alter von 18 bis 48 Monaten mit Neurodermitis und bei zwanzig gesunden Kontrollkindern zeigen, dass der Erziehungsstil der Mütter von an Neurodermitis erkrankten Kindern sich von dem der Mütter von gesunden Kindern unterschied. Aus Sorge waren diese Mütter extrem nachgiebig. Ihre Versuche, die Kinder zu disziplinieren, waren daher wenig effektiv. Die Mütter empfanden sich als gestresst und müde. In einer weiteren Studie[42] wurde dieser Zusammenhang als eine Zunahme der Zahl herrschsüchtiger Kinder und unterwürfiger Mütter beschrieben.

Bei der chronischen Neurodermitis entsteht ein völlig anderes Bild. Das Kind erwartet nach wie vor die vermehrte Zuwendung, die aber durch die Bezugspersonen auf Dauer nicht mehr zu leisten ist. Vielleicht stellt sich sogar, je nachdem, wie sich die eigene innerpsychische Konfliktsituation der Mutter darstellt, bei dieser eine gewisse Ablehnung oder Aggressivität ein, da sie keine Möglichkeit hat, sich zu entlasten, und häufig das Dreieck, die Triangulierung aus Mutter, Vater und Kind, fehlt. Es kommt damit zwangsläufig gerade in einer Zeit, in der das Kind leicht verwundbar ist und sich die Bindungssicherheit bei ihm entwickelt, zu einer unklaren Situation. Das Kind kann kaum unterscheiden, ob es eine liebevolle, der Behandlung dienende Berührung oder eine ablehnende, juckreizauslösende und quälende Berührung einer nicht erfolgreichen Therapie erlebt. Es kratzt immer häufiger, traut der Bindung zur Mutter nicht, erfährt sie und ihre Nähe als unzuverlässig, ungewiss und fühlt sich nicht wirklich geschützt. So entstehen auf beiden Seiten Schuldgefühle. Nähe und Distanz regulieren sich nicht in ihrem natürlichen, für Mutter und Kind gesunden Sinne und führen somit zu Bedürfnis-, Abgrenzungs- und Liebeskonflikten.

Eleonora Pines[43] und Esther Bick[44] haben diese Problematik bei Neuro- dermitis-Patienten herausgearbeitet, indem sie die Probleme im Rahmen von Psychoanalysen wiederbelebt haben: Die Patienten übertrugen ihre Gefühle, Bedürfnisse, Wünsche und Rollenerwartungen aus der Kind- heit auf ihre Beziehung zum Therapeuten. Es fand also einerseits eine Übertragung der Mutter-Kind-Situation statt. Andererseits reagierte der Therapeut mit seinen Gefühlen, Wünschen und Erwartungen auf diese Übertragung des Patienten, das heißt mit einer Gegenübertragung. Auf- fallend war, dass die Übertragung von Seiten der Patienten häufig dazu führte, dass sie sich besonders angepasst verhielten. Der Therapeut hatte somit den Eindruck einer sehr erfolgreich verlaufenden Psychotherapie. Jedoch entwickelten die Patienten auf diese Weise keine Eigenständigkeit, sondern machten sich, indem sie alle Vorschläge oder vermeintlichen Erwartungen des Therapeuten erfüllten, zunehmend abhängiger von diesem.

Was passiert, wenn wir nicht sowieso schon die Situation einer Allein- erziehenden haben, in einem solchen Falle mit den Eltern? Der Vater, der dem Kind, das sich im Bauch der Mutter herausbildete, von ihr geboren und oft gestillt wurde, bereits weniger nahesteht als die Mutter, wird sich häufig noch mehr distanzieren. Damit bekommt die Mutter keine Chance, sich aus der durch die Krankheit bedingten Symbiose mit ihrem Kind zu lösen. Sie reagiert mit Hilflosigkeit oder/und Aggressionen, die ihr mehr oder weniger bewusst sind und die das Kind natürlich wahr- nimmt. In experimentellen Studien[45] konnte dies nachgewiesen werden. Insgesamt ergeben sich bei der Neurodermitis aus psychodynamischer Sicht ein Konflikt zwischen Nähe und Distanz, Probleme im Umgang mit der eigenen Scham und mit Ekel, eine unsichere Bindung sowie Schwierigkeiten in der Wahrnehmung von sich selbst, das heißt in der

Identitätsbildung bzw. der Ausbildung eines Ichs. Aus kognitiver, das heißt das Verhalten steuernder, und informationsverarbeitender, also verhaltensmedizinischer Sicht ergibt sich ein verändertes Verhalten im *Juckreiz-Kratz-Zirkel*. Außerdem ist die Hilflosigkeit eine typische Kognition. Die soziale Interaktion kann zudem leicht in eine soziale Angststörung übergehen. Das heißt: Der Kontakt zu anderen und der Umgang mit ihnen wird mehr und mehr durch die Angst vor Nähe, vor Berührungen und überhaupt vor sozialen Kontakten und einer engeren Beziehung bestimmt. Es kommt also insgesamt gesehen zu einem gestörten Verhältnis gegenüber sich selbst, der Umwelt und anderen Menschen. Denn natürlich stehen beim psychosomatischen Denken, das heißt bei einer Betrachtung des Zusammenspiels von Körper und Psyche, psychoanalytische und verhaltensmedizinische Theorien als Erklärungsmuster gleichwertig nebeneinander.

DIE HAUT GANZHEITLICH GESEHEN

FÜR DIE PSYCHOTHERAPIE ergibt sich aus einer psychosomatischen Sichtweise ein umfassendes, ganzheitlich Körper, Haut, Ich und Nicht-Ich erfassendes Vorgehen hinsichtlich einer Hauterkrankung wie der Neurodermitis. Nach einem ersten Kontakt zwischen Patient und Therapeut, einem ersten Gespräch zur Krankheit, erfolgt zunächst eine angemessene Behandlung der äußeren Symptome der Haut (das heißt eine topische Therapie, topisch = örtlich). Gleichzeitig setzt eine systemische Therapie ein, die ihren Schwerpunkt auf den sozialen Kontext legt. Es wird erfasst, wie der Patient Nähe und Distanz zu anderen Menschen regelt und inwiefern die Haut eine Rolle bei der Steuerung seiner Affekte spielt (auf symbolischer Ebene). Es folgt eine interaktionelle Diagnostik; das bedeutet, dass die Übertragung von Gefühlen und Erfahrungen des Patienten auf den Therapeuten und dessen Reaktion auf diese, also seine Gegenübertragung, in den Blick genommen werden: Welche biografische Bedeutung der Krankheit lässt sich aus den Interaktionen zwischen Patient und Therapeut ableiten? Es wird ein gemeinsamer Fokus der Therapie erarbeitet und dem Patienten die subjektive Dynamik seiner Erkrankung vermittelt. Anschließend ist es nötig, die (neuen) Erfahrungen, die der Patient mit seiner Krankheit und ihrer Dynamik macht, zu stabilisieren und eine Umsetzung der Erkenntnisse in den Lebensalltag in Gang zu setzen, die mit neuen Erfahrungen einhergeht, welche sich wiederum stabilisieren müssen, um dauerhaft wirksam sein zu können. So sieht zum Beispiel die psychodynamische Psychotherapie im Rahmen unserer stationären Behandlung aus.

WIE KOMMEN DIE GEFÜHLE IN DIE HAUT?

DIE PSYCHOTHERAPIE geht davon aus, dass die Haut Affekte reguliert. Doch wie ist das möglich? Wie können Emotionen in der Haut sichtbare Entzündungen hervorrufen? Wie kommen sie überhaupt dorthin? Verbinden wir sie, ihre Entstehung und Steuerung nicht normalerweise viel eher mit dem Gehirn?

Wie wichtig die Berührung in der frühen Phase der Entwicklung ist, haben uns die Versuche des Ehepaars Harlow gezeigt,[46] bei denen sich die Äffchen, die von ihren Müttern getrennt waren, nicht bei der Futter spendenden Drahtattrappe, sondern meist an der weichen Fellattrappe aufhielten. Die so durch die Trennung von Essen und Körperwärme veränderten Verhaltensweisen führten später meist zu Konflikten im sozialen Verhalten der Äffchen und sogar zu deren früherem Tod. Heute wird dieses Experiment in einer minimalen Form weitergeführt, indem die Äffchen nur noch mehrmals am Tag über eine Stunde von der Mutter getrennt werden: Man kann bei diesen Äffchen deutliche Veränderungen der Immunreaktion nachweisen.[47]

Wir wissen seit circa zehn Jahren, dass in der Haut zahlreiche Nerven nicht nur von der Haut wegführende (efferente), sondern auch zu ihr hinführende (afferente) Verbindungen haben.[48] Die Haut ist quasi durchsetzt mit Nervenverbindungen, und zwar bis in die obere Epidermis, also die oberste Lederhaut hinein.[49] Aber nicht nur das, es gibt enge und aktive Verbindungen zwischen immunkompetenten Zellen der Haut (zum Beispiel den Langerhans-Zellen, Mastzellen, Eosinophilen etc.), die Neuropeptide, also Nervenbotenstoffe, produzieren.[50] Auch der Zusammenhang zwischen Stress und Aktivitäten des Haut-Immunsystems kann inzwischen als gesichert angesehen werden.[51] Die Reaktionen der peripheren Nerven in der Haut werden bei Stress über das Rückenmark an entsprechende Gehirnregionen gesendet und dort in emotionalen Bereichen des Gehirns verarbeitet. Unsere Arbeitsgruppe zum Neuroimaging von Juckreiz konnte dies bei ihrem Versuch, den Nerven und dem Gehirn bei ihrer Arbeit zuzusehen (griech. *neuron* = Nerv, lat. *imaginare* = sich vorstellen), inzwischen nachweisen, zumindest für gesunde Personen.[52]

Die Haut bildet also mit dem Immunsystem und dem Gehirn ein Netzwerk, das sich wechselseitig beeinflussen kann.[53] In den Grundzügen ist somit heute die Verbindung zwischen der Haut und dem Hormon- und Immunsystem einerseits und dem affektiven System der Gefühle andererseits relativ klar verständlich, auch wenn noch viele Mosaiksteine fehlen, die aber im Moment intensiv erforscht werden.

Die Aktivitäten der Nerven gehen so weit, dass man heute bei der Neurodermitis von einer neurogenen, also nervlich bedingten Entzündung spricht und damit die uralte These der Namensgeber der Neurodermitis, Brocq und Jaquet, wieder aufgegriffen hat, die diese bereits 1891 aufgestellt hatten. Wenn man sich vorstellt, wie viele Nervenendigungen in der Haut tatsächlich aktiv sind und wie diese verschaltet sind, wird schnell klar, auf welche Weise und mit welcher Heftigkeit dieses Netzwerk funktioniert. Nun werden uns einige Störungen der Haut klarer, so beispielsweise Empfindungsstörungen der Haut (Dysästhesien) oder der Dermatozoenwahn (Derma = Haut, Zoon = Tier), bei dem die Patienten meinen, unter ihrer Haut befänden sich Würmer oder andere Tiere. Die Aktivitäten der Nerven erzeugen diese Fehlwahrnehmungen und reagieren auf sie wie auf eine wirkliche Bedrohung, so dass sich der falsche Eindruck noch aufschaukelt. Die Psychoneuroimmunologie, die sich mit dem Miteinander von Nerven und Psyche bei der Körperabwehr von Krankheiten beschäftigt, erweist sich nicht nur als ein spannendes Feld für neue Erkenntnisse hinsichtlich menschlicher Empfindungen, sie wird auch gerade bei Hautkrankheiten immer wichtiger.

MEIN KÖRPERTEIL, DIE HAUT, ODER MEIN HAUT-ICH?

AUF DER KÖRPERLICHEN SEITE der Hautkrankheiten haben wir als molekulare Grundlage unserer Reaktionen die Tätigkeiten der kleinsten Körperteilchen, der Nerven. Auf der psychischen Seite verfügen wir über die psychoanalytische Theorie des Haut-Ichs bzw. der psychischen Hülle nach Anzieu. Anzieu spricht von neun Funktionen des Haut-Ichs und stellt diesen neun körperliche Funktionen der Haut gegenüber:[54]

▸ Besitzt das Haut-Ich einen psychischen Zusammenhalt, so stützt die Haut als Körperteil das Skelett.

▸ Insofern dem Haut-Ich eine umfassende psychische Funktion zukommt, stützt die Haut als Organ die ganze Körperoberfläche.

▸ Erfüllt das Haut-Ich über sein Nerven-Netzwerk die Aufgabe eines Reizschutzes, so bildet die Haut als Körperteil eine Schicht, die vor Reizen aus der Umwelt schützt.

▸ Fungiert das Haut-Ich als ein individueller, psychischer Identitätsmarker, so ist die Haut eines jeden Menschen in ihrer körperlichen Erscheinung individuell.

▸ Lässt sich bei dem Haut-Ich von einer Intersensorialität sprechen, einem Zusammenspiel sinnlicher Erfahrungen, das das Ich psychisch prägt, so steht die Oberfläche des Organs Haut mit anderen Sinnen in Verbindung, wird gesehen, gerochen, gefühlt ...

▸ Hat das Haut-Ich eine wichtige Funktion in Bezug auf die sexuellen Energien und Empfindungen, so ist die Haut ein Körperteil, der die Entwicklung einer sexuellen Erregung grundlegend ermöglicht.

▸ Wird das Haut-Ich durch Reize psychisch mit Energie aufgeladen,[55] so versetzt die sinnliche Erfahrung des Organs Haut die Muskeln in eine Spannung (sensomotorischer Tonus der Haut).

▸ Nimmt das Haut-Ich die Funktion wahr, der Psyche die Spuren der Realität einzuschreiben, die durch den Tastsinn erfahren wurden, so erfährt das Organ Haut durch Berührungen eine direkte sinnliche Aufklärung.

▸ Vermag sich das Haut-Ich selbst zu zerstören, das heißt von einem

Selbst zu einem Nicht-Ich zu erklären, so ist es bei dem Körperteil der Haut genau umgekehrt. Indem das Nicht-Selbst, das Organ Haut, eine Auto-Immunfunktion gegen sich selbst entwickelt, das heißt Antikörper, die die Haut zerstören, gegen sich selbst richtet, wird es zum Selbst.

Stellen Sie sich folgendes Fallbeispiel aus meiner Praxis vor: Ein Kind bekommt von den Eltern einen für die Mutter eklig riechenden Teddy weggenommen. Dieser Teddy ist für es aber das, was die Psychologie ein Übergangsobjekt nennt. Das Kind hat sich den Teddy ausgewählt, um einen Raum zwischen sich und der Mutter zu schaffen und dadurch den Übergang von der frühkindlichen Beziehung zur Mutter zu einer reiferen Beziehung zu vollziehen. Dieses Phänomen tritt gewöhnlich zwischen dem vierten und zwölften Lebensmonat auf. Der Teddy wird nun erst einmal von der Mutter gründlich gewaschen. Damit ist er aber als Übergangsobjekt nicht mehr tauglich. Anstatt einen Raum zwischen dem Kind und der Mutter zu schaffen, ist der Teddy nun von der Mutter in ihren Raum mitgenommen worden. Die Mutter hat den Teddy zudem verändert – er ist also gar nicht mehr der Teddy des Kindes. Das Kind hilft sich in seiner psychischen Konfliktlage damit, dass es sich mit der Zunge leckt und damit wieder zu der Berührung kommt, die sonst der Teddy ermöglicht hatte. Dies Lecken hat allerdings eine Hauterkrankung zur Folge, ein dermatologisch therapieresistentes Leckekzem. Der Konflikt des Kindes lässt sich zum Glück durch zwei aufklärende Gespräche mit der Mutter relativ leicht beheben. Er bedarf in diesem Fall keiner langen Psychotherapie!

Das Fallbeispiel zeigt, wie der Verlust des Teddys für das Kind sowohl einen psychischen als auch einen körperlichen Verlust bedeutet. Erst beide Verluste gemeinsam führen zur Hauterkrankung. Die Erkrankung offenbart, als wie zentral in dem Konflikt des Kindes die Berührung der Haut anzusehen ist. Sieht man sich solche Beispiele an, überzeugt einen der Ansatz des Haut-Ichs. Er scheint tragfähig. Doch ob er in der Praxis tatsächlich Bestand hat und inwiefern psychosomatische Behandlungen mit Hautkranken hilfreich sein können, muss sich erst noch erweisen.

In der Literatur sind neben der Psychodynamischen Psychotherapie,

das heißt neben psychoanalytisch begründeten Verfahren, auch Therapien beschrieben worden, die mit Verfahren wie Berührung und Massage
sehr viel bei Hauterkrankungen erreicht haben. Diese Therapien stammen bisher fast ausschließlich aus der Arbeitsgruppe um Tiffany Field,
die Leiterin des Touch Research Instituts an der University of Miami/
Florida. Schauen wir uns zum Abschluss einige der Studien kurz an.[56]

1998 erschien das Paper einer Arbeitsgruppe zu einer Massagetherapie
bei Neurodermitis-Kindern durch ihre Eltern.[57] Die Eltern massierten
ihre Kinder parallel zur dermatologischen Therapie einen Monat lang
zwanzig Minuten pro Tag. Eine Kontrollgruppe erhielt eine Standard-
therapie. Nach einem Monat hatten die Kinder in der Massagegruppe
einen geringeren Angst-Level und hinsichtlich aller Symptome bessere
Ergebnisse: Rötung, Flechtenbildung (Lichenifikation), Schuppung/
Substanzverlust der Haut (Excoriationen) und Juckreiz. Es zeigte sich
auch, dass es mit dreißig Dollar pro Kind eine sehr kostengünstige Therapie war. Eine andere Studie untersuchte die Häufigkeit von Säuglings-
massagen bei der Bevölkerung Nepals. Es zeigte sich, dass 99 Prozent der
Neugeborenen mindestens einmal innerhalb von zwei Wochen nach der
Geburt massiert wurden und 80 Prozent mindestens zweimal am Tag.[58]
Da ist vor allem angesichts der Erkenntnis aus WHO-Studien bemer-
kenswert, dass nämlich Nepal im Ländervergleich eine der niedrigsten
Raten von Neurodermitis aufweist!

Beim Asthma konnte die Arbeitsgruppe um Tiffany Field[59] ähnliche Ergebnisse wie bei Neurodermitis zeigen: 32 Kindern mit Asthma
wurde eine Massagetherapie (jeden Abend für zwanzig Minuten vor
dem Zubettgehen für dreißig Tage) oder Entspannung zugewiesen. Die
Angst vor Asthma war in der Massagegruppe deutlich reduziert, die Aus-
atmungsgeschwindigkeit der Patienten, Peakflow genannt, besserte sich!
In unseren Neurodermitis-Schulungen, die inzwischen bundeseinheitlich
durch die Arbeitsgemeinschaft Neurodermitis-Schulung (AGNES) in
Deutschland qualitätsgesichert angeboten werden, können Eltern zu der
richtigen Eincremetechnik und Massage der Kinder angeleitet werden.[60]

DIE BEDEUTUNG DER PSYCHE BEIM JUCKEN
CHRISTINA SCHUT UND JÖRG KUPFER

EINEN JUCKREIZ, der sich nicht einfach abstellen lässt, so sehr man das auch möchte, kennt jeder: einer der Gründe, warum Mücken auch bei denen so unbeliebt sind, die nicht allergisch auf den Stich reagieren. Das Jucken ist schwer auszuhalten, man will kratzen und soll es nicht. Ähnlich wird der Juckreiz auch seit 1660 definiert. Damals beschrieb Samuel Hafenreffer den Juckreiz als eine unangenehme Empfindung der Haut, welche ein Kratzen verursache, oder besser: ein Verlangen danach.[61]

Juckreiz ist eine Reaktion der Haut, hervorgerufen durch unterschiedliche Ursachen wie zum Beispiel durch den Einsatz der Botenstoffe Histamin oder Cowhage.[62] Manchmal ist klar, was den Juckreiz ausgelöst hat, wie beim Mückenstich oder wenn das nackte Bein eine Brennnessel berührt. Hierbei spricht man von einem akuten Juckreiz. Wenn der Juckreiz aber sechs Wochen lang oder länger dauert, dann wird er als chronischer Juckreiz bezeichnet.[63] Manchmal[64] ist es auch unklar, was ihn herbeigeführt hat. Sowohl äußere als auch innere Faktoren können ihn bewirken und er ist ein Symptom verschiedener Krankheitsbilder. Obwohl der Juckreiz in vielem dem Schmerz ähnelt, ist er längst als eine eigene, vom Schmerz getrennte Sinneswahrnehmung anerkannt.

WIE VERBREITET IST DER JUCKREIZ?

ZUR HÄUFIGKEIT DES JUCKREIZES gibt es einige größere Untersuchungen. Mehr als 18.000 zu den typischen Merkmalen ihrer Haut befragte Norweger nannten den Juckreiz als häufigstes Symptom (8,4 Prozent), wobei Frauen häufiger betroffen waren als Männer.[65] Laut einer deutschen Untersuchung zum chronischen Juckreiz gaben 16,8 Prozent der arbeitenden Bevölkerung an, unter Juckreiz zu leiden. Ein weiteres Ergebnis der Studie lautete, dass ältere Menschen häufiger als junge chronischen Juckreiz verspüren.[66] Allerdings konnte eine nachfolgende Studie dieses Ergebnis nicht bestätigen.[67] Juckreiz scheint damit insgesamt ein häufiges Symptom zu sein. Es ist eines der Charakteristika der Haut, dass sie damit auf innere oder äußere Reize, das heißt auf Informationen der Umwelt oder des Körpers, reagiert. Je nachdem, welche Information sie von außen oder innen empfängt, juckt sie entweder einmalig nur für kurze Zeit oder immer wieder erneut bzw. fortdauernd.

JUCKREIZ – EIN ZEICHEN FÜR EINE HAUTERKRANKUNG ODER NICHT?

KENNEN BEREITS MENSCHEN mit gesunder Haut das Symptom Juckreiz gut, so Patienten, deren Haut krank ist, oft noch viel besser. Es gibt verschiedene Hautkrankheiten, bei denen der Juckreiz als das Hauptsymptom gilt. Eine davon ist Neurodermitis.[68] Bei ihr handelt es sich um eine chronische und wiederkehrende Hauterkrankung, die oft zusammen mit allergischen Erkrankungen wie Asthma oder Heuschnupfen auftritt.[69] Es ist erwiesen, dass Veranlagung und Faktoren der Körperabwehr bei der Entstehung der Neurodermitis eine Rolle spielen,[70] doch auch die Psyche ist nicht unwesentlich an dem Verlauf der Krankheit beteiligt.[71] Studien deuten darauf hin, dass in den letzten Jahren immer mehr Menschen an Neurodermitis erkranken, die meisten bereits im Säuglingsalter.[72]

Eine weitere Hautkrankheit, bei der Juckreiz zu 100 Prozent als Merkmal auftaucht, ist die Nesselsucht (Urticaria). Es bilden sich auf einmal juckende Quaddeln auf der Haut. Diese ähneln tatsächlich denen, die bei der Berührung mit Brennnesseln entstehen. Es kann einige Stunden dauern, bis die Quaddeln und ihr quälender Juckreiz wieder verschwunden sind. Treten die Quaddeln nur kurzfristig auf, so spricht man von einer akuten Nesselsucht (weniger als sechs Wochen). Bei wiederkehrenden Quaddeln, die länger als sechs Wochen auftreten, spricht man von einer chronischen Urticaria.[73] Auch bei der Schuppenflechte (Psoriasis) ist der Juckreiz ein wesentliches Merkmal, und zwar bei fast 90 Prozent der Patienten.[74]

Mit Juckreiz sind weitere Krankheitsbilder verbunden, und nicht immer handelt es sich um Hauterkrankungen. So geht beispielsweise die Magersucht bei 58 Prozent der Patienten mit einem Jucken der Haut einher. Auch bei einer seltenen Autoimmun-Erkrankung der Leber (primäre biliäre Zirrhose) kommt es zu Juckreiz. Hier gehört dieses Symptom in 80 bis 100 Prozent der Fälle zum Krankheitsbild. Bei Diabetes tritt Jucken gemäß Patientenaussage nur zu 3 Prozent auf, bei einer krankhaften Überfunktion der Schilddrüse (Hyperthyreose) bei 4 bis 7,5 Prozent der Patienten. Eine Erkrankung der Blutbildung im Rückenmark (Polycythaemia vera) geht in 48 Prozent der Fälle mit einem Jucken einher. Zu 25 bis 35 Prozent berichten Patienten mit „Morbus Hodgin", einem seltenen Tumor, der die Lymphknoten befällt, von Juckreiz. 7 Prozent der von diesem Tumor Betroffenen geben an, dass Juckreiz das einzige anfängliche Krankheitszeichen war. Außerdem nennen Patienten im Zusammenhang mit Eisenmangel juckende Haut häufig als ein Symptom.[75]

So begleitet der Juckreiz also eine Vielzahl von inneren Krankheiten. Doch sind Menschen mit ein und demselben Krankheitsbild in unterschiedlichem Maße von Juckreiz betroffen. Warum dies so ist, ist weitgehend unklar. Psychische Faktoren spielen hier sicherlich eine Rolle.

STRESS UND JUCKREIZ

NICHT IMMER IST ES DIE KRANKE HAUT, die den Juckreiz verursacht. Dass die Psyche durchaus mitwirkt, bekräftigen einige Studien.[76] Zunächst einmal interessiert, ob es gestresste Menschen mehr oder weniger juckt als nicht gestresste. In einer nicht auf ärztlichen Befunden basierenden Untersuchung, in der Daten von 316 Fragebögen gesammelt worden waren, war ein Juckreiz in den letzten sechs Monaten immer dann erheblich stärker wahrgenommen worden, wenn die Befragten sich gleichzeitig aufgrund eines besorgniserregenden Ereignisses als psychisch besonders belastet erlebt hatten.[77] Befragungen von Patienten mit Neurodermitis ergaben ebenfalls, dass sich durch Stress der Juckreiz verschlimmert.[78] Zu beachten ist dabei auch, dass Jugendliche mit geringer Selbstwirksamkeit (persönlicher Kompetenzeinschätzung) sich doppelt so oft an Juckreiz im Zusammenhang mit Stress erinnerten wie Jugendliche, die ihre Selbstwirksamkeit hoch einschätzten.[79]

In einer Studie von 1985[80] wurden zehn gesunde Männer in eine Stresssituation versetzt: Sie sollten eine Farbe, die ihnen gezeigt wurde, richtig benennen, während ihnen laut der Name einer anderen Farbe zugerufen wurde. Direkt vor Aufgabenbeginn und nach ihrer Beendigung wurde bei ihnen zudem Juckreiz hervorgerufen, indem Histamin gespritzt wurde. Stellten die Männer selbst zwischen ihrem erlebten Stress und der empfundenen Dauer des Juckreizes keine Verbindung her, so zeigte sich aber, dass einerseits der Anstieg des Stresshormons Adrenalin im Urin umso geringer war, je länger der Juckreiz dauerte, und andererseits das Adrenalin im Blut mit der Größe der Quaddel anstieg, die sich auf der Haut bildete.[81] In dieser Studie ließen sich also keine eindeutigen Ergebnisse zum Zusammenhang zwischen Stresshormonen und Juckreiz aufzeigen. Leider fehlt es bislang auch an weiteren derartigen, vor allem aktuelleren Untersuchungen.

Selbst bei Versuchstieren wurde bisher wenig mit Stressauslösern im Zusammenhang mit Juckreiz experimentiert. In einer Studie von 2012[82] erhielten Ratten eine Injektion mit juckreizauslösendem Serotonin. Im Anschluss wurden sie extremer Kälte oder Schwimmstress ausgesetzt, mussten sich in einem Laufrad bewegen oder wurden auf eine Rüttelplattform gesetzt. Dies waren alles Situationen, die für sie akuten Stress bedeuten. Doch nur der Schwimmstress veränderte das Kratzverhalten der Ratten. Sie kratzten sich auffällig weniger als die Ratten, die es ebenso juckte, die aber nicht auch noch schwimmen mussten. Was hier den Juckreiz bzw. das Kratzen minderte, ist am Ende nicht gesagt: der Schwimmstress oder das Wasser?

BEEINFLUSSEN PERSÖNLICHKEIT, EMOTIONEN UND ERWARTUNGEN DEN JUCKREIZ?

STRESS SCHEINT EINER DER FAKTOREN ZU SEIN, die das Jucken beeinflussen: Wie sieht es aber mit dem emotionalen Befinden aus? Eine holländische Studie hat diesen Zusammenhang an hautgesunden Frauen untersucht.[83] Die Autoren der Studie spielten den Frauen verschiedene Filmsequenzen vor und erzeugten im Anschluss Juckreiz mittels Histamin-Iontophorese. Die Frauen, die die Filmsequenzen traurig, ängstlich oder in anderer Weise emotional verstimmt hatten, verspürten intensiveren Juckreiz als die Frauen, die Filmausschnitte gesehen hatten, die sie froh gestimmt hatten.[84] Untersuchungen bei Hautpatienten legen zudem nahe, dass Gefühle wie Angst oder Niedergeschlagenheit eine verstärkte Juckwahrnehmung zur Folge haben. Wer eine kranke Haut hat und gleichzeitig emotional labil ist, den juckt es in besonderem Maße.[85] Bei Urticaria-Patienten ist Wut mit Juckreiz verbunden, bei Psoriasis-Patienten sind es depressive Stimmungen.[86]

In unserer Arbeitsgruppe wurde untersucht, inwiefern sich bei Neurodermitis- und Psoriasis-Patienten allein durch audiovisuelle Stimuli ein Juckreiz auslösen lässt.[87] Bilder, mit denen unangenehmer Juckreiz assoziiert wird, wie das Bild einer Mücke, verbunden mit entsprechenden Erläuterungen, erzeugten je nach Patientenpersönlichkeit mal mehr, mal weniger Kratzbewegungen. Neurodermitis-Patienten, denen es wichtig war, was andere von ihnen dachten, und die niedrigere Werte in einer Verträglichkeitsskala aufwiesen, kratzten sich häufiger als solche, denen wenig daran lag, was andere von ihnen hielten, und die höhere Werte in einer Verträglichkeitsskala aufwiesen.[88] Der Anstieg in der Juckreizintensität war zudem größer, wenn die Patienten höhere Werte in einer Depressionsskala zeigten.[89] Patienten mit Schuppenflechte kratzten sich ebenfalls, angeregt durch Bild und Ton, häufiger, wenn ihre Verträglichkeit niedriger war.[90] Persönlichkeitsmerkmale stehen also mit Juckreiz und Kratzen im Zusammenhang – zumindest ist dies bei Menschen mit chronischen Hautkrankheiten der Fall.

Auch Erwartungen im Hinblick darauf, dass bestimmte Stimuli zu Juckreiz führen, wirken sich auf das Kratzverhalten von Hautpatienten aus: In einer erst kürzlich von unserer Arbeitsgruppe durchgeführten Studie konnten wir zeigen, dass Hautpatienten, die zuvor keine Information dazu erhalten hatten, dass ihnen eine Juckreiz auslösende Situation bevorstand, sich mehr und länger in der Situation selbst kratzten als Patienten, die über den Effekt der Juckreiz-Stimuli aufgeklärt worden waren.[91] Ebenso zeigte sich, dass sich Hautpatienten, die aufgrund einer entsprechenden Vorgabe einen sehr intensiven Juckreiz erwarteten, mehr kratzten als Patienten, die den Juckreiz aufgrund der vorangegangenen Erklärung realistisch einschätzten.[92] Somit scheint weder das Bagatellisieren noch das Übertreiben des Symptoms im Umgang mit Juckreiz hilfreich zu sein.

Die Untersuchungen zum Thema *Psyche und Juckreiz* machen eines deutlich: Studien sollten nicht nur bei Hautgesunden, sondern auch bei Patienten mit chronischem Juckreiz durchgeführt werden. Denn einige der Studien kamen zu dem Ergebnis, dass bei Hautgesunden zwar ebenso wie bei Hautkranken Juckreiz durch entsprechende Bilder und Erklärungen ausgelöst werden kann, Zusammenhänge zu psychischen Variablen aber kaum nachweisbar sind.

EIN JUCKREIZ-MODELL

ZUR VERANSCHAULICHUNG des Zusammenspiels von Psyche und Juckreiz gibt es ein biopsychosoziales Modell des Juckreizes.[93] Dieses veranschaulicht verschiedene Komponenten, die bei der Juckreizentstehung und -aufrechterhaltung beteiligt sind. Das Modell geht davon aus, dass psychische ebenso wie soziale Faktoren den Juckreiz beeinflussen und sowohl beim Entstehen als auch bei der Aufrechterhaltung und Stärke des Reizes mitwirken. Auf der einen Seite des Modells steht der Juckreiz, auf der anderen Seite stehen zum einen innere Faktoren wie Persönlichkeitsmerkmale und Gefühle und zum anderen äußere Faktoren wie belastende Lebensereignisse und Situationen, die Stress erzeugen. Der Juckreiz auf der einen Seite wirkt sich einerseits auf die inneren und äußeren Faktoren der anderen Seite aus, verändert die Persönlichkeit und den Stress. Die internen und externen Faktoren wirken andererseits auf den Juckreiz ein. Dazu nutzen sie Vermittler. Dies sind Mediatoren und Moderatoren, die drei Bereichen zugeordnet werden können: zum Ersten der Ebene der sozialen Beziehungen, zum Zweiten der Ebene der eigenen Verhaltensweisen und zum Dritten der Ebene der persönlichen Gedanken und Denkweisen. Diese drei Ebenen hängen direkt mit den Körperreaktionen und Vorgängen im Körper zusammen, die nun wieder den Juckreiz verändern und erzeugen. Haben sie dies getan, beeinflusst der veränderte Juckreiz wiederum die inneren und äußeren Faktoren auf der anderen Seite des Modells. Ein Kreislauf ist in Gang gesetzt – ein Kreislauf zwischen Juckreiz, inneren und äußeren Faktoren, sozialen Beziehungen, Gehirn und Verhalten sowie körperlichen Vorgängen. So ist es möglich, dass eine aufgeschlossene, aber alleinerziehende Mutter (innerer Faktor, Persönlichkeitsstruktur), die es gewohnt ist, Hilfe bei anderen zu suchen (soziale Ebene), beim Fahrradunfall ihres Sohnes (äußerer Faktor) ihre beste Freundin bittet, mit ihr und ihrem am Kopf schwer blutenden Sohn ins Krankenhaus zu kommen (Verhaltensebene), weil sie denkt (kognitive/gedankliche Ebene), dass alles zu zweit leichter zu ertragen ist, und daher zwar körperlich auf den Schock mit erhöhtem Blutdruck und Zittern reagiert (Vorgänge im Körper), aber in einer Weise, die sie kontrollieren kann. Einen zudem vorhandenen Juckreiz nimmt sie kaum wahr. So verändert er auch kaum ihr Auftreten. Eine andere Person, die eher dazu neigt, belastende Situationen zu einer Katastrophe werden zu lassen, und schnell sowohl körperlich als auch psychisch überreagiert, würde in dieser Situation möglicherweise kaum fähig sein, jemanden um Hilfe zu bitten, und den Juckreiz zusätzlich als Belastung erleben, wodurch dieser sich verstärken könnte.

Dass Faktoren wie Stress körperliche Reaktionen wie die Ausschüttung von Neuropeptiden auslösen, ist mittlerweile erforscht.[94] Dass solche Körperreaktionen das Empfinden für den Juckreiz verändern, ist nachvollziehbar. Unserer Meinung nach ist das aber nicht alles. Der Juckreiz selbst führt einen Kreislauf herbei. Er kann beispielsweise dazu beitragen, dass sich Katastrophengedanken verstärken. Er kann Stress erhöhen oder verursachen, so dass jemand, der sich eben noch höchst zufrieden fühlte, nun unzufrieden mit sich und der Welt ist.

JUCKREIZ-KRATZ-ZIRKEL

JUCKREIZ ALS SOLCHER ist belastend und reduziert die Lebensqualität des Patienten.[95] Neben diesen Folgen ist insbesondere die Kratzreaktion heikel. Das Kratzen wirkt immer nur kurzzeitig, so dass es sein kann, dass das Bedürfnis zu kratzen wieder da ist, kaum dass man mit dem Kratzen aufgehört hat. Das Kratzen, das als kurze Maßnahme Juckreiz durchaus lindert, wird problematisch, sobald es andauert. Ständiges und intensives

Kratzen vermag Entzündungen zu verstärken,[96] anstatt zu schwächen, und die Haut zu reizen und somit neue Juckreizattacken auszulösen, anstatt zu beruhigen.

WAS LINDERT DEN JUCKREIZ?

DA DER JUCKREIZ viele verschiedene Ursachen haben kann, gilt es, diese erst einmal differentialdiagnostisch zu klären – das heißt, die bestehende Erkrankung oder den tatsächlichen Ursprung des Juckreizes von Erkrankungen mit ähnlichen Symptomen abzugrenzen. Ähnlich wie beim Schmerz ist die Behandlung des akuten Juckreizes, bei dem die Auslöser bekannt sind (Insektenstich, zu trockene Haut), meist einfacher als die des chronischen Juckreizes. Bei chronischem Juckreiz sollte neben einer Therapie der körperlichen Grunderkrankung auch immer an eine unterstützende psychotherapeutische Behandlung gedacht werden.

Wie aber lässt sich der durch den Juckreiz entstandene Teufelskreis durchbrechen? Was tun, um die Beschwerden und das Kratzen abzuschwächen? Es existieren verschiedene psychotherapeutische Techniken, die bei vielen Erkrankungen mit chronischem Juckreiz zur Behandlung geeignet sind und den Juckreiz lindern.[97] So verhelfen Entspannungsverfahren und Stressbewältigungstrainings, Habit-Reversal-Trainings oder eine Kombination der Verfahren zu einem gelasseneren Umgang mit Juckreiz. Und das allein kann bereits den Teufelskreis durchbrechen.

Ein Habit-Reversal-Training hat das Ziel, gewohntes Verhalten umzukehren und zu verändern. Bei dieser psychologischen Maßnahme geht es vor allem darum, das eingespielte Reagieren auf den Juckreiz in ein entgegengesetztes Verhalten umzukehren. Zu einer solchen Schulung gehort das Erlernen bestimmter Techniken. An vorderster Stelle steht die Technik, in dem Moment, in dem sonst gekratzt wird, ganz bewusst etwas anderes zu tun. Das Kratzen wird also durch eine andere, ebenso konkrete Handlung ersetzt.[98] Der eine ballt in dem Moment die Faust, in dem er sonst kratzen würde, der andere legt seine Hand auf die Schulter. Weitere Kratzalternativen, die erlernt werden können, sind das Kühlen und das Eincremen der juckenden Hautstelle.[99] Bei derartigen

Ersatzhandlungen wird die Hautstelle zwar nicht gekratzt, aber dennoch berührt und angeregt – nur durch einen Kontakt, der ihr guttut, anstatt sie zu belasten. Außerdem kommen beim Habit-Reversal-Training Entspannungsübungen zum Einsatz. Der Entspannung dienen Techniken wie autogenes Training oder progressive Muskelentspannung (PMR).[100] Bei der progressiven Muskelentspannung werden nacheinander einzelne Muskelgruppen erst an- und dann entspannt. Auch ist bei Patienten, deren Gedanken zum Juckreiz sich schnell zu Katastrophen steigern, ein Kognitionstraining denkbar. Dieses wirkt darauf hin, die eingespielten Gedanken durch andere zu ersetzen.[101] Hierbei könnte das Ziel sein, den Juckreiz verursachende und stärkende Gedanken zunächst festzustellen, diese durch entgegengesetzte Gedanken zu ersetzen und letztere einzuüben. Ein Gedanke wie: „Gleich juckt es mich bestimmt wieder!", wäre beispielsweise gegen einen Gedanken wie: „Im Moment juckt es nicht und das ist gut so!", auszutauschen.

Diese psychologischen Interventionen durchbrechen nicht nur den Juckreiz-Kratz-Zirkel, sondern verbessern auch den Krankheitsverlauf. Bisher wurden sie vor allem bei spezifischen Krankheitsbildern wie Neurodermitis eingesetzt.[102] Da Juckreiz aber aufgrund ganz unterschiedlicher Erkrankungen entstehen kann, wäre es sinnvoll, psychologische Interventionen gegen Juckreiz krankheitsunspezifisch zu erarbeiten und als Training anzubieten.

FAZIT

JUCKEN IST EINE UNANGENEHME EMPFINDUNG und oft unerträglich. Es ist jedoch in vielen Fällen eine ganz normale Reaktion, die keinen Arztbesuch und keine Behandlung benötigt. In anderen Fällen liegen ihm jedoch Erkrankungen zugrunde. Das können sehr unterschiedliche Krankheitsbilder sein. Es ist wichtig, sich für die Untersuchungen und Patientengespräche Zeit zu nehmen. Oft sind am Juckreiz auch psychische Faktoren beteiligt. Emotionen und Patientenpersönlichkeit tragen wesentlich zum Juckreizerleben bei. Daher kann es für eine Behandlung wichtig sein, nicht nur eine entsprechende körperliche bzw. somatische Therapie einzuleiten, sondern dem Juckreiz mit Entspannungsübungen und anderen psychologischen Techniken entgegenzuwirken – Techniken, die auch die üblichen, auf den Juckreiz bezogenen und ihn verstärkenden Verhaltensmuster und Denkstile verändern.

WAS DIE HAUT KRANK MACHT

NEURODERMITIS – ES JUCKT OHNE ENDE
GABRIELE RAPP UND KLAUS-MICHAEL TAUBE

DIE NEURODERMITIS ist eine chronische Erkrankung, die in Schüben auftritt und deren Entstehung sich vielen verschiedenen Faktoren verdankt (eine chronisch rezidivierende Krankheit mit multifaktorieller Genese, wie der Fachmann es ausdrückt). Trotz aller Fortschritte in der Medizin stellt die Behandlung von Patienten mit Neurodermitis weiterhin eine große Herausforderung für Kinderärzte, Haut- und Hausärzte dar. Die Betroffenen müssen sich in verschiedenster Weise im täglichen Leben mit ihrer Erkrankung auseinandersetzen und versuchen, all das, was sie an Lebens- und Identitätsveränderung mit sich bringt, zu bewältigen: eine Aufgabe, die alles andere als leicht zu leisten ist. Insbesondere die Sichtbarkeit der Hauterscheinungen für die Umwelt, die Stigmatisierung – das Gebranntmarktsein sozusagen, das damit einhergeht – und auch der quälende Juckreiz erzeugen einen starken Leidensdruck. Besorgniserregend ist, dass die Neurodermitis in Westeuropa, Nordamerika und Japan in den letzten Jahren zunimmt. Der Anteil der Kinder und Jugendlichen mit Neurodermitis beträgt hier inzwischen 15 bis 20 Prozent, während die Rate in den 1950er- und 1960er-Jahren im Vorschulalter nur bei etwa 2 bis 3 Prozent lag.

WIE DEFINIEREN DIE WISSENSCHAFTLER DIE KRANKHEIT?

DIE NEURODERMITIS (auch endogenes Ekzem, atopische Dermatitis genannt) ist eine immunologische, das heißt, mit Abwehrreaktionen des Körpers zusammenhängende, chronische oder chronisch-rezidivierende, nicht ansteckende Hauterkrankung, die mit verschiedenen klinischen Bildern und in unterschiedlichen Ausprägungen vorkommt und meist mit quälendem Juckreiz einhergeht.

Zusammen mit dem allergischen Asthma und dem Heuschnupfen (der allergischen Rhinitis) zählt die Neurodermitis zu den sogenannten atopischen Erkrankungen. Der Begriff Atopie (griechisch: atopos; fehl am Platz, unziemlich) bezeichnet die Überempfindlichkeit gegenüber alltäglichen Einwirkungen – der Körper entwickelt die Symptome im Kontakt mit ansonsten harmlosen Substanzen. Diese Symptome, Atopiestigmata, sind charakteristische Befunde, die auf eine Neigung des Körpers, überempfindlich zu reagieren (Diathese), hinweisen und dem Hautarzt die Diagnose des atopischen Ekzems erleichtern.

Zu den wichtigsten Atopiestigmata zählen eine Verminderung der Talgabsonderung der Hautporen, die trockene Haut zur Folge hat (Sebostase), die Unverträglichkeit von Schafwolle oder rauen Fasern, die verstärkte Bildung von Linien auf Handflächen und Fußsohlen (Hyperlinearität), die Dennie Morgan-Falte, bei der es sich um eine doppelte Unterlidfalte handelt, das Fehlen oder Sich-Ausdünnen der seitlichen Augenbrauen (Hertoghe-Zeichen), der pelzkappenförmige Haaransatz, eine Gesichtsblässe, dunkle Augenringe (halonierte Augen), die Entstehung von weißen Zeichen auf der Haut (weißer Dermographismus; nach kurzem festen Streichen über die Haut kommt es infolge der durch den Druck erzeugten Verminderung der Durchblutung zu einer lokalen Verengung der Blutgefäße) sowie die umgangssprachlich sogenannte Reibeisenhaut, eine Störung der Verhornung der Haarfollikel, in die die Talgdrüsen münden (Keratosis follicularis/pilaris), insbesondere an den Oberarmen und -schenkeln.

WIE WIRD DIE ERKRANKUNG IM KÖRPER ERZEUGT, WIE VERLÄUFT SIE?

BEI PATIENTEN MIT NEURODERMITIS ist von einer genetischen Veranlagung auszugehen. Zusätzlich sind verschiedene Besonderheiten psychoneuroimmunologischer Art wissenschaftlich beschrieben worden: Studien haben Zusammenhänge zwischen Psyche, Nerven und dem Immunsystem des Körpers auf der Ebene der kleinsten Körpereinheiten festgestellt.

Um körperfremde Stoffe abzuwehren, hat unser Körper verschiedene Möglichkeiten. So besitzt er eine Vielzahl von Abwehrzellen, die normalerweise dafür sorgen, dass wir nicht krank werden. Zur Bekämpfung von Viren und Bakterien verfügt er über eine sogenannte *humorale Immunantwort*. Diese findet in den Körperflüssigkeiten statt, so unter anderem also im Blut und in der Flüssigkeit der Lymphgefäße. Patienten mit überempfindlichen Reaktionen (Atopien) wie bei der Neurodermitis weisen in erhöhtem Maße spezifische Th2-Helferzellen auf. Th2-Helferzellen sind Zellen, die die Körperabwehr der Körperflüssigkeiten (die humorale Immunität) hervorrufen. Th1-Helferzellen sind diejenigen, die hingegen die Körperabwehr der Zellen (zelluläre Immunität) betreffen. Eine Verschiebung der Th1/Th2-Helferzellen-Balance zugunsten von Th2-Helferzellen wird als ein Mechanismus der allergisch-entzündlichen Reaktion bei Neurodermitis angesehen. Dadurch werden vermehrt Mastzellen aktiviert, die sofort verstärkt Histamin ausschütten. Histamin ist bekannt dafür, Juckreiz, Entzündsreaktionen und allergische Reaktionen zu erzeugen – genau die Symptome also, die bei Neurodermitis-Patienten zu beobachten sind. Es ergibt sich hiermit ein schlüssiger Erklärungszusammenhang auf kleinster Körperebene.

Auch der *Kortisolhaushalt* ist an der Verschiebung der Th2-Helferzellen beteiligt. Interessanterweise konnte belegt werden, dass chronischer Stress der Mutter, welcher bei ihr zu einem erhöhten Kortisollevel führt, Auswirkungen auf das sich entwickelnde Immunsystem des sich entwickelnden Säuglings hat. Der vermehrte Stress der Mutter erzeugt bereits in der Schwangerschaft beim Fetus einen Helferzellenwechsel von Th1 zu Th2. Dieser erhöht bei einem erblich in Hinsicht auf Neurodermitis vorbelasteten Kind die Wahrscheinlichkeit, dass die Erkrankung tatsächlich ausbricht. Grundsätzlich bestätigte die Forschung eine mit Stress zusammenhängende Verschiebung vom Th1- zum Th2-Immunphänotyp bei allergischen und asthmatischen Erkrankungen: Bei Stress ändert sich das Erscheinungsbild des Immunsystems; es entsteht sozusagen ein Th2-Typus.

Bei an Neurodermitis erkrankten Kindern konnte unter Stressbelastung eine verminderte Ausschüttung von freiem Kortisol nachgewiesen werden. Sie antworten auf psychosozialen Stress mit einem verminderten antientzündlichen Schutz. Das heißt: Streiten Kinder mit Neurodermitis mit ihrer Mutter, was sowohl ihre Psyche als auch ihre Beziehung zur Mutter belastet, reagiert ihr Körper auf diesen Streit leichter mit Entzündungen als bei Kindern, die keine Neurodermitis aufweisen.

Und dann gibt es da noch das *vegetative Nervensystem,* das unter anderem für Blutkreislauf und die Herztätigkeit zuständig ist. Welche Rolle spielt dieses bei Entstehung und Verlauf der Neurodermitis? Wie reagiert es? Paradoxerweise werden mechanische Reize an der Haut von Menschen mit Neurodermitis – Reize, wie sie beispielsweise beim Kratzen entstehen – nicht wie üblich rot, sondern weiß. Dieser weiße Dermographismus lässt sich durch Blockaden im beta-adrenergen System erklären. Die Stresshormone Adrenalin und Noradrenalin helfen dem Körper, sich an Belastungen anzupassen. Sie binden normalerweise an Betarezeptoren an, die der Körperentspannung dienen und die lokale Durchblutung steuern. Eine Blockierung dieser Anbindung beeinträchtigt die Funktion der Betarezeptoren, die Hormone können nicht mehr wirken. Unter erhöhtem Stress kommt es aufgrund dieser Vorgänge zu einer verminderten Durchblutung der Haut, zur Zusammenschnürung der Blutgefäße und, damit verbunden, zu weißen statt roten Hautzeichnungen und Schädigungen des Hautgewebes.

Stress reduziert außerdem bei Neurodermitikern die antimikrobielle Abwehr der Haut, die das Wachstum von Mikroorganismen wie Bakterien hemmt. Indem Stress die Synthese und Ausschüttung von Peptiden hemmt, wird die Haut für Entzündungen empfänglich. Das zeigt sich dann klinisch im Krankheitsbild, zum Beispiel in von Herpesviren infizierten, entzündeten Hautflächen.

Die Substanz P ist ein Schlüsselbotenstoff für vom Nervensystem ausgehende Entzündungen und Juckreiz. Studien stellten fest, dass der Spiegel der Substanz P bei Neurodermitispatienten sowohl während der Verschlechterung als auch während des Rückgangs signifikant höher war als bei nicht an Neurodermitis erkrankten Kontrollgruppen. Stress kann somit durch die Substanz P Hautentzündungen und eine Hautverschlechterung verursachen.

Patienten mit Neurodermitis weisen Veränderungen in allen der Wissenschaft bekannten Stressachsen auf. Die Forschung findet bei Neurodermitis-Erkrankungen Funktionsstörungen im Bereich der Körperabwehr sowohl der Zellen als auch der Körperflüssigkeiten, eine verminderte Produktion von antimikrobiellen Peptiden sowie Störungen des vegetativen Nervensystems, der Schweißabgabe und der Talgproduktion – um nur einige der bekannten Defekte innerhalb der körperinternen Vorgänge, die bei Neurodermitis-Patienten ermittelt wurden, zu nennen.

GEFANGEN IM TEUFELSKREIS VON STRESS UND HAUTENTZÜNDUNG

DIE KRANKHEITSSCHÜBE WERDEN von Faktoren provoziert, die unter anderem physikalisch, hormonell, neurovegetativ – und das individuell sehr unterschiedlich – ausgeprägt sein können. Physikalisch kann zum Beispiel die Kleidung den Schub erzeugen: weil sie rau ist oder auf andere Weise Körper und Psyche irritiert. Der luftdichte Verschluss von Hautteilen, wie wir ihn von Verbänden kennen, zum Beispiel beim Tragen von Handschuhen, Schwitzen ebenso wie Kälte oder niedrige Luftfeuchtigkeit können den Schub nach sich ziehen, doch ebenso allergische Reaktionen auf Hausstaub, Pollen oder Lebensmittel wie Nüsse, Intoleranzreaktionen auf Stoffwechselprodukte wie Fruchtzucker, hormonelle Faktoren, lokale Infekte, systemische Erkrankungen und neurovegetative Faktoren einschließlich belastender Lebensereignisse und Stresseinflüsse.

Die Hautentzündung kann verstärkt werden und die Erkrankung entsprechend in einem Teufelskreislauf enden:

Juckreiz ist ein zentrales Symptom des Ekzems. Er kann von einer gestörten Hautbarriere herrühren, das heißt einem Defekt in der Schicht, die die Haut vor Austrocknung schützt. So kommt es zu einem Wasserverlust der Haut, sie wird trocken. Die trockene Haut juckt und es wird gekratzt. Dieses Kratzen verletzt die Haut, weshalb sie ihre Abwehr aktiviert. Sie produziert Signalproteine (Zytokine, Chemokine), die die weißen Blutkörperchen rekrutieren. Diese treten nun, kaum kommt die Haut mit irritierenden Dingen und eindringenden Kleinstorganismen in Berührung, in Aktion. Der Barrieredefekt der Haut begünstigt die Irritationen und das Eindringen von Mikroorganismen. Die aus diesen Vorgängen resultierende, erweiterte Hautentzündung sowie emotionaler Stress verstärken wiederum den Juckreiz. So schließt sich der Kreislauf, der auf Abbildung 1 dargestellt ist, das Ekzem bildet sich aus, die Haut ist krank, der Patient leidet unter Neurodermitis, reagiert gestresst, kratzt, das Ekzem entwickelt Schübe und breitet sich aus.

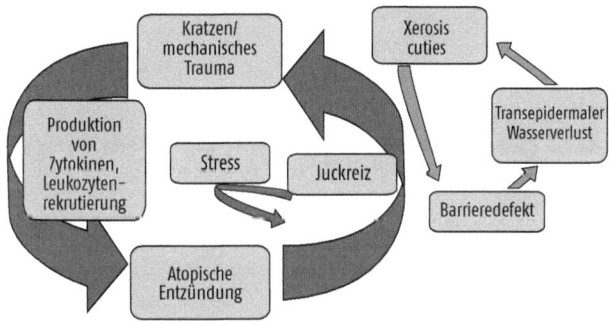

Abbildung 1: Kreislauf von Juckreiz und der Ausbildung einer atopischen Entzündung (zum Beispiel Neurodermitis)

WAS SIND DIE SYMPTOME?
WIE SIEHT DAS KRANKHEITSBILD AUS?

DAS KRANKHEITSBILD ist je nach Lebensalter ein anderes. Der ausgeprägte Juckreiz ist jedoch bei den Patienten jeden Alters ein Hauptsymptom, eins, das also alle fast ausnahmslos belastet. Das Ekzem schädigt und entstellt die Haut in unterschiedlichem, oft kaum vorstellbarem Maße. Die Haut ist rissig und schuppig, kann anschwellen, nässen und Blasen bilden, Pickelchen entwickeln, die sich beim Kratzen öffnen. Die Haut brennt, ist empfindlich, rot, fleckig, ein- und aufgerissen und zudem aufgrund des Kratzens verkrustet.

Im Säuglingsalter sind typischerweise neben dem Kopf (sogenannter Milchschorf) Arme und Beine und auch der Körper befallen, nur der Windelbereich ist oft ausgespart. Im Erwachsenenalter überwiegt das Ekzem in den Körperbeugen von Armen und Beinen. Häufig setzt es sich auch am gesamten Kopf-, Hals- und Schulterbereich fest (Head-neck-shoulder-Dermatitis).

Ab dem 3. Lebensjahrzehnt kann es zu kleinknotigen Veränderungen kommen, meist an den Armen und Beinen. Kopfschuppen treten auf. An den Ohrläppchen finden sich oft eingerissene Hautstellen, umgangssprachlich auch Schrunden genannt. Die Lippen fälten und entzünden sich zusammen mit der Haut drumherum. Die Mundwinkel reißen sehr schmerzhaft ein. Unter einem trockenen Ekzem an Finger- oder Zehenkuppen (Pulpitis sicca) leiden vor allem Kinder, und zwar vorwiegend im Winter. Bei Erwachsenen gehören Ekzeme mit juckenden Bläschen an Hand- und Fußflächen sowie an den seitlichen Fingerrändern zum typischen Krankheitsbild. Mit zum Krankheitsbild gehört, dass die Anfälligkeit für Infektionen sich erhöht. Häufige Infektionen kommen also auch noch zu den vielen Beschwerden mit hinzu.

PSYCHOSOMATIK, STRESS UND NEURODERMITIS

„STRESS GEHT UNTER DIE HAUT." Diese Redewendung ist inzwischen wissenschaftlich fundiert und zeigt sich auch in der täglichen Praxis. Neurodermitiker gehören zu den dermatologischen Patienten, deren

Lebensqualität am meisten beeinträchtigt ist. Sie denken häufiger an Suizid als Hautgesunde, weisen erhöhte Angstwerte und mehr depressive Symptome auf. Dabei zeigt sich ein Zusammenhang zwischen der Krankheitsschwere und den psychischen Belastungen. Stärker betroffene Neurodermitiker wollen häufiger nicht mehr leben als leichter betroffene Patienten und zeigen insgesamt stärkere Angst- und Depressionsausprägungen.

Subjektiv steht bei Patienten der als quälend erlebte Juckreiz im Vordergrund. Die Intensität hängt wiederum von der subjektiv empfundenen Belastung ab und erhöht sich bei emotionaler Erregung, genauer gesagt: bei Wut, Ärger, Aufregung, sogar, aber seltener auch bei Freude. Wer in der Nacht vor Jucken und Kratzen kaum schläft, der spürt am Tag den Schlafverlust: Aufmerksamkeit und Konzentrationsfähigkeit sind geschwächt. Wieder ist ein Teufelskreis in Gang gesetzt, dieses Mal einer, der sich sozial auswirkt. Denn Müdigkeit und Leistungsabbau beeinträchtigen die Beziehungen einerseits und die beruflichen Leistungen andererseits. Es folgen Probleme in Freizeit und Beruf, Resignation, depressive Verstimmungen, Angstreaktionen und in der Folge die Verschlimmerung der Erkrankung.

Etwa bei einem Drittel der Patienten lässt sich eine Aktivierung der Neurodermitis durch Stress nachweisen. Die Verschlechterungen sind durch Lebensereignisse und psychosoziale Probleme (sogenannte *daily hassles*, also kleinere, alltägliche Unannehmlichkeiten und Ärgernisse, Mikrostressoren des Alltags) beeinflusst. In testpsychologischen Untersuchungen zeigten sich immer wieder erhöhte Werte im Bereich der emotionalen Labilität, verbunden mit Nervosität, Überempfindlichkeit, Ängstlichkeit und Erregbarkeit (Neurotizismuswerte), sowie ein unangemessener Umgang mit Stress. Dass die Tendenz zur ängstlichen Grundstimmung und psychische Belastungsfaktoren sich negativ auf die Neurodermitis auswirken, ist ebenso oft zu lesen, wie dass eine negative Haltung und Kommunikation die Krankheit verschlechtert. Das bewusste Wahrnehmen und Steuern alltäglicher Aggressionen ist häufig gehemmt, was sich in einer depressiven Gespanntheit und leichten Reizbarkeit zeigen kann. Dadurch entstehen wiederum eine erhöhte Stressbelastung und weitere Störungen der Krankheitsbewältigung.

Eine charakteristische Persönlichkeitsauffälligkeit wurde bisher jedoch nicht gefunden, Patienten mit Neurodermitis bilden keine einheitliche Gruppe. Insbesondere hinsichtlich einer Psychotherapie ist es somit nicht sinnvoll, den Neurodermitiker einem bestimmten psychodynamischen Modell oder einem Persönlichkeitstypus zuzuordnen.

KRANKHEITSBEWÄLTIGUNG UND LEBENSQUALITÄT

WENN PATIENTEN FRAGEN, was sie denn selbst beisteuern können, um die Lebensqualität zu steigern und den Juckreiz zu lindern, ist schon ein großer Schritt getan. Die Patienten sind dann bereit und motiviert, im Rahmen ihrer Möglichkeiten selbst Verantwortung für die Erkrankung und deren Bewältigung mit zu übernehmen. Es stehen dem Patienten mit Unterstützung des Arztes nun verschiedene Möglichkeiten zur Verfügung, die Krankheit besser zu bewältigen und wieder zu einer besseren Lebensqualität zu gelangen: weniger an die Krankheit und mehr an das zu denken, was einem guttut und Freude bereitet, noch immer und auch mit der Krankheit. Juckreiztagebuch, Informationsblätter und Entspannungverfahren gehören zu dem, was der Arzt als Hilfe zur Bewältigung der Krankheit kennen und dem Patienten vermitteln kann.

JUCKREIZTAGEBUCH

UM DINGE WEDER UNTER- NOCH ÜBERZUBEWERTEN, sie gut einschätzen, an ihnen arbeiten und sie verändern zu können, muss man sie erst einmal bewusst wahrnehmen und so sehen, wie sie sind. Ein Tagebuch gibt die Chance, Ereignisse und Entwicklungen zeitnah zu benennen, wahrzunehmen und zu reflektieren. So ist das Ziel eines Juckreiztagebuches, dass der Patient achtsam wahrnimmt, wann der Juckreiz auftritt, und möglicherweise Zusammenhänge zu Gefühlen und Empfindungen, die er hat, oder auch zu seinen Gedanken und Überlegungen erkennen kann. Tabelle 1 (Seite 89) zeigt, wie das Gerüst, das Raster aussehen kann, nach dem ein Neurodermitis-Patient beginnt, sein eigenes Juckreiztagebuch zu führen.

Datum Zeit	Stärke Dauer	Situation Ereignis	Gedanken Überlegungen	Gefühle Empfindungen	Abhilfe Strategien

Tabelle 1: Raster zur Führung eines Juckreiztagebuches

Die über das Juckreiztagebuch gewonnenen Erkenntnisse eröffnen dem Patienten die Möglichkeit, Gewohnheiten oder Situationen wahrzunehmen, die bei ihm zur Zunahme des Juckreizes führen. Er kann versuchen, diese zu verändern, oder sie auch erst einmal nur in einer Psychotherapie besprechen und sich dann mit der Unterstützung eines Therapeuten an die Veränderung wagen. Meist sind die Patienten anfangs skeptisch, wenn ihnen ein Arzt vorschlägt, solch ein Tagebuch zu führen. Doch lassen sie sich darauf ein, so sehen sie im Verlauf von Wochen und mit dem ihnen mitgeteilten Wissen, dass der Juckreiz und insbesondere die Entzündungszeichen verzögert auftreten können, dass es Zusammenhänge gibt, die sie bisher so nicht wahrgenommen haben. Sie sehen auf einmal Beziehungen, die zwischen der Entwicklung des Juckreizes und ihrer aktuellen Situation und ihrem subjektiven Erleben und Beurteilen dieser Situation bestehen. Wenn dies gelingt, macht es den meisten Patienten Spaß, nach weiteren Zusammenhängen zu suchen. Sie entwickeln eine Neugierde auf sich selbst, und das allein ist ein erster Schritt zu mehr Lebensqualität. Denn ihre Beschäftigung mit der Krankheit hat sich verändert und es ist eine neue Motivation entstanden, ein neuer Weg, mit der Krankheit zu leben und sie zu meistern.

INFORMATIONSBLATT ZUR JUCKREIZ-KRATZ-KONTROLLE

NICHT ZU KRATZEN, wenn es sehr juckt, ist kaum möglich. Zudem geschieht es oft, wenn die Patienten selbst gar nicht bemerken, dass sie kratzen, insbesondere nachts im Schlaf. Dennoch ist es manchmal möglich, zu entscheiden, ob man gleich kratzt oder doch noch erst etwas anderes ausprobiert.

Wie Juckreiz und Kratzreaktion zusammenhängen und wie sich die Reaktion auf den Reiz kontrollieren lässt, dazu wurden Bögen für die Patienten erstellt, sogenannte Juckreiz-Kratz-Kontrolle-Bögen. Hier finden sich nicht nur die notwendigen Informationen bezüglich des Juckreizes, sondern es sind auch einige alternative Handlungsmöglichkeiten aufgeführt, die den Zwang und die Gewohnheit, sich zu kratzen, reduzieren können. Der Patient begreift auf diese Weise besser, was sich zwischen ihm und seinem Körper abspielt. Er sieht, dass er weniger hilflos ist, als er wahrscheinlich dachte. So kann der von Juckreiz und Entzündung gequälte Patient selbst Einfluss auf den Juckreiz-Kratz-Zirkel nehmen. Er ist ihm nicht nur ausgeliefert, sondern hat Möglichkeiten, ihm mehr als nur ein Kratzen entgegenzusetzen, das ihn am Ende doch nur aufrechterhält. Im besten Falle kann er den Kreislauf unterbrechen, was dann nicht nur die Entzündung lindert, sondern auch sein Vertrauen in sich selbst und seine Fähigkeit, etwas zu erreichen, stärkt – das, was die Psychologie Selbstwirksamkeit nennt: das Zutrauen in die eigenen Möglichkeiten, Kompetenzen, Leistungen und Ziele.

Und wie sieht solch ein Informationsblatt genau aus? Es basiert auf folgenden Fragen, Informationen und Anregungen:

Warum sollte nicht gekratzt werden?
▸ Weil Kratzen die Entstehung neuer juckender, entzündlicher Hautveränderungen fördert.
▸ Weil es eine mögliche Narbenbildung nach sich zieht.
▸ Weil es die Hautoberfläche zerstört und somit das Gewebe, das zum Schutz der Haut eine Barrierefunktion einnimmt.
▸ Weil es der Verteilung von Infektionserregern dient.
▸ Weil es die juckende Stelle zu weiterem Jucken anregt, indem es einen Teufelskreis zwischen Abwehrreaktion des Körpers und entzündeter Haut anstößt.

Wann ist der Juckreiz meist am stärksten?

▶ Abends, da der körpereigene Kortisolspiegel abfällt und damit die natürliche hemmende Regulation der Juckreiz- und Entzündungszellen nachlässt.

▶ In Ruhephasen, wenn jegliche Ablenkung wegfällt und die Aufmerksamkeit mehr oder allein auf den Juckreiz gerichtet ist.

▶ Unter Anspannung.

Wie wird der Juckreiz an das Gehirn vermittelt?

▶ Durch Histamin-Ausschüttung und die Erregung histaminempfindlicher C-Fasern (Schmerzfasern).

▶ Durch histaminunabhängige Neurone.

Was kann ich kurzfristig tun, wenn es juckt? Wie kann ich den Juckreiz kurzfristig kontrollieren?

▶ Indem ich drei Minuten lang nicht kratze. Meist hört der Juckreiz dann (kurzfristig) auf.

▶ Indem ich juckreizfördernde Faktoren verändere, wie enge Kleidung, Wolle, schwitzen, frieren, Tabakrauch …

▶ Indem ich meine Haut pflege und zur Rückfettung anrege, wenn nötig mit Hilfs- oder Wirkstoffen (zum Beispiel mit Urea, Glycerin, Kortison usw.).

▶ Durch die Einnahme von Antihistaminika, von niedrigpotenten Neuroleptika mit antihistaminerger Wirkung (zum Beispiel Atarax, Atosil) oder von Antidepressiva (trizyklisch, zum Beispiel Aponal).

▶ Durch kalte Umschläge, für die ich Wasser oder Schwarztee verwende, den ich mindestens 20 Minuten ziehen lasse. Vorher schütze ich meine Haut, die auf neue Reize meist empfindlich reagiert, mit einer Pflegecreme.

▶ Indem ich auf die betroffene Haut klopfe oder sie zwicke und mich durch einen Schmerzreiz vom Jucken ablenke.

▶ Durch das Auflegen eines Kühlelements, das ich aber nicht direkt auf die Haut lege. Die Haut creme ich vorher ein und/oder umwickele das

Kühlelement mit einem Küchenhandtuch. Der Juckreiz wird durch den mit einem Kälteschmerz verbundenen Reiz geschwächt.

▸ Indem ich mich ablenke, zum Beispiel mit einem Igelball oder mit einem Geschmack: Ich beiße auf eine Chilischote, Zitrone, Zwiebel oder auf frischen Meerrettich. Oder mit einem Geruch: Ich rieche an einem Aromaöl, zum Beispiel an einem Lavendel-, Melisse- oder Pfefferminzöl. Oder durch Bewegung: Ich gehe spazieren, jogge, benutze einen Ergometer … Oder auch durch Geräusche: Ich höre laute Musik.

▸ Indem ich etwas anderes kratze, zum Beispiel ein Kissen …

Was kann ich langfristig tun?

▸ Meine Haut konsequent pflegen (zum Beispiel creme ich sie in jedem Fall vor und nach dem Schwimmen ein, aber nicht nur dann …).

▸ Die Haut bestrahlen, wenn der Hautarzt das verordnet hat – nur dann!

▸ Ein PH-neutrales und rückfettendes Duschgel benutzen, um die Haut nicht unnötig zu reizen.

▸ Meine Nägel kürzen und nachts Handschuhe tragen.

▸ Das, was die Haut reizt, meiden: Allergieauslöser wie Tierhaare oder Nahrungsmittel, Tabakrauch, Wolle, Kälte oder Wärme, berufliche Faktoren wie etwa feuchtes Milieu und damit verbundenes häufiges Waschen und Baden, Alkohol, scharfe Gewürze …

▸ Täglich konsequent Entspannungsverfahren einsetzen.

▸ Bei ärztlicher Verordnung die Juckreizkontrolle mit Medikamenten unterstützen.

▸ Zwei- bis dreimal die Woche Ausdauersport betreiben.

▸ Eine Psychotherapie und/oder eine Neurodermitisschulung durchführen.

MIT DER SEELE ENTSPANNT AUCH DIE HAUT

NICHT NUR DIE SEELE, auch die Haut wird durch Entspannungsverfahren beeinflusst. Tritt akuter Juckreiz auf, ist es meist nicht möglich, sich zu entspannen. Entspannungsverfahren wirken vielmehr langfristig und sollten ein selbstverständlicher Bestandteil des täglichen Lebens werden.

Konsequent angewendet, führen sie insgesamt zu mehr Entspannung, Gelassenheit, Achtsamkeit und Differenzierungsfähigkeit, und zwar sowohl psychisch als auch körperlich.

Ganzheitliche Entspannung: körperlich und psychisch, das ist das Ziel aller Entspannungsverfahren. Auf die Übungen reagieren sozusagen Körper und Seele zugleich: Die Nerven beruhigen sich. Das bedeutet, dass auf neuronaler Ebene der Parasympathikus aktiviert wird, der als eine der drei Komponenten des vegetativen Nervensystems den Blutkreislauf und die meisten inneren Organe mitsteuert. Der Sympathikus, der die Aktivitäten, die bei tatsächlicher und gefühlter Belastung notwendig werden, steuert, wird geschwächt. Auf der körperlichen Ebene werden die Anspannung der Muskeln und die Reflexe verringert. Die äußeren Blutgefäße werden erweitert, die Herzfrequenz verlangsamt sich, der Blutdruck senkt sich. Außerdem reduziert sich der Sauerstoffverbrauch und die Hautleitfähigkeit – die Fähigkeit der Haut, als elektrischer Leiter zu fungieren, ihre messbare Leitfähigkeit – wird niedriger. Die Aktivität des Gehirns verändert sich, und zwar sowohl hinsichtlich der Aktivitäten des zentralen Nervensystems wie auch der Hirnströme (hirnelektrische Tätigkeiten) und des Systems der Blutgefäße. Auf der psychologischen Ebene werden Gelassenheit, Zufriedenheit und Wohlbefinden erlebt. Der Entspannte kann sich besser konzentrieren und differenzierter wahrnehmen.

Alle Entspannungsverfahren möchten durch wiederholtes Entspannen das zentrale Nervensystem stabilisieren. Je länger ein Entspannungsverfahren eingeübt wird, also je öfter und stärker sich der Mensch entspannt, desto schneller und leichter gelingt es ihm, sich im Alltag zu entspannen. Das heißt, es findet eine Konditionierung statt. Das wissen alte Kulturen wie zum Beispiel die indische, die traditionell mit Meditation arbeiten. Hat sich die Entspannungstechnik dem Menschen fest eingeprägt, braucht er sich nur noch kurz selbst Entspannung zu „verordnen" und eine kleine bewusste körperliche Veränderung kann ihn selbst in Stresssituationen rasch beruhigen. Diese Überlegungen konnten verdeutlichen, wie wichtig es ist, sich ein Entspannungsverfahren anzueignen. Einige dieser Verfahren werden hier noch näher vorgestellt.

Das Gegenteil einer entspannten Reaktion von Körper und Geist ist eine gestresste. Auch hier ist es wichtig, den ganzheitlichen Zusammenhang zu beachten. Sowohl Entspannung als auch Stress beruhen auf psychophysiologischen Prozessen, das heißt auf der Wechselwirkung zwischen psychischen Vorgängen und körperlichen Funktionen. Einige Entspannungsverfahren, wie zum Beispiel die progressive Muskelentspannung, nutzen stärker die Möglichkeit, durch Veränderung körperlicher Funktionen auf psychische Vorgänge Einfluss zu nehmen. Andere Entspannungsverfahren, wie zum Beispiel das autogene Training, beeinflussen stärker durch Veränderungen psychischer Vorgänge die körperlichen Funktionen. Bei beiden Vorgehensweisen kann der Übende bewusst erleben, wie sehr seine körperlichen Empfindungen mit seinen Bewusstseinszuständen zusammenhängen.

In den Übungen eines Entspannungsverfahrens lernt man, seine Gedanken und seinen Körper zu steuern. Die dem Entspannen folgenden positiven Erfahrungen – das Wohlbefinden, die Linderung von Beschwerden oder die bessere Bewältigung von Belastungen – gehen somit auf eine absichtlich eingenommene Haltung und Handlung zurück. Das stärkt das Erleben von Selbstwirksamkeit, Selbstkontrolle und Selbstkompetenz.

ENTSPANNUNGSVERFAHREN

DAS AUTOGENE TRAINING und die progressive Muskelentspannung sind klinisch, also aus ärztlicher Sicht, die beiden bedeutsamsten Entspannungsverfahren. Denn diese Verfahren wurden speziell zur Schulung der Entspannungsreaktion entwickelt. Die meisten anderen Methoden, die auch als Entspannungsverfahren angewendet werden, haben andere primäre Zielsetzungen. So enthält das Yoga eine ganze indische Lehre mit vielen verschiedenen geistigen und körperlichen Übungen, die allesamt primär der Selbsterkenntnis dienen sollen. Autogenes Training und progressive Muskelentspannung sind Methoden, die relativ leicht zu erlernen sind. Eine fachkundige Anleitung wird zwar empfohlen, aber es werden auch Bücher und Audio-CDs zum Selbststudium angeboten.

Das autogene Training ist ein von Johannes Heinrich Schultz in den 30er-Jahren entwickeltes autosuggestives Entspannungsverfahren. Der Übende konzentriert sich auf kurze formelhafte Vorstellungen, die langsam wiederholt werden, wie zum Beispiel: „Die Arme und Beine sind schwer", oder: „Die Atmung geht ruhig und gleichmäßig."

Edmund Jacobson entwickelte die progressive Muskelentspannung (progressive Muskelrelaxation) ungefähr zur gleichen Zeit, wie Schultz das autogene Training. Progressiv, das heißt fortschreitend, sich entwickelnd. Der Übende spannt einzelne Muskelgruppen an und lässt sie wieder los. Das konzentriert und lockert die Tätigkeit von Körper und Bewusstsein zugleich. Wesentliches Element der Übung ist, dass der Übende für die empfundenen Unterschiede zwischen Anspannung und Entspannung ein Gespür, eine Achtsamkeit herausbildet.

In der zweiten Hälfte des 20. Jahrhunderts entstand ein verweltlichtes (säkularisiertes) Yoga, das vor allem wegen seiner positiven Effekte sowohl auf die physische als auch auf die psychische Gesundheit praktiziert wird. In Achtsamkeit praktizierte Körperstellungen (Asanas) und Atemübungen (Pranayamas) bewirken eine Entspannungsreaktion.

Seit den 1970er-Jahren werden Biofeedback-Verfahren entwickelt und erforscht. Bei dieser Methode werden dem Übenden biologische Körperfunktionen, die normalerweise eigenständig sind und nicht wahrgenommen werden können, wie zum Beispiel Puls, Hautleitwert oder Hirnströme, mittels elektronischer Hilfsmittel akustisch oder visuell zurückgemeldet und damit bewusstgemacht. Der Übende lernt, derartige autonome Körperfunktionen willentlich und objektiv messbar zu beeinflussen. Biofeedback-Methoden können als eigenständige Verfahren angewendet oder zur Unterstützung beim Erlernen von Entspannungsverfahren genutzt werden.

Die fernöstlichen Methoden Qigong und Taijiquan dienen vorrangig der langsamen, meditativen Einübung harmonischer fließender Bewegungen. Durch Konzentration, Meditation und Bewegung sollen Körper und Geist in Einklang kommen. Beide Methoden entstammen ursprünglich der Kampfkunst.

In einigen Körpertherapiemethoden wurden zudem Übungen erarbeitet, die außerhalb von Therapiesitzungen geübt werden können. Dazu zählen die Alexander-Technik, die sich auf die Veränderung von Gewohnheiten konzentriert, die Feldenkrais-Methode, die auf die Wahrnehmung eigener innerer und äußerer Bewegungen fokussiert, die Konzentrative Bewegungstherapie (KBT), die durchs Sich-Bewegen und Sich-Wahrnehmen Erinnerungen und Bedeutungsgehalte wachrufen möchte, und Atemtherapie-Methoden.

ELTERN MIT NEURODERMITIS-KINDERN

DER UMGANG MIT EINEM KIND, das an einer Neurodermitis leidet, ist für die Eltern in jedem Fall eine enorme Herausforderung. Wir wollen hier einige Situationen schildern, die uns in unserer langjährigen Praxis immer wieder aufgefallen sind. Zunächst zur Diagnose Neurodermitis: Wir wissen, dass bei über 80 Prozent die Neurodermitis vor dem zweiten Lebensjahr beginnt. Den Eltern fällt an ihrem Kind in den ersten Lebensmonaten eine gelbliche Kruste auf dem Kopf und/oder an der Stirn auf, der sogenannte „Milchschorf", später eine trockene, etwas raue Haut, die ständig nach Eincremen verlangt. Oft werden Öle verwendet, die die Haut dann weiter austrocknen bzw. verschließen können. Öle haben die Neigung, Emulsionen zu bilden, und benötigen dazu Wasser. Dieses holen sie sich aus der Haut, die damit also Wasser verliert.

Es können sich auch schon bei sehr kleinen Kindern Kratzeffekte zeigen, die dann von Infektionen überlagert werden können (Superinfektion). Das kann man daran erkennen, dass die Hautstellen anfangen, feucht zu werden und zu nässen. Wir erleben immer wieder, dass es eine große Unsicherheit bei Hausärzten oder Kinderärzten gibt, sich zu der Diagnose Neurodermitis durchzuringen. Oft wird das umschrieben: „Vielleicht ein Pilz, eine Hautreizung, vielleicht eine Allergie?" All diese Diagnosen kämen aber kaum über Monate, manchmal Jahre vor. Da ist es notwendig und hilfreich, sich der Diagnose zu stellen und den Eltern Klarheit zu vermitteln, damit sich diese zusammen mit ihrem Kind darauf einrichten können. Auch werden unnötige Untersuchungen und uneffektive Behandlungen vermieden.

Die dermatologische Betreuung sollte auf folgenden Säulen aufgebaut sein:

▸ regelmäßige, milde Hautpflege (das Kind muss die Salbe bzw. Creme mögen!),

▸ vorsichtige Hautreinigung mit möglichst rückfettenden Substanzen,

▸ kurze und lokalisierte Behandlung bei stärkerem und das Kind belastendem (meist juckendem) Hautausschlag.

Das sollte der Basisplan sein – zudem sollte der Hautarzt sich intensiv mit den Präparaten auf dem Markt auseinandersetzen und über eine angemessene Verschreibung nachdenken.

Unbenommen ist natürlich, dass die Eltern mit ihrem Kind mitfühlen. Wenn dieses Mitleiden zur Schau gestellt wird, die Mütter in der Sprechstunde weinen, Väter erbost sind, dann wird bei dem Kind in der Regel der Eindruck entstehen, dass es für das Unglück seiner Eltern die Verantwortung trägt. Es wird sich schuldig fühlen, traurig und hilflos. Sicher ist es nicht immer einfach, insbesondere wenn man die Nächte wegen des schreienden und weinenden Kindes nicht schlafen konnte und sich der Erkrankung hilflos ausgeliefert fühlt. Dennoch können eigene Reaktionen, die unbedacht vor dem Kind geäußert und gezeigt werden, dieses unter Druck setzen.

Wo es irgend möglich ist, sollte das Kind nicht „unter eine Glasglocke" gesetzt werden, sondern an allen Aktivitäten in und außerhalb der Schule teilnehmen können. Das Selbstbewusstsein wird damit gestärkt und das Gefühl, mit dazuzugehören. Oft sind Neurodermitiskinder überdurchschnittlich aufnahmefähig und kommen in der Schule gut voran. Je weiter die Schulbildung vorangehen kann, umso größere Möglichkeiten bestehen bei der Berufswahl. Tätigkeiten, die starke Hautverschmutzungen verursachen und mit stark körperlich anstrengenden Arbeiten einhergehen, benötigen aggressive Hautreinigungen und sind zudem mit starkem Schwitzen verbunden, das der Neurodermitiker in der Regel als Hautirritation empfindet. Sie sind also für solche Kinder ungeeignet. Interessierte Eltern finden im Internet oder, besser noch, bei Selbsthilfeorganisationen weitere Informationen und Anregungen.

DIE ERZIEHUNG DER PSYCHE DURCH NEURODERMITIS-SCHULUNGEN

UNTER PSYCHOEDUKATION versteht man, dass der Hautarzt den Kranken und Betroffenen Konzepte vermittelt, die das Zusammenspiel psychischer und körperlicher Faktoren bei einer Krankheit berücksichtigen. Der Hautarzt sollte diesbezüglich auch das Wissen der Neurodermitis-Patienten und ihrer Familien schulen. Es ist wesentlich für den Umgang mit der Krankheit und ihre Bewältigung, dass die Betroffenen die Krankheit in ihren komplexen Bezügen einzuschätzen lernen: in Bezug auf die Vorgänge im Körper, in Bezug auf das, was über psychische Folgen der Krankheit bekannt ist, in Bezug auf das soziale Umfeld der Betroffenen und in Bezug auf ihre beruflichen und freizeitlichen Beziehungen und Tätigkeiten ... Es kann hilfreich sein, den Patienten vor allem erst einmal hinsichtlich einiger Vorstellungen und Ängste zu beruhigen:

„Sie sind mit Ihrer Erkrankung kein Einzelfall."

„Sie müssen wissen, dass inzwischen bekannt ist, dass die Neurodermitis aufgrund von vielen verschiedenen Faktoren entsteht und auf jeden Fall auch psychische Ursachen dazugehören."

„Sicher, die Erkrankung ist langwierig und oft unangenehm, aber es gibt inzwischen Hilfen und Behandlungen, die meist erfolgreich sind!"

„Dass es bei der Krankheit ein Auf und Ab gibt, das ist inzwischen erwiesen, sie reagiert beispielsweise auf die Jahreszeiten. Es gibt aber auch Einflüsse, die Sie vermeiden und wodurch Sie die Symptome stark verringern können, wie beispielsweise Situationen, die Sie als Stress wahrnehmen."

„Wenn Sie bei der Behandlung mitmachen und vor allem sich selbst erfolgreich mitbehandeln, statt sich bloß vom Arzt behandeln zu lassen, dann werden Sie am Ende überrascht sein, was Sie alles leisten und schaffen können – mit der Krankheit. Sie werden Selbstwirksamkeit erfahren, wie wir Mediziner es nennen."

Indem der Hautarzt empfiehlt, was zur Alltagsbewältigung beitragen und psychosoziale Situationen oder Konflikte entlasten kann, eröffnet er ein Gespräch mit dem Patienten, in dem er nicht nur auf körperbezogene Behandlungen und auf Verschreibungen eingeht, sondern vor allem auch die körperlichen und psychischen Zusammenhänge der Neurodermitis mit ihm besprechen kann.

Moderne Behandlungsstrategien beziehen in die Behandlung der Menschen, die unter Neurodermitis leiden, zudem Schulungsprogramme mit ein. Schulungsprogramme für Patienten mit chronischen Erkrankungen sind erstmalig für Patienten mit Diabetes mellitus entwickelt worden. Neurodermitis-Schulungen sind mittlerweile flächendeckend in Deutschland und europaweit etabliert. Auch zu anderen Haut-Erkrankungen, wie dem Malignen Melanom (schwarzer Hautkrebs), bestehen regional vereinzelt Schulungsprogramme.

Die Patientenschulungen beinhalten, dass der Patient sein Wissen zur Krankheit erweitert und Fertigkeiten erwirbt oder ausbaut, die den Umgang mit der Hautkrankheit auf der einen Seite und das Selbstmanagement insgesamt auf der anderen Seite verbessern. Sie motivieren den Patienten, Eigenverantwortung zu übernehmen. Der Patient lernt nicht nur Strategien zur Verbesserung der Bewältigung von körperlichen und psychischen Aspekten und zur Stärkung der Eigenkompetenz kennen, er kann manches auch sogleich praktisch erproben, zum Beispiel Eincreme- oder Entspannungsverfahren. Die durch solch Neurodermitis-Schulungen gesteigerte Motivation zur Mitbehandlung soll vor allem dazu verhelfen, dass die Patienten und ihre Angehörigen sich der Krankheit besser psychisch anpassen können. Sie will erreichen, das die Krankenhausaufenthalte sich verringern, die Beschwerden besser bewältigt werden und der Kranke insgesamt zu einer höheren Lebensqualität kommt.

BERUF UND NEURODERMITIS

DAS BERUFSBEDINGTE EKZEM steht ganz oben in der Liste der berufsbedingten Erkrankungen und ist in über 90 Prozent der Fälle verständlicherweise an den Händen lokalisiert. Auch die Neurodermitis als Ursache des Handekzems kommt vor und ist erstaunlich häufig in der Praxis zu finden. Wer vor der Berufswahl weiß, dass er an Neurodermitis erkrankt ist, sollte sich eine berufliche Tätigkeit ohne stärkere Hautbelastung suchen. Davon war schon die Rede. Ob das immer gelingt, kann schon auch einmal in Frage stehen. Aber es ergeben sich vor allem auch Krankheitsverläufe, bei denen die Neurodermitis erst später auftritt, vielleicht nicht gleich erkannt wird. Die Veränderungen an der Haut können bei berufsbedingten Handekzemen klinisch den auf Neurodermitis zurückgehenden sehr ähnlich sein: Rötung mit Schuppung, kleinen Einrissen.

In der Begutachtung der Patienten, die ein vermutlich berufsbedingtes Handekzem entwickeln, muss versucht werden, die verschiedenen ähnlichen Krankheitsbilder zu unterscheiden, hängen doch davon nicht nur erhebliche rechtliche und schließlich auch finanzielle Konsequenzen ab, sondern auch in erheblichem Maße somatopsychische Belastungen, die mehr als nur den Körper betreffen. Wir verkennen nicht, dass es, wie überall, auch hier „schwarze Schafe" gibt, die Gewinn aus ihrer Krankheit ziehen wollen. Wir sprechen dann von einer Simulation. Meist aber ist mit dem Verlust der Berufstätigkeit eine erhebliche Beeinträchtigung des Selbstwertgefühls verbunden. Die Patienten zeigen starke Angststörungen oder gar Depressionen. Ausgeschlossen, dass sie simulieren!

So kommt auch Herr H. wegen eines Handekzems in unsere Praxis. Er ist Zahntechniker, 32 Jahre alt und seit zehn Jahren im Beruf. Als Kind litt er gelegentlich unter Beugeekzemen, die unter einer Salbenbehandlung wieder abheilten. Seit dem 15. Lebensjahr treten diese Ekzeme kaum noch auf, lediglich fällt ihm auf, dass er insgesamt eine trockene Haut besitzt. Er benutzt daher sparsam Seifen und cremt die Haut nach dem Duschen ein. In den letzten zwei Jahren haben sich an den Händen Rötungen mit feinen Schuppen herausgebildet. Am Wochenende sowie im Urlaub ist das Handekzem dann wieder besser oder sogar ganz verschwunden. Schließlich wird es immer stärker, bleibt auch an den Wochenenden bestehen und Herr H. kann seinen Beruf nicht mehr ausüben.

Auf der einen Seite zeigt sich nun, dass Herr H. eine Anlage zur Neurodermitis geerbt hat. Auf der anderen Seite wird durch die Krankengeschichte deutlich, dass die beruflichen Umstände für den Ausbruch und die Verschlechterung der Neurodermitis-Ekzeme mit verantwortlich sind. Das Ausmaß, in dem sie das Ekzem gefördert haben, geht über eine sogenannte Gelegenheitsursache sogar hinaus. Somit kann der Versicherung ein Ursachenzusammenhang mitgeteilt werden, der versicherungsrechtlich einwandfrei ist. Herr H. erhält die finanzielle Unterstützung für eine Umschulung zum Bürokaufmann. Er kann wieder einen Beruf ausüben und fast symptomfrei leben.

SEXUALITÄT UND NEURODERMITIS

DIE HAUT FUNGIERT als Ausdrucksorgan, als Sinnesorgan und Grenzorgan zur Umwelt. Sie ist Austragungsort sexueller Botschaften und stellt einen sozialen Schutz dar. Es ist leicht vorstellbar, wie viel mehr an Problemen eine chronisch entzündete Haut im Vergleich zur gesunden Haut mit sich bringt und dass dazu auch Probleme bei der Sexualität gehören. In einer Studie zeigten besonders Patienten mit Neurodermitis Einschränkungen in der Sexualität, die auf einem starken Juckreiz beruhten. Hier führt daher bereits die therapeutische Beeinflussung des Juckreizes dazu, dass die Patienten ihre Sexualität wieder mehr genießen können. Auch eine Linderung sozialer Ängste und die Veränderung der Tendenz, jegliche Kontakte meiden zu wollen, wirkt sich positiv auf das sexuelle Erleben aus. Diese Themen sind ein wichtiger Bestandteil von Psychoedukation und Patientenschulungen. Darüber hinaus bieten sich Psychotherapien an. Hilfreich ist, wenn es speziell um die Probleme der Sexualität geht, der Kontakt zu Sexualtherapeuten.

NEURODERMITIS-SYMPTOMEN MIT EINER PSYCHOTHERAPIE BEIKOMMEN

PSYCHISCHE FAKTOREN VERZÖGERN den Heilungsverlauf, erzeugen Schübe und Verschlechterungen der Neurodermitis. Subjektiv empfundener Stress prägt das Krankheitsbild entscheidend. Wie sehr körperliche und psychische Vorgänge gemeinsam den Krankheitsverlauf bestimmen, haben wir gesehen. Für den Patienten sind vor allem die Folgen von Bedeutung, die die Neurodermitis im Hinblick auf sein Erleben hat. Er erlebt sich, seinen Alltag, seine Beziehungen und sein Leben infolge der Krankheit zunehmend anders. Eine schwere Neurodermitiserkrankung hat mehr als nur Schlafmangel und juckende Hautekzeme zur Folge. Das Aussehen der Haut ist hässlich und eklig, unerträglich für andere, ein Brandmal: Der Patient fühlt sich stigmatisiert. Wann wird die Haut wieder besser aussehen? Die Schübe und der Krankheitsverlauf bleiben unvorhersehbar: Der Patient fühlt sich hilflos und ausgeliefert. Er entwickelt Depressionen, Ängste oder Suchterkrankungen. So ist der Hautarzt oft auch mit diesen psychischen Symptomen konfrontiert. Was psychosomatisch, was somatopsychisch ist, ob die Psyche die Körpersymptome oder der Körper die psychischen Symptome ausgelöst hat, ist auch für ihn nicht eindeutig erkenn- und trennbar. Unabhängig davon wird bei etwa 20 Prozent der Neurodermitispatienten von ärztlicher Seite aus eine Psychotherapie für notwendig erachtet. Nicht alle dieser Patienten sind jedoch dazu motiviert oder haben die Möglichkeit, eine solche zu machen.

Eine Psychotherapie ist bei Hautkrankheiten immer dann angezeigt:

▶ wenn sich die Hautsymptome bei psychischer Belastung verschlechtern, entweder akut oder chronisch,

▶ wenn ausgeprägte soziale Ängste oder ein starkes Vermeidungsverhalten bestehen, eine sogenannte Soziophobie,

▶ wenn der Patient die Haut exzessiv bearbeitet und angreift, verletzt (manipuliert)

▶ und bei psychischen Komorbiditäten, das heißt bei psychischen Begleiterkrankungen wie einer Depression oder Angststörungen.

Ziel einer Psychotherapie ist es, die eingeschränkte Lebensqualität, aber auch den Hautbefund zu verbessern. Sie möchte auf die Beschwerden einwirken, so dass die Symptome zurückgehen und es seltener zu Verschlechterungen und Schüben kommt. Von der Krankenkasse sind unterschiedliche Psychotherapieverfahren anerkannt und die Kosten werden bei entsprechender Indikation auch übernommen.

Eine *Verhaltenstherapie* arbeitet an der Motivation, Gewohnheiten und Verhalten, das die Krankheit stärkt, zu verändern. Sie fördert eine angemessen-realistische Selbstwahrnehmung. Eingespielte, ungesunde Verhaltensketten sollen mit der Zeit durch konkurrierende Verhaltensweisen ersetzt werden. Die Verhaltenstherapie bietet Maßnahmen, mit denen sich die Fortschritte im Alltag festigen. Eines der Symptome der Neurodermitis – die flächenhafte Verdickung der Haut, die mit einer vergrößerten Felderzeichnung bzw. Linienzeichnung verbunden ist (die Lichenifikation) – wird durch gewohnheitsmäßiges Kratzen verursacht. Auf dieser Grundlage wurde 1980 in Schweden zusätzlich zur bisherigen dermatologischen Therapie eine verhaltenstherapeutische Technik, Habit-Reversal-Training (HRT) genannt, in die Therapie des atopischen – auf eine Überempfindlichkeit der Haut zurückgehenden – Ekzems eingeführt. Dieses Training wird bereits bei anderen Hauterkrankungen, bei denen eine Störung der Impulskontrolle vorliegt – etwa dem unkontrollierten Ausdrücken von Pickeln bei Akne (Akne excoriee), dem Ausreißen der eigenen Haare (Trichotillomanie) oder dem Nägelkauen –, als ein Baustein der Behandlung angewendet. Viele Patienten mit Neurodermitis kratzen sich gewohnheitsmäßig, automatisch, relativ unbewusst und oft unabhängig vom Juckreiz.

Wenn eine Förderung der Ich-Stärken, eine Verbesserung der Verarbeitung von unangenehmen Affekten, ein Aufspüren von Konflikten zwischen Rückzug und Teilnahme am Leben im Vordergrund stehen, kann eine *psychodynamische Therapie (tiefenpsychologisch fundierte oder analytische)* hilfreich sein.

Ein früh und ausgeprägt auftretendes Ekzem hat Einfluss darauf, wie die Beziehungen zu den Bezugspersonen gestaltet und erlebt wird. So kann bei einem Kind mit Neurodermitis die frühe Erfahrung mit menschlichen Kontakten ambivalent sein. Es erlebt zugleich Fürsorge und Schmerz. Die Fürsorge der Mutter, die Haut einzucremen, verbindet das Kleinkind alsbald mit dem brennenden Schmerz, den das Auftragen der Salbe verursacht. Kein Wunder, dass der Nähe-Distanz-Konflikt bei Patienten mit Hautkrankheiten häufig auftritt. Abhängig von den angeborenen Persönlichkeitsfaktoren des Kindes, den psychischen Fähigkeiten der primären Bezugspersonen und den erweiterten psychosozialen Umständen der frühen Kindheit entstehen ganz unterschiedliche Bindungsmuster, die in der Bindungtheorie ausführlich beobachtet und beschrieben wurden. So ist eine sogenannte „sichere Bindung" die Voraussetzung für ein Selbsterleben, das davon ausgeht, Herausforderungen des Alltags kompetent bewältigen zu können. Aufgrund der einst als sicher erlebten Bindung zur Mutter vertraut der Erwachsene darauf, sich auf sich und andere verlassen zu können. Ein jedoch als Kind unsicher an die Mutter gebundener Mensch ist in diesen Möglichkeiten eingeschränkt und damit stärker stressanfällig. Es entsteht ein Teufelskreis aus Belastungen, Stress und im Falle des Vorliegens einer Neurodermitisveranlagung einer Verschlechterung der Haut. Hier kann eine tiefenpsychologisch oder analytisch orientierte Therapie weiterhelfen, weil sie Konflikte auf frühere Erfahrungen, die bis in die Kindheit reichen, zurückführt und dazu anregt, unter anderem an Nähe-Distanz-Konflikten zu arbeiten.

Bei vielen Patienten sind jedoch eine psychosomatische Grundversorgung, eine Neurodermitisschulung, die Vermittlung von Entspannungsverfahren und eine Teilnahme an Selbsthilfegruppen oder auch ein ausführliches Gespräch mit dem Haus- und Hautarzt, der umfassend über die Krankheitszusammenhänge aufklärt und ein biopsychosoziales Krankheitsverständnis erarbeitet (biopsychosoziales Gespräch), ausreichend. Zudem gibt es viele andere Therapieverfahren, die je nach Indikation und Patient in Kombination mit einer Psychotherapie oder alleine hilfreich sein und auf die individuellen Neigungen abgestimmt werden können, wie zum Beispiel Körpertherapien, Musik- oder Kunsttherapie.

FAZIT

BEI DER NEURODERMITIS handelt es sich um eine meist chronische bzw. chronisch in Schüben immer wieder auftretende Erkrankung, die genetisch prädisponiert ist und komplexen Einflüssen unterliegt. Eine wesentliche Rolle spielen sowohl psychosomatische als auch somatopsychische Zusammenhänge. Dass sie sich auf die Hautveränderungen und den Juckreiz auswirken, ist wissenschaftlich fundiert. Somit eröffnen sich für die Patienten zusätzlich zu den klassischen dermatologischen Behandlungen (lokale und systemische Therapie, Bestrahlung, gegebenenfalls Hyposensibilisierung bzw. Allergieimpfung usw.) weitere Möglichkeiten zur Unterstützung und Entlastung. Hautärzte, Fachärzte anderer Disziplinen, aber auch Angehörige können die Patienten darauf aufmerksam machen. Der Patient selbst hat dann die Möglichkeit, auch auf der psychischen Ebene Zugang und Verständnis für seine Erkrankung zu finden, den Leidensdruck zu reduzieren und Selbstwirksamkeit zu erfahren.

MEIN SCHUPPENPANZER SCHÜTZT MICH – PATIENTEN MIT SCHUPPENFLECHTE
KURT SEIKOWSKI

INNERHALB VON BIOPSYCHOSOZIALEN Krankheitskonzeptionen fungiert Persönlichkeit als vermittelnde Kategorie zwischen körperlicher und psychosozialer Ebene. Der Mensch lebt im Spannungsfeld von Anforderungen in allen Bereichen des gesellschaftlichen Lebens und der Notwendigkeit, sich diesen Anforderungen zu stellen. So wird er, erkrankt er an der Hautkrankheit Schuppenflechte, unterschiedliche Anpassungsleistungen erbringen müssen, die durch den Entwicklungs- und Reifegrad seiner Persönlichkeit beeinflusst werden.

Der unterschiedliche Entwicklungs- und Reifegrad der an Schuppenflechte Erkrankten führt in der Folge zu qualitativ unterschiedlichen Adaptationsformen. „Krankheit" versteht sich dann als eine den täglichen Anforderungen nicht entsprechende Anpassungsleistung in der Person-Umwelt-Auseinandersetzung. Für chronisch vererbte Hauterkrankungen lässt sich diese Definition noch etwas erweitern. Was es heißt, chronisch hautkrank zu sein, macht nämlich das Diathese-Stress-Konzept verstehbar: Jeder Mensch hat die Veranlagung zu chronischen Erkrankungen (Diathese), die unter bestimmten Stressfaktoren signalisieren, dass es zu keiner adäquaten Anpassungsleistung gekommen ist.[103]

Um den Rahmen der Entstehung der Schuppenflechte in einer Auseinandersetzung, die die genetischen und psychosozialen Faktoren aufs
Korn nimmt, etwas weiter zu fassen, wird hier zwischen krankheits-
bestimmenden Personenfaktoren und psychosozialen Belastungen unterschieden. Auf diese Weise kann die Krankheit als eine spezielle Form
von Tätigkeitsanforderung in den Blick genommen werden. Dies führt
zu der Erkenntnis, dass ein Vorgehen in der Medizin, das sich derart an
der Subjektivität und Persönlichkeit des Patienten orientiert – für den die
Schuppenflechte zum Beispiel keine Krankheit, sondern einen Schuppenpanzer darstellen kann –, einer ganzheitlichen Sichtweise des Menschen
bzw. Patienten sehr nahekommt.

DIE PERSÖNLICHE FÄHIGKEIT,
AUF BELASTUNGEN ZU REAGIEREN

WENN KRANKHEIT als Folge einer gestörten Wechselwirkung zwischen
Person und Umwelt zu verstehen ist, stellt sich natürlich die Frage, unter
welchen Bedingungen es zu dieser Störung kommt. Denn offenbar gibt
es krankheitsfördernde Bedingungen, die jedoch nicht bei allen Personen oder Persönlichkeiten durchaus zu Krankheiten führen müssen.
Es gibt Personen, bei denen das, was krankheitsfördernd wirkt, erfolgreich ausgeglichen wird. In einem gewissen Sinne ist es sogar so, dass bei
diesen Personen die Auseinandersetzung mit diesen Bedingungen sich
als gesundheitsfördernd erweist. Denn indem die Person die Krankheit
kompensiert, erbringt sie eine höhere Anpassungsleistung als andere.
In diesem Moment stellt sich daher die Frage nach dem, was es ist, das
zwischen Person und Umwelt auf eine Weise vermittelt, dass nicht die
Krankheit, sondern die Gesundheit begünstigt wird. Persönlichkeit stellt
einen solchen Faktor dar. Nur, was heißt das? Was genau bedeutet in
diesem Zusammenhang Persönlichkeit?

Persönlichkeit versteht man diesbezüglich als das Ergebnis einer individuellen Entwicklung, die Erziehungsumstände und -maßnahmen sowie
gesellschaftliche Erfahrungen und Erlebnisse beeinflusst und geprägt haben.
Dabei sind die Einflüsse, die die Persönlichkeit prägen, durch bestimmte,

für die jeweilige Person typische Eigenschaften abwandelbar, zum Beispiel durch die individuell verschiedenartige Organisation des Nervensystems und durch das, was man umgangssprachlich das Temperament einer Person nennt.[104] Somit ist Persönlichkeit immer etwas Individuelles. Abgesehen von diesen individuellen Ausprägungen besitzt jedoch jeder Mensch die Fähigkeit, auf Anforderungen zu reagieren und aktiv zu sein. Jeder Mensch ist das Subjekt der Erkenntnis, der Tätigkeit und der Kommunikation. Das heißt, er ist derjenige, der erkennt, handelt und kommuniziert.

EINE ERSCHWERTE PERSÖNLICHKEITSREIFE BEHINDERT DIE ANPASSUNG

NACH JANTZEN[105] SIND es unterschiedliche Formen der Vereinzelung, Absonderung und Trennung, der Isolation, wie er sagt, die den Reifegrad einer Persönlichkeit und damit die Möglichkeit, sich an belastende Lebensereignisse anzupassen, beeinträchtigen. Für Jantzen stellt Isolation in diesem Sinne die elementare Einheit von Behinderung dar. Wie ist das zu verstehen? Isolation ist nach Jantzen all das, was die Widerspiegelung und die Übernahme im Inneren des Organismus wie in seinem Verhältnis zum Äußeren stört. Neben Störungen der Sinnesorgane und des Bewegungsapparates betrifft dies noch weitere Umstände und Stoffe, die auf den Organismus schädigend wirken: giftige Stoffe, traumatische Erfahrungen, Infektionen sowie soziale Beziehungsstörungen. Aber auch eingeschränkte Lebens- und Bildungsbedingungen können die Fähigkeit einer Person, sich angemessen mit der Umwelt auseinanderzusetzen, behindern. Die Folge ist eine gestörte Aneignung der objektiven Realität.

Der Erwerb einer somit subjektiv beeinträchtigten Wirklichkeit zieht nach sich, dass die Steuerung der Tätigkeiten von Körper und Psyche instabil wird. Im Ergebnis können auch die Bewältigungskompetenzen in belastenden Lebenssituationen eingeschränkt sein. Schröder[106] unterscheidet vier verschiedene Stufen der Bewältigung von Anforderungen mit zunehmender Destabilisierung:

Die erste Stufe setzt bei der Anforderung selbst ein. Zu Beginn einer Konfliktsituation bzw. Belastung kommt es durch Handlungsroutinen und Formen des Wahrnehmens, Denkens und Erkennens (kognitive Reaktionen) zunächst zu einem Ausgleich. Die aufkommenden Emotionen und Handlungen können gesteuert werden, so dass der Person noch kein Notfall signalisiert wird.

Auf der zweiten Stufe der Konfliktsituation bzw. der Belastung, die bestimmte Handlungen aktiviert hat, kommen Wahrnehmungen einer Bedrohung im Denken zum Tragen. Im Miteinander mit negativen Emotionen wird die Situation nun als akuter Stress erlebt. Dies führt zu Verunsicherungen und mobilisiert Psyche und Körper. Ein Notfallsignal ist empfangen worden. Körper und Psyche sind informiert und reagieren. Bei ausreichender Bewältigungskompetenz wird es gelingen, das Stresserleben so auszubalancieren, dass der Reifegrad der Persönlichkeit zunimmt.

Kommt es dennoch zur dritten Stufe, zum Übergang zu chronischem Stresserleben, so findet eine Dauermobilisierung von Körper und Psyche statt. Deren Anpassungsreserven werden dabei verbraucht. Das gilt insbesondere für Übermüdungen und Erschöpfungszustände, die zwar zeitweilig, aber nicht dauerhaft kompensiert werden können. Der Betroffene verliert seine Fähigkeit, sich zu erholen. Die Folgen sind Selbstzweifel an der eigenen Handlungsfähigkeit, die sich nun als deutlich geschwächt erweist. Das eigene Handeln kann daher zunehmend ineffizient werden. Es entstehen Ängste und Handlungseinschränkungen im Sinne von Antriebslosigkeit.

Diesem Zustand folgt die vierte Stufe Schröders. Bei weiterem Andauern von Konflikten setzen chronische Krankheiten ein. Ihnen liegen Schutz- und Abwehrstrategien von Körper und Psyche zugrunde. Das vegetative, autonome Nervensystem reagiert gemeinsam mit dem psychischen System. Beide zeigen Symptome, die das Überbelastungsphänomen kompensieren können und sozusagen einen „Krankheitswert" haben. Es kommt zu andauernden vegetativen Störungen und zu chronischen Erkrankungen von Körper und Geist. Dabei ist eine Beeinträchtigung weiterer Systeme des Körpers, wie etwa des Immunsystems, nicht ausgeschlossen.

Die vier Stufen von Reaktionsbildungen nach Schröder stellen, wenn sie sich bis hin zur chronischen Erkrankung so abspielen, den unangemessenen Versuch einer Person dar, die eigene Dauermobilisierung beizubehalten und die Situation dennoch belastungsmäßig zu bewältigen.

KRANKHEIT ALS EINE ZWECKMÄSSIG ERSCHEINENDE REAKTION

EIN KRANKER MENSCH erhält Zuwendung, er wird mehr beachtet als vorher. Auch Krankschreibungen schaffen wieder mehr Möglichkeiten, Übermüdungen und Erschöpfungen abzubauen. Solche Kompensationstaktiken sind relativ beständige Strategien, die im Dienste von Kontrolle, Abwehr und insgesamt von Selbststabilisierung und Bewältigung stehen. Aus der Sicht des Individuums und seiner konkreten Situation heraus handelt es sich in jedem Fall um zweckmäßiges Verhalten, das im Kontext bestimmter gegebener individueller Bedingungen eine Funktion und somit seinen Wert hat.[107]

Die körperlichen Beschwerden, wie zum Beispiel die Entwicklung einer Schuppenflechte, sind sinnvoll. Man könnte auch sagen, sie haben bereits den ersten Stufen der Destabilisierung Signalfunktion und zeigen an, dass eine Realitätskontrolle wie bisher nicht mehr in ausreichendem Maße gegeben ist. Über Emotionen, deren Funktion in der Aufrechterhaltung des Gleichgewichts der Körperfunktionen (der Homöostase) zwischen Umwelt und Körper besteht, werden diese Signale erlebbar. Nur wird diese Signalfunktion häufig fehlinterpretiert – der Betroffene geht verunsichert zum Arzt und dieser sieht seine vorrangige Aufgabe darin, die Beschwerden so schnell wie möglich zu behandeln. Sinnvoller wäre jedoch eine Besprechung der Symptome im Kontext der eigenen Verhaltenssteuerung. Exemplarisch würde bei einem neuen Schub der Schuppenflechte (bzw. Psoriasis) nicht nur medikamentös behandelt, sondern auch danach gefragt, ob diese Erscheinungen möglicherweise besonders in oder nach Stresssituationen aufgetreten sind. Denn damit können sie als Ausdruck einer destabilisierten Regulation der Anpassungsfähigkeiten und -tätigkeiten des Patienten erkannt werden.

DIE OBJEKTIVE BEDEUTUNG VON BELASTUNGEN

INNERHALB DES BESCHRIEBENEN PSYCHOLOGISCHEN ANSATZES sind das, was die Umwelt dem Menschen bietet, unter anderem Anforderungen. Diese Anforderungen haben eine objektive Bedeutung für eine Person, die ihnen nachzukommen versucht. Die Erfüllung der Anforderungen kann sinnvoll sein, wenn sie den Motiven der Person entspricht. Anforderungen können in unterschiedlichem Maße schwer oder einfach, anstrengend oder leicht etc. sein. Das heißt, sie beinhalten eine Art objektiven Belastungsgrad.

Bei psychischen Anforderungen, die die Handlungs- und Leistungsfähigkeiten einer Person beanspruchen, spricht man von psychosozialen Belastungen. Ein und dieselbe objektive Belastung kann subjektiv von verschiedenen Personen als unterschiedlich belastend wahrgenommen werden. Persönlich bedeutsame Anforderungen, die zu motiviertem Handeln veranlassen und von entsprechenden Emotionen begleitet werden, können zum Empfinden von Erfüllung bei der Tätigkeit und bei den Bewältigungshandlungen führen.

Doch die Lebensumstände sind so beschaffen, dass nicht alle Anforderungen gern erfüllt werden. Sehr oft gibt es nur halbe Lösungen, man muss sich auf neue gesellschaftliche und/oder private Lebensumstände einstellen, die Anpassungsleistungen werden herausgefordert.

Zu den psychosozialen Belastungen zählen vor allem familiäre und berufliche Probleme sowie der Umgang mit sich selbst. Dabei ist jeder Mensch eigenen und von Mensch zu Mensch ganz verschiedenen gesellschaftlichen und sozialen Einflüssen seines Umfeldes ausgesetzt.

In der medizinisch-psychologischen Forschung hat sich in dieser Hinsicht dennoch ein relativ globales psychosoziales Risikofaktorenkonzept etabliert. Psychosoziale Risikofaktoren stellen reflektierte, das heißt bewusst erkannte psychosoziale Belastungen dar. Diese beziehen sich zum einen auf Umweltfaktoren. Hierunter fallen zum Beispiel Anforderungen, sich in gefährdender Weise zu betätigen, ein beruflicher Belastungsgrad, kritische Lebensereignisse oder Einsamkeit. Zum anderen geht es um Personenfaktoren. So ist der Stresstyp-A durch ein hohes Leistungsstreben, perfektionistische Ansprüche und Konkurrenzdenken gekennzeichnet und dadurch psychosozial belastet. Andere psychosozial beanspruchende Personenfaktoren sind die Unfähigkeit, abzuschalten, eine Überangepasstheit und ein Vermeidungs- und Ausweichverhalten in Konfliktsituationen. Besonders hervorzuheben sind die kritischen Lebensereignisse, die sogenannten life-events. Darunter sind „Einbrüche in die als chronifiziert betrachtete Lebenslage einer Person, die eine hohe affektive Wertigkeit besitzen und zur Restrukturierung von bis dahin stabilen Person-Umweltbezügen (Neuanpassung) zwingen, zu verstehen".[108]

In der modernen Lebensereignisforschung beschränkt man sich nicht mehr nur auf die Annahme der Krankheiten verursachenden (pathogenen) Wirkung einer bestimmten Anzahl von Ereignissen. Gleichermaßen wird die Funktion des Menschen, als Subjekt zu agieren, berücksichtigt. Ihr Sinn für den handelnden Menschen besteht in der Fähigkeit, aktiv auf Umwelteinflüsse zu reagieren und nicht als eine Art passives Opfer negativen Lebensumständen mehr oder weniger ausgeliefert zu sein. In die Analyse von kritischen Lebensereignissen werden Personen-, Kontext- und Ereignismerkmale gleichermaßen einbezogen. Es geht dabei auch bei der Schuppenflechte um die Frage, welches Lebensereignis sich bei welchen Personen mit welchen Eigenschaften zu welchem Zeitpunkt unter Einwirkung welcher Faktoren in welcher Weise auswirkt. Das heißt, unter welchen Umständen ruft ein Lebensereignis bei welchen Menschen in welchem Lebensmoment Störungen welcher Art hervor und welche Wirkmechanismen spielen dabei eine Rolle.[109]

Das psychosoziale Risikofaktorenmodell erscheint zwar als sehr allgemein und versucht „lediglich" Wahrscheinlichkeitsaussagen zu begründen. Doch es ermöglicht im Rahmen eines Krankheitskonzeptes, das vielseitige Faktoren mit einbezieht, eine wertvolle Zuarbeit hinsichtlich einer Gruppe von bestimmenden Faktoren, um eine Erkrankung wie zum Beispiel die Psoriasis bzw. Schuppenflechte zu verstehen.

DIE KRANKE PERSÖNLICHKEIT: SO BIN ICH GEWORDEN

ES WAR VIKTOR VON WEIZSÄCKER, der Krankheit wohl am umfassendsten in die individuelle Lebensgeschichte eines jeden Menschen eingebettet sah und daher als eine Art „individuelles Gewordensein" betrachtete. Er ging davon aus, dass ein Mensch ab der Geburt ständig mit unterschiedlichen Krisen konfrontiert ist. Krankheit versteht er dabei als eine Form der Krisenbewältigung.[110]

Demzufolge hat aber jede Krankheit nicht nur ein persönliches Schicksal, sondern einen persönlichen Sinn in der Geschichte und dem Lebensentwurf jedes Einzelnen – Krankheit ist Teil der eigenen Biographie. Das Subjekt hat nicht nur die Krankheit, es macht sie auch.[111] Krankheit liegt außerdem zwischen den Menschen (Intersubjektivität) – ist eines ihrer Verhältnisse und Begegnungsarten.

Weizsäcker sah auch die soziale Dimension von Krankheiten, indem er die Psychoanalyse kritisierte, die nur danach fragt: „Was ist der Mensch?", und nicht danach: „Was wird der Mensch?"[112] Es ist schon erstaunlich, dass sich eine so modern klingende Krankheitskonzeption in den 1940er- und 1950er-Jahren – eigentlich auch bis heute – nicht etablieren konnte. Sie ist offenbar zu allgemein und war nicht stringent genug durchsetzungsfähig, um den enormen Fortschritten der naturwissenschaftlichen Medizin standzuhalten.

DER „SCHUPPENPANZER" – EIN FALLBEISPIEL

UND WAS HAT das jetzt alles mit dem Schuppenpanzer bei der Psoriasis, der Schuppenflechte, zu tun? Schauen wir am besten einmal ganz konkret auf die Krankengeschichte einer Patientin.

Simone wird mir von einer niedergelassenen Hautärztin mit der Diagnose „Psoriasis vulgaris" überwiesen. Auf dem Überweisungsschein äußert die Hautärztin den Verdacht einer psychischen Auslösung des jetzigen erstmaligen Schubes einer Schuppenflechte, bei der in sehr starkem Ausmaße die Hand betroffen ist. Die Patientin bestätigt, dass die Ärztin sie neben anderen möglichen Auslösefaktoren auch nach ihrer beruflichen und familiären Situation gefragt habe, wobei sie bei dieser Frage vor der Hautärztin in Tränen ausgebrochen sei. Auf diese Frage sei sie nicht vorbereitet gewesen. Da müsse also wohl etwas dran sein.

Zur psychischen Situation von Simone: Sie ist 26 Jahre alt, hat seit fünf Jahren einen Partner. Sie haben im Sommer 2014 geheiratet und sind einen Monat nach der Hochzeit im September 2014 in das erste gemeinsame Haus eingezogen. Er sei ihre erste große Liebe gewesen.

Im Oktober erfuhr Simone, dass ihr Mann seit mehr als einem halben Jahr eine andere Frau hat. Sie hat zufällig den Austausch von Liebesschwüren per SMS auf dem Smartphone ihres Mannes mitbekommen und ihn dann sofort damit konfrontiert. Ihr Mann sagte ihr, dass er diese Frau liebe.

Ab diesem Moment entwickelte sich erstmalig bei ihr eine Schuppenflechte, die sie so in dieser Art von früher nur von ihrer Mutter her kennt. Sie zog aus dem gemeinsamen Haus aus, nahm sich ab November eine eigene Wohnung. Die Schuppenflechte an den Händen verschlimmerte sich sehr, so dass sie Handschuhe tragen muss, um ihrer normalen Arbeit noch nachgehen zu können.

Im Januar 2015 meldete sich ihr Ehemann erneut bei ihr und bat sie, wieder in das gemeinsam gebaute Haus einzuziehen. Er habe alles falsch gemacht, bereue alles etc. Auf ihre Frage, warum es so gekommen sei, antwortete der Mann nur, weil sie im Gegensatz zu der anderen Frau häuslich so unordentlich sei. Dieses Argument kann sie nicht annehmen, da sie sich denkt, dass er das von der anderen Frau doch gar nicht wissen könne. Er habe doch noch gar nicht mir ihr zusammengelebt. Obwohl sie wieder in das gemeinsame Haus eingezogen ist, behält sie die Wohnung, die sie sich zwischenzeitlich genommen hatte. Sie hat kein Vertrauen mehr zu ihm. Ihr Schuppenpanzer signalisiert ihr, dass der Konflikt noch immer da ist und sie sich nicht einreden soll, dass alles wieder gut sei. Und tatsächlich wird über das Vorgefallene nicht gesprochen. Aus seiner Sicht sei doch jetzt alles wieder gut, er habe doch alles bereut.

DER KÖRPER IST MANCHMAL KLÜGER ALS DER KOPF

Ich schlage Simone aufgrund der mir von ihr vermittelten Situation, dass sie mit ihrem Mann wieder zusammenlebt, ihm aber nicht vertraut und noch immer unter der Schuppenflechte leidet, vor, ihren Mann im Rahmen einer möglichen Paartherapie in den Betreuungsprozess mit einzubeziehen. Darauf antwortet er: „Wenn das für dich wichtig ist, komme ich mit." Doch zum ersten abgesprochenen gemeinsamen Termin erscheint er nicht.

Simone berichtet, dass er versuche, wieder mit ihr zu schlafen. Doch das gehe gar nicht. Sie könne sich noch nicht einmal mehr von ihm berühren lassen und sei froh, dass sie es in solchen Momenten auf ihre Schuppenflechte schieben könne, die sie vor solchen Kontakten schütze.

Drei Monate, nachdem Simone wieder ins gemeinsame Haus zu ihrem Mann gezogen ist, bekommt sie mit, dass er erneut Kontakt zu der anderen Frau aufgenommen hat. Sie ist verzweifelt, vertraut sich ihrer Mutter an, die ihr von einer ähnlichen Situation aus ihrem Leben berichtet, wo ihr Partner, der Vater der Patientin, eine andere Frau gehabt habe, sie sich damals jedoch wegen der zwei Kinder nicht von ihm getrennt habe. Auch bei ihr sei in dieser Phase damals – zwar nicht erstmalig, aber eben auch gerade in dem Moment – die Schuppenflechte ausgebrochen.

Die Patientin selber hat noch keine Kinder und erwägt zum gegenwärtigen Zeitpunkt die Trennung von ihrem Mann.

Die Schuppenflechte hat ihr in der Zeit des erneuten Zusammenlebens geholfen. Sie hat ihr signalisiert, dass nichts in Ordnung sei. Der Körper war gewissermaßen klüger als der Kopf. Er hat sie auf Abstand gehalten. Der Konflikt war noch nicht gelöst.

Simone ist nun wieder aus dem gemeinsamen Haus aus- und erneut in ihre vor einigen Monaten angemietete Wohnung eingezogen.

So zeigt das Beispiel Simones, wie eine Hautkrankheit durchaus eine sinnvolle Funktion ausüben kann. Sie teilt dem Patienten etwas mit. Er versteht es nur nicht immer. Hierzu gehört, dass der Juckreiz bei Simone in der angespannten Situation des Zusammenwohnens besonders intensiv war. Das heißt, sie hat sich besonders schwer damit getan, nicht zu kratzen. So war es besonders an den Händen zu einer zusätzlichen Selbstschädigung der Haut gekommen. Dies verdeutlicht, dass nicht nur das Hautbild, sondern auch das Empfinden des Juckreizes und das damit verbundene eigene Kratzverhalten viel mit den konkreten Lebens- und Beziehungsumständen, die gerade gelebt werden, zu tun haben.[113]

DIE ZERSTÖRUNG DES SELBST – PRURIGO SIMPLEX
KURT SEIKOWSKI

IM FEBRUAR 1995 erscheint erstmals Frau A. bei mir (damals 43-jährig) und berichtet, dass sie seit ihrem 18. Lebensjahr – mit Unterbrechungen – an einer Hauterkrankung leide, deren Diagnose nicht sofort klar war, die später dann jedoch als „Prurigo simplex subacuta" klassifiziert wurde. Sie habe bei ihrer behandelnden Hautärztin mehrfach nachgefragt, ob ihre Erkrankung nicht psychisch bedingt sein könne, was diese jedoch verneint habe. Indem sie Druck auf ihre Ärztin ausgeübt habe, habe sie nach neun Jahren der Behandlung nun doch einen Überweisungsschein zum Psychotherapeuten bekommen.

ÜBER DIE EIGENEN GEFÜHLE SPRECHEN: BEGINN DER PSYCHOTHERAPIE

IN DEN ERSTEN vier Sitzungen fällt es der sehr korpulenten Patientin schwer, sich zu artikulieren. Ich habe den Eindruck, als wolle sie mich testen – kann man zu dieser Person Vertrauen haben? Ich lasse ihr die Zeit, da ich das Gefühl habe, dass die Patientin hinsichtlich ihres bisherigen Lebens viel Missbrauch ihres Vertrauens erlebt hat. Und dieses Misstrauen ist deutlich spürbar.

In der fünften Konsultation schiebt mir Frau A. einen Brief zu, in dem sie mir schreibt, dass sie sich in mich verliebt habe – und dass sie mit mir „durchbrennen" wolle, um ein gemeinsames Leben zu beginnen. Mir geht durch den Kopf, dass ich in der Ausbildung gelernt habe, bei Liebesbekundungen von Patienten einen Therapeutenwechsel anzustreben. Ich wähle eine andere Lösung, indem ich ihr sage, dass ich sie nicht liebe, es aber für den weiteren Verlauf der Psychotherapie sehr gut finde, wenn wir mit dieser Liebesbekundung weiter arbeiten könnten, wenn sie in den nächsten Sitzungen versuchen könnte, ihre Gefühle auch verbal auszudrücken. Ich erkläre ihr, dass Psychotherapie auch bedeute, Ordnung in das eigene Gefühlschaos zu bringen – und dafür seien Gespräche zu den eigenen Emotionen sehr hilfreich. Sie lässt sich zunehmend darauf ein.

Die „Liebe" entpuppt sich als ihr Versuch, der Aufarbeitung des eigenen Lebens zu entgehen, weil diese mit sehr viel Schmerz verbunden ist.

AN DER LEBENSGESCHICHTE ARBEITEN: DIE PSYCHOTHERAPEUTISCHE ARBEIT

NACHDEM DAS VERTRAUENSVERHÄLTNIS hergestellt und die „Liebe" so schnell, wie sie gekommen ist, auch wieder verflogen ist, kann mit der Bearbeitung der Lebensgeschichte der Patientin, Frau A., begonnen werden. Die Aufarbeitung erfolgt nicht immer zeitlich chronologisch, sondern orientiert sich an der jeweiligen Problematik, die aktuell bedeutsam ist, und daran, wofür die Patientin momentan schon bereit ist. Auffällig ist, dass Frau A. zunehmend sehr emotional in der Psychotherapie agiert. Sie hat offenbar nichts mehr zu verlieren, ist sehr labil in ihren Affekten – schreit und weint sehr viel. Zeitweise ist es im Therapieraum, der sich in einer Klinik befindet, sehr laut. Glücklicherweise glaube ich, bereits ausreichend Erfahrungen zu haben, um diese wechselnden Affekte auch aushalten zu können. Immerhin weiß ich, dass im naheliegenden Flur immer mal Leute vorbeigehen, die von dieser „Lautstärke" doch einiges mitbekommen müssen. Elemente des autistischen Atmens werden bei Frau A. ebenfalls bald offensichtlich[114]: Sie atmet reflexartig oft weniger oder kaum mehr, um etwas zurückzuhalten, weil es noch zu schwer ist, um es herauszulassen.

Sie sei das fünfte von insgesamt sechs Kindern ihrer Eltern. Der Vater sei auf einem Friedhof – unter anderem als Totengräber – beschäftigt gewesen, die Mutter habe als Hausfrau gearbeitet. Schulisch habe es keine Probleme gegeben. Zu Hause habe sie sehr viel Angst entwickelt, wenn sie in der Friedhofskapelle immer mal allein als Kreuzträgerin habe Totenwache halten müssen.

SEXUELLE GEWALTERLEBNISSE FÜHREN ZU SEHR VIEL SCHAM

SEHR ZÖGERLICH ERFAHRE ich von Frau A., dass sie einen Lieblingsbruder hatte (sechs Jahre älter), der immer dann, wenn die Eltern nicht da waren, mit ihr ins Gewölbe ging – und etwas mit ihr machte. Damals war sie sieben Jahre alt. In dieser Situation entwickelt sie mir gegenüber sehr viel Scham, kann dann jedoch darüber berichten, dass es sich um Geschlechtsverkehr von hinten gehandelt habe. Seit dieser Zeit habe sie am ganzen Körper – auch in der Genitalgegend – sehr viel Juckreiz verspürt. Da sie oft habe kratzen müssen – und nicht habe kratzen dürfen –, habe ihr die Mutter immer, wenn sie gekratzt habe, auf die Finger gehauen. Sie habe sich nicht verstanden gefühlt. Dieser Juckreiz habe sie ihr ganzes Leben lang begleitet. Überhaupt sei in ihrer Familie nicht über Gefühle geredet worden. Auch Körperkontakt sei eher die Ausnahme gewesen.

Die Pubertät erlebte Frau A. zunächst als relativ normal. Sie hat wie alle anderen jungen Frauen mit Männern flirten können, aber keine feste Beziehung gehabt. Mit Freundinnen hat es keine tieferen Kontakte gegeben. Im Alter von 17 Jahren – sie befand sich gerade einige Monate vor dem Abitur – flirtete sie auf einem Baugelände immer mal mit den dortigen Maurern. Eines Tages war nur ein einziger Arbeiter dort, der sie mit in seinen Bauwagen nahm und sie dort vergewaltigte. Das sei sehr schlimm für sie gewesen. Sie habe sich niemandem anvertrauen können und sehr viel Scham empfunden. Um die Scham zu vermindern, zeigte Frau A. diesen Mann nicht etwa an, sondern buhlte um seine Gunst, schmiss ihr Abitur hin und heiratete ihren Vergewaltiger.

DIE HAUT BEGINNT SICH ZU WEHREN

IN DIESER PHASE trat erstmalig die Hauterkrankung auf. Es entstand ein sehr starker Juckreiz, der dazu führte, dass Frau A. bis tief unter die Haut gekratzt hat. Es entstanden Wunden, die Narben hinterlassen haben.

Nachdem sie relativ schnell schwanger wurde und das erste Kind – eine Tochter – gebar, begann das Paar mit einem Hausbau. Dort war sie die Bestimmende, ihr Mann verhielt sich eher passiv. Sie selbst sagt über diese Zeit, dass sie sich sehr wohl gefühlt habe. Durch den Hausbau habe sie von anderen Menschen sehr viel Anerkennung bekommen. Zeit für das Erlernen eines Berufes habe sie nicht gehabt. Die Hauterkrankung sei so weit zurückgegangen, dass diese sie gar nicht mehr gestört habe.

Sexuelle Aktivitäten habe es in dieser Zeit kaum gegeben. Sie sei ständig müde und kaputt gewesen. Und ihr Ehemann habe offenbar auch kaum ein Bedürfnis gehabt, mit ihr zu schlafen.

Das sei anders geworden, als der Hausbau fertig gewesen sei. Frau A. und ihr Mann bekamen dann noch zwei weitere Kinder, eine zweite Tochter und einen Sohn. Beim Geschlechtsverkehr mit ihrem Mann habe sie nichts empfunden. Das Leben sei so dahingeplätschert.

Mittlerweile hatte Frau A. in der Verwaltung eines Betriebes Arbeit gefunden – und verliebte sich dort erstmalig in ihrem Leben in einen Mann. Sie seien sich auch sehr nahe gekommen. Erstmals habe sie das Küssen als sehr schön empfunden. Sie hätten zwar nicht miteinander geschlafen, doch habe sie dieser Mann zum ersten Mal in ihrem Leben durch Petting zum Orgasmus bringen können. Einen Orgasmus habe sie davor weder durch sexuelle Aktivitäten mit einer anderen Person noch durch die Selbstbefriedigung bekommen können. Da sie beide jedoch mit anderen Partnern verheiratet gewesen seien und es in ihren Ehen auch Kinder gegeben habe, lösten sie nach zwei Jahren einvernehmlich die Beziehung. Nach dieser Trennung habe sie wieder viel an ihrer Haut – „bis zum Bluten" – manipulieren müssen, erzählt Frau A.

MIT DEN LEBENSERFAHRUNGEN
WECHSELN DIE KRATZBEDÜRFNISSE

IN DEM VON IHR UND IHRER FAMILIE bewohnten Haus hatte jedes Kind in der ersten Etage ein Zimmer. Eines Nachts fiel Frau A. auf, dass sich ihr Ehemann für einige Zeit nicht in seinem Bett befand. Das Schlafzimmer der Eheleute befand sich im Erdgeschoss. Zunächst dachte sie sich nichts dabei. Als das jedoch häufiger passierte, schlich sie ihm nach und bekam mit, dass er in die Zimmer der Töchter ging, die damals gerade acht bzw. sieben Jahre alt waren – mal in das eine Zimmer, mal in das andere. Sie habe mit ihm nicht darüber reden können, sondern die Zimmer der Töchter nachts zugeschlossen. Doch ihr Ehemann sei dann nachts von außen mit einer Leiter in die Zimmer der Töchter eingestiegen. Sie wisse bis heute nicht, was dort passiert sei, befürchte jedoch, dass er dort sexuelle Handlungen an ihren Töchtern vorgenommen haben könnte. Auch in dieser Zeit habe ihre Haut wegen des Kratzens sehr stark „geblutet".

Sie habe sich jedoch niemandem anvertraut, sei auch nicht zur Polizei gegangen, sondern habe sich einfach hilflos gefühlt – sie habe das Gefühl, als Ehefrau und Mutter versagt zu haben.

Dann lernte Frau A.s Mann eine andere Frau kennen. Er verließ sie und die Kinder, kümmerte sich auch nicht mehr um die Familie. Auch das habe sie zunächst als ein Gefühl, als Frau versagt zu haben, empfunden. Doch dann habe sie gemerkt, dass es ihr psychisch immer besser ging, seitdem der Ehemann nicht mehr da war. Der Hautzustand habe sich in dieser Zeit auch sehr stark gebessert. Sie habe das Gefühl bekommen, auch ohne Mann sehr gut zurechtzukommen.

Das sei eine ganze Weile ganz gut so gegangen, doch habe sie sich, nachdem nun auch ihre Kinder erwachsen gewesen seien und in anderen Orten ihre Ausbildung absolviert hätten, zunehmend einsamer gefühlt. Mehrfach habe sie versucht, einen neuen Partner kennenzulernen. Doch habe ihr da ihre Haut immer wieder einen Strich durch die Rechnung gemacht – je mehr Nähe sie habe zulassen wollen, desto schlimmer sei die Haut geworden. Das sei leider bis heute so. Deshalb habe sie es aufgegeben, je wieder mit einem Mann zusammen sein zu können.

LEBENSGESCHICHTE UND HAUTKRANKHEIT SIND NICHT VONEINANDER ZU TRENNEN

FRAU A. GEHT ES im Laufe der Psychotherapie zunächst recht gut. Die Diagnose der „Prurigo simplex subacuta" wird hautärztlicherseits in „Prurigo chronica" abgemildert, und der Abschluss der Psychotherapie rückt näher. Doch dann folgt ein heftiger Krankheitsschub, als ihr die älteste Tochter mitteilt, dass sie ihr Studium vorübergehend unterbrechen müsse, weil sie depressiv geworden sei und eine Psychotherapie machen müsse. Sie habe sich bei dem Beginn einer sexuellen Beziehung zu einem Mann zunehmend an Ereignisse aus ihrer Kindheit erinnert, als sie acht Jahre alt gewesen sei – und habe diesen jungen Mann nicht an sich heranlassen können. Sie berichtet meiner Patientin – ihrer Mutter – nun darüber, was ihr Vater damals mit ihr gemacht hat. Bei der Mutter entstehen starke Schuldgefühle, die sich noch verstärken, als die Tochter ihr die vorwurfsvolle Frage stellt, ob sie denn davon nichts gewusst habe. Aus Angst davor, ihre Tochter „zu verlieren", gibt Frau A. vor, keine Ahnung gehabt zu haben. Doch ihre Haut „blüht auf". Einige Wochen lang hält dieser Zustand an, dann beruhigt sich die Haut wieder, denn ihre Tochter verhält sich zu ihr wie zuvor, so dass Frau A. glaubt, dass weiterhin ein normales Verhältnis zwischen ihnen beiden bestehe.

NÄHE KANN BEDROHLICH SEIN:
EINE PSYCHODYNAMISCHE AUSWERTUNG

DER JUCKREIZ MIT DEM NACHFOLGENDEN KRATZEN seit dem sexuellen Missbrauch durch den Bruder hatte einen auffordernden Charakter. Doch die Mutter von Frau A. hatte diese Signale nicht verstanden. Im Gegenteil – Frau A. wurde dafür bestraft. Das bedeutet, dass sie als junges Mädchen bereits lernen musste, dass Nähe (Missbrauch durch den Lieblingsbruder) bedrohlich sein kann und dass der Wunsch, Emotionen zu äußern (Juckreiz und Kratzen als Körpersprache), Strafen nach sich zieht.

Die Vergewaltigung im Bauwagen kann als eine erste Retraumatisierung verstanden werden, denn im Grunde genommen wiederholt sich etwas, was sie mit ihrem Lieblingsbruder schon erlebt hatte (Vertrauen wird als bedrohlich erlebt). Der Körper entstellt sich noch mehr als vorher. Erste Hauterscheinungen stellen sich ein. Der Zerstörungsprozess setzt sich fort, indem Frau A. ihren Vergewaltiger heiratet. Der Körper reagiert entsprechend, indem er weiterhin auf den Krankheitssymptomen beharrt, der Prurigo mit ihrem starken Juckreiz. Der Juckreiz führt dazu, dass Frau A. ihre Haut bis auf das rohe Fleisch aufkratzt, sich also selbst verletzt, selbst zerstört, selbst bestraft. Dieser Zerstörungsprozess schützt sie jedoch auch vor einer erneuten Enttäuschung durch bedrohliche Berührungen.

Nach der Trennung von ihrem Mann geht es Frau A. besser, doch die früher erlebten Bedrohungen, die zur Zerstörung ihres Selbst geführt hatten, stecken nach wie vor tief in ihr drin. Doch schützen diese früheren

Erfahrungen sie vor erneuten Traumatisierungen. Immer dann, wenn sie versucht, einen neuen Partner kennenzulernen, warnt sie ihr Körper über die Haut vor neuen potentiellen Enttäuschungen. Sie hat einen Lebensweg für sich gefunden. Eine Beziehung zu einem Mann lehnt sie für sich ab. Das schützt sie auch davor, sich erneut durch intensives Kratzen noch weiter zu zerstören. Weitere Zerstörungen bleiben aus, doch die Narben bleiben.

Mittlerweile haben ihre beiden Töchter selbst Kinder. Die Beziehungen zu ihren Kindern und den Enkelkindern empfindet Frau A. als sehr schön. Sie bedeuten für sie viel Lebenssinn.

Der geschilderte Fall von Frau A. veranschaulicht, dass bei Prurigoerkrankungen kritische Lebensereignisse verlaufsbeeinflussend wirken.[115]

WIE EINE VERMEINTLICHE DIAGNOSE ZUR LEBENSLÜGE WERDEN KANN
KURT SEIKOWSKI

IM MAI 1987 wird mir Frau W. von einem Oberarzt der Hautklinik überwiesen, der die seit der Pubertät bestehende Diagnose der damals 27-jährigen Patientin, Craurosis vulvae, eine chronische Hauterkrankung der äußeren weiblichen Geschlechtsorgane, anzweifelt. Aus seiner Sicht handelt es sich bei der Patientin um Vernarbungen im Schamlippen- und Klitorisbereich. Auch wirke sie sehr gestresst. Irgendetwas stimme da nicht.

DA SEI DIE „HÖLLE" LOSGEGANGEN

DIE PATIENTIN IST VON ANFANG AN sehr offen und gesprächsbereit. Es entsteht bei mir der Eindruck, dass sie nur darauf gewartet hat, mal mit jemandem über „ihr genitales Problem" zu reden. Sie beginnt auch gleich davon zu berichten, dass ihr mal ein Mann, als sie zehn Jahre alt war, in den Schlüpfer gefasst und sie dort im Genitalbereich berührt habe. Eigentlich habe sie das als nicht so schlimm erlebt. Sie habe es aber nicht in Ordnung gefunden – und es noch am gleichen Tag ihren Eltern, zu denen damals ein sehr gutes Verhältnis bestand, erzählt. Doch dann sei für sie die „Hölle" losgegangen. Und was da passierte, verstehe sie bis heute nicht so richtig. Offenbar hätten alle herausbekommen wollen, wer das war. Zunächst hätten ihre Mutter und ihr Vater ihr stundenlang Fragen gestellt. Dann sei die Polizei eingeschaltet worden und hätte Verhöre mit ihr geführt. Das sei alles so frustrierend gewesen. Alle hätten sich für ihren Genitalbereich interessiert, wollten wissen, wo genau an welcher Stelle der Mann hingefasst habe, ob er ihr was in die Scheide gesteckt habe. Aus heutiger Sicht könne sie sich noch daran erinnern, dass sie sich damals noch gar nicht so richtig mit ihren Genitalien beschäftigt hatte. Erinnerlich sei ihr noch, dass sie in dieser Zeit frühmorgens sehr oft blutverkrustet im Genitalbereich aufgewacht sei. Offenbar hatte sie das nachts verursacht, wer sonst? Sie müsse da mit den Händen was gemacht haben. Sie könne sich aber an nichts erinnern. Auch an viele andere Details aus dieser Zeit könne sie sich nicht erinnern.

DAS NENNE MAN VAGINISTISCH – DIE BISHERIGE KRANKENGESCHICHTE

FRAU W. IST DAS EINZIGE KIND ihrer Eltern und beschreibt ihre Kindheit als recht glücklich. Sie sei immer das Vorzeigepüppchen gewesen, habe immer im Mittelpunkt gestanden. Auch schulisch habe es nie Probleme gegeben. Sie habe nach dem Abschluss des Abiturs Lehramt studiert und sei bis heute als Lehrerin tätig.

Sie habe ihre Pubertät (so etwa ab dem 12. Lebensjahr) prinzipiell als sehr schön in Erinnerung, habe sich gern und viel geschminkt. Ihre Eltern hätten gut verdient und ihr jeden Wunsch erfüllt, so dass sie auch immer die modischsten Sachen zur Verfügung gehabt habe. Sie habe es genossen, andere Mädchen bzw. Frauen in diesem Alter ausstechen zu können. Allein schon wegen ihrer langen, dichten und tiefschwarzen Haare habe sie viel Macht Männern gegenüber gespürt. Aber so richtig verliebt habe sie sich in der Pubertät nie in einen Mann – auch nicht in Frauen. Natürlich habe sie anderen Mädchen bzw. Frauen gegenüber zeigen wollen, dass sie jeden haben könne. So habe sie nicht wenige Freunde gehabt. Aber zu sexuellen Beziehungen sei es nicht gekommen. Das Küssen habe sie als sehr schön empfinden können, selbst aber keine richtigen sexuellen Regungen gespürt. Ein Bedürfnis zum Geschlechtsverkehr habe sie in dieser Zeit nicht gehabt. Auch habe es nie ein Bedürfnis zur Selbstbefriedigung gegeben.

Als Studentin habe sie sich auf sexuelle Aktivitäten mit zwei Kommilitonen eingelassen. Weil diese jeweils auf den Geschlechtsverkehr gedrängt hätten – und sie sich gedacht habe, dass sie mal mit dem beginnen müsse, worüber alle redeten. Beim ersten Mal habe der andere sehr stark zugestoßen. Das sei sehr schmerzhaft und blutig gewesen. Doch seitdem habe keiner mehr einführen können. Später habe sie mal gelesen, dass man das „vaginistisch" nenne. Sie habe es dann aufgegeben, eine Beziehung aufzubauen.

Kurz nach dem Studium habe sie einen Mann kennengelernt, mit dem sie seit einem Jahr zusammen sei. Sie sei nach wie vor vaginistisch. Aber er könne sehr gut küssen und das gefalle ihr. Außerdem hätten sie beide eine künstlerische Ader, was sie sehr verbinde. Sie würde sich wünschen, dass die Therapie bei mir ihr helfen könne, normal sexuell erlebnisfähig zu sein.

Vor dem Beginn einer Sexualtherapie schicke ich die Patientin noch einmal zu einem Gynäkologen, der zwar die Diagnose einer Kraurose (Craurosis vulvae) nicht verwirft, sie aber in eine zu beobachtende Verdachtsdiagnose verpackt und versichert, dass das genitale Gewebe eigentlich sexuell empfindungsfähig sein müsste.

PHASE 1: SIE MÜSSE SICH WOHL ABFINDEN

VON MAI 1987 bis zum Februar 1990 ist Frau W. dann zum ersten Mal bei mir in Therapie. Wir beginnen mit einer Sexualtherapie, die verhaltenstherapeutisch ausgerichtet ist. Da sie zunächst noch nicht will, dass ihr Partner, den sie zu diesem Zeitpunkt ein Jahr kennt, in die Therapie mit einbezogen wird, erfolgt die Therapie zunächst mit Hilfe von Büchern (Bibliotherapie, von griechischisch *biblio, Buch*), wobei ihr besonders die Bücher von Anais Nin[116] helfen, eigene sexuelle Potenzen zu spüren. Auffällig ist, dass sie mehr von geistiger sexueller Erregung spricht, jedoch nie darüber berichtet, dass sie ein Kribbeln bzw. Spannungen oder Ähnliches in der Klitorisregion empfindet. Leichte Spannungen in den Brustwarzen kann sie jedoch wahrnehmen. Dann wird der Versuch einer Masturbationstherapie unternommen.[117] Dabei handelt es sich um eine Therapieform, die als Hausaufgabe praktiziert wird und zunächst mit der visuellen Erkundung per Spiegel und dem Vertrautwerden mit der eigenen Genitalregion beginnt. Dabei gibt es bei der Patientin keine Probleme. Doch bei der nachfolgenden Hausaufgabe – dem Erkunden erogener Zonen im Genitalbereich per Finger – passiert nichts.

Kurze Zeit später (1990) wird die Therapie durch die Patientin zunächst beendet. Sie ist der Meinung, dass sie sich mit ihrer nicht reagierenden Genitalregion abfinden müsse. Sie werde bald heiraten, vaginistisch sei sie nicht mehr. Ihr Mann könne jetzt unter Schmerzen einführen – für ein Kind würde es schon reichen. Aber ansonsten akzeptiere er die Diagnose „Craurosis vulvae" und lasse sie in Ruhe. Sie sei jetzt eigentlich nicht mehr motiviert, weiter über mögliche sexuelle Potenzen bei sich nachzudenken. Außerdem sei durch die politische Wende so einiges familiär und beruflich durcheinandergeraten. Da müsse sie zunächst andere Prioritäten setzen.

PHASE 2: ETWAS FEHLE IN IHREM LEBEN

VON MAI 2000 bis Juli 2002 erscheint Frau W. erneut bei mir, kommt alle drei bis vier Wochen, da es zeitlich nicht anders gehe. Sie wohne mittlerweile in einem Dorf – etwa sechzig Kilometer vom Behandlungsort entfernt –, habe dort mit ihrem Ehemann ein großes Haus. Ihr Mann habe eine eigene Firma, sie sei nach wie vor als Lehrerin tätig. Sie hätten einen Sohn. Eigentlich laufe alles recht gut, doch habe sie in den letzten drei Jahren zunehmend depressive Phasen erlebt, was sie von früher her gar nicht kenne. Ihr Mann lasse sie in sexueller Hinsicht in Ruhe. Doch irgendwie gefalle ihr das nicht. Sie habe zunehmend Anlehnungswünsche, die sie aber vermeide, weil sie Angst habe, er könne das als sexuelle Einladung missverstehen. Ihr fehle etwas im Leben, doch könne sie noch nicht beschreiben, was das sei. Und dann seien ihr immer wieder Zweifel gekommen, ob nicht vielleicht doch der Genitalbereich einfach kaputt sei. Sie glaube schon lange nicht mehr an die Diagnose „Craurosis vulvae" – und auch ihr neuer Frauenarzt habe von Vernarbungen durch Manipulationen gesprochen. Doch auf die Frage von ihr, ob da die Nerven was abbekommen hätten, habe er ihr keine klare Antwort geben können. Sie habe auch schon leichte Antidepressiva versucht, die würden die Stimmung etwas aufhellen, aber nicht ihr Problem lösen.

Immer wieder würden sie Bilder aus der Zeit des sexuellen Missbrauchs quälen (Flashbacks). Es sei aber nicht der Missbrauch selbst. Sondern es seien Bilder von der polizeilichen Vernehmung: Da habe man ihr Bilder von Männern vorgelegt, die alle furchtbar ausgesehen hätten. Vermutlich rühre ihre Angst vor Männern aus dieser Zeit. Außerdem bedrängten sie Bilder, dass sie auf einen Gynäkologenstuhl musste, was sie auch von damals her als sehr unangenehm in Erinnerung habe. In der Therapiesituation treten beim Berichten über diese Flashbacks immer wieder länger anhaltende Weinkrämpfe auf, nach denen sich die Patientin zwar sehr erschöpft, dafür jedoch deutlich wohler fühlt.

Schlimm für sie sei auch, dass sie immer mehr den Verdacht habe, dass ihre Mutter genau wisse, wer der Missbräuchler damals gewesen sei – vermutlich ein kinderreicher Vater aus der Nachbarschaft. Sie habe ihre Mutter darauf angesprochen, doch diese weiche ihr aus.

In der Therapie reflektiert sie sehr viel über den Sinn des Lebens. Auch Selbstmordgedanken seien erstmals aufgetreten. Sie stelle sich die Frage, ob sie nicht auch mal mit einem anderen Mann schlafen solle, um zu sehen, ob es denn wirklich nur allein an ihr liege. Das, was sie in der ersten Therapiephase an geistiger sexueller Erregung erlebt habe, sei immer noch da. Doch was solle sie damit anfangen?

In einer Phase der Verzweiflung sagt sie nach 31 Konsultationen ihren letzten Termin ab: „Ich muss mich meinem Schicksal fügen." Auch seien ihr die langen Anfahrtswege auf die Dauer zu viel. Ich versuche ihr noch einen Psychotherapeuten vor Ort zu empfehlen. Doch sie lehnt ab. Allerdings habe es ihr gut getan, über die Bilder im Kopf von früher zu sprechen. Sie würden nur noch selten auftreten.

PHASE 3: NEUE HOFFNUNG

VON OKTOBER 2006 bis August 2008 kommt Frau W. erneut in die Sprechstunde und berichtet, dass sie einen sehr großen Fehler gemacht habe. Bevor sie von ihrem Fehler berichtet, frage ich sie, ob sie in der Zwischenzeit versucht habe, sich woanders in psychotherapeutische Betreuung zu begeben. Sie bejaht das – zweimal habe sie es probiert, habe sich von diesen Therapeuten jedoch nicht verstanden gefühlt. In der Zwischenzeit sei ihr Sohn nicht mehr zu Hause, studiere in einer anderen Stadt. Sie habe seitdem mehr Zeit für sich, denke mehr über sich nach.

Da sie das Gefühl gehabt habe, im Leben etwas verpasst zu haben, habe sie endlich wissen wollen, ob sie vielleicht doch noch bei einem anderen Mann sexuelle Gefühle entwickeln könne. Sie habe sich im Internet in einem Chat mit einem Mann vereinbart. Dieser habe sie dann mit in seine Wohnung genommen. Kaum sei die Tür verschlossen gewesen, habe er sie sofort nackt ausgezogen – und ohne jegliche Zärtlichkeiten seinen Penis in sie gesteckt. Als er gemerkt habe, dass ihr das nicht gefalle, habe er sie gefragt, ob sie denn nicht wisse, was das für ein Chat sei, in den sie sich da eingeklinkt habe. Sie hätte es tatsächlich nicht gewusst, habe sich vergewaltigt gefühlt.

Aufgrund dieser Erfahrung habe sie für sich konstatieren können, dass der triebhafte Sex, den sie ja nicht kenne, nichts für sie sei. Auch sei ihr klar geworden, dass ihr die Ausrede – dieses Wort benutzte sie nun zum ersten Mal –, eine Krankheit zu haben, gar nichts nutze. Offenbar spiele bei ihr sehr viel Zärtlichkeit eine Rolle. Auf die Frage, ob sich nach dem Vorfall im Alter von zehn Jahren hinsichtlich des Zärtlichkeitsverhaltens ihrer Eltern ihr gegenüber etwas geändert habe, überlegt sie sehr lange und spricht dann davon, dass ab diesem Zeitpunkt alles anders geworden sei. Ihre Mutter habe sich ab dieser Zeit eher sehr abgekühlt verhalten. Überhaupt habe sie sich seit dieser Zeit oft allein gelassen gefühlt. Auch in der Pubertät habe sich die Mutter sehr distanziert ihr gegenüber verhalten, habe ihr zum Beispiel immer mal mit einem abwertenden Blick zu verstehen gegeben, dass sie sich nicht so nuttig anziehen solle. Der Vater, der viel gearbeitet habe und oft erst sehr spät nach Hause gekommen sei, habe keine besonders wichtige Rolle gespielt.

Und trotzdem sei da wieder die Frage gekommen, ob sie im Genitalbereich möglicherweise doch organisch kaputt sei. Sie sei erneut zu einem anderen Gynäkologen gegangen, der ihr gesagt habe, dass sexuelle Gefühle nicht nur von der Klitoris abhängig seien.

In dieser Phase der Therapie scheint sie die Hoffnung zu bekommen, dass durch mehr Zärtlichkeit bei ihr doch noch etwas veränderbar sei. Drei Monate später kommt sie erneut und berichtet davon, dass sich ein alleinstehender gleichaltriger Arbeitskollege schon länger für sie interessiert habe und sie sich auf eine Beziehung zu ihm einlassen wolle. Außerdem habe sie das Gefühl, sich bei diesem Mann auf einer gleichen Ebene zu befinden. Vielleicht werde ja auch mehr daraus.

Sie beginnt dann eine Affäre, sagt ihrem Ehemann auch, dass sie mal einen Partnerwechsel benötige. Sie sagt ihm jedoch nicht, dass sie für sich ausprobieren wolle, was nun mit ihrer Krankheit und ihrem sexuellen Lustempfinden los sei. Sie zieht sogar zu dem anderen Mann in eine andere Stadt.

In dieser Phase schaltet sich der Ehemann in die Therapie ein, verlangt von mir, dass ich seine Frau zur Vernunft bringen solle. Seine Ehefrau könne nicht so einfach abhauen. Außerdem sei sie Gesellschafterin seiner Firma – ihr Wegbleiben gehe schon finanziell nicht. Ab und zu komme sie nach Hause, dann kuschle sie sich abends an ihn heran – aber mehr lasse sie nicht zu. Er sei verwirrt. Einige Wochen später kommt er erneut zu mir – eine Partnerschaftstherapie wird von beiden abgelehnt – und berichtet, dass er nun ein sexuelles Verhältnis mit einer Nachbarin eingegangen sei, er aber weiter um seine Frau kämpfen werde.

SIE WISSE JETZT, DASS SIE MEHR EMPFINDEN KÖNNE

DIE PATIENTIN SELBST berichtet darüber, dass sie bei dem anderen Mann deutlich mehr empfinde. Und tatsächlich benötige sie sehr viel Zärtlichkeit – und dann vibriere ihr Körper so richtig. Ein solches Gefühl habe sie bisher nicht gehabt. Zu dem, was andere Frauen Orgasmus nennen, würde es jedoch nicht kommen. Es sei aber sehr schön. Bisher habe sie den oralen Kontakt ihrer Klitoris bei ihrem Ehemann nie zugelassen. Bei diesem Mann habe sie sich das getraut, dabei jedoch im Klitorisbereich nichts empfunden. „Ist die Klitoris also vielleicht doch dauerhaft geschädigt?", fragt sie.

Ungewollt wird Frau W. dann von diesem anderen Mann schwanger. Mittlerweile ist sie fast 48 Jahre alt. Als sie dem neuen Mann ihre Schwangerschaft mitteilt, beendet dieser die Beziehung. Zu ihrem Mann will sie nun nicht mehr zurück. Sie wisse jetzt, dass sie in einer Beziehung mehr empfinden könne, als das bisher in ihrer Ehe der Fall gewesen sei. Zudem könne sie dorthin auch nicht zurück, da die neue Frau ihres Mannes schon in ihr Haus eingezogen sei. Die Stadt, in der sie bis jetzt mit dem neuen Mann gewohnt habe, sei deutlich größer als ihr bisheriges Dorf. Sie nimmt sich dort eine eigene Wohnung. Da sie sehr durcheinander ist und viel mehr Psychotherapie als bisher benötigt, in der Stadt, in der sie nun wohnt, zudem sehr erfahrene Psychotherapeuten praktizieren, vermittle ich ihr im August 2008 eine Kollegin in dieser Gegend. Bei dieser Kollegin bekommt sie auch sehr schnell engmaschige regelmäßige Termine und lässt sich seitdem dort weiter betreuen.

EIN FRÜHER „MISSBRAUCH DES MISSBRAUCHS" UND EINE FATALE DIAGNOSE

DAS BESONDERE AN DEM FALL VON FRAU W. besteht darin, dass ein nur kurzes Ereignis im Alter von zehn Jahren das Leben eines Mädchens für immer verändert. Angefangen hatte alles mit einem sexuellen Missbrauch, der jedoch überdimensional und wenig sensibel durch die Familie und die Ermittlungsorgane aufgearbeitet wurde. Man spricht in diesem Zusammenhang auch vom „Missbrauch des Missbrauchs". Das Mädchen verstand damals die Welt nicht mehr. Was haben die alle nur von ihr gewollt?

Sie hatte doch nur erzählt, dass ihr jemand in den Schlüpfer gefasst hatte. Was da mit ihr passierte, die vielen Befragungen, das Zeigen der Bilder von potentiellen Tätern, die gynäkologischen Untersuchungen, all das konnte sie in diesem Alter vermutlich nicht verstehen, hat vermutlich davon geträumt und im Genitalbereich nachts manipuliert – an der Stelle, die für andere plötzlich so wichtig war. Das Ergebnis waren aufgekratzte Stellen, die dann vernarbten und die in der Folgezeit die Funktionsweise besonders der Klitoris offenbar erheblich einschränkten.

Und dann kam die Diagnose „Craurosis vulvae". Aus heutiger Sicht kann man sagen, dass eine so frühe Diagnose für die weitere Entwicklung der Patientin fatal war. Sie hatte etwas gefunden, worauf sie sich zurückziehen konnte. Sie könne ja nichts dafür – die Krankheit sei schuld, dass sie sexuell nichts empfinde. Dadurch wurde das Thema Sexualität eher abgelegt als bearbeitet. Sie fand keinen Zugang zur Komplexität der Sexualität, die nicht nur von der Funktionsweise des Genitalbereiches abhängig ist. Da sie die Diagnose jedoch nicht richtig einordnen konnte, wartete sie ab, ob vielleicht doch noch etwas anderes daraus werde. Sie konnte den Leidensdruck dadurch für sich immer wieder relativieren. Außerdem half ihr ja die Diagnose „Craurosis vulvae" dabei, dass ihr Ehemann sie körperlich in Ruhe ließ.

Sie heiratete, zog einen Sohn groß, hatte viele Verpflichtungen, konnte ihren Konflikt in den Hintergrund drängen. Doch als der Sohn nicht mehr im Hause war und sie mehr Zeit hatte, über sich selbst nachzudenken, holte ihr sexuelles Problem, das durch Vernarbungen entstanden war, sie wieder ein. Sie bekam depressive Phasen, die ihr signalisierten, dass sie nicht glücklich war. So probierte sie etwas aus, riskierte ihre bisherige Lebenssituation und auch, dass ihre Ehe zerbrach. Sie sammelte neue Erfahrungen, bekam mit, dass sexuelle Lust nicht nur von ihrer beschädigten Klitoris, sondern auch von vielen Zärtlichkeiten beeinflusst wurde.

Im Fall von Frau W. stellt sich die Frage, wie viel früher sie zu dieser Erkenntnis hätte kommen können, wenn sie sich nicht jahrelang hinter der Diagnose „Craurosis vulvae" versteckt hätte. Wird sie in ihrer Zukunft diese Diagnose noch benötigen?

WENN DER SPIEGEL ZUR QUAL WIRD –
HÄSSLICHKEITSFURCHT ALS KRANKHEIT
UWE GIELER UND TANJA GIELER

„ICH SCHAUE IN DEN SPIEGEL und sehe ein Monster!" Eine solche Aussage und die Überzeugung, dass es wirklich so ist, kennzeichnen die Hässlichkeitsfurcht, früher auch Dysmorphophobie (altgriechisch: die Furcht vor der Ungestalt) genannt. Heute nennt man dieses Phänomen körperdysmorphe Störung oder englisch „Body Dysmorphic Disorder". Die Betroffenen sind meist durchaus attraktive Menschen, denen man auf den ersten Blick in keiner Weise ansieht, dass sie schwer leiden, ja quasi einen sozialen Tod sterben. Eine seltene Erscheinung, die nicht oft zu erwarten ist? Keineswegs, es gibt sehr viele Menschen, die diese Störung mehr oder weniger ausgeprägt entwickeln. In repräsentativen Studien in Deutschland waren es zwischen 1 und 1,7 Prozent der gesamten Bevölkerung, deren Antworten in den spezifischen Fragebögen deutliche Hinweise auf diese Erkrankung gaben.[118] Diese Zahlen stimmen durchaus mit anderen aus Italien und den USA überein, so dass davon ausgegangen werden muss, dass die körperdysmorphe Störung (KDS) sich zumindest in allen Industrienationen der Welt findet.[119] In zwei gleichartig durchgeführten repräsentativen Erhebungen in Deutschland 2002 und 2013 mit dem gleichen Fragebogen waren es 2002 0,4 Prozent der Bevölkerung, die an der Hässlichkeitsfurcht litten, 2013 bereits 1 Prozent.[120] Es scheint demnach zu einer Zunahme dieser Störung zu kommen. Von den erfassten Menschen der Repräsentativerhebung gaben 2,2 Prozent an, bereits kosmetische Dermatologie angewendet zu haben. Sie haben sich also nicht aufgrund einer Krankheit, sondern aus Verschönerungsgründen ärztlich behandeln lassen: Hier hat der Hautarzt zum Beispiel Haare, Falten, unschöne Gefäße entfernt, Narben, Akne, Warzen, Pigmentstörungen wie Altersflecken, Leberflecken, Sommersprossen, Muttermale kosmetisch behandelt, zum Beispiel mit Laserstrahlen oder Peelings – oder aber einfach den Teint verbessert. 0,6 Prozent haben sich Maßnahmen der plastischen Chirurgie unterzogen. Immerhin 30 Prozent der Frauen und 17 Prozent der Männer würden gerne an ihrem Körper Veränderungen vornehmen lassen! Aber warum haben Menschen Probleme mit ihrem Aussehen?

GEHT ES BEI SCHÖNHEIT UM DIE GESELLSCHAFT ODER DEN EINZELNEN MENSCHEN?

SCHÖNHEIT HAT EINE STARKE GESELLSCHAFTLICHE KOMPONENTE. Ein Universitätskollege, der Germanist Prof. Dr. Oesterle, hat das sehr klar formuliert: „Schönheit und Hässlichkeit sind weder an statistische Normen gebunden noch an die Normalitätsannahme. Schönheit ist historisch entstanden und historisch auch veränderbar."[121] Der Psychosomatiker – der Mediziner, dessen Fachgebiet das Zusammenspiel von Psyche und Körper ist – betrachtet die Schönheit nicht von außen, von ihrer historischen oder gesellschaftlichen Bedeutung her, sondern aus dem entgegengesetzten Blickwinkel. Die Frage der Psychosomatik lautet: Warum gefällt der Patientin oder dem Patienten das eigene Erscheinungsbild nicht? In der Psychosomatik geht es also um die Innenseite, um die seelische Komponente. Eine übermäßige Beschäftigung mit Schönheit kann süchtig machen. Noch mehr: Es ist bekannt, dass die Beschäftigung mit Schönheit Menschen sogar krank machen kann.

Betrachtet man zum Beispiel das Schönheitsideal der USA ab den 1920er-Jahren, sieht man ganz deutlich, wie sich das Bild von Attraktivität über die Jahre hinweg verändert hat. Schönheit unterliegt dem gesellschaftlichen Wandel. Daran besteht kein Zweifel. Das Schönheitsideal hängt von der gesellschaftlichen Anschauung ab. Ändert sich das allgemeine gesellschaftliche Bewusstsein, ändert sich auch die Antwort auf die Frage, welche Menschen schön sind. Wir in Europa halten die tätowierten Maoris in Neuseeland nicht für schön. Sie entsprechen nicht unserem derzeitigen Schönheitsideal. Diese Einschätzung ist für die Maoris unwichtig. Wichtig ist für sie, dass sie in der Gesellschaft, in der sie leben, als besonders schön und attraktiv gelten. Natürlich sind die Vorstellungen von Schönheit innerhalb einer Gesellschaft nicht starr. Es gibt eine gesellschaftliche Bandbreite zur Frage, was schön ist. Und natürlich bleibt es auch bei dem gesellschaftlich geprägten Schönheitsideal dem

Einzelnen überlassen, für sich zu entscheiden, was er subjektiv als schön empfindet. Dabei geben wir gerne zu, dass es Bereiche geben kann, in denen die Frage, ob etwas schön ist, schlicht zu verneinen ist. Body Art oder Körperkunst hat in seinen Auswüchsen nichts mehr mit Schönheit zu tun.

Das dürfte bei der meistgepiercten Frau der Welt, Elaine Davidson aus Edinburgh,[122] der Fall sein. Ihr Gesicht ist über und über mit Piercing versehen, so dass es kaum noch identifiziert werden kann. Dass sie sich selbst als schön empfindet, darf bezweifelt werden. Aber immerhin steht sie mit ihrem Piercing im Guinnessbuch der Rekorde. Auch die Models einiger Modeschöpfer präsentieren eine bestimmte Erscheinung, die manche Menschen schön finden können, andere absolut nicht. Noch extremer wird es, wenn wir Menschen sehen, die ihren Körper in einer Weise verändern, die eklig und abstoßend wirkt. Ein Beispiel hierfür sind Menschen, die sich nicht nur tätowieren, sondern Hautfetzen herausschneiden lassen, um sich auf diese Weise zu mustern, auch Branding genannt. Hier sind Operationen das Mittel, um Body Art zu realisieren.

Aber was Kunst ist und ob Kunst per se immer schön ist, ist eine offene Frage. Ein ganz extremer Fall ist die französische Aktionskünstlerin Orlan, die sich seit 1992 wiederholt kosmetischen Operationen unterzogen hat, um sich damit in Kunstausstellungen selbst zu präsentieren. Sie ist so inzwischen weltberühmt geworden. Bei Beginn ihrer Aktion im Jahre 1992 hat sie noch ganz menschlich ausgesehen. Dann begann ihre Entstellung. Die letzten Bilder von ihr, die man in Paris in vielen Kunstgalerien findet, sind Horrorbilder. Sie hat alle menschlichen Züge verloren und sieht wie ein Monster aus, wie ein Wesen aus einer anderen Welt, nicht Mensch und nicht Tier.

WOZU DIENT UNS UNSERE SCHÖNHEIT? WELCHE FUNKTION HAT SIE?

WENN WIR ÜBER SCHÖNHEIT SPRECHEN, diskutieren wir auch über die Funktion von Schönheit. Dabei müssen wir entscheiden, welche Schönheit wir akzeptieren und welche nicht. Und es stellt sich die Frage, ob es hinsichtlich der Schönheitsakzeptanz Unterschiede bei den Geschlechtern gibt. Sind und finden sich Männer anders schön als Frauen? Die Untersuchungen des wissenschaftlichen Instituts Emnid haben Menschen im Alter zwischen 18 und 35 Jahren befragt. Die Befragung ergab, dass vor allem Frauen ihre Falten im Gesicht gerne behandeln lassen würden. Das Gleiche gilt für Ohrenkorrekturen. Hinsichtlich der Behandlung der Nase liegen Frauen und Männer etwa gleichauf (5 Prozent). Besonders eklatant wird es beim Fettabsaugen: 16 Prozent der Frauen und 7 Prozent der Männer würden hier gerne etwas ändern lassen. 70 Prozent der befragten Frauen sind mit ihrem Körper zufrieden und etwa 83 Prozent der Männer. In dieser Beziehung holen Männer aber deutlich auf. Interessant zu beobachten ist, dass einige Firmen inzwischen beginnen, auf den Antimarketing-Effekt zu setzen. Bekanntestes Beispiel dafür ist die Werbung der Firma Dove. Sie setzt auf natürliche Schönheit und wirbt auf ihren Werbeplakaten mit Frauen, die dem bisherigen Schönheitsideal – groß und überschlank – nicht entsprechen, sondern einfach nur ansehnliche, nette junge Frauen sind, die auch mal ein paar Gramm zu viel haben. Marketingmäßig hat die Firma Dove damit großen Erfolg.

ES IST DIE ÄUSSERE SCHÖNHEIT, DIE GESEHEN UND ABGESPEICHERT WIRD

SCHÖNHEIT BERUHT AUF ÄUSSERER WAHRNEHMUNG. Die äußere Wahrnehmung lässt sich durch Make-up und kosmetische Maßnahmen verändern. Durch geschicktes Schminken kann das äußere Erscheinungsbild eines Menschen völlig verändert werden. Make-up kann so intensiv aufgetragen werden, dass sich das Innere des Menschen nicht mehr ausmachen lässt. Zugang zu seinem Inneren erhält man nur noch, wenn er sich uns freiwillig offenbart. Schon die Vorher-nachher-Make-up-Bilder aus Frauenzeitschriften haben eine verblüffende Wirkung. Es gibt Menschen, die von Geburt an objektiv entstellt sind. Es gibt aber auch von Geburt an schöne Menschen. Tatsächlich gehört zu der letzten Gruppe nur ein sehr geringer Teil der Menschen, nämlich nur circa 0,2 Prozent. Gemessen wurde das an genormten Kriterien einer Gruppe von Psychologen am Institut für klinische Psychologie der Universität Regensburg, die man wissenschaftlich sicherlich anzweifeln kann. Aber immerhin ist es eine interessante Zahl. Vor allem, weil genau diese kleine Gruppe der schönen Menschen uns in den Medien immer gezeigt wird, meist noch etwas retuschiert und von kleinen, doch auch hier noch vorhandenen Schönheitsfehlern befreit. Fast alle Kinder wachsen mit dem Schönheitsideal der Barbiepuppe auf, das nach wissenschaftlichen Studien einer Essstörung entspricht, aber dennoch für eine perfekte Schönheit steht, gegen die jeder andere Vergleich negativ ausfallen muss! Täglich wird diese Schönheit betrachtet und das Schönheitsideal wird im Gehirn abgespeichert – kein Wunder also, wenn manche versuchen, diesem Ideal zu entsprechen. Im Internet sind immer wieder einmal Frauen zu finden, die viele Schönheitsoperationen über sich haben ergehen lassen, um dieses Schönheitsideal zu erreichen. Im Guinnessbuch der Rekorde ist die derzeitige Spitzenreiterin eine Frau aus den USA, die, um wie eine Barbiepuppe auszusehen, 47 chirurgische Operationen hinter sich hat.

GANZ NORMAL SCHÖN, DAS IST SCHON HÄSSLICH

BESONDERS BEDEUTSAM FÜR DIE PSYCHODERMATOLOGIE sind die Menschen, deren Aussehen eigentlich ganz normal ist (die jedenfalls von ihren Mitmenschen als normal angesehen werden), die sich ihrerseits aber als entstellt empfinden. Das ist die Gruppe von Menschen, die eine Hässlichkeitsfurcht, eine körperdysmorphe Störung haben. Wir wissen aus langjährigen Repräsentativerhebungen seit den 1960er Jahren, dass die Bedeutung eines guten Aussehens seit 1975 immer wichtiger geworden ist. Dagegen hat das Gefühl, wertvoll zu sein, in den vergangenen Jahren eher abgenommen. Es scheint sich ein diesbezüglicher Trend zu entwickeln. Interessant ist dabei der Ost-West-Vergleich. Die neuen Bundesländer nähern sich allmählich dem Westen an, und zwar im negativen Sinne.

Die Hässlichkeitsfurcht ist keine Form der Schüchternheit, sondern eine Erkrankung mit einer klaren medizinischen Definition. Eine natürliche Schüchternheit haben wir alle. Sie kann ihre Ursache zum Beispiel in Impotenz oder in Gewichtsproblemen haben.

Welche Verhaltenssymptome sind nun als kritisch zu bewerten? Hierbei geht es nicht um die Menschen, die wegen ihrer Probleme ganz offensichtlich operiert werden sollten. Hierzu gehört zum Beispiel der Brustaufbau bei Mammakarzinom oder die Rüsselbrust, die unbedingt plastisch-chirurgisch operiert werden sollte. Es geht vielmehr um die Menschen, die an sich etwas bemängeln, was für den Arzt nicht nachvollziehbar ist. Diese Menschen unterziehen sich sehr häufig bestimmten Ritualen, um ihr Aussehen wieder und wieder zu kontrollieren, zum Beispiel durch das sogenannte Mirror-Checking. Es gibt Menschen, die acht Stunden am Tag vor dem Spiegel stehen und sich unablässig kritisch betrachten. Andere Menschen betreiben das sogenannte Glamour-Checking. Sie kontrollieren immer wieder, ob ihr Aussehen in Ordnung ist.

Andere vermeiden visuelle Expositionen, das heißt, sie ziehen stets die Vorhänge zu, können Spiegel nicht ertragen, sind auf kosmetisch-chirurgische Behandlungen fixiert und nehmen auch gerne Medikamente. Wieder andere manipulieren ihre Haut, das heißt, sie führen das sogenannte Skin-Picking durch, das Aufkratzen der Haut. Sie verbinden damit die Hoffnung, dass die ungeliebten, von ihnen zerstörten Anteile der Haut sich erneuern und dann wieder glatt und schön erscheinen. Hierdurch fügen sich die Skin-Picker nicht selten Narben zu, die sich dann nicht mehr verändern lassen. Häufig ist auch die sogenannte Camouflage. Das aus dem Französischen stammende Wort bedeutet *Tarnung* und steht hier für Menschen mit einer körperdysmorphen Störung, die sich extrem und dauerhaft schminken müssen, da sie sich nicht vorstellen können, mit ihrer normalen Haut unter Leute zu gehen. Man sieht an der Haut eine Pomadenkruste, da immer wieder alles, was vermeintlich auffällt, überdeckt wird.

Allen diesen Einstellungen liegt zugrunde, dass der betroffene Mensch einen Teil seines Körpers als hässlich empfindet oder meint, andere fänden ihn abstoßend. Diese würden es aus Höflichkeit nur nicht sagen. Ein solcher Mensch glaubt, dass er nur dann akzeptabel ist, wenn er makellos aussieht. Sobald er merkt, dass er nicht makellos ist, ist das Leben für ihn nicht mehr lebenswert. Der Verlauf dieses krankhaften Zustandes fängt sehr früh an, etwa in dem jugendlichen Alter, das die Zielgruppe von vielen Marketing-Aktionen ist. Der Zustand hält lange an, und es gibt kaum eine Remission, also keine Rückbildung.

SCHÖNHEITSWAHN MACHT IM MEDIZINISCHEN SINNE KRANK

SCHÖNHEITSWAHN MACHT MENSCHEN langfristig krank. Natürlich nicht alle Menschen, sondern zum Glück nur circa 1 Prozent. Je häufiger sich diese Menschen mit Unterspritzungen und Operationen behandeln lassen, desto deutlicher wird das Entstellungssyndrom. Mit zunehmendem Körperkult und den deutlich zunehmenden Umsätzen der Beauty-Industrie tritt dieses Störungsbild in unserer Gesellschaft immer häufiger auf. Die körperdysmorphe Störung geht mit einem inneren und sozialen Rückzug einher. Die Zusicherung von Partnern, Angehörigen, Freunden und Ärzten, dass das Aussehen völlig in Ordnung sei, nützt nichts. Die Patientinnen und Patienten lassen sich nicht überzeugen. Sie halten sich für hässlich und nicht liebenswert. Manche ertragen ihr Aussehen nicht und möchten nicht mehr weiterleben.

EINE ALTE UND DOCH NEUE KRANKHEITSGESCHICHTE

DIE GESCHICHTE DIESER KRANKHAFTEN STÖRUNG ist nicht neu. Schon 1886 hat der italienische Psychiater Morselli das Krankheitsbild beschrieben und dafür den Begriff Dysmorphophobie eingeführt. In der Folge haben dann auch andere Psychiater junge Frauen beschrieben, die wegen ihrer eingebildeten Hässlichkeit Angst hatten, keinen Liebhaber zu finden.[123] Krapelin wies auf die ausgeprägte Scham dieser Patienten hin. Seit 1995 steigen Zahlen an Veröffentlichungen zu diesem Krankheitsbild rapide an. 1987 wurde die Hässlichkeitsfurcht von der amerikanischen Gesellschaft für Psychiatrie in den USA offiziell als Krankheitsdiagnose aufgenommen – übrigens nicht auf Betreiben der Pharmaindustrie![124] In der 5. Auflage des DSM[125] ist die körperdysmorphe Störung jetzt in die Rubrik der Zwangserkrankungen eingeordnet worden, da man annimmt, dass es sich bei der zwanghaften Kontrolle des Aussehens um eine Zwangsstörung handeln könnte.

DREI BESONDERE UNTERTYPEN
DER HÄSSLICHKEITSFURCHT

DIE HÄSSLICHKEITSFURCHT hat zwei bis drei besondere Sub-Typen. Es gibt Menschen, die Teile ihres Körpers nicht mehr akzeptieren und die Amputation verlangen. Diese wahrlich verrückt, ja geradezu makaber erscheinende Erkrankung wird Body Integrity Identity Disorder[126] genannt und es ist bisher ungeklärt, wie es zu diesem Phänomen kommt. Eine Therapie ist ebenfalls bisher nicht beschrieben worden. Ein zweiter beschriebener Untertyp ist das sogenannte Dorian-Gray-Syndrom. Es drückt sich in dem drängenden und übermäßigen Wunsch aus, nicht altern zu wollen, und ist mit der Einnahme von Life-Style-Medikamenten verbunden. Eine weitere Unterform der Hässlichkeitsfurcht ist die Muskeldysmorphophobie, bei der Männer der Ansicht sind, ihre Muskeln reichten nicht aus. Sie wären zu schmal für ihren Körper.

HANDELT ES SICH TATSÄCHLICH
UM EINE HÄSSLICHKEITSFURCHT?

MANCHMAL IST ES NICHT EINFACH, die Hässlichkeitsfurcht von einer Essstörung zu unterscheiden, zumal es nicht selten zu Überschneidungen kommt. Bei der Essstörung steht jedoch die Konzentration auf das Essen – sei es durch Verzicht bei der Magersucht (Anorexie) oder durch ein das Essen kontrollierendes Erbrechen bei der Bulimie – klar im Vordergrund. Wenn jemand an Hässlichkeitsfurcht leidet, sind meist ein oder mehrere spezielle Körperstellen betroffen (die Nase, die Ohren, eine Narbe, eine Brust etc.), während bei den Essstörungen meist eher die Körperform, die Körpersilhouette als makelbehaftet angesehen wird. Man unterscheidet hierbei das Körperschema und das Körperbild: Das Körperschema spiegelt die psychische Wahrnehmung des Körpers wider und resultiert aus dem inneren Erleben, welche Körperteile zu einem gehören. Das Körperbild ist auch eine innere Wahrnehmung, die jedoch eher die von außen – zum Beispiel im Spiegel – wahrgenommene Figur widerspiegelt. Bei der Hässlichkeitsfurcht geht man davon aus, dass vor allem das Körperschema betroffen ist. Es handelt sich also bei der körperdysmorphen

Störung um einen Prozess im Gehirn, der mit der inneren Wahrnehmung des eigenen Körpers zu tun hat!

WANN UND WARUM WIRD DER ARZT AUFGESUCHT UND AKTIV?

NATÜRLICH WERDEN DIE FACHARZTPRAXEN von Hautärzten und plastischen Chirurgen häufig mit der Hässlichkeitsfurcht konfrontiert. Denn zu diesen kommen ja gerade diejenigen Menschen, die einschlägige Probleme mit ihrem Äußeren haben, so dass dort teilweise bis zu 10 Prozent der Patienten an Hässlichkeitsfurcht leiden.

Die körperdysmorphe Störung korreliert, wie aus Studien bekannt ist, mit einem deutlichen sozialen Rückzug. Dieser Rückzug übersteigt das Maß normaler Schüchternheit deutlich. Das heißt, die betroffenen Menschen gehen nicht mehr vor die Tür, nehmen keinen Kontakt mehr auf, sind arbeitsunfähig, sind sozial ausgegliedert und wollen sich nicht selten sogar das Leben nehmen. In etwa 15 Prozent der Fälle gibt es suizidale Reaktionen. Die Kranken entwickeln häufig Essstörungen und mittelschwere oder schwere Depressionen. Meistens ist damit ein Ansteigen des Körpergewichts verbunden. Dann folgen häufig Diäten. Auch mit diesen Phänomenen werden die Ärzte in den Hautarztpraxen konfrontiert. Sie haben es im Falle der Hässlichkeitsfurcht somit nicht nur mit Hautkrankheiten, sondern auch mit psychischen Störungen zu tun und müssen diesbezüglich behandeln.

Und die Chirurgen? Im Jahre 2010 wurden in Deutschland circa 354.500 Operationen in der plastischen Chirurgie durchgeführt. Die Tendenz ist steigend. Die einzige Facharztgruppe in Deutschland, die im Moment expandiert, ist die der plastischen Chirurgen. Im Länder-Ranking der ästhetischen Operationen liegt Deutschland auf Platz 4, hinter Brasilien, den USA und Mexiko. Allerdings wechseln sich Brasilien und die USA auf dem ersten Platz mit der Häufigkeit plastisch-chirurgischer Eingriffe ab.

Nun ist es keineswegs so, dass solche Schönheitsoperationen unnötig wären. Die inzwischen vorhandene Erfahrung und die Genauigkeit der Operationsplanung haben sich deutlich verbessert. Es gibt auch viele Symptome, bei denen es kaum einen Zweifel gibt, dass eine Operation sinnvoll ist. Gerade nach Unfällen mit Gesichtsverletzungen sind Operationen ein Segen. Jedoch kommt es immer wieder vor, dass der Wunsch, sich verändern zu lassen, relativ unreflektiert an einen Chirurgen herangetragen wird. Dieser steht dann vor der Frage, was noch als sinnvoller und was als krankhafter Wunsch anzusehen ist. Der Chirurg verdient mit der Operation Geld, und zwar meist ohne dass eine Kontrollinstanz gewissermaßen noch mal objektiv entscheidet, bei wem sie wirklich nötig ist und bei welchen Menschen sie vielleicht eine Störung fördert.

DIE THEORIE HINTER DEM KRANKHEITSBILD

ES STELLT SICH natürlich die Frage, wie sich dieses gestörte Verhalten hinsichtlich des eigenen Aussehens erklären lässt. Warum beschäftigen sich offenbar sehr viele Menschen mit ihrem Aussehen und können sich so wenig leiden? Verschiedene Theorien versuchen die Entstehung einer Hässlichkeitsfurcht verstehbar zu machen, ohne dass bisher jedoch ein schlüssiges Konzept gefunden werden konnte.

Die „Self-Discrepancy Theory (SDT)" ist ein Ansatz, der anhand einer Studie bestätigt werden konnte:[127] 72 Patienten mit Hässlichkeitsfurcht wiesen vor allem im „Selbst-Ideal" und im „Selbst-sein-Wollen" Unterschiede im Vergleich zu einer Kontrollgruppe aus Gesunden auf, während sie im „aktuellen Selbst" und bei anderen, dem „Anderen-Ideal" (andere Menschen werden als makellos empfunden) keine Unterschiede zeigten. Dieser Ansatz wird auch unter dem Gesichtspunkt gesehen, dass es auf neurobiologischer Grundlage, also im Bereich des zentralen Nervensystems, zu einer Störung des Gleichgewichts hinsichtlich des Botenstoffes Serotonin kommen kann – die sonst übliche Signalübertragung an dieser Stelle also gestört ist. Neben psychische Phänomene theoretisch beschreibenden und somit psychiatrischen Ansätzen gibt es somit auch Berichte aus biologischer Sicht. Biologisch gesehen wird bei der Hässlichkeitsfurcht von einem Entzündungsprozess im Bereich von Schläfe und Stirn des Gehirns (frontotemporaler Bereich) ausgegangen.[128]

Es wird die Hypothese diskutiert, die Hässlichkeitsfurcht gehöre zu einem Spektrum von Zwangsstörungen, das unter anderem auch Hypochondrie, Essstörungen, Impulskontroll-Störungen und die Manie, sich die Haare auszureißen (Trichotillomanie), umfasst.[129] Als Argumente werden Ähnlichkeiten in Struktur und Inhalt des Denkens und des Verhaltens, Parallelen im Verlauf, häufiges gemeinsames Auftreten der Krankheitsbilder (hohe Komorbidität), eine vergleichbare Verbindung mit affektiven Störungen, ein gehäuftes Auftreten in Familien und die Ansprechbarkeit auf bestimmte Antidepressiva (Selektive-Serotonin-Reuptake-Inhibitoren, SSRI) wie auch auf eine kognitiv-behaviorale Therapie genannt.[130] Aufgrund der vorläufigen Hinweise auf die mögliche Effektivität des Antidepressivums SSRI[131] wird eine Störung des Serotoningleichgewichts als gemeinsame neurobiologische Grundlage diskutiert.[132]

Unbestritten ist, dass neben individuellen psychischen und biologischen Dispositionen auch soziale Faktoren eine wichtige Rolle spielen. Hierzu zählen zum einen gesteigerte Standards bezüglich körperlicher Attraktivität wie auch die größere Bedeutung von Schönheitsidealen im Alltag.[133] Dabei spielen modebedingte Lifestyle-Faktoren und Trends unserer westlichen Kultur eine entscheidende Rolle. Bereits im Jahre 1979 stellte die Forschung fest, dass 81 Prozent der Patientinnen die Idee zur Brustvergrößerung durch Artikel in Wochenmagazinen bekamen.[134] Zum anderen könnte die rapide Weiterentwicklung und Verbreitung von medizinischen, insbesondere plastisch-chirurgischen Behandlungsmethoden den Bedarf an Korrekturen gesteigert haben.[135]

Kognitiv-behaviorale Erklärungsansätze stellen fehlerhafte Wahrnehmungs- und Bewertungsprozesse in den Vordergrund. Es sind die eigenen körperlichen Proportionen bzw. überzogen perfektionistische Standards bezüglich des eigenen Aussehens, die falsch bewertet werden.[136] Demgemäß tragen eine selektive Aufmerksamkeit[137] und/oder fehlerhafte Wahrnehmungsprozesse[138] dazu bei, dass man sich subjektiv nicht so sieht, wie man objektiv tatsächlich aussieht und anderen erscheint. Rituale, die das Aussehen kontrollieren, Verhaltensmuster, die der eigenen Sicherheit und dem Schutz vor erwarteten Bedrohungen dienen und dafür sorgen, dass man möglichst wenig unter Menschen kommt (soziale Vermeidung), stabilisieren die Überzeugung, entstellt zu sein. Denn sie haben die Funktion, jegliche korrigierenden Informationen auszuschlie-ßen und alle bestätigenden Informationen zuzulassen.[139] Die begleitenden depressiven Symptome, sozialer Rückzug sowie Hoffnungslosigkeit und Suizid-Gefährdung werden als Folge des Kontrollverlustes gesehen. Die Angst, das Aussehen nur begrenzt verändern und manipulieren zu kön-nen, führt in die Einsamkeit und Depression.

Psychoanalytische und psychodynamische Theorien gehen unter Berufung auf Freuds Fallbericht „Der Wolfsmann" von einem ödipa-len, in der sexuellen Bindung eines Kindes an den entgegengesetzten Elternteil wurzelnden Grundkonflikt aus. Freud deutete einen Angst-traum des vierjährigen Patienten Sergej P. mit weißen Wölfen als Ver-arbeitung eines beobachteten Geschlechtsverkehrs der Eltern. Neuere psychoanalytische Ansätze postulieren eine narzisstische Problematik, also eine Problematik der Ich-Bezogenheit, die in einer pathologischen Überbesetzung und -bewertung des eigenen Aussehens resultiert. Die Betroffenen weisen danach eine tiefgehende Störung der Ich-Identität und der Beziehungsfähigkeit auf, und die Störung habe die Funktion, vor einem psychotischen Zusammenbruch der Identität zu schützen.[140]

Entwicklungspsychologisch können Abhängigkeits-, Trennungs- und Autonomiekonflikte in der frühen Kindheit mögliche Ursachen für die Ausbildung der Einbildungen hinsichtlich des Aussehens (hypochon-drische Entwicklung) sein: Die Konflikte können bei unzureichen-der Lösung zu sadistischen (analen und oralen) und sich steigernden perversen Abwehrstrukturen führen, die letztlich die Angstzustände kompensieren sollen. Es kommt dazu, dass der Betroffene sich in ein selbstbezogenes, kontaktunfähiges (autistisches) und selbstentwertendes Ekelgefühl flüchtet, um die abgewehrten (unbewussten) Konflikte nicht wiederaufleben zu lassen.[141]

Weitere Erklärungsansätze liefern die bindungstheoretischen Ansätze, die inzwischen sehr klar zeigen konnten, dass unsicher bzw. ängstlich an die Mutter gebundene Kinder die höchste Rate an hypochondrischen Gedanken und funktionellen Störungen haben.[142] Auch Studien zum Selbstbild in Abhängigkeit von einer depressiven Mutter weisen deutlich darauf hin, dass psychodynamische und psychoanalytische Erklärungsansätze helfen, das Krankheitsbild der Hässlichkeitsfurcht besser zu verstehen.[143] In der Untersuchung einer norwegischen Arbeitsgruppe[144] fanden sich deutliche Zusammenhänge zwischen der Zufriedenheit junger Erwachsener mit ihrem Aussehen und den gleichzeitig empfundenen Schönheitsproblemen ihrer Mütter.

Auch eine weitere Studie bei Kindern im Alter von zwei Monaten konnte darstellen, dass die 57 untersuchten Kinder mit Problemen in der Mutter-Kind-Interaktion nach zwei Jahren deutlich mehr gesundheitliche Probleme hatten als die Kontrollgruppe von 63 Kindern.[145]

OPERATIVE SCHÖNHEITSBEHANDLUNG: JA ODER NEIN?

DIE BEHANDLUNG VON MENSCHEN mit Hässlichkeitsfurcht ist schwierig. Natürlich kann man Operationen durchführen, um diesen Menschen zu helfen, besser mit ihrer Krankheit fertig zu werden. Die Erfahrung hat aber gezeigt, dass sich die Einstellung der Patienten zu ihrem Körper dadurch nur höchst selten verändert. Bei der plastisch-ästhetischen Behandlung fühlen sich zwar etwa 15 Prozent der Patienten hinterher besser. Aber über 20 Prozent fühlen sich im Anschluss schlechter, der Rest bleibt gleich.[146]

Eine andere Möglichkeit ist der Weg einer Hamburger Gruppe. Sie hat den „Club der Hässlichen" in Deutschland gegründet und will auf diesem Weg Aufklärungsarbeit leisten.

Als Psychotherapeuten würden wir es begrüßen, wenn vor einer operativen Schönheitsbehandlung eine Zweitmeinung eingeholt werden müsste. Zwischen dem Behandlungswunsch der Patientin oder des Patienten und den ökonomischen Interessen an einer Behandlung müsste eine neutrale Stelle eingeschaltet werden. In der Psychotherapie ist es selbstverständlich, dass der Psychotherapeut vor dem Beginn einer ärztlich durchgeführten Psychotherapie einen vierseitigen Antrag bei der Krankenkasse auf Genehmigung der Behandlung stellen muss. Ein objektiver, unparteiischer Dritter prüft dann, ob die Therapie wirklich notwendig ist. Entsprechendes sollte auch für die plastische Chirurgie gelten.

Die Plastisch-Chirurgische Gesellschaft in Deutschland scheint dieser Forderung gar nicht so kritisch gegenüber zu stehen. Sie befürwortet ihrerseits für ihren Bereich Maßnahmen der Qualitätssicherung und hat sich entsprechende Regeln gegeben.

Zudem ist es überaus wichtig, wie unsere Gesellschaft mit den angesprochenen Problemen umgeht. Wir dürfen das Feld nicht denen überlassen, die vor allem darauf aus sind, mit Schönheitsoperationen Geld zu verdienen. Die Berichte über die Billig-Behandler aus dem Ausland sind erschreckend.

Probleme mit Beziehungspartnern – ein Fallbeispiel

Die 29-jährige Patientin, Frau M., befindet sich schon in einer psychotherapeutischen Behandlung. Diese wurde begonnen, da sie über Prüfungsängste klagte und Probleme mit Beziehungspartnern angegeben hatte. Nachdem die Patientin die erste Psychotherapie abbrach und bei einer neuen Psychotherapeutin eine zweite Behandlung begonnen hatte, kam es dort nur durch einen Zufall – die Psychotherapeutin fragte in einer Sitzung beiläufig, ob sie sich denn vorstellen könne, ihre Brüste von einem Partner berühren zu lassen – zur Diagnose der körperdysmorphen Störung. Denn bei dieser Frage brach die Patientin in Tränen aus und es wurde deutlich, dass sie einen sehr starken Wunsch nach einer brustverändernden Operation verspürte! Das war jedoch auch nur die halbe Wahrheit, es stellte sich darüber hinaus eine tiefe Ablehnung ihres Körpers und auch ihres Gesichtes heraus, die letztlich der tiefere Grund für ihre soziale Phobie und Prüfungsangst war. Die Psychotherapeutin wies die Patientin folgerichtig für eine stationäre Akut-Behandlung in die Psychosomatische Klinik ein.

Bei der Aufnahme wird festgestellt, dass Frau M. ihr Studium der Geografie abgebrochen hat und ihr Gesicht als fratzenhaft und hässlich empfindet. Sie weist einen tiefen Ekel vor der Form der eigenen Brüste auf und mag diese auch nicht im Spiegel ansehen. Selbst die gynäkologische Untersuchung will sie am liebsten vermeiden! Ihre subjektive Einschätzung steht im deutlichen Gegensatz zu dem Eindruck der Therapeuten, die vor allem ihr Gesicht als makellos ansehen. Ihre entgegengesetzte Einschätzung des Äußeren der

Patientin können die Therapeuten dieser kaum vermitteln. Die Patientin wirkt recht depressiv, verzweifelt und auch kontaktscheu gegenüber den Mitpatientinnen.

In der Anamnese gibt Frau M. an, ein lebhaftes und freches Kind gewesen zu sein, bisweilen verträumt und unaufmerksam. Bis zum 11. Lebensjahr ist sie zusammen mit ihrer zwei Jahre älteren Schwester im Elternhaus aufgewachsen. Beide Eltern arbeiteten in akademischen Berufen. Mit dem 11. Lebensjahr kam es zur Trennung der Mutter von ihrem Vater und zu einer zweiten Ehe der Mutter mit dem späteren Stiefvater, mit dem die Mutter bereits eine Liaison gehabt hatte, als die Patientin sechs Jahre alt gewesen war. Die Trennung der Mutter vom Vater wurde von der Patientin als großer Einschnitt in ihrem Leben erlebt, zumal kurz nach der Heirat der Mutter mit dem Stiefvater diese noch zwei Halbgeschwister im Abstand von zwei Jahren auf die Welt brachte.

Der leibliche Vater wurde als zurückgezogen und unflexibel erlebt, die Mutter dagegen als lebhafte und kreative Frau. Die Beziehung zu ihrer älteren leiblichen Schwester schildert die Patientin als eng und verbindlich, bisweilen auch rivalisierend. Den jüngeren Stiefschwestern gegenüber empfand sie häufig Neidgefühle.

Im 15. Lebensjahr von Frau M. kam es dann zu einem einschneidenden Erlebnis anlässlich eines Austauschjahres in Australien: Die Gastmutter – die wie die eigene Mutter sehr an Äußerlichkeiten interessiert war – gab ihr den Rat zur Verkleinerung der Brüste, da in der Gastfamilie plastische Operationen durchaus als normal erlebt wurden. Die Patientin kann sich erinnern, zu diesem Zeitpunkt erstmals das Gefühl, hässlich zu sein, entwickelt zu haben. Sie habe angefangen, sich stark zu schminken. Nach dem Abitur begann sie ein Studium der Geografie mit Schwerpunkt Australien, da die Faszination durch Land und Leute trotz dort erlebter eigener Minderwertigkeitsgefühle überwog.

Mit 20 hatte Frau M. ihrer erste sexuelle Begegnung mit einem Mann, die sie mit einem ausgeprägten Schamgefühl verband, weil sie meinte, als Frau versagt zu haben, da sie keinen Orgasmus bekam. Danach ekelte sie sich zunehmend vor dem eigenen Äußeren, insbesondere dem Gesicht und den Brüsten. Sie erkundigte sich nach einer plastischen Operation, nur die Kosten hielten sie bisher davon ab, eine solche Operation durchführen zu lassen. Der plastische Chirurg fragte auch nicht nach den Hintergründen ihres OP-Wunsches! Sie begann dann wegen Depressionen eine Psychotherapie, sprach in dieser aber nicht von sich aus ihre Ekelgefühle sich selbst gegenüber und das Problem, dass sie sich entstellt fühlte, an.

Diese Patientengeschichte ist recht typisch für die häufig hinter der Schamproblematik verborgenen Körperängste und Selbstwertprobleme. Der Fall von Frau M. zeigt, wie zentral es für den Arzt sein kann, den Zusammenhang von plastischer Chirurgie, kosmetischer Dermatologie und den körperlichen und psychischen (psychosomatischen) Befunden zu erkennen, um das Behandlungsziel sinnvoll und angemessen festlegen und einen möglichen krankhaften (pathologischen) Behandlungswunsch diagnostizieren zu können.

WIE KÖNNEN PSYCHOTHERAPEUTISCHE BEHANDLUNGSMÖGLICHKEITEN AUSSEHEN?

IM FALLBEISPIEL VON FRAU M. wird bereits deutlich, wie ein psychosomatischer Behandlungsansatz aussehen könnte. Bisher gibt es kaum Studien zu den Behandlungen, offenbar gelingt es kaum, Patienten längere Zeit zu einer psychotherapeutischen Behandlung zu motivieren. Fast alle Studien wurden ohne eine Kontrollgruppe durchgeführt. Oft beziehen sie sich nur auf die Behandlung einzelner Patienten.

Mit dem Wissen, dass nicht so sehr die Methode, sondern vor allem der einfühlsame und vertrauensvolle Zugang zu den Betroffenen den größten Anteil daran hat, ob eine Behandlung Wirkung zeigt, haben wir in der Psychodermatologie einen vielseitigen Zugang auf der Basis eines psychodynamischen Theoriedenkens entwickelt und versucht umzusetzen. Die verschiedenen Bausteine unseres Zugangs fasst das folgende Schema zusammen:

Störungsorientierte psychodynamische Psychotherapie

Bewusstseins-Training und Diskussion
über visuelle Fehlwahrnehmungen

Einschränkung des Kontakts mit dem Spiegel und des „Mirroring",
der ausgiebigen Aussehenskontrolle vor dem Spiegel

Video-Feedback

Psychopharmakologische Therapie
(Neurolopika, Antidepressiva etc.)

Tabelle 2: Therapiebausteine der psychodynamischen Psychotherapie
bei körperdysmorpher Störung

Ulrich Stangier hat 2002 in seinem Buch „Hautkrankheiten und körperdysmorphe Störung" die Zusammenhänge zwischen Haut und Psyche
aus verhaltenstherapeutischer Sicht dargestellt. Sein Modell besagt, dass
bei der Entstehung der Hässlichkeitsfurcht zwei Dinge eine Rolle spielen,
die Wahrnehmung einzelner Körperteile und der Ekel: Anstelle seines
gesamten Körpers nimmt der Betroffene nur einige wenige Körpermerkmale wahr, seine ganze Aufmerksamkeit gilt einseitig nur diesen, er erlebt
sie als unproportioniert und hässlich – und er ekelt sich. Um diesen Ekel
zu vermeiden, meint der Betroffene nun, etwas gegen die hässlichen
Körpermerkmale tun zu müssen. Das heißt aber: Seine Aufmerksamkeit
gilt weiterhin und ganz einseitig nur diesen Merkmalen. Geht Stangier
ausführlich auf Psyche und Verhalten bei der Hässlichkeitsfurcht ein,
so beachtet er jedoch nicht, dass auch unbewusste Konflikte als mögliche Ursache in Frage kommen. Stangier verdeutlicht die Notwendigkeit,
zunächst unmotivierte Patienten für eine Psychotherapie zu motivieren,
und liefert hilfreiche Vorschläge für eine Behandlung.[147] Der Erfolg von
verhaltenstherapeutischen Programmen wird in einigen Studien mit
einem Nachweis der Wirksamkeit nach zwei Jahren dargestellt.[148]

Behandlungen mit Psychopharmaka sind überwiegend in den USA beschrieben worden, wo vor allem Selektive-Serotonin-Reuptake-Inhibitoren (SSRI) eingesetzt wurden.[149] Diese sollten bei schweren Fällen in Erwägung gezogen werden und haben sich bei uns in der klinisch-stationären Behandlung ebenfalls bewährt.

In dem von unserem Team bevorzugten psychodynamischen Therapieansatz gehen wir von einem auslösenden Ereignis auf dem Boden ungelöster, unbewusster Konflikte aus. Die Entwicklung der Krankheit wurzelt in einem unsicheren Bindungsmuster mit Selbstwertzweifeln und fokussiert sich auf bestimmte Körpermerkmale und ihren Makel. Die zugrunde liegenden Konflikte werden durch die hypochondrischen Bewertungen verdrängt, wodurch die Psyche eine Stabilisierung erfährt. Die hypochondrischen Bewertungen können zu verstärkten Ekel- und Schamgefühlen führen, wodurch die Prozesse sich weiter verstärken und in eine Hässlichkeitsfurcht führen.

Die psychodynamische Sichtweise hat den Vorteil, dass sie nicht nur ein erlerntes Verhaltensmuster, sondern auch dem Symptom zugrunde liegende Konflikte in die Betrachtung mit einbezieht. Diese werden mit dem Betroffenen mittels Spiegelung bearbeitet: Durch die Übertragung der unbewussten Anteile auf den Therapeuten wird dem Patienten ermöglicht, einen Erklärungsansatz seiner Störung zu finden, wodurch nicht nur die erlernten Reaktionen auf das Aussehen von bestimmten Körperteilen bearbeitet werden können. Gerade bei eher unmotivierten, die körperlichen Probleme in den Vordergrund stellenden Patienten ist ein rein kognitiver, verhaltenstherapeutisch auf die Veränderung von Einstellungen und Bewertungen zentrierter Ansatz sicher häufig nicht ausreichend. Doch zur Festigung der durch die psychodynamische Therapie gefundenen Erklärungsmuster sollten durchaus auch kognitive Verfahren herangezogen werden. So lässt sich beispielsweise die visuelle Analogskala, in die der Patient seine subjektiven Einstellungen einträgt, in der Behandlung einsetzen. Denn es gilt, nicht nur ein Erklärungsmodell für die Hässlichkeitsfurcht zu finden und den Patienten zu vermitteln, sondern ihnen auch die Übertragung der Erklärungsmuster in ihren Alltag und in ihre Beziehung zu ermöglichen. Es geht darum, ihnen Einstellungsänderungen erfahrbar zu machen und sie dahingehend zu motivieren, dass sie diese im Alltag festigen.

WENN DIE NESSELN ZUR SUCHT WERDEN
KRISTINA FRONHOFFS UND KLAUS-MICHAEL TAUBE

UNTER NESSELSUCHT, deren Fachbegriff Urticaria lautet, wird eine heterogene Gruppe von Erkrankungen zusammengefasst, die alle durch ein plötzliches Auftreten von Quaddeln und/oder Hautschwellungen (Angioödemen) charakterisiert sind.[150] Man unterscheidet spontane Formen, die auf keinen erkennbaren Reiz zurückgehen, von solchen, die zum Beispiel durch physikalische Reize wie Druck oder Wärme bzw. durch Anstrengung erzeugt werden. Dauert die Nesselsucht länger als sechs Wochen an, spricht man unter Medizinern von einer chronischen Urticaria. Nicht selten kommen mehrere Formen der Nesselsucht beim selben Patienten vor: So leidet ein Patient zum Beispiel sowohl unter spontaner Quaddelbildung als auch unter durch Druck ausgelösten Quaddeln.

Als Ursache der chronisch spontanen Urticaria werden akute oder chronische Infektionen, Phänomene in der Körperabwehr sowie allergische und pseudoallergische Reaktionen diskutiert. Die Praxis zeigt jedoch häufig, dass trotz umfassender Untersuchungen keine zentrale Ursache gefunden werden kann. Quälender Juckreiz, aber auch die oft sichtbaren Hautveränderungen, die als ein Stigma wirken und dadurch den Betroffenen sozial ausgrenzen, schränken die Lebensqualität der Patienten häufig in erheblichem Ausmaß ein.

MEDIZINISCHE BESTIMMUNG UND EINORDNUNG DER NESSELSUCHT

SCHON IN DER ANTIKE wurde die Nesselsucht als eine Hauterkrankung beschrieben, die durch typische Symptome und Beschwerden wie das

Brennen (urere – daher Urticaria) und Stechen an der Haut gekennzeichnet ist. Wir kennen das Krankheitsbild und die Beschwerden fast alle, besonders bei denjenigen, die einen Garten haben und mit Brennnesseln in Berührung gekommen sind. Die Haut reagiert auf den Reiz mit Quaddeln, juckt und brennt stark. Wir sind froh, dass das schnell vorbeigeht. Urtica deoca ist das lateinische Wort für Brennnessel.

Das Krankheitsbild der Nesselsucht ist, wie wir heute wissen, sehr vielgestaltig. So bot die Nesselsucht über Jahrhunderte ein oft sehr unterschiedliches Bild. Wichtige Erkenntnisse wurden gewonnen, als Ende des 19. Jahrhunderts die Mastzellen entdeckt wurden und Anfang des 20. Jahrhunderts der Botenstoff Histamin identifiziert werden konnte. Die Aktivierung der Mastzelle mit anschließender Ausschüttung von Histamin ist der entscheidende Mechanismus, der die Quaddeln auslöst, indem er die kleinen Gefäße in den zwei unteren der drei Hautschichten, der Leder- und Unterhaut (Dermis oder Subkutis), erweitert und dadurch die Durchlässigkeit der Gefäße erhöht.

In den letzten vierzig Jahren konnten verschiedene Untergruppen der Nesselsucht herausgearbeitet werden. Zu diesen Untergruppen gehören die spontane Nesselsucht, die allergische Nesselsucht und die durch Intoleranzreaktionen hervorgerufene Nesselsucht, aber auch durch verschiedene weitere Auslösemechanismen hervorgerufene Nesselsuchtarten, wie die durch Wasser (aquagene), höhere Körpertemperaturen (cholinergische), Druck, Wärme, Kälte oder Licht ausgelösten Nesselsüchte. Weitere Erkrankungsbilder, die mit Quaddeln einhergehen, werden nur historisch der Nesselsucht zugeordnet.[151]

Die Nesselsucht ist mit etwa 7 bis 15 Prozent in der Bevölkerung eine der häufigsten Hauterkrankungen. Man geht heute davon aus, dass nahezu ein Viertel aller Menschen in ihrem gesamten Leben einmal unter einem quaddelförmigen Hautausschlag leidet.[152]

QUADDELN, SCHWELLUNGEN UND
JUCKREIZ BESTIMMEN DAS KRANKHEITSBILD

ZUM ERSCHEINUNGSBILD DER KRANKHEIT gehören vor allem die Quaddeln. Sie treten als hellrote bis weißliche über das Hautniveau erhabene Schwellungen in Erscheinung, die rasch nach ihrem Auftreten von einem geröteten Ring, einem Reflexerythem, umgeben werden. Die Quaddeln können in unterschiedlicher Größe auftreten, nur wenige Millimeter groß sein, aber auch die Größe von großflächigen, oft über Handtellergröße hinausgehenden Hauterhöhungen erreichen. Drückt man seitlich auf die Quaddel, entsteht eine genoppte Oberfläche, die orangenschalenähnlich aussieht. Quaddeln sind flüchtige Hautveränderungen, das heißt, sie bilden sich meist innerhalb weniger Stunden, maximal eines Tages, wieder zurück, um an anderen Stellen rasch wieder aufzuschießen. Die Quaddelformen können vielseitig sein, neben den runden oder ovalen Herden finden sich auch Ring- und Kreisformen. Die Quaddeln werden in der Regel von einem heftigen Juckreiz begleitet, wobei die Patienten die Haut meist mehr reiben als kratzen, so dass die Haut von an Nesselsucht Erkrankten selten aufgekratzt wird.

Der Juckreiz und manchmal auch Stechen, Brennen oder Kitzeln treten verstärkt in den Abend- und Nachtstunden auf. Eine derartige Verstärkung der Beschwerden kennen wir auch bei dem Befall mit Krätzmilben, der Skabies. Die Erklärung dafür, dass es vor allem nachts juckt und brennt und kitzelt, besteht in der Tatsache, dass der Körper sich samt Haut in den Nachtstunden erwärmt, dass sich die umgebenden Reize reduzieren, dass die Kontrolle durch das zentrale Nervensystem nachlässt, dass der Kortisolspiegel absinkt und dass die Mastzellen und das Zielgewebe des Reizes besser auf Reize ansprechen.

Eine weitere Erscheinungsform stellen die Ödeme, das heißt Schwellungen (Angioödeme), dar. Sie sind klinisch durch eine teigige, tiefe Hautverschwellung an den Stellen mit lockerem Bindegewebe in der zweiten Hautschicht, der Dermis, charakterisiert und zeigen sich vor allem um die Augen und den Mund herum. Kommen sie an Körperregionen vor, die durch eine straffe Dermis gekennzeichnet sind, zeigen sie sich deutlich derber und prall elastisch. Typische Stellen dafür sind Handflächen und Fußsohlen sowie beispielsweise die Zunge.

WAS IST ÜBER VERLAUF UND AUFTRETEN BEKANNT?

DER VERLAUF DER NESSELSUCHT ist dadurch charakterisiert, dass die Quaddeln während eines Schubs in unregelmäßiger Verteilung auftreten: Auf der einen Seite entstehen neue Ausschläge, während ältere Quaddeln bereits wieder abheilen. Man kann das sichtbar machen, indem man einen Kreis mit einem Farbstift um einige Quaddeln zeichnet. Nach wenigen Stunden sind die Quaddeln in den Kreisen verschwunden. Meist entstehen die Quaddeln in den frühen Morgenstunden bzw. bilden sich auch am Morgen wieder zurück, so dass die Kranken in dieser Zeit mit den größten Beschwerden zu rechnen haben.

Hinsichtlich der Geschlechterverteilung zeigt sich ein Überwiegen von weiblichen Patienten, insbesondere bei durch physikalische Reize bedingter Nesselsucht. Die Hauterkrankung kann in jedem Lebensalter auftreten, häufig ist aber das dritte und vierte Lebensjahrzehnt. Auch zeigen sich die auf physikalische Stimuli reagierenden Formen vor allem bei jüngeren Patienten. Vergleicht man die Häufigkeit der Nesselsucht hinsichtlich ihrer nichtphysikalischen und physikalischen Formen, so kann man ein Überwiegen der nichtphysikalischen Formen feststellen.

Besonders bei Patienten mit physikalisch bedingter Nesselsucht lässt sich eine Hautzeichnung, rote Streifen auf der Haut, nach deren Markierung auslösen (urtikarieller Dermographismus). Die Anzahl der Neuerkrankungen ist in den letzten Jahren nicht gestiegen. In der Praxis spricht man bei einem Verlauf von bis zu sechs Wochen von einer akuten Urticaria; in etwa 1 Prozent der Fälle wird diese Dauer überschritten und es liegt eine chronische Urticaria vor. Es lassen sich eine chronisch andauernde Nesselsucht mit ständigen Hautveränderungen und eine chronisch wiederkehrende Form mit einem schubhaften Verlauf unterscheiden.[153]

WAS WISSEN WIR ÜBER DIE URSACHEN EINER NESSELSUCHT?

ZUM EINEN SIND ALLERGIEN die Ursache für Nesselsucht. Hier sind zuallererst einmal Allergien gegenüber Arznei- und Lebensmitteln zu nennen. Daneben bestehen Inhalationsallergien, also Überempfindlichkeitsreaktionen auf in der Luft befindliche Stoffe. Auch Pseudoallergien spielen eine Rolle. Bei diesen bildet das Immunsystem keine Antikörper, die im Blut nachweisbar wären, wie es bei den Allergien der Fall ist. Dennoch zeigen sich auch bei den Pseudoallergien allergische Symptome als Zeichen einer Überempfindlichkeit. So gibt es eine Reihe von Unverträglichkeiten, bei denen das Immunsystem keine Rolle spielt. Bei einigen dieser Intoleranzen kann die Nesselsucht auf den Plan treten, zum Beispiel wenn Lebensmittel Konservierungs- und Farbstoffe aufweisen. Des Weiteren können allergische Reaktionen infolge von Infekten Nesselsucht auslösen.

Auch im Rahmen von Autoimmunerkrankungen kommt es zur Nesselsucht. Der Körper bekämpft bei derartigen Krankheiten eigenes Gewebe, als sei es fremdes Gewebe. Entzündungen sind die Folge. Und auch die Nesselsucht kann also eine Begleiterkrankung sein.

Dann gibt es die bereits erwähnten äußeren Reize aus der Umwelt, die sozusagen physischer Natur und physikalischen Gesetzen unterworfen sind – wie die Brennnesseln, das Licht, die Wärme. Wie wir bereits gesehen haben, ist der Unterschied zwischen physikalischer und nichtphysikalischer Nesselsucht eines der Hauptcharakteristika, mit denen die Wissenschaft arbeitet, um zu weiteren Erkenntnissen hinsichtlich der Nesselsucht zu gelangen.

Unter den nicht-physikalischen Ursachen nehmen psychische Ursachen eine besondere Stellung ein. So tritt Nesselsucht im Zusammenhang mit Stress auf. Nesselsucht kann außerdem mit einer Tumorerkrankung zusammenhängen.

PSYCHISCHE FAKTOREN BEI DER NESSELSUCHT

WAS DAS WISSEN bezüglich psychischer Faktoren bei Nesselsucht betrifft, wird es in den Behandlungsverfahren bisher nicht ausreichend umgesetzt. Eine systematische Recherche der in den vergangenen Jahren zum Thema Urticaria und Psyche[154] veröffentlichten, in PubMed gelisteten Arbeiten erklärt dieses Defizit teilweise: Zwar hat man sich während der letzten Jahre intensiv mit psychischen Komponenten bei der Urticaria beschäftigt, aber Studien, die zu diesen Überlegungen auch Therapieempfehlungen mit einbeziehen, wurden nicht durchgeführt oder zumindest nicht entsprechend veröffentlicht.

EINE LEBENSQUALITÄT, NICHT BESSER ALS BEI HERZKRANKEN

AUSSER FRAGE STEHT, dass die Lebensqualität von Patienten mit Nesselsucht stark eingeschränkt ist. So konnte eine Befragung von 379 Kindern und Jugendlichen im Alter von fünf bis 16 Jahren, von denen 17 an chronischer Nesselsucht litten, zeigen, dass chronische Nesselsucht bei dieser Personengruppe an fünfter Stelle der die Lebensqualität einschränkenden Erkrankungen stand.[155] Damit steht die Nesselsucht an höherer Stelle als zum Beispiel Epilepsie oder Diabetes. Bereits 1997 wurde belegt,[156] dass die Lebensqualität von Patienten mit chronischer Nesselsucht ähnlich eingeschränkt ist wie die von Patienten mit schwerer koronarer Herzkrankheit.

Neuere Studien legen nahe, dass insbesondere psychiatrische Begleiterkrankungen bei Nesselsucht-Patienten die Lebensqualität beeinträchtigen. So ergab eine Befragung von 100 Patienten mit chronischer Nesselsucht, dass bei 48 der Patienten eine psychiatrische Diagnose gestellt werden konnte.[157] Die Patienten, bei denen eine psychiatrische Begleiterkrankung festgestellt wurde, hatten gegenüber den nicht psychiatrisch Erkrankten eine signifikant stärker eingeschränkte Lebensqualität. Weitere Studien unterstützen diese Befunde.[158] Sie demonstrieren, dass die Lebensqualität von Patienten mit chronischer Nesselsucht durch eine zusätzlich vorhandene Depression oder Angststörung negativ beeinflusst wird, nicht aber durch die Stärke oder Erkrankungsdauer der Nesselsucht selbst.

NESSELSUCHT UND PSYCHIATRISCHE ERKRANKUNGEN TRETEN HÄUFIG ZUSAMMEN AUF

GENERELL IST DER ANTEIL psychiatrischer Erkrankungen bei Patienten mit chronischer Nesselsucht gegenüber der Normalbevölkerung erhöht.[159] Eine Untersuchung wies sogar einen Anteil von 60 Prozent nach.[160] Sind in der einen Studie[161] bei Nesselsüchtigen vor allem Zwangsstörungen, gefolgt von depressiven Erkrankungen diagnostiziert worden, steht in einer anderen insbesondere die Depression im Vordergrund.[162] Über 80 Prozent der Nesselsuchtpatienten dieser Studie bezeugen, dass emotionaler Stress ihre Erkrankung hervorgerufen habe. Kürzlich zeigte eine Untersuchung, dass posttraumatische Belastungsstörungen bei chronischer Nesselsucht fast doppelt so häufig vorkommen wie bei Patienten mit sofort auftretenden Allergien.[163] Auch Störungen in der Wahrnehmung der eigenen Gefühle (Alexithymie) und Störungen bei der Trennung von Wahrnehmungs- und Gedächtnisinhalten (dissoziative Störungen) werden vermehrt bei Patienten mit Hautkrankheiten beobachtet[164], wobei die Haut als „Zielorgan zum Spannungsabbau" und als „Kommunikationsorgan für emotionalen Stress" gilt. So wird in der Literatur das Auftreten von Nesselsucht und Ödemen im Bereich von aufgrund der Krankengeschichte traumatisierten Körperregionen beschrieben.[165]

In anderen Untersuchungen konnte gezeigt werden, dass die Häufigkeit psychischer Erkrankungen bei der chronischen Urticaria bis zu 30 Prozent beträgt und dabei Ängste, Depressionen, die Neigung, auftretende Körpersymptome Krankheiten zuzuschreiben (Somatisierung), und Phobien im Vordergrund stehen.[166]

MENSCHEN MIT NESSELSUCHT KÖNNEN EINE BESONDERE PSYCHISCHE PERSÖNLICHKEITSSTRUKTUR ENTWICKELN

IN EINER UNTERSUCHUNG zu psychischen Auffälligkeiten und zur Frage einer besonderen Persönlichkeitsstruktur wurden Patienten mit Neurodermitis, Nesselsucht und Schuppenflechte befragt. Es zeigte sich, dass Patienten mit Nesselsucht annähernd gleich starke psychische Störungen wie Patienten mit Neurodermitis aufwiesen. Was ihre besondere

Persönlichkeitsstruktur betraf, neigten Patienten mit Nesselsucht überdurchschnittlich zu Perfektionismus und teilweise zu zwanghaftem Verhalten. Außerdem konnten bei diesen Patienten verstärkt Depressionen,
Angststörungen sowie eine Abnahme der Ich-Stärke festgestellt werden.[167]

Folgende tiefenpsychologische Besonderheiten lassen sich bei chronischer Nesselsucht herausstellen:[168]

▶ Die Patienten geraten in Situationen, aus denen sie keinen Ausweg
sehen.

▶ Es handelt sich oft um ehrgeizige Menschen, die ihre eigenen Ziele um
jeden Preis erreichen wollen.

▶ Die Patienten sind in einem Konflikt gefangen, in dem der Wunsch
nach Liebe und Anerkennung durch sexuelle Verbote frustriert wird.
Die symbolische Bedeutung vom An- und Abschwellen der Quaddeln
kann in diesem Zusammenhang verstanden werden.

▶ Die Patienten tragen Vorbehalte in sich und fühlen sich real oder subjektiv ungerecht behandelt.

▶ Ängstlichkeit, Depression und Zwangsstörung sind häufige Merkmale
bei Patienten mit chronischer Urticaria.

NESSELSUCHT UND STRESS

BEI EINER GRUPPE von an Nesselsucht Erkrankten scheinen Stressfaktoren
eine besondere Rolle bei der Entstehung und Entwicklung der Krankheit
zu spielen. Von den Patienten werden hierbei besonders akute und akut
wiederkehrende Belastungssituationen sowie unbewältigte Konflikte als
Ursache angegeben. Biologisch gesehen ist vorstellbar, dass in derartigen
Belastungssituationen über Botenstoffe (Neuropeptide) und über Vorgänge im zentralen Nervensystem eine verstärkte Histaminfreisetzung
bewirkt werden kann.

In den Leitlinien zur Behandlung der chronischen Nesselsucht ist die
Rede davon, dass Stress diese Hautkrankheit erzeugen bzw. verschlim-
mern kann.[169] Es heißt dort außerdem, dass zumindest bei einem Teil
der Patienten auch psychologische Faktoren beim Umgang mit der

Nesselsucht in Betracht gezogen werden müssen. Leider geht diese Leitlinie hinsichtlich einer Therapie nicht näher auf diesen Punkt ein. Antidepressiva werden wegen der kaum nachgewiesenen Wirksamkeit abgelehnt.

Alle vorliegenden Forschungsergebnisse erbringen keine Klarheit, was Ursache und was Wirkung ist. Ist es der Stress, der die Nesselsucht nach sich zieht, oder zieht die Nesselsucht den Stress und die psychiatrischen Erkrankungen nach sich? Ist die Nesselsucht eine Begleiterscheinung von Stress und psychiatrischen Erkrankungen oder sind Stress und psychiatrische Erkrankungen eine Begleiterscheinung der Nesselsucht? Da Nesselsucht sowohl nach emotionalem Stress bzw. bei Vorliegen von psychiatrischen Grunderkrankungen beobachtet wurde als auch umgekehrt Stress und psychiatrische Störungen nach der Nesselsuchterkrankung wahrgenommen wurden, bleibt dies eine offene Frage. Sicherlich sind hierzu weitere langfristig angelegte Studien notwendig. Außerdem sind experimentelle Untersuchungen zu den Funktionen des Hautorgans im Zusammenhang mit den Vorgängen im Körper, die Erkrankungen abwehren, hilfreich.

Bei Stress werden zum Beispiel unter anderem die Substanz P und ein neuronaler Wachstumsfaktor (NGF) freigesetzt, die zu einer Mastzellenaktivierung führen.[170] Das bewirkt am Ende eine lokale Entzündung mit Herabsetzung der Juckreiz-Schwelle.

BEHANDLUNGSKONZEPTE

DIE BEREITS GENANNTE LEITLINIE, die Ärzten für die Therapie von Nesselsucht zur Verfügung steht, geht nur am Rande auf die vorhandenen psychiatrischen Begleitkrankheiten der Nesselsucht ein. Die klinische Erfahrung zeigt, dass nicht jeder Patient auf eine Therapie anspricht, die den Leitlinien entspricht. Sie zeigt aber auch, dass ein Teil der Patienten mit Nesselsucht durchaus auch von antidepressiven oder neuroleptischen Medikamenten profitiert, wenn diese die Therapie begleiten. Wie ist das zu erklären? Es steht sicher im Zusammenhang damit, dass solche Mittel die psychiatrische Begleiterkrankung lindern und damit ein Ansteigen der Lebensqualität bewirken. Es gibt jedoch in der Literatur aktuell keine Studien, die sich mit dem Einsatz von Psychopharmaka bei chronischer Nesselsucht beschäftigen. Allerdings können eventuell Rückschlüsse aus Untersuchungen mit Juckreiz-Patienten gezogen werden.[171]

Spielen psychiatrische Befunde eine Rolle, sind psychotherapeutische Verfahren eine Hilfe. So haben Patienten, die in klinischen psychologischen Untersuchungen gehäuft eine Aggressionshemmung gezeigt haben – das heißt, eine verminderte Möglichkeit, Ärger und Wut auszudrücken –, verbunden mit dem Bedürfnis nach Anerkennung im sozialen Umfeld, mittels tiefenpsychologischer Therapiekonzepte Besserung erfahren.

Eine Psychotherapie bei chronischer Nesselsucht kommt meist nur dann in Frage, wenn bei den Patienten psychosomatische Zusammenhänge gefunden werden. Daher ist es im Vorfeld wichtig, eine klare Beurteilung des Krankheitsbildes und der angezeigten Behandlungen herauszuarbeiten. Die Untersuchungen dazu werden dann natürlich von Psychologen, Psychiatern oder psychosomatisch erfahrenen Dermatologen vorgenommen.

FAZIT

PSYCHOSOMATISCHE ZUSAMMENHÄNGE LIEGEN bei einer Reihe von Patienten mit chronischer Nesselsucht vor. In Untersuchungen hat sich dabei eine gestörte Stressverarbeitung als besondere Ursache gezeigt. Die Patienten kennzeichnet oftmals eine besondere Persönlichkeitsstruktur, die sich in dem Drang zum Perfektionismus, in der Neigung zu Zwangshandlungen und dem starken Wunsch nach persönlicher Anerkennung ausdrückt.

Es fehlen Studien, die sich mit dem Effekt von Psychopharmaka auf eine chronische Nesselsucht auseinandersetzen. Ebenfalls zu untersuchen ist der Effekt von psychotherapeutischen Behandlungsmaßnahmen auf die chronische Nesselsucht. Außerdem sollte wissenschaftlich geklärt werden, inwieweit die psychotherapeutische oder psychopharmakologische Behandlung von psychiatrischen Begleiterkrankungen bei der chronischen Nesselsucht sich zum einen auf die Lebensqualität der Patienten, zum anderen auf die Erkrankung an sich auswirkt.

PICKEL ESSEN SEELE AUF – DAS TRIO AKNE, EKEL UND SCHAM
UWE GIELER UND TANJA GIELER

AKNE IST SCHON LANGE mit psychosozialen Faktoren in Verbindung gebracht worden. So schreiben Sulzberger und Zaidens bereits 1948, es gebe „möglicherweise keine einzige Erkrankung, die mehr psychischen Stress, mehr Fehlanpassung zwischen Eltern und Kindern, mehr generelle Unsicherheit und Minderwertigkeitsgefühle sowie eine Unmenge psychischer Leiden hervorruft als die Akne vulgaris". Aber auch sexuelle Zusammenhänge wurden vermutet und geistern noch heute durch die Gedanken von Akne-Betroffenen, vor allem in der Pubertät. So schrieb Burkley 1885 in seinem Buch zur Akne: „Es besteht kein Zweifel, dass sexuelle Exzesse die Entwicklung der Akne induzieren, und die Patienten bemerken häufig, dass das Erscheinungsbild am schlechtesten ist, wenn sie sich sexuell verausgabt haben." So verwundert es nicht, wenn auch heute noch einige Jugendliche meinen, ihre Akne sei nichts anderes als eine Reaktion auf ihre sexuellen Gedanken.

VOR ALLEM EIN PROBLEM DER PUBERTÄT UND SPÄTPUBERTÄT

DIE PUBERTÄT IST nach Aussagen der Betroffenen eine Lebensphase, in der Eltern schwierig werden. Schwierig ist auch die hormonelle Umstellung, die mit der Stimulation der Talgdrüsenproduktion beginnt und in bis zu 100 Prozent aller Jugendlichen zu leichter bis mittelschwerer und selten zu schwerer Akne führt. Für die Hautärzte ist nicht die Akne, sondern der Akne-Patient das Problem, da inzwischen recht gute und wirksame Behandlungsmethoden in der Dermatologie entwickelt wurden, die nach der aktuellen Leitlinie zur Akne eingesetzt werden.[172] Die Frage ist nicht so sehr, ob die Akne dermatologisch effektiv behandelt werden kann, sondern: Wenden die Betroffenen die Medikamente auch konsequent genug an? Dies ist bei circa 50 Prozent aller Akne-Betroffenen nicht der Fall.[173] Insofern kann in der Behandlung der Akne davon ausgegangen werden, dass die meisten Menschen mit Akne ihre Therapie nicht richtig oder nur zum Teil richtig anwenden. Dies wurde in einer großen Erhebung gezeigt.[174] Natürlich macht es auch einen Unterschied, ob es sich um eine rein lokale Behandlung mit Cremes handelt oder ob mit oral einzunehmenden Medikamenten behandelt wird. Aber hierbei ist interessant, dass bei einer Kombination aus äußerlichen und einzunehmenden Medikamenten vor allem die letzteren nicht so oft angewendet werden (54 Prozent versus 44 Prozent). Es gibt Unterschiede in den verschiedenen Regionen: Europa liegt dabei vor Asien und Amerika auf einem besonders schlechten ersten Platz mit einer Nichteinnahmerate der Medikamente von 58 Prozent, 48 Prozent bzw. 43 Prozent. Besonders schlecht scheinen die Anwendungs-Erinnerungen durch die Eltern bei den Jugendlichen anzukommen, dagegen ist ein SMS-Feedback eher geeignet, die regelmäßig über mindestens sechs Wochen notwendige Therapie umsetzbar zu machen.[175]

Das andere Problem neben der sogenannten Non-Compliance, dem nicht kooperativen Verhalten des Patienten, ist die vermehrt im späteren Lebensalter auftretende Akne. Hier sind vor allem Frauen betroffen, die teilweise noch lange nach der Pubertät ihre Akne behalten oder sogar die Pubertätsakne erst nach dem 20. bis 25. Lebensjahr entwickeln und darüber natürlich sehr verzweifelt sind. Studien haben gezeigt, dass circa 68 Prozent der Frauen, die noch so spät an Akne leiden, diese weit über das 25. Lebensjahr hinaus weiter haben und circa 18 Prozent bekommen überhaupt erst so spät eine Akne, die die Hautärzte dann auch „Akne tarda" (verspätete, gehemmte Akne) nennen.[176] Bei diesen Frauen, die meist mitten im Leben stehen und auf den ersten Blick keine besonderen psychischen Probleme haben, geben immerhin 30 Prozent an, ihren Job als sehr stressbelastet zu erleben, 32 Prozent bewerten die Stärke der psychischen Belastung mit 7 auf einer Skala von 0 bis 10![177]

OFT UNTERSCHÄTZT: DIE PSYCHISCHE BELASTUNG BEI AKNE

DIE AKNE WIRD zwar häufig als nicht so wichtig und auch nicht psychisch belastend dargestellt, jedoch zeigen so gut wie alle Studien, dass die Betroffenen durchaus erhebliche psychosoziale Probleme haben. In einer neueren Studie zur Erfassung von Depressionen und Angst in 13 Ländern Europas gaben 5,7 Prozent der von Akne Betroffenen an, eine klinisch relevante Depression, und 15,1 Prozent, eine Angststörung zu haben.[178] Hierbei handelte es sich meist um junge Erwachsene. Diese erste europäische Studie erhärtete die schon bekannten Daten aus einer Befragung von 18-Jährigen in Oslo, bei der fast 4.000 Schüler untersucht wurden. Zunächst wurde hier deutlich, dass 13,5 Prozent von ihnen an einer Akne litten. Bei der Betrachtung der psychosozialen Aspekte zeigte sich zudem, dass die 18-Jährigen mit Akne im Gegensatz zu denen ohne Akne mehr depressive Symptome, ein schlechteres Selbstbewusstsein, ein Gefühl der Nutzlosigkeit und auch eine geringere Zufriedenheit mit ihrem Körper insgesamt hatten.[179]

Bei der Akne gibt es psychische Störungen, die häufig zusammen mit ihr auftreten und oft ein zusätzliches Problem für die Betroffenen darstellen. Dies wird Depression, soziale Angst, Stigmatisierung, Skin Picking (Knibbeln der Haut), suizidale Ideen, körperdysmorphe Störungen und Probleme mit der Sexualität.

Herr S., ein 22-jähriger Student mit Akne – ein Fallbeispiel

Ein 22-jähriger Student, Herr S., stellt sich in der Hautklinik vor, nachdem bereits eine befreundete Studentin mich, Uwe Gieler, in einer Vorlesung angesprochen hatte, ob ich mir ihren Bekannten einmal ansehen könnte, und nach einem Termin gefragt hatte. Er absolviert ein technisches Studium und hat sich in den letzten beiden Semestern mehr und mehr zurückgezogen. Inzwischen schafft er es auch nicht mehr, in die Vorlesungen zu gehen.

Die klinische Untersuchung zeigt eine mittelschwere Akne, die für mich als Hautarzt kein besonderes Problem darstellt, und ich frage Herrn S. deshalb, warum er sich durch seine Akne so beeinträchtigt fühle. Er berichtet daraufhin, dass er den Eindruck habe, seine Mitstudenten würden ihn oft anschauen und er würde dabei immer unsicherer werden.

Herr S. ist als Einzelkind in einem durchaus wohlbehüteten Elternhaus aufgewachsen. Der Vater – erfolgreicher Geschäftsführer eines Unternehmens – war in seiner Kindheit kaum zu Hause und er hat ihn selten erlebt, nur im Urlaub.

Seine Mutter arbeitete halbtags als Verkäuferin und war die emotionale Bezugsperson für ihn. Als die Akne in der Pubertät mit circa 13 Jahren begann, schleppte sie ihren Sohn sofort zum Hausarzt, der dann ein Aknemittel aufschrieb. Er wendete es zwei Wochen lang an, bemerkte dann eine Austrocknung der Haut und wollte es nicht weiter fortsetzen. Die Mutter ging erneut mit ihm zum Arzt, diesmal zu einem Hautarzt. Auch dieser redete kaum mit dem Jugendlichen und verschrieb ein Antibiotikum, das er einnehmen solle. Dies besserte die Akne auch nach drei Wochen, jedoch wurde nicht besprochen, wie die Behandlung danach fortzusetzen sei.

Seine Freunde in der Schule und vor allem in seinem Tischtennisclub machten natürlich einige dumme Bemerkungen wie „Pickelgesicht" usw. Dies kränkte ihn sehr, hatte er bis dahin doch, insgesamt eher behütet aufgewachsen, kaum Frustrationen ertragen müssen. So wurden dann noch weitere Ärzte aufgesucht, die zwar schließlich die Akne auch symptomatisch bessern konnten, aber auf seine Gedanken, dass er sich als ausgegrenzt erlebe, nicht eingegangen waren.

Es folgten die üblichen Auseinandersetzungen mit der Mutter, da er sich häufig vor den Computer setzte und sich hier eher anonym per virtueller Kommunikation mit anderen austauschte und bei Computerspielen mitmachte. Dabei war er zwar richtig gut und auch offenbar mit anderen in Kontakt, aber aus seinem Verein hatte er sich bereits deutlich zurückgezogen.

Als er schließlich mit dem Studium begann, musste er von zu Hause ausziehen und in einer eigenen Wohnung leben. Auch dies gelang recht gut, er schien alle Anforderungen erfolgreich bewältigen zu können, seine Leistungen waren durchaus überdurchschnittlich.

Als ich frage, wann die Akne sich denn jetzt so verschlechtert habe, stellt sich heraus, dass er beim Jobben in einer Kneipe ein Mädchen kennengelernt hat, das ihm gefällt, und dass er nun zum ersten Mal so etwas wie Verliebtheit verspürt, die in der Schulzeit nicht vorhanden gewesen war. Da er sich schämte, so etwas mit seiner Mutter zu besprechen, und auch kein Freund zur Verfügung stand, hatte er offenbar keine psychischen Ressourcen, mit seinen Gefühlen umzugehen. Gleichzeitig stand eine Abschlussklausur an und in dieser Stress-Situation „blühte" dann wieder die Akne auf. Diese erinnerte ihn an seine Erfahrungen aus der Schulzeit und die ihm bekannte Selbstunsicherheit trat wieder auf. Ein Teufelskreis aus Unsicherheit, Hilflosigkeit, Angst vor Versagen begann und führte schließlich zum Rückzug aus seinen Kontakten und auch aus dem Studium, so dass sich neben Symptomen einer leichten Depression vor allem soziale Ängste entwickelten.

Allein die Besprechung seiner Krankengeschichte mit mir motivierte ihn, meine dermatologischen Behandlungsvorschläge konsequent einzuhalten, und er spürte recht bald eine Besserung der Symptome. Da die psychischen Beeinträchtigungen ein erhebliches Ausmaß hatten und seine Verdrängung von Gefühlen über das altersgemäß Akzeptable hinausging, empfahl ich ihm eine Kurzpsychotherapie, um dort auch seine nach wie vor recht enge Bindung an die Mutter besprechen zu können. Die Therapie half dann schließlich, seine Selbstunsicherheiten zu überwinden, und ein halbes Jahr später konnte ich nicht nur die Akne-Therapie auf ein Minimum beschränken, sondern er hatte sich sogar in der Fachschaft engagiert und hier neue Kontakte gefunden. Seine erste Verliebtheit führte leider nicht zu einer dauerhaften Beziehung, aber neue Kontakte mit Frauen waren für ihn jetzt nicht mehr mit großen Hemmungen verbunden.

STRESS UND HEMMUNGEN FÖRDERN DIE AKNE

DAS FALLBEISPIEL ZEIGT, dass Akne durchaus zu schwerwiegenden Konflikten führen kann. Natürlich ist es nicht allein die Akne. Allen Menschen, die bereits vor Auftreten einer Akne ein geringes Selbstwertgefühl, Hemmungen oder sonstige Probleme haben, kommen die Akne-Symptome gerade recht als Grund, die Hautveränderungen als Ursache der bestehenden Probleme zu betrachten und damit die Hautsymptome und sich selbst quasi zum „Schuldigen" zu erklären. In diesem Zusammenhang ist es sinnvoll, Georg Groddeck (1866–1934), einen Psychosomatiker der ersten Stunde in Deutschland, der mit Sigmund Freud einen Briefwechsel führte und diesem den Begriff des „ES" angeblich vermittelt hat, zu zitieren. Er schreibt in seinen Abhandlungen über psychosomatische Krankheiten, zu finden in seinem „Buch vom Es" (1923 erschienen), dass die Akne bei jungen Mädchen vor allem dazu diene, sich frühzeitig auf mögliche Freier einzulassen. Dies entspricht dem Denken der damaligen Zeit, die in den Symptomen der Haut eine symbolische Bedeutung gesehen hat. Auch wenn wir durch die heutigen Kenntnisse der physiologischen und immunologischen Zusammenhänge wesentlich mehr zum Hintergrund der Akne wissen und deshalb gegenüber den damaligen Forschern und Therapeuten im Vorteil sind, können wir ein Schmunzeln angesichts solcher Aussagen nicht unterdrücken. Wir spüren aber, dass die Aussage auch ein kleines Körnchen Wahrheit enthalten mag.

Betrachtet man die neueren Forschungsergebnisse zur Ursache der Akne, so wird schnell klar, dass die Akne nicht nur durch verstopfte Talgdrüsen verursacht wird. Die bekannten Akne-Bakterien (Propionibacterius acnei) tragen durch die Spaltung von freien Fettsäuren dazu bei, dass die Akne-Pusteln sich auch noch in der Umgebung entzünden. Aber es konnte darüber hinaus gezeigt werden, dass dabei Stresseinflüsse eine Rolle spielen können. Sie wirken über eine sogenannte neurogene Entzündung.[180] Der Weg vom Stress im Gehirn in die Akne-Entzündung ist somit bereits gut untersucht und nachgewiesen worden.

Dass Stress auch bei Akne eine Rolle spielt, ist nicht erst seit der europaweiten Erhebung der Häufigkeit von psychischen Erkrankungen bei Hautkrankheiten bekannt,[181] sondern auch durch andere Studien zuvor bereits klar dargestellt worden. Eine französische Arbeitsgruppe konnte bei 1.375 Menschen mit Akne zeigen, dass bei 18 Prozent täglich Stress vorhanden war, während dies in einer Kontrollgruppe „nur" bei 13,9 Prozent der Fall war. In dieser Studie wurde auch nach sexuellen Aktivitäten gefragt und hier gaben 37,5 Prozent der Akne-Patienten an, keinen Sex zu haben, während dies in der Kontrollgruppe mit 20,4 Prozent ebenfalls deutlich weniger waren. In der aktuellen Literatur wird durchaus betont, wie stark sich die Akne offenbar auf das tägliche Leben auswirkt und dass sie somit eine deutliche Einschränkung darstellt.[182] Noch genauer hat eine amerikanische Studiengruppe sich dieses Phänomens angenommen und überprüft, inwiefern Studenten in einer stressvollen Examenssituation mit mehr Akne reagieren. Eine Gruppe von 22 Studenten wurde sowohl in einer Situation ohne Examen als auch in einer Situation mit Examen untersucht und es konnte deutlich gemacht werden, dass während des Examens sich ein höherer Schweregrad der Akne zeigte.[183] In Singapur wurden 94 Schüler ebenfalls während eines Examens und in einer Periode vor dem Examen hinsichtlich ihrer Akne untersucht. Die Forscher haben hierbei auch noch die Sebumproduktion, also das Hautfett, mit erfasst. In dieser Hinsicht zeigten sich keine Unterschiede zwischen den beiden Situationen eines Examens und der Kontrollbedingung, jedoch erwies sich auch hier der Schweregrad in der als stressvoll erlebten Situation als deutlich höher als in der Vergleichssituation.[184]

PICKELGESICHT!

DASS STRESS BEI DER ENTSTEHUNG und Entwicklung von Akne eine große Bedeutung zukommt, wird bereits klar, wenn man sich verdeutlicht, dass die Akne ja bekanntlich in der Lebensphase der Pubertät auftritt. Diese ist eine höchst sensible Phase in der psychischen Entwicklung des Menschen. In ihr sind fast alle Jugendlichen dabei, sich selbst zu finden, sich auszuprobieren, erste Kontakte zum anderen Geschlecht herzustellen bzw. ihre ersten sexuellen Bedürfnisse auf das andere Geschlecht zu richten. Und das verunsichert sie in ihrem Selbst meist gewaltig. Da helfen Ausdrücke wie „Pickelgesicht" oder „Streuselkuchen" als Titulierung auf dem Schulhof nicht gerade weiter und bewirken meist nur, dass die Betroffenen sich noch mehr schamhaft zurückziehen und mit der Peer-Group am liebsten nichts mehr zu tun haben wollen. Gerade in der heutigen Zeit, in der das Aussehen und die Schönheit stark an Bedeutung gewonnen haben, sind Menschen mit Akne schnell ausgeschlossen. Eine interessante Online-Befragung, die ein und dasselbe Gesicht einer jungen Frau einmal mit und einmal ohne Pickel zeigt, hat auch dies klar zeigen können.

Die beiden Gesichter der Abbildung wurden jeweils unabhängig voneinander einer Gruppe von Erwachsenen und von Teenagern im Internet gezeigt. Erwachsene und Teenager sollten nun jeweils angeben, was sie von dieser Person hielten. 54 Prozent meinten bei dem Gesicht ohne Akne, dass sie eine Führungsperson sein könne, während 66 Prozent bei dem Gesicht mit Akne der Meinung waren, sie sei lediglich eine einfache Angestellte. Auch das angenommene Selbstbewusstsein schwankte zwischen 42 Prozent (ohne Akne) und 25 Prozent (mit Akne) und sogar die Intelligenz wurde unterschiedlich eingeschätzt. Solche Befragungen sind natürlich nicht unbedingt maßgeblich, aber sie zeigen doch, was viele Menschen bei Akne denken, und dies spielt natürlich auch bei der Kontaktaufnahme und bei Vorstellungsgesprächen eine Rolle. Die Betroffenen wissen dies nur allzu genau und haben oft große Probleme damit.

AUCH DEPRESSION UND SUIZID-GEDANKEN

VIELE WISSEN SICHER, dass der bekannte Autor Charles Bukowski an einer schweren Akne litt (Akne conglobata), die auch zu vielen Narben führte. Er beschreibt in seiner pointierten Darstellung öfter die psychisch belastende Situation aus seiner Kindheit und Jugend und den schwierigen Umgang mit den später vorhandenen Narben.[185]

Um die Akne ranken sich auch verschiedene medizinische Mythen, die meist keine rationale Grundlage haben. Viele Ärzte sind der Meinung, dass es besser sei, bei der Akne nicht über Depression und Ängste zu sprechen, um diese nicht zu stimulieren. Dies ist ganz sicher völlig falsch, da niemand eine nicht vorhandene Depression durch Fragen nach sozialen Einschränkungen stimulieren könnte. Im Gegenteil, oft sind die betroffenen Akne-Patienten sehr froh, wenn sie nach solchen Einschränkungen gefragt werden, da sonst niemand sich dafür interessiert und sie selbst sehr darunter leiden. Den Betroffenen wäre zu raten, den Versuch zu machen, ihre inneren und emotionalen Probleme direkt und offen im vertraulichen Gespräch mit den Hautärzten anzusprechen, damit ein Weg der Lösung gefunden werden kann.

Ähnliches gilt für die Annahme, Akne-Patienten besser nicht bezüglich suizidaler Ideen anzusprechen, da sie dies erst dazu bringen könnte, an Suizid zu denken. Es ist in Studien gezeigt worden, dass dies nicht der Fall ist – im Gegenteil, nur durch das Ansprechen möglicher Suizidideen kann geklärt werden, wie intensiv und akut die Situation ist. Suizidgedanken sind für eine Depression sogar als „normal" anzusehen und lediglich der dringende Impuls, auch auszuführen, woran man denkt, machen sie gefährlich. Auch hier gilt die Devise: Offenheit hilft!

Ein weiteres Vorurteil ist sicher auch, dass davon ausgegangen wird, dass eine optimale Akne-Behandlung auch alle psychologischen Probleme vertreibt. Auch dies stimmt so gut wie gar nicht. Natürlich führen erfolgreiche Akne-Behandlungen fast immer dazu, dass die Lebensqualität sich bessert und dass Gefühle der Stigmatisierung nicht als so intensiv erlebt werden. Aber die Zweifel am eigenen Selbstwert bleiben in aller Regel leider bestehen. Auch hier sollte ein offenes Gespräch nützlich sein, um sich selbst besser verstehen, die eigenen Gedankenspiralen der Abwertung durch eine Rückmeldung von außen durchbrechen und sich selbst als wertvollen Menschen erleben zu können.

„SKIN PICKING": DAS PROBLEM DES HERUMKNIBBELNS AN DER AKNE

BLEIBT DAS PROBLEM des Knibbelns! 99 Prozent aller Menschen mit Akne knibbeln an ihren Pusteln, allerdings entwickelt zum Glück nur ein kleiner Teil von diesen schwerwiegende soziale Probleme. Dermatologen sprechen hierbei gerne im Hinblick auf die historische französische Beschreibung dieses Phänomens von der Acne excoriée de jeune filles, als wenn die Knibbelakne nur bei jungen Mädchen vorkäme! Man könnte diese auch als maximales Knibbeln bei minimaler Akne bezeichnen, wie es einmal einer der bekanntesten deutschen Dermatologen, Professor Braun-Falco, ausgedrückt hat. Heute nennen wir dieses Phänomen, das im amerikanischen Klassifikationssystem der Psychiater seit 2013 als neue, eigenständige Diagnose mit aufgenommen wurde, „Skin Picking".

Das Skin Picking im Gesicht wird besser verständlich, wenn man sich verdeutlicht, was da genau vor dem Spiegel passiert. Machen wir also kurz eine sogenannte Verhaltensanalyse und stellen uns die Situation vor, in der ein Mensch mit Akne sich vor den Spiegel stellt und wieder entdeckt, dass einige neue Pusteln im Gesicht sichtbar sind. Es ist zunächst eine normale Alltagssituation, die jeder kennt: Man hat einen Termin, muss zur Arbeit oder in die Schule. Und damit fängt dann das Unheil bei den

Akne-Knibblern meist an. Nach der Entdeckung der neuen Pickel geht die betroffene Person etwas dichter und noch dichter an den Spiegel, um zu inspizieren, was da ist und ob es noch weitere gibt. Was dabei nicht beachtet wird, ist, dass der Spiegel quasi auch ein Vergrößerungsglas ist, das die vorhandenen, vielleicht minimalen Veränderungen deutlicher zeigt. Hinzu kommt, dass in unserem Gehirn, genau genommen in dem somatosensorischen Cortex, also dem Anteil der Großhirnrinde, ein Menschenbild abgespeichert ist, bei dem der Kopf überdimensional groß wirkt. Dieser unproportionierte Mensch mit seinem Riesenkopf auf einem winzigen Körper wird Homunculus genannt. Und genau so präsentiert das Gehirn demjenigen, der vor dem Spiegel steht und seine Akne im Gesicht genau inspiziert, seinen Körper: als mehr Gesicht als alles andere. Die Folge ist, dass Menschen mit Akne im Gesicht anfangen, die vorhandenen Pusteln auszudrücken. Meist tun sie dies falsch und nicht so, wie es die Kosmetikerinnen handhaben, die zunächst die Haut durch Wärme oder heißen Dampf einweichen, um danach kurz die Poren zunächst auseinanderzuziehen und erst dann von der Umgebung der Pickel herkommend zu drücken. Stattdessen wird wild gedrückt und geknibbelt, manchmal bis zur Schmerzgrenze und darüber hinaus! Gleichzeitig zeigt das Vergrößerungsglas „Spiegel" noch weitere Akne-Symptome wie Mitesser (Komedonen), die dann meist auch der Knibbelei zum Opfer fallen, obwohl dies genau das Falsche ist.

Interessanterweise beschreiben die meisten Personen, die vor dem Spiegel knibbeln, dass dabei das Gefühl der Zeit und der Umgebung völlig verschwinde. Es ist in etwa mit der Situation vergleichbar, die wir nicht selten beim Autofahren erleben, dass wir nämlich beim Lenken des Autos – auch ohne Handy-Gebrauch! – nicht so genau mitbekommen haben, wie wir eigentlich von A nach B gefahren sind. Ähnliches passiert auch vor dem Spiegel, man nennt dies eine physiologische Dissoziation oder Depersonalisation. Man könnte also sagen, die Betroffenen stünden ein wenig neben sich und die Zeit verginge, ohne dass man es so recht bemerkt – meist viel zu viel Zeit! Am Ende wacht man quasi wieder ins alltägliche Bewusstsein auf, die Nähe des Spiegels – auch Arbeitsdistanz genannt – verändert sich wieder und man sieht nun, dass viele Entzündungen und damit Rötungen im Gesicht entstanden sind. Es wurden eben nicht nur die wenigen Pusteln aufgedrückt, bei denen es sinnvoll wäre, sondern auch noch Mitesser, die dann derart gequetscht wurden, dass ein Teil des Talgs sich in der Umgebung der Öffnung ausgebreitet und damit eine Entzündung erzeugt hat, die wiederum zur weiteren Entstehung von Mitessern und Akne-Pusteln beitragen wird. Die notwendige Desinfektion im Anschluss wird sowieso meist vergessen. Denn vor allem ist das Erschrecken groß. Zum durch die Entzündungen geröteten Gesicht kommt der Zeitdruck des nächsten anstehenden Termins. Das Ganze führt zwangsläufig zu einer Stressreaktion.

MIT AKNE UND KNIBBELN VERBUNDEN: EKEL UND SCHAM!

MIT DEM KNIBBELN verbunden ist fast immer ein Gefühl der Schuldzuweisung an sich selbst. Man wirft sich vor: „Warum habe ich das gemacht?" Auch Ekel und Scham können da schnell entstehen und aus lauter Verzweiflung wird dann Make-up bzw. eine medizinische Tarnung, eine Camouflage, angewendet, so weit vorhanden. Diese soll die Rötungen jetzt schnell abdecken, damit sie nicht allzu auffällig sind. Damit wird aber wiederum die Entzündung verstärkt und ein weiterer Teufelskreis beginnt.

Als Hautarzt erzähle ich, Uwe Gieler, betroffenen Patienten gerne in Kurzform diesen Verhaltensablauf, um zu klären, ob sie sich darin wiederfinden. Ist dies der Fall, kann man über Möglichkeiten sprechen, diesen Teufelskreis von fast zwanghaftem Drücken, Gefühl der Schuld und Scham sowie Ekel, verbunden mit anschließenden Selbstvorwürfen, warum man sich nicht beherrschen konnte, zu durchbrechen. Das Ganze entspricht dem Ablauf einer Zwangsstörung und deshalb wird in solchen Situationen – die Bereitschaft zur Mitarbeit der Betroffenen vorausgesetzt – eine entsprechende Änderung des Verhaltens diskutiert, die diesem Kreislauf ein Ende bereiten könnte. Zunächst wird geklärt, wie oft und wie heftig die Situation des zeitvergessenen Knibbelns vor dem Spiegel stattfindet. So wird festgestellt, wie viel Reduktion möglich ist, ohne sich sofort völlig zu überfordern. Manchmal ist die Reduktion solcher Situationen schon auf zwei bis vier Stunden eine große Leistung, ein bis zwei Tage sind schon optimal. Es wird überlegt, dass es sinnvoll ist, dem Gehirn ein Signal zu geben, dass sich die Umstellung des Verhaltens lohnt und nicht mehr die kurzfristige Entlastung durch das Knibbeln handlungsleitend ist. Womit kann man sein Gehirn belohnen? Es sollte etwas sein, das im Alltag nicht selbstverständlich ist. Es kann eine Tasse Tee oder eine Zeit der Entspannung sein, vielleicht auch ein Kinobesuch oder Ähnliches, das sollte jeder selbst bestimmen. Es lohnt sich, begleitend zum Versuch einer Verhaltensveränderung ein kleines Tagebuch zu führen, das auch die äußeren Umstände an dem jeweiligen Tag bzw. bei der Situation des Knibbelns beschreibt. Nicht umsonst wird ja auch gerne von einer „Knibbelorgie" gesprochen, womit vermutlich gemeint ist, dass man sich durch das Knibbeln eine Art von Befriedigung verschafft, die einem sonst vielleicht nicht möglich erscheint. Solche Hintergründe sollten im Rahmen eines vertrauensvollen Gesprächs ebenfalls zum Thema gemacht werden oder auch andere Probleme, die möglicherweise mit zu dem Verhalten geführt haben.

Wenn sich das Knibbeln vor dem Spiegel als sehr hartnäckig erweist, sollte diese Art des Versuchs einer Verhaltensänderung durch eine intensivere Psychotherapie erweitert und verstärkt werden. Diese Beschreibung eines kleinen Verhaltensprogramms ist auch in der entsprechenden Selbsthilfeliteratur zu finden.[186]

FAZIT

ES GIBT BEI DER AKNE und auch bei der Knibbel-Akne, dem Skin Picking, Auswege aus dem psychologischen Teufelskreis aus Entstellungsgefühl, Scham, Ekel und Selbstwertverlusten. Wichtig ist, den Problemen offen zu begegnen, vertrauensvolle andere zu nutzen, um die eigene Situation reflektieren zu können, eine dermatologische optimale individuelle Therapie durchzuführen und sich bei Problemen gegebenenfalls auch eine Psychotherapie zu suchen.

SÜCHTIG NACH SONNENGEBRÄUNTER HAUT
WOLFGANG HARTH

ALLES HAT SEIN MASS – auch beim Umgang mit Licht gibt es ein Zuviel des Guten. Denn zu viel Licht kann nicht nur zu Bräune, sondern auch zu Hautveränderungen führen, die die Medizin pathologisch nennt – das heißt krankhaft, extrem, nicht normal und gestört. Ob sich die Haut übermäßig und abnormal durch den Einfluss von Licht verändert, hängt vom eigenen Verhalten ab.

LICHT-MISSBRAUCH – EINE EPIDEMIE MIT NAMEN TANOREXIE

SOLARIEN BZW. SONNENBÄNKE sind gut besucht. Sobald die Sonne scheint, tummelt sich Jung und Alt auf den Wiesen, in den Parks und Freibädern im prallen Licht. In der Sonne zu liegen und seinen nackten Körper möglichst rundherum zu bräunen, ist in Freizeit und Urlaub sehr beliebt. Laut einer kanadischen Untersuchung von Teenagern legten sich 14 Prozent regelmäßig auf die Sonnenbank.[187] Überträgt man das auf die deutschen Verhältnisse und rechnet es hoch, würde das für Deutschland bedeuten, dass es 16 Millionen Solariumsnutzer gibt. Auch wenn es in Deutschland noch an derartigen statistischen Untersuchungen fehlt, ist eins klar: Das ausgiebige und extreme Sonnenbaden ist auch hier derart verbreitet, dass sich von einer Epidemie sprechen ließe. Und es sind besonders die jungen Frauen[188] von dieser betroffen.

Im deutschsprachigen Raum ist daher inzwischen bei Dermatologen von *Tanorexie*[189] die Rede: eine Wortneuschöpfung, die sich aus *to tan* (bräunen) und *Anorexie*, dem medizinischen Fachbegriff für Magersucht (vollständig lautet er Anorexia nervosa), zusammensetzt. Dass sich Magersuchts- und Bräunungsverhalten bei Mädchen im Teenageralter ähneln, fällt nicht nur Wissenschaftlern auf. Dort, wo sich Magersüchtige zu dick fühlen, egal, wie „abgehungert" sie bereits sind, fühlen sich Bräunungssüchtige zu blass, egal, wie übertrieben tiefgebräunt ihre Haut schon ist. Die ständige und unnatürliche Kontrolle von Gewicht oder Hautfarbe entgeht Angehörigen, Freunden und Bekannten auf Dauer kaum. Wissenschaftliche Untersuchungen haben diesen Eindruck bestätigt und psychopathologische Ähnlichkeiten der Bräunungsmanie zur Anorexia nervosa aufgezeigt. Wortwörtlich aus dem Griechischen bzw. Lateinischen übersetzt, handelt es sich bei Letzterer um eine nervlich bedingte Appetitlosigkeit.

Die Psychopathologie beschäftigt sich mit krankhaften Veränderungen des Seelenlebens. Sie führt den Wunsch, sommers und winters unnatürlich gebräunt herumzulaufen, ebenso wie das abnormale Hungern auf eine fehlgeleitete, das heißt kranke Reaktion der Seele bzw. Psyche zurück. Diese Reaktion hängt mit einer verzerrten Wahrnehmung des Selbstbildes zusammen. Tanorexie bezeichnet somit das krankhafte, mit einer gestörten Selbstwahrnehmung einhergehende Verlangen nach ständiger Hautbräune, die durch häufige Solariumsbesuche oder ständiges Sich-Sonnen erzielt werden soll. Es handelt sich dabei um einen Sonnen- und Lichtmissbrauch.

ALLES EINE FRAGE DER GESELLSCHAFT UND IHRER TRENDS?

WAS IST DER GRUND DAFÜR, dass unverkennbar nicht nur Einzelne es mit den UV-Strahlen übertreiben, sondern gleich derart viele, dass die Bräunungsleidenschaft als ein Massenphänomen gelten kann? Warum setzen sich Menschen mehr Licht aus, als ihnen guttut? Wie kommt es zu einem derart übersteigerten Lichthunger? Laut medizinischem Befund spielen hierbei vor allem psychosoziale Störungen eine Rolle. Es ist also das Zusammenspiel zwischen der Gesellschaft, in der wir leben, und dem psychischen Innenleben des einzelnen Menschen, das bewirkt, dass Menschen das Licht missbrauchen, anstatt es in gesunder Dosierung zu nutzen und zu genießen.

Ob an der Nord- und Ostsee oder auf Mallorca aufgenommen – wer sich die Fotos ansieht, die für Reisen ans Meer werben, sieht dicht an dicht entblößte Menschen offenbar glücklich und entspannt in der Sonne braten. Die Wissenschaft spricht von psychosozialen Zusammenhängen. Es geht hier um die Frage: Inwiefern fördern soziale und gesellschaftliche Entwicklungen, Tendenzen und Trends das psychische Verlangen nach mehr als genug Sonnenstrahlen auf der bloßen Haut und nach einer perfekten Bräunung?

Die Medien vermitteln uns ein bestimmtes Schönheitsideal. Tagtäglich wird mit einem Menschenbild geworben, das vor Vitalität strotzt, auch dort, wo Haut gezeigt wird. Die sprichwörtliche englisch-vornehme Blässe steht einem solchen Bild entgegen. Draußen im Licht der freien Natur tankt man Energie auf, nicht im dunklen Zimmer. Dem Wunsch nach mehr Vitalität und Attraktivität entspricht demzufolge die an der frischen Luft gebräunte Haut. Steht in anderen Kulturkreisen gebräunte Haut für den niedrigen, mittellosen sozialen Stand eines Landarbeiters, so steht sie in unserer Kultur für gesellschaftlichen Erfolg und ein Leben in Luxus.

Aber nicht nur die Medien prägen unseren Umgang mit Licht und Sonne. Auch Familie oder Freunde beeinflussen das eigene Verhalten oder Fehlverhalten hinsichtlich der Körperbräune. Wer Farbe im Gesicht hat, dem geht es gut, wer blass ist, dem fehlt etwas, so die gängige Vorstellung in unserer Gesellschaft – das heißt, auch der Menschen, die wir kennen und die auf unsere Hautfarbe reagieren. So bekommt manch einer mit einer von Natur aus hellen Haut zu hören: „Mensch, du bist aber bleich, geht es dir nicht gut? Bist du krank? Vielleicht solltest du mehr Sport treiben." Das heißt: Farbe am Körper wird nicht nur mit Gesundheit, sondern auch mit körperlicher Fitness und Erholung gleichgesetzt. Menschen mit empfindlicher Haut, die sich vor der Sonne in Acht genommen haben und ungebräunt aus einem Sommerurlaub zurückkommen, haben damit zu rechnen, bedauert zu werden, weil davon ausgegangen wird, dass sie wenig Sonne gehabt und sich kaum erholt hätten.

Und schließlich gründet die Neigung, sich über das gesunde Maß zu sonnen, auf falschen Informationen. So kursiert das Gerücht, Sonnenlicht sei die beste Kosmetik für eine gute Haut und würde gegen Akne helfen.[190] Manche glauben gar, durch einen regelmäßigen Besuch im Solarium einer Hautalterung vorzubeugen. Genau das Gegenteil ist der Fall.

KRANKHAFTE BRÄUNE

IM GEGENSATZ ZUR ALLGEMEINEN MEINUNG, dass Sonnenlicht sich grundsätzlich positiv auf Körper und Seele auswirkt, ist das nur bedingt der Fall bzw. es gilt, besser gesagt, auch hier: Das Maß ist entscheidend. Doch in welchem Maße ist es gesund und in welchem ungesund, sich in der Sonne aufzuhalten und auf diese Weise braun zu werden? Obwohl der Mensch Licht und Wärme braucht, um sich wohl zu fühlen, und obwohl wer viel im Freien arbeitet eine gewisse natürliche Sonnenbräunung entwickelt, weil die Haut sich auf diese Weise gegen zu viel Licht abdunkelt, ist eine zu starke und zu häufige ultraviolette Strahlung direkt auf der Haut gefährlich, am Ende sogar lebensgefährlich. Eine Bräunung, die außer Kontrolle gerät, ein Verbrennen und eine Rötung der Haut sind ungesund.

In der Hautklinik Berlin Spandau zeigte eine Durchsicht der Patientenakten, dass 2 Prozent aller an einem bösartigen Hautkrebs (Malignes Melanom) neu Erkrankten mindestens zweimal die Woche das Solarium besucht hatten. Was bedeutet, dass so viel UV-Bestrahlung der Haut bereits nicht bekommt und tatsächlich Vorsicht im Umgang mit Sonne und Sonnenbank geboten ist. Denn: Wer sich ein- bis zweimal wöchentlich ausgiebig der Sonne aussetzt, wer dem Angebot der Solarien folgt, ein Flatrate-Solariumsbräunen zu betreiben (monatlich pauschal für die Sonnenbank mehrmals die Woche zu bezahlen), bekommt es mit dem gesamten Spektrum möglicher, auf die Einwirkung von Licht zurückgehender Hautveränderungen zu tun.

Die klinische Untersuchung ergibt bei denen, die sich mehrmals wöchentlich und übermäßig lange bestrahlen lassen, ein Hautbild, das verschiedene Hautveränderungen aufweist: eine Verdickung der Hornhaut, eine übermäßige Einlagerung von rötlichen, braunen und schwarzen Pigmenten (Hyperpigmentierung) und sichtbare Erweiterungen der Blutgefäße direkt unter der Haut (Teleangiektasien). Außerdem können typische, durch Licht verursachte Hautveränderungen und -krankheiten (Photodermatosen) auftreten. Diese reichen von akutem Sonnenbrand (Dermatitis solaris) bis zu einer chronischen Lichtschädigung, zu der Faltenbildungen (aktinische Elastoidose) und rötliche, raue Hautstellen (aktinische Keratose), Vorstufen von Hautkrebs, gehören. Es kann zu Langzeitfolgen wie Hauttumoren (Basaliome) und bösartigem Hautkrebs (Spinaliome, Maligne Melanome) kommen.

Die medizinischen Befunde, die im Zusammenhang mit dem Risikofaktor Licht stehen, haben bisher noch keinen Eingang in die Internationale statistische Klassifikation der Krankheiten und verwandter Gesundheitsprobleme (ICD-10-Klassifikation) gefunden. Für die psychosoziale Störung des extremen Bräunens gibt es bislang lediglich die Laiendiagnose Tanorexie – Laiendiagnose nenne ich sie, weil eine genauere psychopathologische Diagnostik notwendig ist, um Therapien einzuleiten. Der Begriff sollte immer nur eine erste Zuordnung des Krankheitsbildes und den Ausgangspunkt für eine weitere differenziertere Abklärung des Befundes darstellen.

Der Selbstschädigung durch Lichtmissbrauch kann zum Beispiel eine Störung der Impulskontrolle zugrunde liegen. Das Hauptmerkmal einer Störung der Impulskontrolle ist das Versagen, dem Impuls zu widerstehen, immer wieder dieselbe Handlung auszuführen, die schädlich für einen selbst oder andere ist und der keine vernünftigen Beweggründe zugrunde liegen. Fragt der Arzt nach, warum der Patient zum Beispiel immer wieder unkontrolliert einkaufe und mehr Geld ausgebe, als er sich leisten könne, weiß der Patient häufig, dass sein Verhalten ihn und seine Familie in einem problematischen Maße verschuldet. Obwohl ihm somit klar ist, dass das Glücksgefühl beim Einkauf auf einer Verführung beruht, kann er dem Trieb nicht widerstehen. Deshalb spricht die Psychologie hier von einer halbbewussten Störung. Derartige Störungen können in Situationen großer Anspannung entstehen oder durch unbewältigte Konflikte hervorgerufen werden.

In unsere Praxis kommen immer wieder Patienten, die ihre Akne aufgrund einer Störung der Impulskontrolle ständig zwanghaft aufkratzen (Acne excoriée). Wir beobachten, dass viele dieser Patienten zudem übermäßig häufig ins Solarium gehen.

Über die perfekte Bräune wird das eigene Selbst- und Schönheitsideal definiert. Aus diesem Grund werden die Langzeitschäden immer wieder geleugnet. Die Folgen sind eine vorzeitige Hautalterung, Pigmentstörungen und ein erhöhtes Krebsrisiko.

DIE BRÄUNUNGSSUCHT: EINE VERHALTENSSTÖRUNG MIT VIELEN GESICHTERN

DEN BEGRIFF DER TANOREXIE, der Bräunungssucht, halte ich für einen wissenschaftlich unspezifischen Begriff, da eine Vielzahl von unterschiedlichen Störungsbildern vorliegen kann. Nach heutigem Erkenntnisstand lassen sich sieben Gruppen unterscheiden.

Bei einer ersten Gruppe haben wir es mit Hautschädigungen zu tun, die sich der Patient aktiv selbst beibringt. Die Psychopathologie spricht in Fällen, in denen sich Menschen selbst Verletzungen der Haut zufügen, von selbstinduzierten Hautschädigungen oder von Artefakten. So gibt es Patienten, die sich mit spitzen Gegenständen, zum Beispiel mit Sicherheitsnadeln, in die Haut stechen.

Eine zweite Gruppe bilden die Körperbildstörungen. Darunter versteht die Psychologie eine verzerrte Wahrnehmung des eigenen Körpers. Zum Beispiel zählt die Magersucht zu den Körperbildstörungen, da Magersüchtige ihren eigenen, untergewichtigen Körper im Spiegel derart verzerrt sehen, dass er ihnen als dick erscheint.

Menschen, die sich übermäßig kritisch und zeitintensiv mit ihrem Äußeren beschäftigen, gehören einer dritten Gruppe, der der körperdysmorphen Störungen an. Sie verbringen den Großteil des Tages vor dem Spiegel und sorgen sich ständig um ihr Erscheinungsbild. Ihre Überlegungen, wie schrecklich sie aussehen und was sie da machen sollen, können sich auf ein einzelnes Körperteil, auf mehrere Körperteile oder auf den ganzen Körper beziehen.

Dann gibt es die Gruppe der Süchtigen. Bei dieser vierten Gruppe geht es um einen Missbrauch von Substanzen, der bei deren Absetzung zu Entzugserscheinungen führt. Störungen, die wie die Bräunungssucht mit Symptomen verbunden sind, die mit denen der Alkohol- oder Nikotinsucht vergleichbar sind, bezeichnet die Wissenschaft als Suchtäquivalente.

Wer ständig etwas tut oder denkt, was er selbst für unsinnig und maßlos hält, leidet unter einer Zwangsstörung. Auch dieser fünften Gruppe können Symptome der Bräunungssucht entsprechen.

Wenn zu einer Haupterkrankung weitere Erkrankungen hinzukommen, das heißt, wenn ein Patient zugleich unter verschiedenen Beschwerden leidet, versucht die Medizin alle Beschwerden gemeinsam in einem Fachwort zu erfassen – dieses lautet *Komorbidität*. Diese sechste Gruppe bezieht sich also auf komplexe Krankheitsbilder, bei denen verschiedene Befunde, wie zum Beispiel depressive Störung und Angststörung, gleichzeitig festgestellt werden.

Und zuletzt kann das übermäßige Bräunen der Gruppe der psychosozialen Störungen zugeordnet werden. Diese siebte Gruppe stützt ihren Befund auf die sozialen Bedingungen, die die Psyche manipulieren und auf diese Weise zum Krankheitsbild beitragen.

Die Berichte von Patienten sprechen dafür, dass Lichtmissbrauch häufig zusammen mit einer Essstörung, einer instabilen Persönlichkeit (genauer gesagt: einer Borderline-Persönlichkeitsstörung) und einem Skin-Picking-Syndrom, das heißt, dem ständigen Kratzen und Drücken an bestimmten Stellen der Haut, auftritt.[191] Die zentrale Gemeinsamkeit scheint eine gestörte Wahrnehmung des eigenen Körpers zu sein. Leider fehlt es bisher an wissenschaftlichen Untersuchungen zu diesem komplexen Zusammenspiel der verschiedenen Krankheitsbilder.

SICH IM EIGENEN KÖRPER IRREN

PATIENTEN MIT EINER STÖRUNG der eigenen Körperwahrnehmung[192] beschäftigen sich übermäßig mit einem Körperteil, in unserem Falle zum Beispiel mit der Haut. 84 Prozent der Patienten, bei denen Tanorexie festgestellt wurde, geben an, dies zu tun. 25 Prozent werden aktiv, um dafür zu sorgen, dass ihre Haut gebräunt statt blass erscheint. Sie empfinden ihre blasse Haut als einen Mangel, der sie hasslich mache und dem sie entgegenwirken müssten. Sie fühlen sich aufgrund ihrer Hautfarbe entstellt, obwohl sie es objektiv betrachtet gar nicht sind, sondern einen natürlichen und gesunden Teint haben. Fast immer fühlen sich Menschen mit derartigen (körperdysmorphen) Wahrnehmungsstörungen minderwertig. Folglich ist nicht nur ihre Körperwahrnehmung gestört. Dass ihnen das Aussehen ihrer Haut nicht genügt, wirkt sich auf ihre Emotionen und Beziehungen aus. Sie fragen sich, warum sie derart hässlich sind. Es ist ihnen unangenehm, mit anderen Menschen zusammen zu sein, da ihnen ihre Haut peinlich ist. Sie fürchten gar, dass andere sie kaum ansehen können. Sie mögen kaum noch ihr Haus verlassen, zur Arbeit gehen, die Tür öffnen, wenn es klingelt. Es kommt also schnell zu Ängsten und zwanghaften Handlungen, zu affektiven Störungen und sozialen Phobien und im Extremfall zu finanziellen Problemen und Einsamkeit.

IST DIE SONNE EINE DROGE?

TANOREXIE WIRD SYNONYM als Bräunungssucht bezeichnet. In weiterführenden testpsychologischen Untersuchungen zeigten 41 Prozent der Patienten mit der Diagnose Lichtmissbrauch ähnliche Symptome wie Alkoholiker oder Nikotin- und Drogenabhängige.[193] So reagierten 21 Prozent der Patienten, die als bräunungssüchtig galten, mit Unruhe, Gereiztheit und Partnerkonflikten, sobald sie das Solarium mieden[194] – alles drei typische Entzugserscheinungen.

Möglicherweise setzt das Licht bei Solariumsbesuchern und Sonnenbadenden ähnlich wie das Essen von Schokolade Endorphine, körpereigene Opiate, frei. So erlebt, wer sich bräunt, Glücksgefühle. Das würde die Entzugserscheinungen erklären. Einige Autoren vermuten aus diesem Grunde, dass Bräunen ebenso abhängig mache wie die aus dem Schlafmohn gewonnenen bewusstseinsverändernden Opiate.[195]

DER ZWANG, DER AUS EINEM SELBST KOMMT

AUCH DIE DIAGNOSE ZWANGSSTÖRUNG verdient eine nähere Betrachtung. Zu ihr gehören Zwangsgedanken: Es ist wie verhext, der Gedanke an noch mehr Körperbräune kehrt wieder und wieder, hält über Stunden an. Wer immer wieder dem Impuls ausgesetzt ist, sich bräunen zu müssen, sogar wenn er gerade von der Sonnenbank kommt, erlebt dies selber als unangemessen und einen Zwang. Dennoch vermag er nicht, sich gegen diesen Drang zu wehren, der in ihm steckt. Er nimmt beängstigt und mit großem Unbehagen wahr, wie er ständig kontrolliert, wie braun er ist,[196] und wie er immer noch brauner werden will. Er ist sich selbst ausgeliefert. Das, was ihn zwingt, ein und dasselbe immer wieder zu tun, ist ein Teil seiner selbst.

UNGESUNDER LEBENSSTIL ALS KRANKMACHER

DIE TANOREXIE ist eine Lifestyle-Krankheit, eine sogenannte Zivilisatose bzw. Zivilisationserkrankung. Das bedeutet, dass sie mit einem ungesunden, aber allgemein üblichen Lebensstil zusammenhängt. Die Zivilisation, in der wir leben, ist mit Lebensweisen verbunden, die Verhaltensweisen und Körperreaktionen auslösen und beeinflussen, die nicht gesund, also krank sind. Es sind besonders Alkohol, Nikotin, Übergewicht und Bewegungsmangel, die derart weit verbreitet sind, dass die Gesamtbevölkerung an ihnen zu kranken scheint.

Das Bräunen und die mit ihm verbundenen Hautschädigungen gehören zu den neuen Lifestyle-Krankheiten. Der Leistungsdruck ist hoch, im Büro noch so viel zu schaffen: Vor lauter Arbeit scheinen die Freizeit und die Möglichkeit, einmal die Sonne zu sehen, rar geworden zu sein. Wer beides hat und Geld dazu, der sieht zu, nichts anderes zu tun, als in der Sonne zu liegen und endlich einmal Arbeit Arbeit sein zu lassen und zu entspannen. So in etwa nimmt sich aus, was unsere Zivilisation inzwischen als gängige Lebensweise vermittelt. Den Lebensstil, der mit Luxus und einem guten Leben assoziiert wird, verkörpern dabei all diejenigen, die sich winters wie sommers in den großen Hotelanlagen im Süden am Pool auf der Sonnenliege rundherum makellos bräunen lassen. Er erweist sich als alles andere als gesundheitsfördernd.

WIE LÄSST SICH DIE BRÄUNUNGSSUCHT THERAPIEREN UND HEILEN?

PATIENTEN MIT BRÄUNUNGSSUCHT suchen selten einen Dermatologen oder Psychotherapeuten auf, um ihren Lichtmissbrauch behandeln zu lassen. Meist sind es erst die Patienten mit bösartigen Hautveränderungen, bei deren klinischer Untersuchung eine übermäßige Bräunung auffällt oder die bei der Befragung durch den Arzt eine regelmäßige Solariumsnutzung angeben. So ergibt sich der Lichtmissbrauch häufig nur als Nebenbefund. Doch kann er dann im Rahmen eines umfassenden Gesprächs über die Krankengeschichte (Anamnese) thematisiert werden. Oft zeigt sich, dass er mit einem komplexen Krankheitsgeflecht verbunden ist. So erzählte mir eine 40-jährige Patientin zunächst von ihren Solariumsbesuchen zwei Mal wöchentlich. Dann erfuhr ich von ihr, dass sie sich vierzig bis fünfzig Mal am Tag die Hände und zwanzig Mal täglich den Intimbereich wasche. An den Händen hatte sich dementsprechend ein Ekzem gebildet. Doch darüber hinaus rasierte sie sich ein Mal täglich die Beine. Und aus dem, was sie sagte, ging zudem hervor, dass sie sich zehn bis dreißig Mal am Tag erbrach und 15 Mal täglich ihren Darm entleerte. Ihre Körperwahrnehmung war ganz offensichtlich gestört. Sie kratzte sich ständig, war extrem ängstlich und litt unter Depressionen. Ich leitete eine Traumtherapie unter stationären Bedingungen ein.

Dass ein Bräunungssüchtiger willig ist, eine Therapie zu machen, ist selten. Meist ist die Bereitschaft gering. Und der Psychotherapeut? Welche Art von Psychotherapie er jeweils befürwortet, hängt davon ab, welche Störung seiner Ansicht nach im Vordergrund steht.

In vielen Fällen bietet sich eine Verhaltenstherapie an, da das eigene Verhalten eine wesentliche Rolle beim Umgang mit dem Licht spielt. Eine Heilung hängt ja unter anderem davon ab, ob es gelingt, Sonne und Solarium ab jetzt zu meiden – das heißt, ganz zielgerichtet genau das Gegenteil dessen zu tun, was bisher das eigene Verhalten bestimmte. Und darauf zielt die Verhaltenstherapie ab. Ihr geht es darum, abträgliche und unzweckmäßige Erlebens- und Verhaltensmuster, die eingespielt sind, zu überwinden und zu verlernen. Außerdem könnten Entspannungsverfahren ergänzend helfen.

Eine tiefenpsychologisch orientierte Therapie ist dann sinnvoll, wenn Kindheitserfahrungen das heutige Fehlverhalten mit beeinflussen. So kann ein Kind, dessen Blutdruck eher niedrig war, erlebt haben, dass andere besorgt, irritiert und gar befremdet auf seine Hautblässe reagierten. Derartige Erlebnismuster bleiben oft im Unbewussten hängen und wirken von dort aus ungeahnt bis ins tägliche Leben von heute hinein. Und wie sieht es mit dem Verschreiben von Psychopharmaka aus? Hier ist Vorsicht geboten. Zum einen ist ein eindeutiger Befund sowohl der psychischen Hauptbeschwerden als auch der Nebenbeschwerden notwendig, zum anderen muss absolut klar sein, auf welches Symptom die Therapie in erster Linie abzielt. Um welche Störung der körperlichen Wahrnehmung und des Verhaltens handelt es sich genau? Gibt es weitere Störungen und Symptome, die eine Rolle spielen und das Krankheitsbild mit prägen und beeinflussen? Möglicherweise können dann zum Beispiel Antidepressiva (selektive Serotonin-Wiederaufnahmehemmer) verordnet werden.

LÄSST SICH DIE GESELLSCHAFT ÄNDERN?

ES SIND VOR ALLEM gesellschaftliche Aspekte und psychosoziale Faktoren, die zur Lifestyle-Krankheit der Bräunungssucht führen. Das Solariumsverbot für unter 18-Jährige ist in Deutschland sicher ein Schritt, der dem unmäßigen Besuch der Sonnenbank durch Jugendliche vorbeugt. Doch durch Verbote allein werden wahrscheinlich keine nachhaltigen Effekte erzielt. Den vorherrschenden gesellschaftlichen Lebensstil ändern sie kaum. Um einer Gesellschaft einen Trend bewusst zu machen, der am Ende Krankheiten wie Hautkrebs und schwere Depressionen fördert, bedarf es nicht nur medizinischer und gesetzlicher Maßnahmen. Eine wichtige Rolle spielen zum Beispiel auch die Medien. Veröffentlichungen wie diese können dazu beitragen, die Gesamtbevölkerung besser zu informieren und aufzuklären. Für das bösartige Melanom im Stadium IV, zu dessen Bildung extremes Bräunen beiträgt, gibt es bis heute kaum eine Heilung. Eine Prävention – das heißt eine vorsorgende Gesundheitsmaßnahme – hat für die Bevölkerung somit eine große Bedeutung. Zudem ist falsches Wissen aus der Welt zu schaffen. So taugt das Solarium keineswegs als Aknetherapie.

Voraussetzung für all das ist jedoch zunächst vor allem, die nötigen Fakten und Daten zu ermitteln. Zukünftig sollte daher die Gruppe der

Bräuner („tanner") – und zwar sowohl derjenigen, die sich in der Sonne bräunen („outdoor-tanner"), als auch derjenigen, die es auf der Sonnenbank tun („indoor-tanner") – wissenschaftlich weiter untersucht werden. Auf der Basis der Ergebnisse können dann Therapien und gezielte Aufklärungskampagnen entwickelt werden.

BOTOX – EIN MEDIKAMENT AUF ABWEGEN
WOLFGANG HARTH

DERMATOLOGIE, DAS IST derjenige Teil der Medizin, der sich mit der Haut beschäftigt. Das heißt: Dermatologen behandeln und betreuen Patienten mit Hautproblemen. Ursprünglich handelte es sich hierbei vor allem um Hauterkrankungen. Doch hat die Dermatologie in den letzten Jahren einen Wandel hin zur ästhetischen Dermatologie erfahren. Inzwischen beschäftigt sie sich nicht nur mit Ekzemen, Allergien, Tumoren und vielen anderen Krankheiten, sondern auch mit Falten, Narben, Cellulite und Ähnlichem. Denn: Nach jahrelangen Debatten ist die ästhetische Medizin mittlerweile ein fester Bestandteil der Gesellschaft und Dermatologie geworden. Zu ihr gehören plastische Operationen, die als rekonstruktiv bezeichnet werden, weil sie Körperteile und -funktionen wiederherstellen, die durch Verletzungen, Unfälle oder Fehlbildungen verloren gegangen sind. Für derartige rekonstruktive plastische Eingriffe liegt somit in der Regel ein organischer Befund vor, so dass eine klare Indikation (eine Krankheitsbestimmung und eine damit zusammenhängende medizinische Maßnahme) besteht. Zur ästhetischen Dermatologie gehört inzwischen aber auch die Behandlung mit Botulinumtoxin (Botox, wie es mittlerweile überall genannt wird). Sie ist in der ästhetischen Medizin geradezu zu einem Massenphänomen geworden. Die von den Massenmedien unterstützte Verbreitung von Botox als Medikament, das Falten glättet, hat zu dem umgangssprachlichen, populären Begriff „Botoxbehandlung" geführt. Gleichzeitig wurde inzwischen erkannt, dass die Behandlung mit Botox sich auf Emotionen und Mimik auswirkt, das heißt, mit biospsychosozialen Effekten einhergeht. Um die Frage, inwiefern Botox vor allem einen Trend, dem die Masse folgt, und einen Irrweg darstellt, soll es hier vor allem gehen.

FÜR UND WIDER BOTOX

DIE BREITE ANWENDUNG von Botox als Lifestyle-Medikament für Gesunde[197] wird bereits seit den 1990er Jahren diskutiert, das heißt, seitdem der Stoff in die dermatologische Praxis eingezogen ist. So konnte sich das Für und Wider entwickeln und ausdifferenzieren, von Körper und Psyche bis hin zu Moral und Gesellschaft konnten alle wesentlichen Bereiche beleuchtet werden. Befürworter und Gegner der Botox-Therapie argumentieren heute auf allen Ebenen.[198]

Körperlich steht die Verbesserung des Faltenreliefs der Frage gegenüber, ob es überhaupt sinnvoll ist, Gesunde zu therapieren, nur weil ihre Falten sie stören. Positiv wird außerdem damit argumentiert, dass es sich um eine sichere Anwendung mit wenig Nebenwirkungen handle. Doch leidet der Gesichtsausdruck aufgrund einer eingeschränkten Muskelmotorik. Auch psychisch gibt es Pro- und Kontra-Argumente. Auf der einen Seite ist vom Abbau psychischer Belastungen und von mehr Lebensqualität und Selbstwertgefühl die Rede, auf der anderen von einer Fehlwahrnehmung bezüglich des eigenen Aussehens, einem gestörten Verhältnis zu sich selbst. Die Glättung von Zornesfalten wirke antidepressiv, so die Befürworter. Es komme zu psychischen Störungen, zum Krankheitsbild der Botoxsucht und zu einer emotionalen Verflachung, so die Widerworte. Sozial gesehen sehen die einen eine gesteigerte Attraktivität als positiv an, die anderen eine verminderte Fähigkeit zur Widerspiegelung von Gefühlen als negativ. Aber gesellschaftlich ermögliche eine Botoxtherapie Selbstverwirklichung und dass man up to date sei, entgegnen die Verfechter. Nur sprächen fragwürdige Botox Partys und die Verlosung von Schönheitsdiensten für keine Mode, die tatsächlich zur Selbstverwirklichung führe, führen die Gegner der Therapie als Gegenargument an. Zuletzt wird dann auch noch moralisch das Für und Wider diskutiert. Da stehen dann ästhetische Werte und dass das Äußere die Identität zu spiegeln vermöge ethischen Fragwürdigkeiten wie Konsumwunsch oder Statussymbol gegenüber. So ist bereits seit über zwanzig Jahren eine kontroverse Diskussion in Gang gesetzt.

BOTULINOPHILIE:
DIE BOTOX-LIEBHABEREI – EINE KRANKHEIT

SCHÖNHEIT UNTERLIEGT DER MODE und dem persönlichen Geschmack. Also hängt auch die Botoxtherapie grundlegend vom individuellen Schönheitskonzept und den gesellschaftlichen Modeströmungen ab. Der eine findet die Falten im Gesicht eines alten Menschen schön und ausdrucksstark, der andere findet sie hässlich und verbindet sie mit nachlassenden Kräften und vermindertem Wert für die Gesellschaft. In unserer heutigen Gesellschaft wird auf jugendliches Aussehen gesetzt und daher auch auf Botox. Doch wo führt das hin? Auf welchen Weg oder Irrweg?

Liegt eine psychische Störung vor, ist von Botox mehr als nur abzuraten: Dass hier eine absolute Kontraindikation vorliegt, sich die Maßnahme also medizinisch verbietet, ist geklärt, besonders hinsichtlich der körperdysmorphen Störung.[199] Menschen mit einer körperdysmorphen Störung beschäftigen sich übermäßig mit ihrem Aussehen. Sie empfinden einen, mehrere oder gar alle Teile ihres Körpers als entstellt und mangelhaft, die Beine als zu dick, die Nase als zu groß und/oder die Haare als zu unordentlich. Der Mangel, der entweder überhaupt nicht vorhanden oder nur äußerst gering ausgeprägt ist, bestimmt ihr Leben, so dass die übersteigerte Auseinandersetzung mit ihm sie sozial, beruflich und öffentlich extrem einschränkt, zum Beispiel, wenn sie eine Verabredung nicht einhalten können, weil sie nicht vom Spiegel loskommen oder sich nicht aus dem Haus und unter Menschen wagen.

Bereits 2001 wurde im Zusammenhang mit der körperdysmorphen Störung die Botulinophilie, die Neigung zu Botox oder Botoxliebhaberei, als Krankheit und Diagnose eingeführt.[200] Die Botoxvorliebe wird als Lifestyle-Venenophilie charakterisiert. Dieses Fachwort bezeichnet das Bedürfnis, genauer gesagt, Verlangen von Patienten, Lifestyle-Medikamente verordnet zu bekommen, im Falle der Botoxphilie also Botox. Das Bedürfnis nach Botox tritt gehäuft bei Menschen auf, die ihr Schwitzen, obwohl sie nicht mehr oder weniger als andere Menschen schwitzen, als Makel empfinden. Unter einer Botoxneigung leiden somit Menschen, die sich zum einen übermäßig mit ihrem Schwitzen beschäftigen und zum anderen hartnäckig vom Arzt eine Botoxtherapie einfordern. Da hier die Gefahr einer Chronifizierung des Krankheitsbildes, das heißt eines dauerhaften Wunsches nach einer Verschreibung von Botox, naheliegt, verbietet sich diese als Maßnahme. Zudem birgt die Diagnostik in Bezug auf die Botoxvorliebe das Risiko nicht erkannter und im Vordergrund stehender emotionaler Störungen.

DIE VERSCHREIBUNG VON BOTOX:
EINE THERAPIE GANZ IM TREND DER ZEIT

UNTER GESELLSCHAFTLICHEN UND ETHISCHEN ASPEKTEN wurden und werden vor allem auch mediale Einflüsse diskutiert. Welche Rolle spielt Botox bei der Weiterverbreitung modebedingter Schönheitsideale? Inwiefern handelt es sich bei der Verschreibung um eine Trendtherapie? Hinsichtlich Angebot und Nachfrage hat sich der Markt auf die Bedürfnisse der Konsumenten eingestellt, wobei die Masse zählt. Marketingstrategien wie „Botox to go" bauen Schwellenängste ab und fördern den Bedarf oder wecken ihn erst.

In der ästhetischen Medizin wird Botox vorzugsweise zur Verminderung der mimischen Gesichtsfalten eingesetzt. Damit verbunden ist der Wunsch, jünger auszusehen, attraktiver zu erscheinen und damit mehr Aufmerksamkeit, Selbstsicherheit, positive Resonanz bei den anderen und eine positive Wirkung im Miteinander zu erzielen. Gesichtsausdrücke sind jedoch keine Einbahnstraße. Sie haben mehr als nur eine Richtung und Ausrichtung. Aktuelle Studien verweisen auf eine enge Wechselwirkung zwischen dem Gesicht und der Motorik, zwischen den Emotionen, dem Gehirn sowie der sozialen Interaktion. Sie belegen eine bidirektionale, das heißt in zwei Richtungen gehende, wechselseitige Beziehung, die durch Botox abgeschwächt wird.[201] Die Rückmeldung des

Gesichts auf das, was Körper, Gefühle und Gedanken vermitteln, auch Facial-Feedback genannt, ist somit gestört.

FACIAL-FEEDBACK

MITTELS FUNKTIONELLER MAGNETRESONANZTOMOGRAPHIE wurde inzwischen auch der umgekehrte Dialog, die entgegengesetzte Richtung, nachgewiesen, nämlich dass Gesichtsausdrücke die Gehirnaktivität beeinflussen können.[202] In einer Studie mit 38 Probanden zeigte eine mit Botox behandelte Gruppe weniger Mimik als eine nicht behandelte Gruppe. Gleichzeitig wurde weniger Aktivität in der linken Amygdala des Gehirns der Probanden gemessen, die Botox gespritzt bekommen hatten. Außerdem war die Neigung, die Gesichtsausdrücke des Gegenübers nachzuahmen, vermindert – das heißt die Mimikry – und im zentralen Nervensystem der Studienteilnehmer wurden weniger Emotionen freigesetzt. Das Gesicht trägt wesentlich dazu bei, dass im sozialen Miteinander außer Wissen oder Können auch Gefühle vermittelt werden, so dass im Kontakt mit anderen ein emotionales Verstehen möglich wird. Was, wenn diese Funktion eingeschränkt ist oder gar ganz entfällt?

Die Rückmeldung von Gefühlen, für die das Gesicht zuständig ist, nennt der Fachmann Facial-Feedback. Dieses beruht auf einer Wechselwirkung. Die eigene Mimik beeinflusst nicht nur die Gefühle des anderen, sondern auch die Aktivitäten des zentralen Nervensystems und die eigenen Emotionen und Affekte. Sie ist dafür zuständig, den anderen mimisch nachzuahmen, und ermöglicht es dem anderen, einen selber mimisch nachzuahmen. Sie zeigt dem anderen, wie ich emotional auf ihn reagiere. Wenn all das nicht mehr vorhanden ist, dann fällt also tatsächlich ein wesentlicher Kommunikationskanal aus.

In einer vielbeachteten placebokontrollierten Studie[203] führte die Botoxtherapie bei 30 Patienten mit depressiver Symptomatik zu einem besseren Wohlbefinden. Bei den Symptomen spielte die Bildung einer Zornesfalte im Bereich der Glabella-Region (musculus corrugator supercilii, musculus procerus, musculus depressor supercilii) eine wichtige Rolle. Aufgrund der Botoxinjektionen entspannten sich die Muskeln und die Falte glättete sich. Nach sechs bzw. 16 Wochen war in der Botoxgruppe eine deutliche Reduktion der Depressionssymptome zu beobachten.[204] Die Verbesserung ist mit hoher Wahrscheinlichkeit durch den Zusammenhang zwischen mimischer Muskulatur und emotionaler Befindlichkeit zu erklären, also durch das Facial-Feedback. Die Mimik drückt demnach nicht nur eine Stimmung aus, sondern kann auch auf die Stimmung zurückwirken. Botox unterbricht – dafür scheint jedenfalls das Ergebnis der Studie zu sprechen – die Wechselwirkungen zwischen Mimik, angespannter Stirnmuskulatur (Zornesfalte) und depressiver Stimmung.[205]

Der Einsatz von Botox als Psychopharmakon mit antidepressiver Wirksamkeit ist jedoch fraglich. Eine dementsprechende Indikation sollte in weiteren Studien überprüft werden. Inwieweit das Abdämpfen oder Vermeiden negativer Emotionen im Facial-Feedback als ein Nettogewinn für alle Beteiligten aufzufassen ist bzw. ob tatsächlich alle unter dem Strich glücklicher sind, wenn mit bestimmten Gefühlen auch Ausdrucksmöglichkeiten im Repertoire eines Gesichts verschwinden, bleibt abzuwarten.

FROZEN FACE UND FALSCHES LACHEN

ANDERS SIEHT ES bei einer Anwendung von Botox aus, die mehr als nur eine Zornesfalte im Gesicht glättet. So hat der Versuch, mittels Botox Krähenfüße – die feinen Hautfalten, die von den äußeren Augenwinkeln strahlenförmig nach den Seiten verlaufen (musculus orbicularis oculi) – zu beseitigen, zur Folge, dass nur noch gedämpft gelacht wird. Weiter gedacht, könnte es auf diese Weise zunächst zu weniger positiver Mimik kommen, daraufhin zu emotionalen Störungen, und zwar auch in der sozialen Interaktion, und damit verbunden schließlich zu mehr statt weniger Depressionen.

Die beschriebenen Wechselwirkungen, in denen das Gesicht eine zentrale Aufgabe erfüllt, gelten natürlich bei gesunden Menschen, die sich aus ästhetischen Gründen einer Verabreichung von Botox unterziehen, ebenso wie bei psychisch kranken. Bereits 2003 wurden Nachteile einer Hypomimik, das heißt eines Maskengesichts, bei Hollywood-Schauspielern aufgezeigt,[206] die, um weiterhin jung und attraktiv zu erscheinen, intensiv Botulinumtoxin nutzten. So entging dem Schauspieler Mickey Rourke eine Hauptrolle, da die mimische Palette des 49-Jährigen derart reduziert war, dass sein Gesicht wie eingefroren wirkte. Hierfür wurde alsbald der Begriff *Frozen Face* geprägt. Mit einem solchen ließ sich keine Stirn mehr runzeln, um mit dieser Befremden oder Missbilligung zu bekunden. Dass vor allem das Stirnrunzeln zu den unerlässlichen Gesichtsausdrücken gehört, mit denen Schauspieler arbeiten, war sicher auch dem Regisseur Martin Scorsese klar, als er das schrumpfende Angebot an botoxfreien Talenten beklagte: „Es ist schwierig geworden, jemanden zu finden, der noch in der Lage ist, non-verbal Emotionen auszudrücken."

Aufgrund einer durch Botox bewirkten mimischen Verflachung können dem Gegenüber im Gespräch also weniger Emotionen vermittelt werden. Da der non-verbale Austausch eingeschränkt ist, finden die Gefühle kein wirkliches Echo bzw. kaum eine Resonanz, eine Mimikry ist nur noch bedingt möglich.[207] Stellen wir uns beispielsweise einen Erzähler vor, der innerhalb einer von ihm selbst als fröhlich wahrgenommenen Unterhaltung eine lustige Begebenheit erzählt: Werden der Witz seiner Erzählung und die fröhliche Stimmung vom Zuhörer aufgrund einer Botox-Anwendung nur mit abgeschwächter Mimik rückgemeldet, kann dies den Erzähler stark irritieren, hemmen oder gar kränken.

Hinzu kommt, dass Botox aufgrund des hohen Nebenwirkungsrisikos häufig nur in der oberen Gesichtshälfte (Stirn, Augenregion) angewendet wird. Die untere Gesichtshälfte wird ausgespart und das natürliche Zusammenspiel beider Gesichtshälften und damit die Gesichtsharmonie und der Gesamteindruck verfälscht: Es entsteht das sogenannte „falsche Lachen".[208] Besonders Hoch-Dosis-Botoxtherapien können dazu führen, dass beim Lachen nur noch die Mundwinkel nach oben gezogen werden können. Das, was das Gesprächsgegenüber dann während der Unterhaltung wahrnimmt, ist eine emotional verflachte, unauthentische und befremdliche Mimik.

Auch die Lernfähigkeit (reinforcement learning) scheint gemäß aktueller Studienlage[209] durch Botox beeinflusst zu werden.

FAZIT

DIE ANWENDUNG VON BOTULINUMTOXIN bewirkt Veränderungen im bidirektionalen Facial-Feedback und damit Störungen der authentischen Emotionalität, der emotionalen Resonanz, der Mimik und der sozialen Interaktionen. Es ist fraglich, ob ein Schönheitsideal, das die emotionale Verflachung in den menschlichen Beziehungen hervorruft, als Schönheitsideal in Zukunft Bestand hat. Meiner Meinung nach stellt eine reduzierte und verzerrte Mimik mit falschem Lachen und Frozen Face in der ästhetischen Medizin keinen Weg, sondern einen Irrweg dar.

TATTOO UND CO –
WIE VIEL KÖRPERSCHMUCK IST NORMAL?
KLAUS-MICHAEL TAUBE

DER BEGRIFF VOM „KÖRPERBILD" des Menschen und die Beziehung zwischen Geist und Körper wurden im Laufe der Menschheitsgeschichte unterschiedlich dargestellt. Sie unterliegen einem stetigen Wandel, der sich im Wesentlichen an gesellschaftlichen Normen und Verhaltensweisen orientiert. Eine Möglichkeit, sein Körperbild zu beeinflussen, sind Tätowierungen, die in vielen europäischen Ländern zum Massenphänomen geworden sind. Sportler, Schauspieler oder Popstars stehen im Mittelpunkt der Aufmerksamkeit und machen uns vor, mit welchen Mitteln man sein Körperbild beeinflussen kann. Tattoos und Piercings sind heute allgegenwärtig. Die Handlungen, die dazu dienen, das Körperbild zu beeinflussen, werden neuerdings auch als *Modifikation des Körpers* bezeichnet oder englisch als *Body Modification*.

Aus welchen Gründen lassen sich Menschen ihren Körper verändern? Was treibt sie an, auf ihrem Körper Bilder, Botschaften oder Ornamente aufbringen zu lassen? Oder warum rasieren wir uns die Körperhaare teilweise, in Mustern oder komplett weg? Alles Fragen, mit denen es nicht nur die Betroffenen, sondern auch die Dermatologie zu tun bekommt. Zu diesem Thema ist daher eine Vielzahl von wissenschaftlichen Veröffentlichungen erschienen.

Ist die Tätowierung einmal da, ist sie nur schwer rückgängig zu machen. Doch gefällt sie auch wirklich auf Dauer? Auch der dauerhafte Umgang mit der Tätowierung interessiert die Dermatologen. Denn in dem Maße, in dem Tätowierungen in der Bevölkerung zunehmen, steigt auch bei einem Teil der Betroffenen der Wunsch nach der Entfernung dieser Tätowierung. Die aktuell am häufigsten und mit den besten kosmetischen Ergebnissen verwendete Methode der Entfernung ist die Behandlung mit dem Laser. Die Faktoren, die zu dem Wunsch führten, die Tätowierung entfernen zu lassen, stehen im Zusammenhang mit der persönlichen psychosomatischen Situation und den psychosozialen Zusammenhängen. Doch beginnen wir erst einmal bei den kulturgeschichtlichen und gesellschaftlichen Hintergründen von „Tattoo und Co".

KULTURELLER UND KULTURGESCHICHTLICHER HINTERGRUND VON TÄTOWIERUNGEN

VERMUTLICH STAMMT DER BEGRIFF „Tätowierung" von den Ureinwohnern Polynesiens, die das Bemalen des Körpers als Tatauierung bezeichneten. Wahrscheinlich wurde aus dem Begriff Tatau in der englischen Angleichung das heute gebräuchliche Tattoo.

Tätowierungen sind keine Erfindung der Neuzeit, sondern werden seit Jahrtausenden in den verschiedenen Kulturkreisen der Welt praktiziert. Wir erinnern uns an den im Eis gefundenen Menschen, den sogenannten Ötzi, bei dem etwa 3100 bis 3300 v. Chr. Tätowierungen angebracht worden waren. Was medizinisch zudem erstaunt. Diese 49 Tätowierungsstiche bei „Ötzi" stimmen mit Befunden, die die Gelenkabnutzung (Arthrose) und diesbezügliche Akupunkturpunkte betreffen, überein. 2000 v. Chr. finden sich bei Mumien erste Tierdarstellungen eintätowiert (zum Beispiel Vögel oder Hirsche) und an verstorbenen Eskimos dieser Zeit Ornamente im Gesicht. Etwa aus der Zeit um 500 v. Chr. wurden Tätowierungen gefunden, die Standesunterschiede markieren. Tätowierte gelten aufgrund ihrer Tätowierung als von edler Abkunft. Die erste schriftliche Erwähnung steht in der Bibel: „Ihr sollt um eines Toten willen an eurem Leibe keine Einschnitte machen, noch eure Zeichen einätzen; ich bin der Herr."[210] 787 n. Chr. wird die Tätowierung als Form des Körperschmucks durch ein päpstliches Edikt verboten. Anfang des 20. Jahrhunderts wird das Zurschaustellen von tätowierten Frauen auf Jahrmärkten in Deutschland verboten. Offiziell wird aber weiter tätowiert, vor allem zum Zweck von Markierungen, wie beispielsweise bei der Blutgruppen-Tätowierung bei Mitgliedern der SS oder bei den Zwangstätowierungen von KZ-Häftlingen. Auch in anderen Kulturkreisen, etwa in Japan oder im Nahen Osten, sind Tätowierungen bekannt.

Nach dem Zweiten Weltkrieg erfreute sich die Tätowierung zunehmender Beliebtheit, was sich in einer Fortentwicklung der Tätowierungstechniken und dem Anstieg der Zahl professioneller Tattoo-Studios niederschlug. In der ehemaligen DDR dagegen gab es keine professionellen Tattoo-Studios, daher finden sich hier überwiegend Laientätowierungen, die häufig in einem bestimmten sozialen Umfeld entstanden (so beim Militär, im Strafvollzug oder Kinderheim).

Vielleicht machen die Zahlen deutlich, wie das gesellschaftliche Interesse an Tätowierungen angestiegen ist: Während wir 1988 in Halle (Saale) in der DDR noch kein professionelles Tattoo-Studio finden, gibt es im selben Jahr in München schon vier. Wenig später, im Jahr 2000, sind es in Halle (Saale) schon acht, in München mittlerweile sogar 39 Studios, die den jeweiligen Gesundheitsämtern der Stadt gemeldet sind.

In Westeuropa und Nordamerika kam es in den 1960er Jahren als sogenannte „Gegenkultur" im zunehmenden Ausmaß zu einem unter den Jugendlichen anerkannten Ritual der Tätowierung. Man kann sagen, dass seit Ende der 1980er Jahre Tätowierungen weitgehend gesellschaftlich anerkannt und zu einem Massenphänomen geworden sind. Sieht man beispielsweise ein höherklassiges Fußballspiel, muss man unter den europäischen Spielern oft schon suchen, welcher Sportler nicht tätowiert ist. Weniger verbreitet scheint das Tätowieren noch in Asien zu sein.[211]

DIE TECHNIK DES TÄTOWIERENS

DIE TECHNIK DES TÄTOWIERENS besteht in einer Punktierung der Haut mit einer Nadel, wobei Farbstoffe in die mittlere Hautschicht, die Dermis, eingebracht werden. Dies bewirkt eine permanente Veränderung, weil die Farbpartikel in die Haut eindringen, wobei das Einbringen in die Dermis dicht unterhalb des Papillarkörpers – desjenigen Teils der Oberhaut, der die Papillaren trägt – erfolgen soll, damit die Farbstoffe gut durch die Oberhaut, die Epidermis, hindurch zu sehen sind.

Grundsätzlich sind eine manuelle und eine maschinelle Tätowierung zu unterscheiden, wobei die manuellen Tätowierungen in der Regel den maschinellen in der Qualität unterlegen sind. Bei der manuellen Tätowierung wird eine Nadel bzw. der Meißel in Farbe getaucht und in die Haut eingestochen oder „gehämmert". Alternativ kann die Haut nach dem Tätowieren mit Farbe eingerieben werden. Durch ungleichmäßiges Stechen können Farbpartikel nur oberflächlich in die Epidermis gelangen und hinterlassen dadurch keine Zeichnung. Manuelle Tätowierungen sehen durch die geringere Farbdichte oft unvollständig, blass und verwaschen aus.

Bei der maschinellen Tätowierung mit einer Stichfrequenz von 3.000 Stichen pro Minute lässt sich die Eindringtiefe der Nadel fest einstellen, so dass während des Tätowiervorgangs die Eindringtiefe konstant bleibt. Es ist eine größere Farbstoffdichte zu erreichen und die Geräte können meist sterilisiert werden. Die Zusammensetzung der Tätowierfarbstoffe ist uneinheitlich. Oft sind es Metalloxyde. Hier eine kleine Auswahl: Eisenoxyd für braun und schwarz, Kobaltaluminat für blau, Mangansalz für violett, Eisensulfat für ocker, Chromoxyd für grün, Quecksilbersulfid für rot, Titanoxyd für weiß, Kadmiumsulfid für gelb. Bei Laientätowierungen kommen auch Ruß, schwarze Schuhcreme oder Wimperntusche zur Anwendung.

Während sich der Tätowierte (meist) an seinem Körperschmuck freuen kann, hat es der Dermatologe oft mit den Komplikationen von Tätowierungen zu tun. Durch die Einstiche kann es zu aufgeworfenen Narben in dem Tätowierungs-Gebiet kommen, zu verdickten und erhöhten Wulstnarben (hypertrophen Narben), die rot, entzündet und juckend sein können, oder sogar zu einer wuchernden Narbenbildung über den Verletzungsbereich hinaus (Keloiden), zu einem unkontrollierten Wachstum, das Jahre fortschreiten und pflaumen- oder kartoffelgroße schmerzende Knoten bilden kann. Manche Menschen reagieren auch mit einer allergischen, erst bei wiederholtem Kontakt auftretenden, oder einer irritativen, bereits beim Erstkontakt auftretenden Überempfindlichkeitsreaktion auf die eingebrachten Substanzen.

Es wird berichtet, dass bei der MRT (Magnetresonanztomographie)-Untersuchung die eingebrachten Metalloxyde durch entstehende Schwingungen sehr heiß werden können.

Mit dem Einstich können darüber hinaus Infektionen übertragen werden, insbesondere in Ländern, in denen keine guten hygienischen Bedingungen herrschen. Bei der Tätowierung können folgende Infektionen übertragen werden: Hepatitis B und C, HIV, Syphilis, Tuberkulose, Lepra, Bakterien für die Entstehung eines Erysipel, einer bakteriellen Entzündung der oberen Hautschichten und Lymphwege, oder Warzenviren. Manche in der Haut „schlummernden" Hautkrankheiten können durch eine Tätowierung „geweckt" werden. Das kennen wir beispielsweise bei der Schuppenflechte, der Schmetterlingsflechte (dem Lupus erythematodes), der Knötchenflechte (dem Lichen ruber) oder bei der Sarkoidose, einer Bindegewebserkrankung. Aber auch Hauttumore, wie das halbbösartige Basaliom, das keine Metastasen bildet, aber Hautgewebe zerstören kann, oder das bösartige Maligne Melanom, können dadurch aktiviert werden.[212]

WARUM LASSEN SICH SO VIELE TÄTOWIEREN, WAS MOTIVIERT SIE?

EIN URSPRÜNGLICHER GRUND für Tätowierungen lässt sich im Zusammenhang mit Ritualen ausmachen: Die während des Rituals vorgenommenen Tätowierungen weisen den Betroffenen als Teil einer bestimmten Gesellschaftsschicht oder (Berufs-)Gruppe aus. Auch heute noch finden sich solche gruppenspezifischen Tätowierungen, beispielsweise bei den Motorrad-Gruppen.

In der ehemaligen DDR war der Gefängnisaufenthalt ein häufiger Grund, sich eine Tätowierung anbringen zu lassen, das Gefängnis war ein typischer Ort dafür. Die Tätowierung erfolgte, natürlich inoffiziell und heimlich, mit Farbstoffen, die etwa für Propaganda-Wandtafeln vorgesehen waren. Die Tätowierungen zeigten hier, oft an nicht auf den ersten Blick sichtbaren Körperstellen, kleine Motive, die als Auflehnung gegen die Obrigkeit aufgefasst werden konnten. Die berühmten drei Punkte auf dem Handrücken stehen für „arbeitsscheu, trinkfest und sexuell potent". Aus unserer Praxis kennen wir auch kurze Botschaften in deutscher oder englischer Sprache, die teilweise sogar Rechtschreibfehler enthalten.

Die heutige Motivation entspringt mehr einer Schönheitsvorstellung. Das Anbringen von romantischen Ornamenten oder Motiven, die zu einem passen, soll den Körper verzieren. Aus unserer Sicht sind die aus diesem Grund tätowierten Menschen oft über eine lange Zeit mit dem angebrachten Körperschmuck zufrieden und bereuen selten dessen Existenz. Doch kommt es auch zu Tätowierungen, wie das sogenannte „Arschgeweih", die schlichtweg aus der Mode gekommen sind, so dass auch im Zusammenhang mit Tätowierungen aus ästhetischen Gründen bereits Entwicklungen entstehen, die zum Wunsch einer Entfernung der angebrachten Tätowierung führen können.

WELCHE MOTIVE SIND IN MODE UND GEFALLEN INDIVIDUELL?

DIE AUS SCHÖNHEITSGRÜNDEN ausgewählten Motive folgen bestimmten Trends und Strömungen. Hier wird zwischen einer Alten und einer Neuen Schule unterschieden.

In der Alten Schule sind Motive zu finden, die seit Jahrzehnten bekannt sind. Sie bestehen zum Beispiel oft in Bildern, stellen einen Anker, ein Kreuz oder ein Herz dar.

In der Neuen Schule spielen Fantasiefiguren, Blütenornamente und Tiere eine Rolle. Hier hat sich eine Sonderrichtung mit Fantasy-Motiven herausgebildet, bei der oft Fabelwesen oder Elfen in Verbindung mit Pflanzen- oder Blütenmustern eintätowiert werden.

Schließlich können Buchstaben und Sätze aufgebracht werden, teilweise als Botschaften, teilweise mit Initialen oder Geburtsdaten, die für den Betroffenen wichtig sind.

Nach neueren Untersuchungen sind in Deutschland etwa 8,5 Prozent der Bevölkerung tätowiert, wobei leicht erkennbar ist, dass der Anteil von jüngeren und älteren Menschen sehr unterschiedlich ist. Es gibt Studien, die zeigen, dass sich in Westeuropa bis zu 25 Prozent der Jugendlichen haben tätowieren lassen.

Geht man den individuellen Gründen nach, warum Menschen sich tätowieren lassen, so lassen sich verschiedene Gründe ausmachen. Geht es bei vielen darum, den eigenen Körper zu verschönern, so wollen einige auch ein Kunstwerk auf dem eigenen Körper schaffen. Hier steht der Wunsch nach Einzigartigkeit im Vordergrund. Denn Tätowierungen bieten die Möglichkeit, die eigene Individualität noch stärker hervorzuheben. Deshalb entscheiden sich einige auch dafür, eigene wichtige Erlebnisse herauszustellen – das können sogar auch unangenehme Erinnerungen sein. Wir kennen beispielsweise Tätowierungen, die Frauen sich nach einer Brustamputation in die Narben, die alles sind, was von der Brust geblieben ist, haben machen lassen. Davon, dass die Gruppenzugehörigkeit wesentlich zur Motivation beiträgt, wurde schon gesprochen – ein nicht zu unterschätzender Faktor für die individuelle Entscheidung.

Dient die Tätowierung einerseits dazu, die Zugehörigkeit zu einer Gruppe sichtbar zu machen, so kann sie ebenso die entgegengesetzte Funktion haben. Sie kann zeigen, dass man zu einer bestimmten Gruppe und Kultur nicht dazugehören möchte. So praktizieren bestimmte Subkulturen wie die sogenannten Punks das Tätowieren auch, um sich von der vorherrschenden Kultur abzusetzen. Die Tätowierung kann sogar Widerstand zum Ausdruck bringen, wie es in Gefängnissen in der ehemaligen DDR der Fall war.

Es kann auch um eine Mutprobe gehen. Sich tätowieren zu lassen tut weh. Es ist ohne körperliche Schmerzen zu bereiten gar nicht möglich. Das kann dazu führen, dass man anderen gegenüber seinen Mut unter Beweis stellen möchte, indem man sich etwas in den Körper eingravieren lässt und den Schmerzen standhält.

Schließlich können sexuelle Fantasien dazu führen, Körperteile zu betonen. Es kann auch sein, dass die Tätowierung eine sexuelle Vorliebe zum Ausdruck bringen soll.

Bei Frauen und Männern steckt nicht unbedingt die gleiche Motivation hinter der Tätowierung. Es lassen sich Geschlechterunterschiede feststellen. So sind Frauen mehr daran interessiert, ihren Körper durch schöne Motive zu schmücken, während Männer eher ihren Widerstand dokumentieren oder ein Zeichen für eine Gruppenzugehörigkeit präsentieren wollen.[213]

WARUM WIEDER ENTFERNEN, WAS MAN SICH WÜNSCHTE?

AUS ENGLAND UND FRANKREICH ist bekannt, dass Tätowierte oft schwieriger in bestimmten Berufen eine Anstellung finden können, so dass der Wunsch, sich die bestehenden Tattoos entfernen zu lassen, beruflich motiviert ist – die Entfernung birgt die Chance, leichter in den Beruf einsteigen zu können. Überhaupt scheint es so, dass man es in manchen Berufen leichter hat, wenn man nicht tätowiert ist. So fanden wir in der Presse Berichte, aus denen hervorgeht, dass es Berufsfelder gibt – wie die Gastronomie oder der Diskothekenbereich – in denen Personal mit Tätowierungen manchmal nicht erwünscht ist. Außerdem lassen sich einige Menschen die Tätowierung wieder wegmachen, weil sich ihre Einstellung zu dieser inzwischen verändert hat.

Neben der Schwierigkeit, wieder eine Anstellung zu finden, weil eine Tätowierung ins Auge fällt, besteht auch die Gefahr, bei Straftaten aufgrund der Tätowierung leichter identifiziert zu werden. Scham gegenüber sich selber und dem eigenen tätowierten Körper und der Wunsch, sich aus der Atmosphäre eines Gefängnisses zu lösen oder sich von einer Gruppe wie einem Motoradclub zu trennen, sind weitere Gründe. In einigen Befragungen zeigt sich, dass Tätowierte einen persönlichen Wandel, einen Reifungsprozess oder ein stärkeres Selbstbewusstsein als Grund dafür angeben, dass sie sich von dem Tattoo „zu befreien" wünschen.

EINE EIGENE PATIENTENBEFRAGUNG

IN EINER EIGENEN UNTERSUCHUNG wollten wir der Frage noch einmal genauer nachgehen, warum sich Menschen ihre einstmals vorgenommene Tätowierung wieder entfernen lassen wollen. Wir glauben, dass einige wesentliche Fragekomplexe, die wir mit unseren Patienten besprachen, all denjenigen weiterhelfen können, die über den Wert und Sinn ihrer Tätowierung nachgedacht haben oder im Moment gerade nachdenken. Um das Für und Wider der Entfernung zu reflektieren, bietet unsere Untersuchung gute Anhaltspunkte. Wir haben unsere Fragenkomplexe nach zeitlichen Besonderheiten im Zusammenhang mit der Entstehung des Tattoos, der Eintätowierung selber und dem Wunsch nach Entfernung gegliedert.[214]

Im Zeitraum vor und während der Entstehung der Tätowierung ging es unter anderem etwa um folgende Fragestellungen: Inwiefern gründet sich die spätere Unzufriedenheit mit der Tätowierung auf eine unzureichende Meinungsbildung im Vorfeld? Was waren die Argumente für die Tätowierung? Kann es sein, dass sie zu schwach waren? Welche Erwartungen wurden an die Tätowierung geknüpft? Haben sie sich als falsch erwiesen? Hierher gehören außerdem Fragen nach dem Alter des Patienten zum Zeitpunkt der Tätowierung.

Hinsichtlich des Zeitraums, in dem die Tätowierung selber stattfand, interessierten uns unter anderem folgende Fragestellungen: War es die eigene Entscheidung des Patienten, sich tätowieren zu lassen? Waren während der Tätowierung Freunde anwesend? Waren ebenfalls tätowierte Partner oder Freunde zugegen? War der Patient zum Zeitpunkt der Tätowierung nüchtern? Hing die spätere Unzufriedenheit des Patienten eventuell direkt mit der Durchführung der Tätowierung zusammen? War der Tätowierer professionell oder nicht? Wo fand die Tätowierung statt? War es zum Beispiel im Gefängnis? Hat der Patient das Motiv selbst ausgewählt? Wie sah die Tätowierung aus? An welcher Körperstelle befand sie sich? War sie sichtbar oder nicht?

Beim Zeitraum zwischen Anbringen und Entfernung der Tätowierung ging es dann unter anderem um Folgendes: Lag eine Beeinflussung durch gesellschaftliche Autoritäten bzw. die äußere (Arbeits-)Situation vor? War es die eigene Entscheidung des Patienten, sich die Tätowierung entfernen zu lassen, oder bestand eine Erwartungshaltung bzw. ein Zwang von außen? Hatte sich das Umfeld des Patienten seit dem Anbringen der Tätowierung stark verändert? Hatte der Patient aufgrund seiner Tätowierung Ablehnung oder Ausgrenzung erfahren?

Dem Zeitraum nach der Entfernung der Tätowierung sind folgende Fragestellungen zuzuordnen: Liegt eine positive Reifung oder eine Neuorganisation des Patienten vor? Hat sich der Patient seine Tätowierung entfernen lassen, weil er mit seiner Vergangenheit brechen wollte? Weil er sich fragte, ob er in einer Zukunft ohne Tätowierung seine verminderte Selbstachtung wiedergewinnen würde? Stellte die Tätowierung für den Patienten ein Hindernis bei einer gewünschten Wiedereingliederung in die Gesellschaft dar? Erhielt er die Tätowierung zum Beispiel im Gefängnis? Erhofft sich der Patient durch die Entfernung seiner Tätowierung eine konkrete Verbesserung seiner jetzigen Lebenssituation? Rechnet sich der Patient ohne Tätowierung bessere Chancen auf dem Arbeitsmarkt aus?

WAS UNSERE PATIENTENBEFRAGUNG ERBRACHTE

DIE VON UNS DURCHGEFÜHRTE PATIENTENBEFRAGUNG ergab verschiedene Motivationen, die sich aber insgesamt in drei Gruppen einteilen lassen.

Eine erste Gruppe bestand aus Patienten, die sich vor dem 18. Lebensjahr haben tätowieren lassen. Hier kam es dazu, dass sie ihre Tätowierung wegen der persönlichen Reifung und Veränderung nach Jahren eher als störend empfanden. Es scheint überhaupt so, dass jüngere Menschen dazu neigen, die Entscheidung zur Tätowierung weniger durchdacht zu treffen. Sie sind auch oft einem stärkeren Gruppenzwang unterworfen. In dieser Gruppe finden sich auch Angaben, dass sich die Tätowierten spontan entschlossen haben und die Entscheidung oft nicht allein getroffen wurde. Ein Drittel der Tätowierten dieser Gruppe stand zudem bei der Tätowierung unter Alkoholeinfluss. Eine zusätzliche Motivation zur Entfernung der Tätowierung ist hier zweifelsohne auch die Qualität des gestochenen Bildes. Von den Befragten gab etwa ein Viertel an, mit der

Qualität des oft laienhaft gestochenen Tätowierungsbildes nicht mehr zufrieden zu sein.

In einer zweiten Gruppe werden vor allem Gründe angeführt, die für den Betroffenen erst nach der Anbringung der Tätowierung erkennbar waren. Die überwiegende Mehrzahl der Tätowierten dieser Gruppe gab an, dass sie die Tätowierung wegen der Ablehnung im sozialen Umfeld habe entfernen lassen. Auch spielt in dieser Gruppe beispielsweise der Wechsel von Partnern und Freunden eine besondere Rolle.

Die Gründe für die Entfernung der Tätowierung einer dritten Gruppe beziehen sich vor allem auf das zukünftige Leben ohne Tätowierung. Die Tätowierung passt nicht mehr in ein neues Leben mit einem neuen Partner oder zu einem neuen Beruf. Der Betroffene ist persönlich gereift und sieht die Tätowierung als überflüssig und sogar störend an.

„ICH KONNTE JA NICHT ERKLÄREN, WAS ES BEDEUTEN SOLLTE"

WÄHREND UNSERER BEFRAGUNG kam es zu einem Interview mit Herrn M., verheiratet, 49 Jahre alt.

Herr M. hatte zwanzig Jahre unter Tage gearbeitet, war dann arbeitslos gewesen und machte jetzt eine zweite Umschulung. Im Rahmen dieser Umschulung fand eine Fahrt nach Hamburg statt, dort erfolgte seine spontane Entscheidung zur Übertätowierung von Tätowierungen, die er sich noch als Kind an beiden Unterarmen hatte beibringen lassen. Herr M. schildert die Situation beim Tätowierer: „Ich musste durch. Ich hab ihn richtig gedrängt, das muss unbedingt noch drauf. Unüberlegt. Hab meine Frau auch vorher nicht gefragt. Zuerst hab ich mich gut gefühlt mit der Tätowierung, richtig gut, aber als ich dann heimkam und meine Frau die Hände über dem Kopf zusammengeschlagen hat, kam der Zusammenbruch. Da war ich völlig unten."

Auf die Frage nach der Kindheit erzählte Herr M.: „Ich hatte eine arme Kindheit. Kein Spielzeug, keine finanzielle Absicherung. Meine Eltern haben sich nicht um mich gekümmert, das hab ich nicht als schlimm empfunden, ich konnte machen, was ich wollte. Ich hatte keine gute Mutter, bei uns zu Hause gab es immer Streit, ich hab mich mit meiner Mutter nicht gut verstanden. Als sie starb, war das nicht so schlimm für mich, aber meinem Vater hat es viel ausgemacht. Er hat sich kurz darauf umgebracht, das hat mich schon gestört, an meinem Vater hing ich.

Wir wohnten neben dem Kinderheim, mit denen [den Kindern von dort] hatte ich viel zu tun, da war die Situation ähnlich. Die waren alle tätowiert, nicht so viel wie ich zwar, aber irgendwo hatte jeder was. Das war eben die Zeit der Musketiere, die waren ja auch gezeichnet. Ich hatte den Namen von einer Freundin – da denkt man ja, das geht immer so weiter –, meinen Namen und Herzen an beiden Unterarmen, schwarz. Ich war damals neun Jahre alt, genommen habe ich Tusche. Es war eben ein Modetrend, ich wollte schon damit auffallen, das will jeder, der sich tätowieren lässt. Es war schon das Gefühl: Jetzt hab ich was, und die anderen müssen hingucken."

Wir sprechen auch über die Wirkung der Tätowierungen. Herr M. erfährt keine offene Ablehnung, empfindet aber aufgrund bestimmer Fragen und Bemerkungen eine Ablehnung: „Was ist denn das, was hast du denn da?"

Solche Erlebnisse waren für Herrn M. peinigend. Es störte ihn, dass er seine Tätowierungen nie erklären konnte: „Es war ja nur Stümperei, sah nicht gut aus, da hab ich mich schon ein bisschen dafür geschämt, ich konnte ja nicht erklären, was es bedeuten sollte. Da waren immer so Blicke, eine kurze Frage, das war's dann. Aber die Körpersprache war schon deutlich – für den, der sie kennt."

Schließlich ging es um die Folgen. Herr M. erklärte: „Ich hab immer Pullis getragen oder Hemden, nur bis hierhin hochgekrempelt, bei Partys hab ich oft den Arm hintern Rücken gehalten. Aber es gibt Situationen, da fällt es einfach auf, beim Baden oder beim Sport. Immer kann man es nicht verbergen."

Herr M. stellt selber einen Zusammenhang zwischen dieser ständigen negativen Präsenz der Tätowierung und einem entwickelten Perfektionismus von ihm her: „Alles an mir soll schön sein, ich bewundere schöne Menschen, ich möchte aus mir das Beste machen. Ich habe mir die Ohren anlegen lassen, jetzt kommt die Entfernung der Tätowierung und mein nächstes Problem sind die Haare (möchte eine Transplantation vornehmen lassen)."

Der Patient redet viel über gesunde Ernährung und „richtiges" Leben. Er findet Tätowierungen bei anderen schön, wenn sie gut gemacht sind und zu den

Menschen passen: „Nicht so was Verrücktes, so einen Drachen oder so, eher was Neutrales." Das Aussehen ist eminent wichtig für ihn: „Würden Sie einen Mann nehmen, der eine Glatze hat?"

Der Patient kommt schließlich zu folgendem Schluss: „Ich bin wahrscheinlich schon zu verdreht, meine Frau sagt auch, das sei alles gar nicht so schlimm, die hat auch drunter zu leiden. Mich macht das alles richtig depressiv, manchmal könnte ich den ganzen Tag nur heulen, ich brauch dringend was, was mich ablenkt von mir selber."

Wir werfen ein: „Glauben Sie nicht, dass Ihre Frau Sie richtig einschätzt, sie liebt Sie und hat Sie schließlich geheiratet?" Herr M. entgegnet: „Ja schon, aber jeder kennt sich selbst schließlich am besten, manche Sachen kann sie einfach nicht verstehen. Sie profitiert ja auch davon, ich mache Sport und halte mich fit, nicht wie andere Männer, die dick werden. Ich möchte halt perfekt sein, nur hier (tippt sich an die Stirn) klappt es halt nicht, der IQ. Ich merk's beim Lernen für die Umschulung, da fehlt's eben. Das kann man leider nicht operieren."

Wir fragen daraufhin: „Könnten Sie nach der Entfernung der Tätowierung leichter eine Arbeit finden?" Herr M. antwortet: „Ich könnte jetzt zum Beispiel eine Banklehre machen, vorher ging das nicht, das Vorurteil ist eben noch in den Köpfen. Aber wissen Sie, ich bring ja die Leistung."

HERR M. – BEDRÄNGT VON PERFEKTIONISMUS UND HÄSSLICHKEITSFURCHT

Der Patient, Herr M., litt jahrelang unter der raschen Abklassifizierung durch andere. Die Möglichkeit der Übertätowierung war nach seiner Aussage in der DDR nicht gegeben, da es kaum private Tattoo-Studios gab. Eine Entfernung durch Laser war bis vor kurzem zu teuer für Herrn M. Als die Möglichkeit zur Übertätowierung in Hamburg plötzlich gegeben war, entschloss sich der Patient spontan für eine Übertätowierung in Form einer Rose. „Ich wollte etwas Neutrales, es sollte auch heißen: ‚Frieden mit mir', dann kam aber der Schock durch die Kritik meiner Frau."

Durch eine Zeitung erfuhr der Patient von preiswerteren Laserbehandlungen, daraufhin informierte er sich über einen Katalog in der Uni-Klinik Hamburg, welche Laser in welcher Stadt zu finden seien. So erhielt er schließlich die Adresse eines Laserspezialisten. Der Patient musste die Entfernung der Tätowierung selbst finanzieren, der Arzt schlug ihm einen Pauschalbetrag statt einem Preis pro cm² vor. Es werden sehr viele Sitzungen nötig sein. Der finanzielle Aufwand bereitet dem Patienten große Schwierigkeiten. Auf Anfrage kann er jedoch niemanden angeben, der sich eine Tätowierung entfernen lassen möchte, sich dies aber nicht leisten kann. „Die kommen damit besser klar als ich, die akzeptieren sich mit ihrer Tätowierung, das kann ich nicht. Für mich ist das jetzt die Möglichkeit, einen Fehler von damals zu korrigieren, zu rekonstruieren. Jetzt steh ich wieder da, wo ich mit neun Jahren stand. Geboren wird man ja auch nicht tätowiert." Auf die Frage nach dem Umfeld und nach Freunden erwidert Herr M.: „Wenn man verheiratet ist, dann hat man keine Freunde, die wenigen, die da noch bleiben. Bei der Umschulung gibt es Tätowierte, die sind zufrieden damit, die sagen: ,Jetzt hab ich das nun schon so lange', die können gut damit leben."

Das Fallbeispiel von Herrn M. verdeutlicht, wie sehr Tätowierungen im Zusammenhang mit sozialen und psychischen Zusammenhängen gesehen werden sollten: Herr M. hat eine beschwerliche Kindheit mit wenig Nähe und Anerkennung erlebt. Die Anerkennung suchte er schon früh bei Freunden. Er wollte seinen Mut zeigen und Bestätigung erhalten, als er sich bereits mit neun Jahren zu den Tätowierungen entschloss. Die Flachheit und schlechte Qualität der Tätowierung brachte ihm offenbar nur kurz Anerkennung ein, er schämt sich heute dafür. Das Übertätowieren war eine Kurzschlussreaktion, die er rasch bereute. Mit der Ohrkorrektur und dem Wunsch nach Haartransplantation zeigte er ein erhebliches Maß an Unzufriedenheit mit dem eigenen Körperbild. Hier sind deutliche Hinweise auf eine Hässlichkeitsfurcht bzw. körperdysmorphe Störung und eine Verminderung des Selbstwertgefühls auszumachen.

FAZIT

TÄTOWIERUNG, PIERCING, aber auch Schönheitsoperationen als körperlicher Schmuck sind zu einem Massenphänomen in unserer Gesellschaft geworden. Die Tätowierung ist seit über zwanzig Jahren als gesellschaftlich anerkannt zu werten. Trotzdem gibt es verschiedene Gründe, warum sich Tätowierte die Körperbilder wieder entfernen lassen wollen. Als Hauptmotivation sind der persönliche Reifungsprozess und die private und berufliche Neuorientierung zu nennen. Für den Dermatologen hat dies einerseits dann reale dermatologische Auswirkungen, wenn es Komplikationen gibt. Andererseits muss er sich den psychosozialen Folgen der Tätowierung stellen, wenn der Wunsch nach deren Entfernung an ihn herangetragen wird. Der Wunsch nach Entfernung einer Tätowierung ist meist keine spontane Idee, sondern über einen längeren Zeitraum entstanden.

Der Umgang mit Körperschmuck und Tätowierungen kann sowohl als ein Hinweis auf gesamtgesellschaftliche Empfindungen und ihre unterschiedliche Wertung als auch als ein Ausdruck ganz unterschiedlicher gesellschaftlicher Bedingungen angesehen werden.

MICHAEL JACKSON LÄSST GRÜSSEN – PSYCHOSOMATISCHE ASPEKTE DER WEISSFLECKENKRANKHEIT
KLAUS-MICHAEL TAUBE

DIE WEISSFLECKENKRANKHEIT, mit wissenschaftlichem Name Vitiligo, ist eine erworbene, oft anlagebedingte (idiopathische) Hautveränderung, die durch den Verlust oder eine Zurückbildung von Pigmentzellen der Haut (Melanozyten) und an den Haaren charakterisiert ist. Ein Schleimhautbefall ist ebenfalls möglich. Typische Symptome sind scharf begrenzte, helle bis weißliche Hautflecken unterschiedlicher Größe, Form und Ausdehnung. Sie können generell an jeder Körperstelle auftreten, so dass die Betroffenen in unterschiedlichster Weise und häufig recht bizarr gefleckt aussehen. Der Begriff Vitiligo leitet sich etymologisch wahrscheinlich von dem lateinischen Wort „vitellus", das die Scheckung des Kälbchens bezeichnet, ab und wurde vermutlich erstmals von dem römischen Arzt Celsus im zweiten Jahrhundert geprägt. Allerdings wurde bereits 1400 v. Chr. das Krankheitsbild in einer alten jüdischen Schrift beschrieben. Im Alten Testament wurden die Weißfleckenkrankheit und Lepra als Varianten der gleichen Erkrankung angesehen. Dieser schwerwiegende Irrtum trug zu einer bleibenden sozialen Stigmatisierung, vor allem in asiatischen Ländern wie Indien sowie in afrikanischen Ländern, bei.[215]

WIE HÄUFIG KOMMT DIE KRANKHEIT VOR?

DIE WEISSFLECKENKRANKHEIT IST mit einem weltweiten Vorkommen von etwa 1 bis 2 Prozent eine relativ häufige Hauterkrankung und betrifft alle Hauttypen gleichermaßen. Unter Hauttypen versteht man einerseits die Neigung zu fettiger, trockener oder einer sogenannten Mischhaut. Andererseits werden die Hauttypen hinsichtlich ihrer Bräunungsneigung beschrieben. Aus den einfachen Fragen: „Werden Sie braun?" und „Bekommen Sie Sonnenbrand?" wird für den europäischen Raum ein System von vier Hauttypen hergeleitet, bei dem Menschen mit Hauttyp 1 mit heller Haut auf die erste Frage mit „nie" und auf die zweite Frage mit „immer" antworten und solche mit Hauttyp 4 auf die erste mit „immer sehr schnell" und auf die zweite mit „selten". Die anderen zwei Hauttypen liegen dazwischen. Die Weißfleckenkrankheit wird extrem bei dunklen Hauttypen und Afroamerikanern sichtbar. Michael Jackson ist hier sicher das prominenteste Beispiel – vielleicht abgesehen von Chantelle Brown-Young. Diese hat die Krankheit zu ihrem Markenzeichen als Model gemacht und sich selbst zu einer Art Vitiligo-Botschafterin. Anstatt ihre auffällig gescheckte Haut zu kaschieren, machte sie sich mit ihr einen Namen und wurde 2015 vom Magazin Gala zum Beauty Idol gekürt.

Es gibt keine Hinweise darauf, dass die Krankheit vor allem bei einer bestimmten Gruppe von Menschen auftritt. Männer und Frauen sind etwa zu gleichen Anteilen von ihr betroffen und sie kann in jedem Alter ausbrechen, bevorzugt aber in der Kindheit und im Jugendalter. Bei etwa der Hälfte der Patienten liegt der Krankheitsbeginn vor dem 20. Lebensjahr. In circa 30 Prozent der Fälle wird berichtet, dass Familienangehörige mitbetroffen sind, ohne dass ein genauer Vererbungshintergrund bekannt ist.[216] Vererbt wird jeweils nur die Neigung (Disposition) zur Weißfleckenkrankheit, nicht die Krankheit selbst.[217]

WIE SEHEN DIE WEISSEN FLECKEN AUS, WIE ENTSTEHEN SIE?

DIE ERSTEN VERÄNDERUNGEN an der Haut (sogenannte Primärläsionen) bei der Weißfleckenkrankheit sind meist scharf konturierte aufgehellte Flecken, deren Ränder oft stärker pigmentiert sind. Selten ist ein leicht geröteter Rand der Hautstellen erkennbar. Wird das Gewebe feingeweblich untersucht, finden sich Ansammlungen von Entzündungszellen, die derart vermehrt bei Abwehrreaktionen des Körpers auftreten. Gelegentlich wird die sogenannte dreifarbige „trichrome" Weißfleckenkrankheit beobachtet, bei der, neben normal pigmentierter gesunder Haut, am Rand von vollkommen aufgehellten Flecken hellbraune Bereiche zu sehen sind. Dieses Erscheinungsbild wird als besonderes Übergangsstadium einer aktiven, sich verschlechternden Weißfleckenkrankheit angesehen, dessen Bedeutung noch unklar ist.

Als auslösende Faktoren der Erkrankung gelten verschiedene Arten der Verletzung der Haut wie beispielsweise Sonnenbrand oder Mückenstiche und andere Hauttraumata sowie starker psychischer oder physischer Stress. Bei der Entstehung der Flecken nach Hautverletzungen spricht man von einem sogenannten Köbner-Phänomen. Heinrich Köbner (1838–1904), ein deutscher Hautarzt aus Breslau und Berlin, erkannte, dass, wenn die Haut von Menschen mit der Veranlagung zur Weißfleckenkrankheit an bestimmten Stellen gereizt wird, es an diesen Stellen stets zu weißen Flecken kommt. Dieses Phänomen ist interessanterweise auch bei anderen Hautkrankheiten bekannt: Beispielsweise führen Hautreizungen an der Haut von Menschen mit Schuppenflechte (Psoriasis) zur Entstehung von Schuppenflechte-Herden in dem gereizten Bereich. Man spricht auch von einem isomorphen Reizeffekt, womit gemeint ist, dass Menschen auf Hautreizungen verschiedener Art immer nur mit der bei ihnen bereits vorliegenden Hauterkrankung „antworten" können – sofern bei ihnen überhaupt eine Hautkrankheit vorliegt.

Relativ häufig (etwa ein Drittel der Fälle) wird bei Patienten mit einer Weißflecken-Erkrankung, deren Haut physisch strapaziert (traumatisiert) wurde – sei es aufgrund eines Sonnenbrandes, sei es wegen einer Schnittverletzung –, das Köbner-Phänomen beobachtet. Einige Autoren gehen deshalb sogar davon aus, dass ein positives Köbner-Phänomen für eine aktive Weißfleckenkrankheit spreche. Das Köbner-Phänomen scheint zwar eine erhöhte Krankheitsaktivität anzuzeigen, aber anders als bei der Schuppenflechte geht diese Aktivität nicht mit einer großen Ausdehnung der Hautbeschädigungen einher. Zudem taucht das Phänomen vor allem bei der nicht-segmentalen Weißfleckenkrankheit auf. Denn es gibt auch noch die segmentale Form. Diese zeichnet sich dadurch aus, dass sich die Flecken auf eine Körperhälfte beschränken, während sie sich bei der nicht-segmentalen symmetrisch auf beide Körperhälften verteilen. Ist in nicht-segmentalen Fällen der rechte Fuß hell, ist es der linke ebenfalls, dasselbe trifft auf Handflächen, Schulterblätter und alle weiteren Körperteile zu. Die segmentale Form ist sehr selten und vor allem bei Kindern zu sehen. Bei ihr ist das Köbner-Phänomen bisher noch nicht belegt.

Die Einnahme von Medikamenten, zum Beispiel von ß-Rezeptoren-Blockern, die häufig bei erhöhtem Blutdruck verschrieben werden, kann eine akute Verschlechterung der Weißfleckenkrankheit verursachen.

Typische Hautstellen (Prädilektionsstellen) der Weißfleckenkrankheit sind vor allem zug und druckbelastete Hautareale, wie die Streckseiten der großen Gelenke, das heißt zum Beispiel Ellenbogen- und Schienbeinbereich, aber auch Hand-, Finger-, Zehen- und Fußgelenke, Kniekehlen und die Haut an den Körperenden und Enden der Gliedmaßen (akrale Haut). Außerdem sind häufig die Bereiche, die um Körperöffnungen herumliegen,[218] betroffen. Die symmetrische Anordnung der Flecken ist vor allem bei der generalisierten Vitiligo sehr ausgeprägt, der häufigsten Form der Krankheit. Bei fortgeschrittener Vitiligo können auch die auf den Flecken befindlichen Haare ihr Pigment verlieren, was zu einer Weißfärbung von Kopf- oder Körperhaar führt (Poliosis circumscripta). In bis zu 21 Prozent der Fälle findet man neben den weißen Flecken auch pigmentierte Muttermale mit einem hellen Umgebungsring. Die Bedeutung solcher Muttermale ist nicht geklärt.

Die Weißfleckenkrankheit ist weitestgehend symptomlos. Manche Patienten geben allerdings zeitweise einen Juckreiz an den depigmentierten Hautarealen an. Dieser macht sich dann vor allem bemerkbar, wenn sich die Patienten zuvor längere Zeit der Sonne ausgesetzt haben. Vermutlich spricht dieser Juckreiz in den weißen Arealen für ein Fortschreiten, eine progressive Vitiligo. Ein Grund könnte die vermehrte Anhäufung von Wasserstoffperoxid in der betroffenen Haut sein.

Anhand der Verteilung und Verortung der weißen Flecken lässt sich die Erkrankung unterschiedlich klassifizieren. Generell werden neben der Einteilung in segmentale und nicht-segmentale Formen drei Typen unterschieden: die lokalisierte, die generalisierte und die universelle Form der Weißfleckenkrankheit. Bei der lokalisierten Form sind die Flecken auf eine einzige Hautregion begrenzt und die Krankheit kommt zudem meist nach wenigen Monaten zum Stillstand. Bei der generalisierten Form treten die Flecken an mehreren Stellen und beidseitig auf. Die universelle Form zeichnet sich dadurch aus, dass fast der ganze Körper depigmentiert ist, genauer gesagt zu etwa 80 Prozent.[219] Es werden zudem Untergruppen gebildet, die entweder ganz begrenzt, in einem Nervensegment oder in einer Schleimhaut isoliert vorkommen.

IM VERLAUF UNBERECHENBAR, ABER FORTSCHREITEND

DER VERLAUF DER ERKRANKUNG ist meist spontan und unvorhersehbar. Es überwiegt der generalisierende Typus, bei dem die Erkrankung ständig fortschreitet. Hier ist ein schubhafter Verlauf mit plötzlichem Beginn und rascher Ausbreitung typisch, oft gefolgt von einer jahrelangen Stabilität und einer dann auf einmal erneut auftretenden Verschlechterung. Jedoch kann es sowohl beim schubhaften Verlauf als auch beim langsamen Fortschreiten zu einem dauerhaften Stillstand der Erkrankung kommen. Eine spontane, erneute Pigmentierung und Verdunkelung von Hautteilen ist möglich, betrifft aber meist nur einige wenige Herde und tritt am ehesten in den Sommermonaten infolge von ausgiebigem Genuss der Sonne auf. Wenn die weißen Flecken beginnen, sich zurückzubilden, sei es spontan, sei es unter UV-Strahlen, erkennt man das an zwei Veränderungen: Zum einen verkleinern sich die Flecken vom Rand her, zum anderen bilden sich in den Herden kleine bräunliche Flecken. Die Ursachen dafür sind im einen Fall ein vermutliches Wiedereinwandern von Pigmentzellen vom Rand her, im anderen Fall ein Hochwandern von Resten der verbliebenen, rückgebildeten Melanozyten aus tiefen Anteilen der Haaranlagen. Besonders wenn Patienten um die Follikel herum eine Repigmentierung zeigen, spricht dies für ein gutes Ansprechen auf eine UV-Therapie. Da die Haut auf der anderen Seite sehr empfindlich auf Sonnenlicht reagiert und zum Sonnenbrand neigt, ist bei solch einer Therapie Vorsicht geboten.

Die segmentale, also einseitig angeordnete Weißfleckenkrankheit ist häufig zu Beginn durch eine rasche Ausbreitung charakterisiert, bleibt dann aber in der Regel stabil. Die Flecken werden zum festen, unveränderten Erscheinungsbild. Als ungünstiges Zeichen, das weitere Aktivitäten der Krankheit erwarten lässt, wird neben dem Köbner-Phänomen auch eine Schleimhautbeteiligung angesehen. Wenn die Flecken, mit der die Erkrankung einsetzt, an Händen, Füßen oder Rücken auftauchen, geht man ebenfalls von einer ungünstigen Entwicklung aus.[220]

Hin und wieder betrifft die Pigmentstörung auch das Auge und Innenohr. So kann es in wenigen Fällen eine unregelmäßig gefärbte Iris geben. Doch kommt es nur selten zu krankheitsbezogenen Symptomen und Sehstörungen (Visuseinschränkungen). Das Auftreten von milder Hörminderung (Hypakusis) bei Vitiligo-Patienten wird hingegen öfter berichtet. Man vermutet eine Innenohrschädigung durch den fehlenden Schutz des Melanins. Umfangreichere Studien, die ein signifikant häufigeres Auftreten von Schwerhörigkeit bei der Weißfleckenkrankheit bestätigen könnten, stehen bisher noch aus.

Eine Reihe von Autoimmunerkrankungen werden mit der Weiß-fleckenkrankheit in Verbindung gebracht. Hierzu zählen insbesondere Schilddrüsenerkrankungen. Bei weiteren Erkrankungen ist es umstritten, ob sie im Vergleich zur Normalbevölkerung bei Weißfleckenkranken wirklich vermehrt anzutreffen sind.[221] Es scheinen vor allem Schild-drüsenerkrankungen ohne autoimmunen Ursprung zu sein, die deutlich mit der Weißfleckenkrankheit zusammenhängen.[222]

DIE BEHANDLUNG IST MAL GUT, MAL MÄSSIG, MAL GAR NICHT ERFOLGREICH

DER BEHANDLUNG STEHEN wenige Möglichkeiten zur Verfügung. Zum einen scheint die Therapie mit ultraviolettem Licht hilfreich zu sein. Wir kennen in der Dermatologie verschiedene UV-Lichtqualitäten, wie zum Beispiel langwelliges UVA-Licht und mittelwelliges UVB-Licht. UV-Licht im Grenzbereich zwischen UVA und UVB hat sich für die Therapie der Weißfleckenkrankheit besonders bewährt. Man benutzt hierbei die sogenannte 311nm-Lampe. Als Cremes kommen Medikamente zum Einsatz, die das Immunsystem beeinflussen. Calcipotriol-haltige Cremes und Calcitonininhibitoren sind bei einer Reihe von Patienten hilfreich, aus unserer Erfahrung besonders im Gesicht-Hals-Bereich.

Die Behandlungen müssen mindestens über ein, manchmal auch zwei bis drei Jahre regelmäßig durchgeführt werden. Man kann stark ver-einfacht sagen: Bei je einem Drittel der Patienten ist die Behandlung gut, mäßig oder nicht erfolgreich. Daher werden auch viele weitere, oft kostenintensive Behandlungen angeboten. Wir selber haben mit weite-ren Behandlungsarten wenig Erfahrung, sehen aber bei unseren Pati-enten, die andere Behandlungen haben vornehmen lassen, so gut wie nie Erfolge, so dass wir uns aktuell auf die wenigen soeben genannten Therapien beschränken.

TARNUNG IST ALLES, ODER?

DA ES ANSONSTEN kaum körperliche Beschwerden gibt, ist es vor allem das ausgeprägt seltsame Aussehen der Haut, das unerwünscht ist. Das

Verwenden von speziellem pigmenthaltigem, wasserfestem Make-up kann als ergänzende Therapie bei hellhäutigen Patienten für kleinere depigmentierte Areale bereits zu einem kosmetisch zufriedenstellenden Ergebnis führen. Selbstbräunungscremes enthalten Dihydroxyaceton, das die äußerste Schicht der Oberhaut, das Stratum corneum der Epidermis, durch eine chemische Reaktion mit den Proteinen der Hornschicht gelblich-braun färbt. Eine orangefarbene bis bräunliche Färbung der Haut kann durch die Einnahme von Beta-Carotin (wird in die Epidermis eingelagert) erreicht werden, allerdings ist der Farbton kosmetisch meist nicht zufriedenstellend.

Die Camouflage, das heißt Tarnung der weißen Flecken, mindert den oftmals durch das besondere Aussehen hervorgerufenen Leidensdruck am Ende nur sehr bedingt und verändert auch kaum das Krankheitsbild. So sollte sie nur eine Ergänzung darstellen. Bei entsprechend starker Ausprägung der weißen Flecken sollten andere Behandlungsmöglichkeiten Priorität haben, und zwar solche, die sich nicht allein den körperlichen Symptomen, sondern auch den psychischen zuwenden.

AUCH DIE PSYCHE WILL EIN WÖRTLEIN MITREDEN

DIE PHYSISCHEN AUSWIRKUNGEN der Weißfleckenkrankheit sind relativ gering: erhöhte Sonnenempfindlichkeit, in seltenen Fällen durch UV-Strahlen bedingte Spätschäden. Dennoch handelt es sich aufgrund des psychosozialen Stellenwertes um eine ernst zu nehmende Erkrankung. Stigmatisierung und Entstellungsproblematik gehen mit gesellschaftlichen Vorurteilen und Ausgrenzung einher. Das kanadische Model Chantelle Brown-Young ist eine Ausnahmeerscheinung. Doch auch ihr fiel es als Kind schwer – die weißen Flecken setzten bei ihr bereits als Vierjährige ein –, mit den Sprüchen der anderen Kinder zu leben, sich Zebra nennen zu lassen und eine Außenseiterin zu sein. Und Michael Jackson, der als etwa 20-Jähriger erkrankte, setzten die Krankheit und die mit ihr zusammenhängende öffentliche Reaktion – viele glaubten ihm nicht, dass er erkrankt war – sehr zu: Das ist jedenfalls der Eindruck, wenn man sich die Medienberichte anschaut.

Ein großer Teil der Patienten erkrankt in der Pubertät, und kosmetische Störungen sind in dieser sensiblen Phase der Persönlichkeitsentwicklung besonders stark belastend. Der Pigmentverlust tritt bei der Mehrzahl der Betroffenen in Arealen auf, die wie Gesicht und Hände eine besonders wichtige Rolle in der zwischenmenschlichen Kommunikation, Interaktion und Vermittlung von Gefühlen spielen. Dass die Erkrankung gerade an derartigen Körperteilen sichtbar ist, ist schwer auszuhalten und führt häufig zu sozialer Isolation und vermindertem Selbstwertgefühl. Die Stigmatisierung durch die Krankheit betrifft viele Bereiche des täglichen Lebens. Unter anderem konnte ein negativer Einfluss auf Partnerschaften und sexuelle Beziehungen aufgezeigt werden.

Die Einstellung und Haltung der Gesellschaft als Gesamtheit zur Weißfleckenkrankheit kann infolge kultureller Unterschiede erhebliche Bedeutung gewinnen. Gerade in den Ländern mit überwiegend dunklen Hauttypen, bei denen die Depigmentierungen der Haut wesentlich stärker auffallen als bei Hellhäutigen, sind die Weißfleckenkranken aufgrund der Geschichte und des Bildungsstandes der Bevölkerung oft einer größeren Diskriminierung ausgesetzt. So wird in Indien die Vitiligo auch als „weiße Lepra" bezeichnet, da die Fleckenbildung bei flüchtigem Betrachten leicht mit der in diesem Land noch häufig auftretenden Lepra verwechselt werden kann. Frauen mit einer Weißfleckenkrankheit können dort fast nie heiraten. Tritt die Krankheit erst nach einer Heirat auf, darf der Ehemann die Ehe annullieren. Häufig finden von der Krankheit Betroffene, unabhängig von ihrer Qualifikation, keine Arbeitsstelle. Der ehemalige indische Premierminister Nehru bezeichnete die Weißfleckenkrankheit, neben Malaria und Lepra, als eines der drei größten medizinischen Probleme seines Landes und sah in der gesellschaftlichen Diskriminierung von Millionen Betroffener einen Hauptgrund für die geringere wirtschaftliche Entwicklung Indiens.[223]

„DIESE BLÖDE WEISSFLECKENKRANKHEIT" – SIE SCHRÄNKT DAS LEBEN EIN

IN EINER EIGENEN UMFRAGE bei von der Weißfleckenkrankheit Betroffenen haben uns folgende Fragen interessiert:

▶ Als wie stark wird die Einschränkung der Lebensqualität empfunden?
▶ Welche Probleme im Alltags- und Sozialleben stehen im Vordergrund?
▶ Wie ausgeprägt ist die psychische Belastung im Vergleich zu einer gesunden Kontrollgruppe?
▶ Welche Faktoren nehmen Einfluss auf das Alltagsleben, das psychische Befinden und die Einschätzung der Lebensqualität?

Durch die Untersützung der Deutschen Vitiligo-Selbsthilfegemeinschaft konnten insgesamt 315 Vitiligo-Patienten befragt werden. Beim Fragenkomplex „Psychisches Befinden" war ein direkter Vergleich unserer Ergebnisse mit denen bei einer gesunden Kontrollgruppe und bei von anderen Hautkrankheiten Betroffenen möglich.

Die Beeinträchtigung der Lebensqualität wurde von der Mehrheit der Befragten bestätigt: 73,6 Prozent fühlten sich mäßig bis stark durch die Hautkrankheit beeinträchtigt. Die Probleme im alltäglichen und sozialen Leben wurden durch die häufige Verwendung von Camouflage, verdeckender Kleidung und Make-up, die die Flecken verbergen sollten, verdeutlicht. So war für mehr als die Hälfte der Patienten das Verdecken der depigmentierten Areale besonders wichtig. Auch der hohe Anteil derjenigen, die die eigenen Freizeitaktivitäten aufgrund der Weißfleckenkrankheit erheblich einschränken, spricht für den hohen Stellenwert, den die Erkrankung im täglichen Leben einnimmt: 39,4 Prozent schränkten ihre Freizeitaktivitäten „ziemlich" bis „sehr" ein.

Hervorzuheben ist außerdem die große Unzufriedenheit mit den betreuenden Hautärzten. Annähernd 70 Prozent empfanden das ihnen durch die Ärzte entgegengebrachte Verständnis als zu gering. Positiv ist zu vermerken, dass eine berufliche Benachteiligung aufgrund der weißen Flecken von der Mehrheit verneint wurde (81,1 Prozent). Weder das

Geschlecht noch weiße Flecken im Gesicht hatten auf die Beantwortung dieser Frage einen wesentlichen Einfluss.

Einige Einflusskriterien konnten bei der Befragung herausgearbeitet werden. Auffällig war der deutliche geschlechtsspezifische Unterschied bei einem Großteil der Fragen. So sahen sich die Frauen signifikant als stärker in ihrer Lebensqualität beeinträchtigt als die Männer – die starke Beeinträchtigung betrug bei den Frauen 41,7 Prozent, bei den Männern hingegen nur 20,9 Prozent. Der höhere Leidensdruck der Frauen zeigte sich auch bei einem Teil der Fragen zum Alltags- und Sozialleben.

Vor allem depigmentierte Flecken im Gesicht haben einen deutlich negativen Einfluss auf die Lebensqualität. Etwa 38 Prozent der Befragten mit Gesichtsbeteiligung gegenüber 18 Prozent der Befragten ohne Hautveränderungen im Gesicht fühlten sich stark durch die Hautkrankheit beeinträchtigt. Frauen fühlten sich unabhängig von der Gesichtsbeteiligung etwa gleich stark deutlich belastet, während sich Männer erst dann verstärkt in ihrer Lebensqualität beeinträchtigt sahen, wenn das Gesicht einbezogen war. Der höhere Leidensdruck durch Gesichtsbeteiligung spiegelte sich auch in den Alltagsfragen wider. Vor allem die Männer mit Flecken im Gesicht schränkten signifikant häufiger ihre Freizeitaktivitäten ein.

Es zeigte sich ebenso, dass Patienten mit mittlerer und längerer Erkrankungsdauer sowohl eine deutlich stärkere Beeinträchtigung der Lebensqualität als auch höhere Belastungswerte in der Rubrik „Alltagsleben" angaben. Dies spricht für die zunehmende Empfindlichkeit gegenüber der stigmatisierenden chronischen Hautkrankheit.

Das Alter hatte keinen Einfluss auf die Beeinträchtigung, auch hinsichtlich des Alltags- und Soziallebens ließ sich in unserer Befragung kein nennenswerter Zusammenhang zum Alter erfassen. Jedoch konnte bei einigen Fragen des Komplexes „Psychisches Befinden" ein deutlicher Einfluss des Alters festgestellt werden. Die Älteren, die über 50 waren, wiesen eine geringere psychische Belastung als die Befragten mittleren und niedrigeren Alters auf. Hinsichtlich der psychischen Belastung ergaben sich außerdem höhere Werte bei den Frauen.

„DANN KRIECHE ICH WIEDER IN MEIN SCHNECKENHAUS ZURÜCK"

UNSERE ERGEBNISSE DER BEFRAGUNG konnten die psychosoziale Belastung durch die Weißfleckenkrankheit und die Faktoren, welche die Belastung beeinflussten, verdeutlichen. Die Selbsteinschätzung der Befragten signalisierte letztlich einen ausgeprägten Leidensdruck durch die weißen Flecken an ihrer Haut. Dieser sollte in Zukunft von den betreuenden Ärzten erkannt und auch berücksichtigt werden. Neben einer ausführlichen Beratung über die Erkrankung sollten die Patienten über (teilweise langwierige) Therapieoptionen informiert werden, da, häufiger als vermutet, durch unterschiedliche Behandlungsansätze ein zufriedenstellender therapeutischer Gesamteffekt in der Behandlung erzielt werden kann. Bei chronischem Krankheitsverlauf mit Neigung zur Fortdauer kann, in Abhängigkeit von der individuellen Belastung, psychotherapeutische Unterstützung notwendig werden.[224]

Doch wer könnte besser den Leidensdruck und die durch die Krankheit erzeugte Lebenssituation ausdrücken als die Betroffenen selbst? So sollen diese auch am Ende zu Wort kommen. Alle drei Weißfleckenkranken, die im Folgenden zitiert werden, sind Teilnehmer an der Befragung.

Frau F., eine 53-jährige Büroangestellte, leidet seit 18 Jahren an der Weißfleckenkrankheit:

„Seit meinem 35. Lebensjahr habe ich diese blöde Weißfleckenkrankheit. Zuerst ganz harmlos; nur ein kleiner, winziger, weißer Punkt am rechten Daumen. Dann von Jahr zu Jahr immer mehr. Sieht jetzt schon ziemlich schlimm aus. Vor allem jetzt, wenn man wieder kurzärmelige Kleidung trägt. Im Sommer ist es am schlimmsten. Ich leide als Frau ziemlich darunter, wenn ich ehrlich bin. Doch wenn ich zu einem Hautarzt gehe, lacht er mich fast direkt aus und schüttelt den Kopf. Es gibt schlimmere Sachen, Hautkrebs und so, meint er. Dann krieche ich wieder beschämt in mein Schneckenhaus zurück."

Frau P., eine 55-jährige Verkäuferin von Uhren und Schmuck, hat die Hautkrankheit seit zehn Jahren:
„Besonders vor Kunden verhalte ich mich mehr und mehr unsicher. Meine angeborene Fröhlichkeit geht beim Blick in den Spiegel langsam verloren, ungeschminkt wage ich mich nicht raus."

Frau D., eine 65-jährige Rentnerin, erkrankte vor 46 Jahren, bei ihr sind inzwischen 80 Prozent der Hautfläche weiß:
„Zu der Frage: ‚Schränken Sie Ihre Freizeitaktivitäten aufgrund der Vitiligo ein?', würde meine ehrliche Antwort lauten: Ja, sehr, weil ich nicht mehr in den Sonnenschein hinausgehen kann. Wenn ich der Sonne ausgesetzt bin, leide ich und bekomme sofort Sonnenbrand. Sonnenschein ist für meinen gesamten Körper Stress. Ich muss mein Gesicht, bevor ich ausgehe, mit einem starken Sonnenschutzmittel eincremen und zusätzlich einen Sonnenschirm verwenden. Den Körper schütze ich im Sommer mit einem Mantel, egal wie heiß es ist. Hautärzte wissen davon nichts. Vor circa 15 Jahren sagte einer zu mir: ‚Vitiligo? Das ist doch nur ein kosmetisches Problem.' Diese Ignoranz hat mich bei einem Dermatologen erschüttert; als Betroffene schien ich mehr darüber zu wissen als er. Muss ich mich in der Sonne bewegen, bin ich hinterher schlapp, müde, gereizt, ohne Elan, niedergeschlagen."

HAUTTUMORE –
EIN FALL FÜR HAUTARZT UND PSYCHOLOGEN ZUGLEICH?
KLAUS-MICHAEL TAUBE

KREBSERKRANKUNGEN BESCHÄFTIGEN medizinisch ein eigenes, für sich stehendes Fachgebiet: die Onkologie. Denn das Wort „Onkos", das wie so viele medizinische Begriffe aus dem Altgriechischen kommt, bedeutet Anschwellung. Noch in den Kinderschuhen steckt die Psychoonkologie. Sie ist speziell für die Zusammenhänge zwischen Krebserkrankungen, das heißt Tumoren, und psychischen Vorgängen zuständig. Noch spezieller und weniger erforscht ist die Frage, wie es im Bereich der Haut mit dem Zusammenspiel von Krebs und Psyche bestellt ist. Genau um diese Frage geht es hier aber, genauer gesagt, um die Fragen: Welche Rolle spielt die Psyche bei der Entstehung, Entwicklung und Behandlung von Hautkrebs? Inwiefern sind Hauttumore psychisch bedingt? Ist die Situation von Krebspatienten in der Dermatologie eine besondere? Benötigen Hautkrebspatienten daher eine ganz eigene, auf sie abgestimmte Behandlung? Sollte diese Behandlung im Besonderen psychoonkologisch vorgehen, das heißt, nicht nur körperliche Phänomene und Maßnahmen, sondern auch psychische betreffen? Benötigt Hautkrebs vor allem auch eine psychotherapeutische und nicht nur eine medizinische Begleitung? Was hat die noch so junge Forschung der Psychoonkologie im Bereich der Dermatologie bisher herausgefunden?

WAS LÖST HAUTTUMORE AUS?
KÖRPER, UMWELT ODER PSYCHE?

BÖSARTIGE HAUTTUMORE ENTSTEHEN aus vielerlei Gründen. Ultraviolettes Licht spielt dabei eine herausragende Rolle. Dabei lassen sich diese Gründe am Ende nur schwer und kaum ganz konkret nachweisen. Die Forschung steht hier noch am Anfang.[225] Auch wissenschaftlich werden somit psychische, soziale und Umwelt-Einflüsse mehr vermutet als belegt. Befragungen von Krebspatienten ergeben einen Zusammenhang zwischen psychisch schwer erträglichen bzw. schwer zu verarbeitenden Lebensereignissen und der Erkrankung. Doch handelt es sich hierbei um erst nachträglich von den Patienten hergestellte Bezüge. Da der Mensch sich gerne alles erklären möchte, macht er im Rückblick vielleicht nur deshalb derart schlimme Ereignisse ausfindig, weil er unbedingt wissen möchte: „Warum ausgerechnet ich?" Auch die Vorstellung, für eine Schuld, die man auf sich geladen hat, bezahlen zu müssen, ist weit verbreitet. Krebserkrankungen gehen somit oft mit Selbstanklagen und Schuldzuweisungen einher.[226] Die Forschung steht vor dem Problem, dass einerseits Einschätzungen zu psychischen Belastungen von bereits an Krebs Erkrankten wegen persönlicher Betroffenheit und nachträglichen Erklärungsmustern keinen objektiven

Befund darstellen können; andererseits müsste bei Untersuchungen an nicht an Krebs Erkrankten eine gewaltige Stichprobe über Jahrzehnte zugrunde gelegt werden, um zu Aussagen hinsichtlich später erfolgender oder nicht erfolgender Krebserkrankungen kommen zu können.

Am einfachsten ist es mit genetischen Zusammenhängen. Hier lässt sich von einer Veranlagung sprechen, die ein Krebsrisiko birgt. So sind zwar nicht alle Tumore erblich, doch sind durchaus auch einige wenige Tumore nachgewiesen, die erblich sind. Es wird in diesem Zusammenhang von Tumorfamilien gesprochen. Zum Beispiel ist bei etwa 8 Prozent der Brustkrebserkrankungen eine genetische Vererbung verantwortlich. Ein Gen-Test kann die Veranlagung für einen erblichen Tumor, der in der Familie vorhanden ist, feststellen. Nur ist dann nicht gesagt, ob der Krebs überhaupt ausbrechen wird – und wenn, wann das sein wird.

So besteht mit und ohne familiäre Veranlagung das Bedürfnis, wissen zu wollen, ob bestimmte Lebensumstände Krebs fördern oder verhindern können. Ist es möglich, dass Rauchen, Alkohol, Drogen, psychischer Stress, Fehlernährung und fehlende Bewegung das Krebsrisiko erhöhen? Das wird zwar wissenschaftlich vermutet, konnte im Einzelfall jedoch keineswegs belegt werden. Es ist naheliegend, dass soziale und seelische Belastungen zu Verhaltensweisen und Stress beitragen, die dann das Risiko, dass sich bösartige Tumore entwickeln, erhöhen. Doch wie lässt sich das genauer erforschen und gar beweisen?

Die Art, wie der Krebskranke mit seiner Erkrankung umgeht, scheint wenig Einfluss auf den Verlauf der Krankheit und die Überlebenschancen zu haben. Ist das tatsächlich so? Sicher ist allein, dass derjenige, der nach einer Krebsdiagnose seine Erkrankung aktiv zu bewältigen versucht, indem er sich Unterstützung sucht und kämpft, von dem Leben, das er als Kranker führt, etwas hat – er versteht es, das Leben möglichst aktiv zu gestalten, das heißt, mit der Erkrankung so gut wie möglich zu leben. Wer jedoch, anstatt Bewältigungsstrategien zu entwickeln, die Krankheit passiv hinnimmt, sie für ein gegebenes Unglück, dem er ausgeliefert ist, hält, verliert jegliche Lust aufs Leben und tut sich schwer, das Leben zu genießen. Bei solchen Fällen reicht oft die medizinische Betreuung eines Hautarztes allein nicht.

Was nötig ist, ist eine psychoonkologische Betreuung, die nicht nur die körperlichen Symptome der Krankheit behandelt, sondern ebenso die durch die Krankheit ausgelöste seelische Verfassung. Dass Gefühle das Immunsystem beeinflussen und das Immunsystem wiederum das Tumorwachstum beeinflusst, ist eindeutig. Wie ein Gefühlszustand aber bis hin zum Tumor führt, muss erst noch herausgefunden werden. Wissenschaftlich zuständig ist hier die psychoneuroimmunologische Forschung. Sie untersucht, wie Stress und Emotionen die Körperabwehr verändern bzw. wie Psyche und Nerven den Widerstand, den der Körper Krankheiten bietet, erhöhen oder schwächen können. Ist es gar denkbar, dass psychischer Stress (Distress genannt) für die Entstehung von Krebszellen mit verantwortlich oder zum Teil gar der eigentliche Auslöser ist? Was an Erkenntnissen bisher bekannt ist, die hier einen Zusammenhang nahelegen, ist nicht mehr als ein allererster Anfang.

LÄSST SICH NUR DER KÖRPER ODER AUCH DIE PSYCHE BEHANDELN?

EINE HAUTKREBSERKRANKUNG BELASTET die Psyche des Patienten. Bösartige Tumore verursachen nicht nur Schmerzen und andere körperliche Beschwerden, sondern auch Lebensangst und große Unsicherheiten hinsichtlich der Auswirkungen auf Körper und Leben. Sie sind daher schwer zu bewältigen. Obwohl es unsicher ist, ob eine psychotherapeutische Behandlung das Wachstum des Tumors verringert, trägt sie in jedem Falle dazu bei, eine Strategie zu entwickeln, mit der sich die Krankheit besser bewältigen lässt. Daher macht eine ärztliche Beratung, die sowohl psychische Beschwerden als auch solche betrifft, die mit dem Tumor zusammenhängen, Sinn. Das heißt: Eine psychoonkologische Behandlung ist bei Hauttumoren durchaus angebracht.

Entspannungsverfahren und verhaltensmedizinische Verfahren helfen dem Patienten, indem sie ihn beruhigen und dazu anregen, Verhaltensweisen zu entwickeln, die seine Lebensqualität verbessern.

Es hat sich ein großer Markt alternativer Behandlungsverfahren im Hinblick auf Krebs gebildet. Krebspatienten, ihre Familien und Freunde

wollen verständlicherweise nichts unversucht lassen, um die Heilungs-
chance zu vergrößern. Sie wünschen sich, dass das Leben des Kranken
lebenswert bleibt und möglichst verlängert wird. Nicht alles, was angeboten wird, ist wissenschaftlich geprüft und wirksam. Nur die Standardtherapien beinhalten Maßnahmen, deren Wirksamkeit durch Studien
belegt ist. In der Tumorbehandlung trifft dies auf die Chemotherapie, auf
Operationen, Immun-, Strahlen- oder Hormonbehandlungen zu. Ihnen
kommt von Seiten des Arztes daher absoluter Vorrang zu.[227]

**Darüber hinaus haben sich einige alternative Verfahren als unbedenk-
lich und zum Teil hilfreich erwiesen:**[228]

▸ die psychoonkologische Betreuung,
▸ sportliche Aktivitäten,
▸ Ernährungsempfehlungen.

Da die Standardtherapien, deren Wirkung belegt ist, allein oder vor
allem die körperlichen Beschwerden zu heilen versuchen, bieten sich die
drei aufgezählten alternativen Verfahren als eine Ergänzung an, die zu
einer ganzheitlicheren Vorgehensweise und Behandlung beiträgt.

DIE PROFESSIONELLE BEGLEITUNG
DER PSYCHISCHEN BESCHWERDEN

DIE BEGLEITUNG UND BEHANDLUNG der psychischen Beschwerden bei
Krebserkrankungen bezeichnet die Medizin als psychoonkologische
Betreuung. Bei Brustkrebspatientinnen konnten durch eine solche psychische und soziale Fähigkeiten verbessert, das eigenverantwortliche
Verhalten gestärkt, das Wiederauftreten von Tumoren hinausgezögert
und die Überlebenszeit verlängert werden. Ob das bei anderen Krebserkrankungen ebenfalls der Fall ist, ist durch weitere Studien zu bestätigen,
aber aufgrund von Erfahrungswerten bereits jetzt stark anzunehmen.

Voraussetzung einer psychischen Tumorbehandlung ist allerdings,
dass der Patient sich eine solche wünscht und das Angebot annimmt.
Dies ist jedoch oftmals nicht der Fall, da Patienten nach einer zunächst
erfolgreichen operativen Entfernung eines bösartigen Hautkrebses lieber

verdrängen, dass sie an Krebs erkrankt sind und eine diesbezügliche Behandlung benötigen bzw. diese für sie zusätzlich hilfreich sein kann. Ist ein an Hautkrebs erkrankter Patient bereit, psychoonkologisch betreut zu werden, sollte dies zeitnah nach der Diagnose erfolgen. Aber auch später und sogar nach Abschluss der Therapiemaßnahmen erweist sich eine derartige therapeutische Betreuung der Erkrankung noch als sinnvoll. Denn sie umfasst verschiedene therapeutische Ziele.[229] Vor allem geht es ihr darum, die psychisch-emotionale Verfassung des Patienten zu stabilisieren. Die psychische Situation soll in einer Weise verbessert werden, die das Lebensgefühl des Patienten positiver stimmt. Dann geht es darum, dass der Patient Abwehrstrategien erkennt, erlernt und anwendet. Anstatt zu verdrängen, hat er die Diagnose einerseits anzunehmen, andererseits Verhaltensweisen zu entwickeln, die ihn stärken und den psychischen Stress vermindern. Es gilt, das Selbstwertgefühl wiederherzustellen und zu stärken.

Zudem benötigt der Patient unter anderem hinsichtlich seines veränderten Aussehens emotionale Unterstützung. Der Körper funktioniert und empfindet nicht mehr so, wie der Patient es vor der Erkrankung gewohnt war. Sich damit abzufinden und damit umzugehen, ist eine Aufgabe, die vom Patienten oftmals nicht allein zu leisten ist. Professionelle Hilfe kann hier auch Familie und Freunde entlasten.

Ein weiteres Ziel der psychischen Tumorbetreuung ist es, an der Art und Weise, wie der Patient mit der Krankheit umgeht, zu arbeiten. Er soll Bewältigungsstrategien entwickeln, das heißt, sogenannte Copingstrategien, vom englischen Verb für überwinden („to cope"). Die Betreuung verhilft ihm also zur Herausbildung von Fähigkeiten, die es ihm ermöglichen, die Situation besser zu meistern. Dazu muss der Patient an den eigenen Betrachtungsweisen und der eigenen Haltung der Krankheit gegenüber arbeiten. Er muss lernen, sich zu entspannen und mit Dingen zu beschäftigen, die ihm guttun, Aktivitäten planen, die er trotz der Krankheit genießen kann. Dazu gehört auch, dass er seine sozialen Beziehungen verbessert. Es ist wichtig, dass sich ein Krebspatient auch mit seinen engen Bindungen an andere Menschen auseinandersetzt, sich überlegt, welche Beziehungen ihm wichtig sind und wie er dafür sorgen kann, dass sich das Miteinander möglichst positiv entwickelt und gemeinsam viele schöne Momente erlebt werden.

Des Weiteren ist es wichtig, die Eigenverantwortlichkeit zu fördern und den Patienten zur Suche nach einem neuen Lebenssinn und neuen Lebenszielen anzuregen. Denn eine Krebserkrankung stellt vor allem auch den bisherigen Lebenssinn in Frage. Vieles, was selbstverständlich schien und erreicht werden sollte, erscheint nun in einem neuen Licht. Zu erkennen, dass das auch eine Chance sein kann, sich dem Leben und seinem Sinn neu zu stellen, benötigt sehr viel psychische Stärke.

MEHR BEWEGUNG IST IMMER GUT!

ERNÄHRUNG UND BEWEGUNG gehören zu den Bereichen, die in unserer Gesellschaft mittlerweile im Hinblick auf eine gesunde Lebensweise immer wieder genannt werden. Zu wenig Bewegung und falsche Ernährung, einseitig, über- oder untertrieben, sind Ursache vieler Zivilisationskrankheiten. Übergewicht oder Magersucht sind zwei davon.

Studien belegen, dass sportliche Aktivitäten, insbesondere ein nicht übertriebenes Ausdauertraining, Krebserkrankungen vorbeugen. Bewegung hilft auch, die psychischen Beschwerden besser zu bewältigen. Sie erhöht die Leistungsfähigkeit. Krebspatienten, die sich viel bewegen, sind physisch und psychisch fitter und geselliger. Das Miteinander mit anderen strengt sie weniger an. Wesentlich ist dabei, dass sich die Kranken vor allem an der frischen Luft bewegen. Ein Wert, an dem sich der Patient orientieren kann, lautet: sich zwei- bis dreimal für dreißig bis sechzig Minuten ausdauernd, aber maßvoll, was die Anstrengung betrifft, draußen bewegen.

WIE FÜHLEN HAUTKREBSPATIENTEN, WIE VERHALTEN SIE SICH?

IN DER HAUTARZTPRAXIS ist die psychische Betreuung von Tumorpatienten bisher nicht klar definiert. Es wurden bisher bei bis zu 50 Prozent der Fälle akute und chronische psychische Störungen festgestellt. Die Praxis hat es mit zwei Arten von Störungen zu tun.

In einigen wenigen speziellen Fällen suchen Patienten den Hautarzt auf, die aufgrund einer psychischen Störung nur meinen, an Hautkrebs erkrankt zu sein. Es handelt sich hier um Wahnvorstellungen und Zwangsstörungen sowie Hypochondrie. In der dermatologischen Psychoonkologie, also in der die Haut betreffenden Forschung, die sich mit den psychischen Zusammenhängen bei Krebs beschäftigt, werden diesbezüglich hypochondrische Wahnvorstellungen von körperdysmorphen Störungen unterschieden.

Bei der Hypochondrie, das heißt, der wahnhaften Einbildung einer Hautkrebserkrankung, handelt es sich um eine Krebsphobie oder genauer eine Melanomphobie. Ihr liegt die zwanghafte Angst zugrunde, an einem bösartigen Hautgeschwulst zu erkranken. Diese Hypochondrien zählen zu den Krankheiten, die sich nicht auf eine Erkrankung zurückführen lassen und als somatoforme Störungen bezeichnet werden.

Bei körperdysmorphen Störungen beschäftigen sich die Patienten zwanghaft mit einem körperlichen Mangel, der entweder gar nicht vorhanden oder nur sehr gering ausgeprägt ist. Obwohl eingebildet, prägt er dennoch weitgehend deren Verhalten. Mit einer Tumorangst einher geht die Landkartenzunge, eine harmlose Erkrankung, die zu einem landkartenartigen Aussehen der Zunge führt.

Bei Patienten, die sich einbilden, an einem Hauttumor erkrankt zu sein, steht nicht die Krebserkrankung im Vordergrund. Es geht vor allem darum, die Patienten davon zu überzeugen, dass keine oder nur eine harmlose Erkrankung vorliegt. Es liegt nahe, dass in vielen dieser Fälle eine Psychotherapie hilfreich ist.

In den meisten Fällen suchen Patienten den Hautarzt auf, die unter recht verschiedenen chronischen Hauterkrankungen leiden. Hier spricht der Mediziner von multifaktoriellen Dermatosen, das heißt von Hautkrankheiten, die von vielen, auch von psychischen Faktoren beeinflusst werden. Psychische Störungen können Hauterkrankungen verstärken, aber ebenso können Hauterkrankungen zu psychischen Störungen führen.

Psyche und soziale Erfahrungen verursachen kaum einen bösartigen Tumor. Es ist aber stark anzunehmen, dass sie sich auf einen bereits vorhandenen auswirken. Tierversuche haben eindeutig gezeigt, dass ein bösartiger Tumor bei Stress eher gedeiht als verschwindet. Ein psychisches Phänomen, das zu Hautkrebs führt, ist die Sucht, sich zu bräunen, also ein ungesunder Umgang mit Licht. Der Laie spricht hier von Bräunungssucht, der Fachmann seit kurzem von Tanorexie, einer Wortbildung aus „to tan", sich bräunen, und „Anorexie", Magersucht.

Die Hautarztpraxis hat vor allem damit zu tun, dass es der Hautkrebs ist, der die Psyche überlastet und zu einer Störung führt. Dass einer Erkrankung eine psychische Störung folgt, es sich also um eine sekundäre psychische Erkrankung handelt, kennt die Medizin – man spricht hier in einem ganz klassischen Sinne von somatopsychischen Störungen. Die körperlichen Symptome (griech. *soma*) mischen sich mit psychischen, wobei die psychischen für den Mediziner nur die Begleiterscheinungen (Komorbiditäten) sind. Bekannte psychische Begleiterscheinungen bei Krankheiten sind zum Beispiel Angststörungen und Depressionen. Beide finden sich häufig bei Patienten mit Hautkrebs, insbesondere die Depression. Der Kranke verliert sein Interesse an den Dingen, die er bisher gern gemacht und unternommen hat. Er hat an nichts mehr Freude und zu nichts mehr Lust. Ihm fehlt jeglicher Antrieb. Hinzu kommt eine schnelle und starke Ermüdung. Auf solche Erscheinungen muss der Hautarzt also vorbereitet sein, eine psychische Tumorbetreuung hat hier höchste Priorität.

Hautkrebs erzeugt nicht nur psychische, sondern auch soziale Probleme. Er kann zum Gefühl der Entstellung führen. Psychisch kommt es so zum Beispiel zu einem Selbstwertverlust und sozial zur Vermeidung von Kontakten. Angst und Depression führen ebenfalls zu Störungen im Persönlichkeitsbild und in den Beziehungen zu anderen. Auf diese Weise verliert das Leben die Qualität, die es zuvor besaß. Es kommen Phänomene wie Schlaf- und Appetitlosigkeit hinzu.

Dennoch wünschen sich die Erkrankten meist vor allem ein ausfuhrliches, einfühlsames Gespräch mit einem Arzt, der sie über die lange Zeit der Krankheit hinweg betreuen soll. Selten wird eine rein psychologische Betreuung gewünscht.

MEHR ALS NUR EIN HAUTARZT IST GEFRAGT

NEBEN DEM FACHLICHEN WISSEN benötigen Hautärzte krebskranker Patienten viel Einfühlungsvermögen und Zeit, die sie oft nicht haben. Sie fühlen sich schnell an der Grenze ihrer Kraft und Möglichkeiten. In solchen Fällen sollten sie sich unterstützen und entlasten lassen. Hierbei bieten sich Supervisionen, das heißt die Beratung durch einen ausgebildeten Supervisor, oder sogenannte Balint-Gruppen, das heißt Gruppen von Hautärzten, die sich unter Anleitung eines erfahrenen Psychotherapeuten regelmäßig treffen, an.

Die psychischen und sozialen Veränderungen im Leben eines Patienten mit Hautkrebs stören auch die Beziehung zwischen Arzt und Patient. Sie können dazu führen, dass der Patient das Vertrauen in die Medizin verliert oder zu viel von ihr erwartet. Der Patient reagiert emotional und unkontrolliert. Er hat ein schlechtes Gewissen und ist sauer zugleich. Er kann seine Ängste oder Traurigkeit nicht steuern. Er hat Selbstmordgedanken, will nicht mehr leben. Er will nicht sterben und nicht leben. Er benötigt eine therapeutische Begleitung, möchte aber vor allem auch medizinisch betreut werden, wünscht sich, dass er dem zuständigen Hautarzt langfristig vertrauen und sich ihm anvertrauen kann. Der Hautarzt selbst kann sich im Angesicht einer zum Teil tödlichen Erkrankung hilflos und überfordert fühlen, was ebenso die Beziehung zum Patienten beeinflusst.

DIE KRANKHEIT AKTIV BEWÄLTIGEN

BEZÜGLICH PSYCHOTHERAPIEN BEI BÖSARTIGEN HAUTTUMOREN fehlt es bislang noch an wissenschaftlich anerkannter Erfahrung. Doch das, was es an Ergebnissen gibt, deutet an, dass vor allem eine Gruppentherapie, ein Stressmanagement, Entspannungsverfahren und Gesundheitsschulungen die psychische Situation der Kranken positiv verändern. So kann eine ärztliche, psychosomatische Grundversorgung von einer Gruppenpsychotherapie begleitet werden. Um die Anspannung zu senken, können die Informationen, die der Arzt dem Patienten im Gespräch einfühlsam vermittelt, durch Entspannungstechniken unterstützt werden. Entspannungsübungen senken zudem die Anspannung vor und nach Operationen sowie die Nebenwirkungen einer Chemotherapie. Bei psychischen Störungen kann eine Einzeltherapie oder die Einnahme von Psychopharmaka sinnvoll sein. Die ärztliche Betreuung beginnt mit der Diagnose. Bereits die Mitteilung, dass sie an einer Tumorerkrankung leiden, erleben die meisten als Schock. Ist diese Reaktion für den Hautarzt nicht erkennbar, sollte er dennoch grundsätzlich davon ausgehen, dass solch ein Befund traumatisiert. Der Arzt sollte ehrlich und zugleich schonend sprechen, seine Worte bewusst rücksichtsvoll wählen. Es ist wesentlich, dass er nach den Erwartungen und Ängsten fragt. Damit der Patient die Erkrankung aktiv bewältigen kann, müssen Unklarheiten frühzeitig erkannt und ausgeräumt werden.

In der ersten Zeit ist es wichtig, dass der Patient den Arzt gut erreicht und wenn nötig ansprechen kann. Es gilt, den persönlichen Bewältigungsstil des Erkrankten herauszufinden und zu kräftigen. Der Patient wird seine aktuelle Lebenssituation neu in den Blick nehmen und vieles in Frage stellen, sich damit, wie er bisher gelebt hat, auseinandersetzen. Es tauchen Satzmuster mit „Warum habe ich ...", „Was, wenn ich ... hätte ..." auf. Patienten, denen es an Familie und Freunden, die sie unterstützen, fehlt, haben es besonders schwer. Die gemeinsame Beschäftigung mit Lebensfragen trägt zu einem positiveren und aktiveren Umgang mit dem, was war und was ist, bei. Hier kann auch das Gespräch mit dem Arzt helfen.

In der nächsten Phase kommt es oft zu Anpassungsstörungen, womit gemeint ist, dass das vegetative Nervensystem irritiert reagiert. Das kann sich in Schlafstörungen, Appetitverlust, sexueller Unlust und auch Schmerzen äußern. Dabei spielen psychische und unbewusste Faktoren eine Rolle, die bei der ärztlichen Betreuung mit bedacht werden müssen. Es ist wichtig, den Patienten nicht nur mit Medikamenten zu versorgen, sondern auch psychisch zu motivieren, zum Beispiel dazu, sich mehr zu bewegen, gesünder zu essen, sich etwas einfallen zu lassen, das entspannt oder guttut.

Es kommt zu Persönlichkeitsveränderungen. Das kann psychische Gründe haben und auf depressive Reaktionen zurückgehen. Es können aber auch Medikamente eine Rolle spielen oder es kann sogar zu Tumoren im Hirn gekommen sein. Nun ist es wichtig, die Zusammenhänge zu klären und psychotherapeutische Maßnahmen einzuleiten.

Ein letztes Kapitel bildet oft die Sterbebegleitung. Diese betrifft nicht nur den Patienten selbst, sondern ebenso die Angehörigen und engsten Bezugspersonen. In dieser Ausnahmesituation benötigen alle viel Zuwendung, die sich emotional den individuellen Bedürfnissen anpasst. Der Arzt wird mit Verzweiflung, Mutlosigkeit und Trauer konfrontiert, auf die er angemessen zu reagieren versucht. Zugleich lernt er die eigenen Grenzen an Belastbarkeit kennen. Er sollte sich daher nicht nur um die Unterstützung der Betroffenen, sondern auch um sich selbst kümmern.

FAZIT

TUMORERKRANKUNGEN IM ALLGEMEINEN und im Besonderen auch Hauttumorerkrankungen gehen häufig einher mit Ängsten, reaktiven Depressionen, Einschränkungen der Lebensqualität und bei sichtbaren Operationen mit Stigmatisierungen der Patienten. Die Betroffenen sind hier aufgefordert, diese Gefühle nicht zu unterdrücken und „in sich hineinzufressen", sondern über sie zu sprechen. Ärzte sollten hier vorsichtige Hilfe leisten und das Gespräch behutsam auf diese Themen bringen. Die Betroffenen können zunächst beginnen, in der Familie und dem sozialen Umfeld darüber zu reden. Ärzte sollten die Patienten motivieren, an ihre Stärken zu denken, an ihre Möglichkeiten, damit umzugehen, und daran erinnern, wie sie vielleicht schon früher Schwierigkeiten überwinden konnten (Coping). Ärzte können versuchen, positive Aspekte der Erkrankung anzusprechen (wie: „Heute ist eine Heilung in einer großen Anzahl möglich") Die medizinische Begleitung sollte auch darauf gerichtet sein, den Patienten anzuhalten, sich in dieser Situation anzunehmen und sich die schwierige Zeit so angenehm wie möglich zu gestalten. Ist der Patient sehr hart gegenüber sich selbst, könnte man ihn mit der Frage konfrontieren: „Was würden Sie Ihrem besten Freund in dieser Situation raten?"

CHRONISCHER JUCKREIZ – SCHWER ZU DIAGNOSTIZIEREN UND AUCH NICHT LEICHT ZU THERAPIEREN ...
JOCHEN WEHRMANN

DER 52-JÄHRIGE polnischstämmige Patient Herr J. leidet seit über zehn Jahren unter einem chronischen Juckreiz, der in den letzten zwei Jahren stärker geworden ist. Dieser Hautbefund mischt sich mit einem internistischen Befund: Herr J. hatte 2013 einen Hinterwandinfarkt und eine Bypass-Operation. Nachdem er bereits intensiv internistisch und dermatologisch in der Uni-Klinik behandelt worden ist, weist man ihn der psychosomatisch-dermatologischen Rehabilitation zu. Da sich sein Juckreiz nicht auf eine Erkrankung zurückführen lässt, erklärt man ihn als somatoform – ein Begriff, der 1980 in die offizielle Krankheitsklassifikation eingeführt wurde. Bei somatoformen Störungen, die mit keinem organischen Befund einhergehen, geht man meist von einem Zusammenspiel biologischer, sozialer und psychischer Faktoren und Beschwerden als Auslöser aus – so auch bei Herrn J.

WAS STECKT HINTER DER HAUPTBESCHWERDE „JUCKREIZ" BEI HERRN J.?

AUF KÖRPERLICHER SEITE spielt der Herzinfarkt in der Krankengeschichte eine große Rolle. Hier besteht eine familiäre Belastung. Die Familiengeschichte weist einige kardiovaskulär genannte Krankheitsereignisse auf, die das Herz sowie das System der Blut- und Lymphgefäße betreffen. Der Bypass, mit dem das stark verengte Herzkranzgefäß bzw. die hintere Herzwandarterie, Verursacher des Infarkts, überbrückt wird, scheint für Herrn J. mit keinerlei Beschwerden verbunden zu sein und funktioniert.

Als Hauptbelastung nennt Herr J. das Jucken der Haut, den Pruritus, wie der Juckreiz medizinisch – vom lateinischen *prurire, jucken*, hergeleitet – genannt wird. Es ist vor allem der nächtliche Juckreiz, unter dem Herr J. sehr leidet. Dieser stört den Schlaf und so gehören inzwischen Schlafstörungen zu den Symptomen, die behandelt werden.

Zunächst hat man eine körperliche, hepatogene, durch die Leber bedingte Ursache angenommen – er litt an Leberzirrhose –, obwohl der Juckreiz bereits drei Jahre früher auftrat als die Lebererkrankung. Trotz einer umfänglichen und leitliniengerechten Medikation (mit Cholestyramin und Ursodesoxycholsäure[230]) kam es jedoch zu keiner Besserung des Juckreizes. Auch die dermatologische Behandlung mit Wirkstoffen, die bei allergischen Hautreaktionen, Juckreiz und Unruhezuständen wirken (in Atosil und Hydroxyzin enthaltene Wirkstoffe Promethazin und Hydroxyzin), und eine Phototherapie (Bestrahlung mit UV-Licht einer bestimmten Wellenlänge) waren wirkungslos. Seit zwanzig Jahren entwickelt sich bei Herrn J. zudem zwei- bis drei Mal im Jahr ein Quinckeödem: Innerhalb von Minuten schwellen bei diesem Ödem Augenlider, Lippen, Wangen und Zunge an.

In Bezug auf psychische Probleme berichtet Herr J. zum einen von einer ersten Panikattacke 1989 vor seiner Auswanderung aus Polen und zudem von depressiven Phasen, die er seit acht Jahren kennt.

WELCHE RÜCKSCHLÜSSE LÄSST DIE LEBENSSITUATION ZU?

HERR J. IST VERHEIRATET. In einer insgesamt schwierigen Lebenssituation, in der das Paar bei den Schwiegereltern von Herrn J. in Polen wohnte, wurde seine Frau schwanger. Das Paar entschloss sich angesichts der bevorstehenden Übersiedlung zu einem Schwangerschaftsabbruch. Der Patient gibt zu, dass ihn das auch heute noch belaste. Doch erlebt er sich gegenwärtig nicht als depressiv.

Als Kind war der Patient ängstlich, konnte sich damit aber der Mutter anvertrauen. Als es zu einem sexuellen Übergriff durch den Cousin kam, war ihm das dann allerdings nicht mehr möglich. Im religiösen Umfeld der Kirchengemeinde des Patienten wurde ebenso wenig über Sexualität gesprochen wie in der Familie. Mit diesem Tabu konfrontiert, lernte Herr J., Probleme mit sich selbst auszumachen, und richtete sein Verhalten nach der Devise: „Sei vorsichtig!", aus. Das heißt, er vermied Konflikte. Ein Verhaltensschema, das perfekt sei, wie er meinte.

Im Verlauf seiner Lebensgeschichte folgten zwei Suizidversuche als Jugendlicher und Heranwachsender, wobei der Patient im Rahmen der

Therapie, die zu seiner Behandlung gehört, reflektiert, dass er früher vermutlich depressiv gewesen sei und die Liebesbeziehungen sein Antidepressivum.

Der Patient stabilisierte sich zunächst nach der Übersiedlung nach Deutschland, bis es zum Auftreten des Juckreizes kam, den sich der Patient bislang mit der Lebererkrankung erklärt hat, obwohl diese, wie gesagt, erst Jahre später diagnostiziert wurde. Es sind in den letzten Jahren bereits zwei psychosomatische Rehabilitationen erfolgt, einmal nach einseitigem Sehkraftverlust bei Verschluss der Arterie, die das Auge mit Blut versorgt (A. ophthalmica). Auch der Erfolg der zweiten Reha habe nicht lange angehalten, da er anschließend den Herzinfarkt erlitten habe, konstatiert Herr J. selbst. In der Folge habe er seine beiden Hobbys, das Tauchen und das Bergsteigen, aufgegeben. Er beziehe seit zweieinhalb Jahren eine befristete EU-Rente (Erwerbsunfähigkeitsrente), die aber in einem halben Jahr auslaufe. Er wünsche sich, in Rente zu gehen. Der Patient hat viele Jahre als Fabrikarbeiter gearbeitet. Zuletzt habe er den Eindruck gehabt, dass ihn sein Chef aufgrund von AU-Zeiten (Arbeitsunfähigkeitszeiten) nach der Diagnose der Leberzirrhose loswerden wollte. Dies habe er als unfair erlebt.

Die psychische Untersuchung von Herrn J. ergibt kaum Auffälligkeiten. Nur in der Mimik wird ein Widerspruch zwischen Gefühl und Ausdruck, eine sogenannte Parathymie, beobachtet. Der Patient lächelt häufig, obwohl seine Grundstimmung – wenn auch nur leicht – getrübt ist. Der Patient erwähnt auch, dass er sich in seiner Partnerschaft unterstützt fühle und eine gute Beziehung zu seiner Tochter und den Enkelkindern und Freunden habe. Er erfährt sich also als sozial nicht allein und aufgefangen.

Auf der Haut sieht man nur einzelne Kratzspuren am rechten Unterarm bei insgesamt trockener Haut. Der dermatologische Befund ist diesbezüglich also ebenfalls eher geringfügig.

Der Patient gibt als Ziel einer Behandlung an, dass der ihn quälende Juckreiz gelindert werde. Darüber hinaus wünscht er sich, wieder seinen Hobbys nachgehen, wieder tauchen und bergsteigen zu können. Dass das nicht mehr möglich ist, empfindet er als stärkste Einschränkung und einen erheblichen Verlust an Lebensqualität. Doch geht er davon aus, dass die Voraussetzung dafür, seinen Hobbys wieder nachgehen zu können, nicht die psychotherapeutische Behandlung, sondern eine Lebertransplantation sei.

Von therapeutischer Seite beschäftigt uns zunächst primär die Frage, wie wir den Juckreiz einzuschätzen haben und ob ein psychosomatisches Krankheitsbild vorliegt, ob also vor allem psychische Ursachen für den Juckreiz verantwortlich sind. Der Patient erhält im Rahmen der Rehabilitationsbehandlung eine Einzelpsychotherapie, außerdem nimmt er an der Gruppenpsychotherapie und der Tanztherapie teil. Vereinbart wird auch ein Achtsamkeitstraining, zu dem der Patient jedoch ebenso wenig erscheint wie zur Ergotherapie. Außerdem verordnen wir eine progressive Muskelentspannung und eine Sporttherapie.

DIAGNOSE: PERFEKTIONISMUS UND SCHULDGEFÜHLE

DAS GESPRÄCH DES PSYCHOTHERAPEUTEN zur Krankengeschichte, die psychische Anamnese, aber auch das aktuelle Verhalten des Patienten in der Therapie machen deutlich, dass er sich kaum mitteilt und seine Probleme und Schwierigkeiten immer mit sich selbst ausmacht.

Unsere Diagnose einer unsicher perfektionistischen Persönlichkeitsakzentuierung kann Herr J. im weiteren Verlauf gut nachvollziehen. Er berichtet dann auch von nächtlichen Albträumen, die er bereits seit der Jugendzeit hat, wobei das zentrale Thema Schuldgefühle sind. Wir setzen diese in Bezug zu traumatischen Erfahrungen seiner Jugend, vor allem zu dem sexuellen Übergriff, über den er mit niemandem reden konnte, und dem späteren Schwangerschaftsabbruch. Daher empfehlen wir ihm für die weitere geplante psychotherapeutische Behandlung unter anderem eine Albtraumtherapie, eine sogenannte Imagery Rehearsal Therapy, die dazu führt, dass der Patient seltener Albträume hat und dass sich seine Angst beim Träumen reduziert.

In der psychosomatischen Anamnese der Krankengeschichte zeigt sich, dass der Patient neben dem Juckreiz doch auch noch von weiteren

Beschwerden weiß. So leidet er unter häufigen Verspannungen, Schwindel, Magen und Darm betreffenden Beschwerden, Atemproblemen, häufigem Wasserlassen, Gelenk-, Kopf- und Bauchschmerzen sowie Schlafstörungen. So können wir dann in der Gesamtschau von Somatisierungsstörungen ausgehen: Auf dem Hintergrund seines perfektionistisch und konfliktvermeidenden Persönlichkeitsstils versucht der Patient nach außen hin unauffällig zu sein. Er verdrängt die Konflikte und gerät so in eine durchgängig hohe psychophysische Anspannung. Hinzu kommen die Ängste infolge des Herz- und Blutgefäßrisikos. Erst erlebte er den Verschluss einer Augenarterie, dann den Herzinfarkt.

VERLÄNGERUNG DER PSYCHOTHERAPEUTISCHEN BEHANDLUNG

DEM PATIENTEN GELINGT es langsam, Vertrauen in die psychotherapeutische Behandlung zu fassen, so dass er auch einer Verlängerung zustimmt. Er setzt in den Gesprächen Biografisches in einen Zusammenhang mit problematischen Verhaltensweisen und Symptomen und kann sich anschließend besser von problematischen Gefühlen und Gedanken distanzieren.

Außerdem wird er sportlich und sozial aktiv, übt Entspannung und wirkt schließlich bei seiner stationären Entlassung ruhiger und verhalten optimistisch, wenn auch weiterhin beunruhigt bezüglich seiner körperlichen Beschwerden. Es sei ein Schatten auf einem Röntgenbild der Lunge festgestellt worden.

Psychopharmaka hatte Herr J. nach negativen Vorerfahrungen als Behandlungsoption abgelehnt. Er ist auch bislang nicht in einer ambulanten Psychotherapie gewesen, sondern nur zu sporadischen Gesprächen bei einer Psychiaterin erschienen.

Was den dermatologischen Befund, die Haut und den Juckreiz, betrifft, beschränken wir uns auf eine Sole-Photherapie, die salzhaltige Bäder mit einer UV-Licht-Bestrahlung kombiniert, und die Pflege mit Optiderm-Creme, die ölhaltig ist und üblicherweise bei kleineren, juckenden Stellen verschrieben wird. Trotz der Creme bleibt der Juckreiz unverändert, Kratzartefakte finden sich weiterhin kaum. Die Leber- und Cholesterinwerte haben sich laut Laborauswertung verbessert.[231]

Auffällig ist, dass es dem Patienten schwerfällt, sich an die Einschränkung seiner körperlichen Leistungsfähigkeit anzupassen, was angesichts seiner körperlichen Erkrankungen, aber vielleicht auch in Hinblick auf sein zunehmendes Alter erforderlich erscheint. Er wünscht sich, wieder seinen sportlichen Aktivitäten nachgehen zu können, sieht noch immer als Chance hierfür nur die Transplantation, wobei er zum einen die Risiken des Eingriffs und zum anderen die nachfolgende Therapie, die die Abwehrkräfte des Körpers hemmt, ausblendet. Ebenso nimmt er seine gegenwärtig befriedigende körperliche Verfassung nicht wahr. Uns kommt der Gedanke, ob der Patient nicht vielleicht, indem er den Juckreiz und die damit geäußerte psychische Belastung betont, eine Höherstufung in Bezug auf eine ärztliche Transplantationsindikation erreichen möchte.

Zum Abschluss der Behandlung berichtet Herr J., dass er bezüglich Juckreiz und Schlafsymptomatik wenig Verbesserung erlebe. Wir hatten mit ihm die Regeln der Schlafhygiene besprochen: Er solle sich wegen seiner nächtlichen Probleme angewöhnen, nachmittags zu schlafen. Herr J. tut sich aber sehr schwer damit, dies umzusetzen. Er berichtet, dass er allerdings beginne, sein Denken, Handeln und Fühlen besser zu verstehen, und jetzt eine Möglichkeit sehe, im Rahmen einer ambulanten Psychotherapie mittelfristig seine somatoforme Symptomatik zu lindern. Er sei ruhiger geworden und habe während der Reha weder Albträume noch echte Panikattacken erlebt.

FAZIT

DER SKEPTISCHE UND FREMDMOTIVIERTE PATIENT konnte im Verlauf der mehr wöchigen psychosomatisch-dermatologischen Rehabilitation Zugang zu seinen Kognitionen (dem System seiner Gedanken-Verarbeitung), seinen abgewehrten Affekten und seinem angepasstem Verhalten bekommen. Er entwickelte vorsichtig Vertrauen in eine psychotherapeutische Beziehung und war motiviert zu einer ambulanten Psychotherapie. Von therapeutischer Seite ordneten wir den Juckreiz als Symptom einer umfassenderen Somatisierungsstörung (Störung in den körperlichen Abläufen aufgrund psychischer und sozialer Zusammenhänge) ein, wobei erste psychische Symptome bereits in der Jugend aufgetreten waren und ein immer wiederkehrendes Quinckeödem seit etwa zwanzig Jahren bestand.

WIE GEHE ICH MIT EINER CHRONISCHEN BINDEGEWEBSERKRANKUNG UM?
KLAUS-MICHAEL TAUBE

BINDEGEWEBSERKRANKUNGEN SPIELEN SICH überall dort ab, wo wir im Körper Bindegewebe antreffen können. An der Haut finden wir es in der Lederhaut, der zweiten der drei übergeordneten Hautschichten (der Dermis). Des Weiteren können verschiedene innere Organe, wie das Herz, Lunge, Nieren oder Speiseröhre, mit ihrem Bindegewebe beteiligt und von besonders schweren Störungen betroffen sein. Zudem kann das zentrale Nervensystem mitbeteiligt sein. In der Lederhaut sind verschiedene Bindegewebsarten zu finden, dazu gehören Kollagen, Elastin, Flaminin und Fibronektin.

Der sehr spezielle Aufbau mit vernetzten Eiweißstrukturen verleiht dem Bindegewebe ganz besondere biomechanische und strukturelle Eigenschaften. Die Lederhaut ist für die Zugfestigkeit und Elastizität der Haut von entscheidender Bedeutung. Der natürliche Aufbau des Bindegewebes kann krankhaft gestört sein. Das kommt im Zusammenhang mit den sogenannten Autoimmunerkrankungen – bei denen der Körper, hervorgerufen durch angeborene oder erworbene Erkrankungen, eigenes Gewebe wie einen fremden Eindringling behandelt – vor, wie zum Beispiel während der Entstehung eines Tumors.

Wir wollen uns hier mit chronischen Bindegewebserkrankungen der Haut, bei denen noch andere Organe als die Haut beteiligt sind, beschäftigen. Uns interessieren zwei Autoimmunerkrankungen, und zwar die Schmetterlingsflechte (der systemische Lupus erythematodes, SLE), die alle Organe befallen kann, und die progressive Sklerodermie, die das

Bindegewebe angreift und dadurch eine Entzündungsreaktion in Gang setzt. Erst verhärtet die Haut, denn das altgriechische Wort Sklerodermie bedeutet nichts anderes als Hautverhärtung, später auch innere Organe.

WIE OFT KOMMT ES ZUR BINDEGEWEBSERKRANKUNG?

DAS VORKOMMEN DER SCHMETTERLINGSFLECHTE, wegen der zentral im Gesicht vorkommenden Rötung so bezeichnet, und der Sklerodermie ist unterschiedlich. Von der Schmetterlingsflechte sind von 100.000 Einwohnern etwa 40 betroffen. Das Vorkommen der Sklerodermie entspricht knapp einem Zehntel dieser Anzahl. Beide Erkrankungen finden wir deutlich mehr bei Frauen als bei Männern, etwa im Verhältnis von 4:1. Sowohl die Schmetterlingsflechte als auch die „Hautverhärtung" sind chronisch verlaufende Erkrankungen des Bindegewebes der Haut, aber auch Erkrankungen von inneren Organen. In der Regel schreiten die Erkrankungen langsam fort, es gibt Phasen einer raschen Verschlechterung, Phasen des Stillstandes und Phasen eines beständig voranschreitenden Verlaufes.

Erhebliche Komplikationen entstehen durch die Veränderung an der Haut, jedoch in noch stärkerem Maße durch die Funktionseinschränkung innerer Organe, wie durch Veränderungen am Herzen, an der Lunge oder an den Nieren. Die existierenden Behandlungsmöglichkeiten können in der Regel den Verlauf verzögern, meistens aber nicht völlig aufhalten.[232]

ZU BEGINN SCHWER IDENTIFIZIERBAR

GRUNDSÄTZLICH KÖNNEN BEI BEIDEN ERKRANKUNGEN eine lokalisierte Form, die sich nur an der Haut abspielt, und eine generalisierte Form, die die Haut und innere Organe betrifft, unterschieden werden. Die klinischen Zeichen können sowohl bei der Schmetterlingsflechte als auch bei der progressiven Sklerodermie sehr vielseitig sein, so dass im Anfangsstadium der Erkrankungen das Krankheitsbild nicht leicht erkannt wird. Auch die Beschwerden, die die Patienten angeben, sind sehr unterschiedlicher Art und bergen die Gefahr in sich, missgedeutet zu werden. Viele dieser Beschwerden können bei verschiedenen anderen Erkrankungen beobachtet werden: Schwächegefühl, Müdigkeit, Abgeschlagenheit, leichtes Fieber, erhöhte Lichtempfindlichkeit, Kopfschmerzen, Gewichtsverlust, Muskel- und Gelenkschmerzen. Diese Beschwerden könnten beispielsweise auch bei einer stärkeren Virus-Grippe vorkommen.

Durch den uncharakteristischen und oft schleichenden Beginn der Erkrankung lässt sich anfangs eine genaue Klassifikation nur mit einer sehr großen Untersuchungspalette und dem systematischen Ausschluss mittels Differentialdiagnosen erreichen. Wenn ein Arzt solcherlei Beschwerden geschildert bekommt, ist es daher wichtig, dass er immer auch daran denkt, dass eine solche Bindegewebserkrankung vorliegen könnte.

Bei beiden Bindegewebskrankheiten verändert sich die Haut charakteristisch. Die Hautveränderungen bestehen beim Lupus erythematodes in einer schmetterlingsförmigen Rötung im Gesicht sowie in Hautarealen, die gerötet sind, Narben bilden können, verdünnen und schuppen.

Bei der fortschreitenden Sklerodermie kommt es zu einer sich fortentwickelnden Vermehrung des Bindegewebes, das heißt einer Verhärtung der Haut und der inneren Organe. Typische Beschwerden sind eine Schwellung der Hände und das sogenannte Raynaud-Phänomen, das durch eine schmerzhafte Durchblutungsstörung der Hände bei Kälteeinwirkung gekennzeichnet ist und oft Schmerzen in den Händen, Füßen und Gelenken verursacht.

Bei der Schmetterlingsflechte ist außerdem das zentrale Nervensystem mit verschiedenen neurologischen Symptomen beteiligt. Der Arzt stellt die Diagnose zum einen durch die klinischen Veränderungen an der Haut, zum anderen durch die Untersuchung innerer Organe, indem er zum Beispiel die Nierenleistung kontrolliert, sowie durch spezielle Blutuntersuchungen, die den Nachweis von Autoimmunreaktionen (sind antinukleäre Antikörper im Blut vorhanden?) erbringen können.[233]

KÖRPERLICH-PSYCHISCH UND PSYCHISCH-KÖRPERLICH VERÄNDERT SICH EINIGES

ZUNÄCHST GEHEN DIE VERÄNDERUNGEN, die die Schmetterlingsflechte erzeugt, mit den neurologisch mitwirkenden Erkrankungen einher. Neben neuropsychiatrischen Erscheinungen wie kognitiven Einschränkungen, Psychosen und Depressionen können hirnorganische Syndrome, epileptische Anfälle und Nervenzellentzündungen[234] beobachtet werden. Daneben finden sich weitere reaktive psychosomatische Veränderungen bei den Patienten, die auf die Schwere der Erkrankung, das stetige Fortschreiten, die oft notwendige intensive körperliche Therapie und die Erwartungsängste der Betroffenen zurückzuführen sind.

In Untersuchungen konnte festgestellt werden, dass belastende Lebensereignisse – wie schwere Erkrankungen im sozialen Umfeld oder der Tod eines Angehörigen – die Bindegewebserkrankung ungünstig beeinflussen können. Auch zeigt sich oft eine Krankheitsverarbeitung, die für die Patienten schwierig ist und zu einer fatalistischen Einstellung angesichts der scheinbaren Hoffnungslosigkeit des Verlaufs dieser generalisierten Bindegewebserkrankung führt. Die Patienten werden oft depressiv. Sie empfinden sich wegen der Hautveränderungen, die insbesondere das Gesicht erfassen und daher nicht zu verbergen sind, als entstellt. Sie anzublicken muss furchtbar sein, denken sie. Was den körperlichen und psychischen Symptomen folgt, ist eine deutlich eingeschränkte Lebensqualität, die wiederum depressiv-fatalistische Einstellungen bestärkt. Der durch die Krankheit verursachte Stress, die Ängstlichkeit und Schwermut haben wiederum einen negativen Einfluss auf die Schwere der Erkrankung. So münden die von der Belastung erzeugten Anpassungsstörungen während des Krankheitsverlaufs in einen Teufelskreis ein.

Es stehen bei dieser Bindegewebserkrankung also vor allem auch psychische und soziale Auswirkungen, eine schwierige Krankheitsverarbeitung, Hoffnungslosigkeit und die deutliche Einschränkung der Lebensqualität im Vordergrund.

Bei der progressiven Sklerodermie leiden die Betroffenen körperlich besonders unter den Schmerzen. Psychisch entwickeln auch sie eine extreme Angst vor dem chronisch fortschreitenden Verlauf der Krankheit, die bis hin zu einer Todesangst anwächst. Sie leiden unter einer mangelnden Leistungsfähigkeit, der abnehmenden Fähigkeit, einen als gesund zu bezeichnenden Zustand aufrechtzuerhalten, und dem sie entstellenden Anblick durch die Hautveränderungen an sichtbaren Körperstellen.

Die Patienten mit fortschreitender „Hautverhärtung" neigen anfangs dazu, die Krankheitssymptome zu verleugnen oder gar zu verdrängen, weswegen Störungen im Verhältnis zum Arzt und im Hinblick auf die Krankheitsverarbeitung auftreten. Aus ärztlicher Sicht ist es oft überraschend, wie spät sich die Patienten im Vergleich zu anderen Krankheitsgruppen erstmalig mit der deutlichen Angabe der Beschwerden beim Hautarzt vorstellen. Unter anderem ist es für die Patienten eine gewaltige Hürde, ihr soziales Umfeld über die Erkrankung und deren Schwere informieren zu müssen. Auch die Angst, Einschränkungen in der Rolle, die die Patienten bisher in der Familie und im Beruf einnahmen, eingestehen zu müssen, macht ihnen das Annehmen der Krankheit so schwer.[235]

WIE LASSEN SICH DIE ÜBEREMPFINDLICHKEITSREAKTIONEN UNTERDRÜCKEN?

ZUNÄCHST SOLLTE DER ARZT die Behandlungsmöglichkeiten berücksichtigen, die sich aus der Tatsache ergeben, dass wir es bei beiden Bindegewebserkrankungen mit Autoimmunerkrankungen zu tun haben, also Erkrankungen, bei denen Entzündungen durch körpereigene Substanzen entstehen. Diese Überreaktionen sollen nun möglichst unterdrückt werden. Dafür stehen Medikamente zur Verfügung, die die Aktivität des Immunsystems einschränken bzw. zurückhalten. Die Behandlung richtet sich vor allem danach, wie weit sich die Aktivität der chronischen Bindegewebserkrankung bereits ausgedehnt hat und welche Überreaktionen des Immunsystems inzwischen bestehen.

Die Behandlung der systemischen Schmetterlingsflechte setzt unter anderem das Hormon Kortison ein. Alternativ kommen zum Beispiel auch das Antimalariamittel Chloroquin sowie andere, das Immunsystem beeinflussende Medikamente, in Frage. Man sollte sich als Arzt allerdings darüber im Klaren sein, dass eine der Nebenwirkungen von Kortisonpräparaten eine akute Psychose sein kann.

Bei der progressiven Sklerodermie werden auch Glukokortikoide, zu denen Kortisol zählt, zunächst extern, später aber auch intern verabreicht.[236]

Bei der Schmetterlingsflechte sollte auf einen ausreichenden Lichtschutz hingewiesen werden, da bei der Erkrankung eine deutliche Sonnenüberempfindlichkeit der Haut besteht.

DIE EIGENTLICHE BEHANDLUNG: EIN PSYCHOTHERAPEUTISCHER STUFENPLAN

VOR ALLEM STEHT die Förderung der guten Zusammenarbeit zwischen Arzt und Patient (Compliance) im Vordergrund der eigentlichen Behandlung, und das von Anfang an. Denn eine stützende Förderung der positiven Krankheitsverarbeitung durch den Arzt wird fast immer notwendig sein.

Sowohl bei der progressiven Sklerodermie als auch bei der Schmetterlingsflechte können Schmerzen auftreten und sehr quälend sein. Hier können verschiedene Schmerztherapien eingesetzt werden, doch hat sich auch gezeigt, dass autogenes Training und Hypnose hilfreich sein können. Für beide Erkrankungen gibt es Selbsthilfegruppen, auf die man die Betroffenen hinweisen sollte.

Als therapeutisches Vorgehen hat sich folgender Stufenplan bewährt:

Zunächst sollte vordringlich die Beschwerdenbewältigung, besonders der Schmerzen, im Vordergrund stehen. Weiterhin ist gleich zu Anfang zu beachten, dass der Patient durch Informationen zur Krankheit und praktische Tipps behutsam und einfühlsam zu einer besseren Alltagsbewältigung hingeführt wird. Es ist hier und insgesamt auf eine gute und vertrauensvolle Arzt-Patienten-Beziehung hinzuarbeiten. Entspannungsbehandlungen, psychosomatische Gruppentherapie und Psychotherapien (zum Beispiel Verhaltenstherapie) können zusätzlich eine Hilfe darstellen und sind vom Arzt zu empfehlen. Schließlich ist zu beachten, dass bei Patienten mit chronischen Bindegewebserkrankungen eine erhöhte Suizidgefahr besteht.[237]

FAZIT

CHRONISCHE BINDEGEWEBSERKRANKUNGEN sind nicht sehr häufig, werden aber immer wieder beobachtet und in der Anfangsphase der Erkrankung oft nicht erkannt.

Durch den chronischen Verlauf und die umfangreichen Beschwerden ist der Aufbau einer guten Arzt-Patienten-Beziehung von großer Bedeutung. Die Vielschichtigkeit der klinischen Beschwerden erfordert eine Gesamtbeachtung der komplexen körperlichen Störungen und eine dem Verlauf und der Schwere des Krankheitsbildes angepasste Behandlungsstrategie.

Psychotherapeutische Maßnahmen erweisen sich oft zusätzlich als außerordentlich hilfreich.

KREBS UND STRESS – GIBT ES EINE BEZIEHUNG?
EVA M. J. PETERS

AKTUELLE STUDIEN WEISEN auf eine stetig steigende Häufigkeit von Hautkrebs hin. Damit steigt auch der Druck, zu erklären, womit das zusammenhängt. Das bekannte Risiko, sich zu direkt und zu lange UV-Strahlen auszusetzen, und das Anführen von chemischen Vorgängen im Körper (Biochemie) reichen da nicht. Es sind ganzheitlichere Erklärungsmodelle nötig, die psychische und soziale Entstehungszusammenhänge nicht außen vor lassen. Psychosozialem Stress (siehe auch meinen Beitrag: „An der Haut sieht man den Stress", S. 24ff.) kommt hier eine bisher unterschätzte Rolle zu, denn er kann die Antwort der körpereigenen Abwehr des Immunsystems verändern. Möglicherweise sind solche Veränderungen mit verantwortlich für den jüngst berichteten Zusammenhang zwischen hoher psychischer Belastung und gehäuftem Auftreten von Krebserkrankungen.[238]

HAUTKREBS, EIN EINSCHNEIDENDES ERLEBNIS
OFT WIRD HAUTKREBS, insbesondere der schwarze Hautkrebs, das Melanom, in der Mitte des Lebens diagnostiziert, ein einschneidendes, lebensveränderndes Ereignis. Die Mitteilung der Diagnose wird in der Regel als schockartige Situation erlebt. Gerade junge, aber auch erfahrene Ärzte

sind immer wieder überrascht, dass die Informationen, die sie in dieser Situation an ihre Patienten weitergeben, nur fragmentarisch erinnert werden. Dies entspricht jedoch genau der Schockreaktion – ein Zustand, in dem nur ein Bruchteil von Informationen bewusst verarbeitet werden kann. Eher erinnert sich der Betroffene später an die Stimmung im Raum, besondere Merkmale des aufklärenden Arztes und andere scheinbar nebensächliche situative Eindrücke. Nicht selten werden gerade diese nebensächlich erscheinenden Umstände nicht vergessen und es kann sich sogar ein posttraumatisches Belastungssyndrom entwickeln. Es ist daher für die Mitteilung einer Krebsdiagnose und ihre noch lang anhaltende Wirkung von entscheidender Bedeutung, eine sichere und klare Situation zu gestalten. Es sollte ausreichend Zeit und Raum geben, um Informationen übersichtlich und mit Zeit für die Verarbeitung und für Fragen zu geben. Außerdem sollte immer eine zweite Begegnung geplant werden, um noch offenen Fragen zu klären und einen gewissen Abstand zum ersten Schock zu gewinnen.

DIE PSYCHISCHE BETREUUNG VON KREBSPATIENTEN: NOCH IMMER MEHR WUNSCH ALS WIRKLICHKEIT

LEIDER WIRD IM TAGESGESCHÄFT einer auf die Behandlung körperlicher Krankheiten ausgerichteten Klinik ein Arzt, der sich genügend Zeit und Raum nimmt, um einem Patienten mitzuteilen, er sei an einem bösartigen Hauttumor erkrankt, zum Wunschszenario und als Luxus empfunden. Die Möglichkeiten der Umsetzung sind sehr beschränkt. Im Rahmen von Zertifizierungsverfahren steigen zwar das Interesse und die Notwendigkeit, Räume und Ressourcen für eine professionelle psychische Betreuung von Krebspatienten (psychoonkologische Behandlungsweise) zu schaffen und für die Möglichkeit zur Supervision zu sorgen. Insbesondere an universitären Krebszentren überall in Deutschland gehört die psychische Versorgung, nicht nur von Krebspatienten, sondern auch des betreuenden Personals, deshalb zunehmend zum Standard. Allerdings findet sich dann dieser Standard häufig eher auf dem Papier statt in der Praxis verwirklicht. Von einer personell und räumlich angemessen unterfütterten psychischen Versorgung der Krebspatienten profitieren allerdings nicht nur die Patienten und ihre Familien, sondern sie sorgt auch für eine höhere Arbeitszufriedenheit im versorgenden Team.

Im Kontext der psychoonkologischen Versorgung an Tumorzentren werden häufig systematische Reihenuntersuchungen (Screening-Verfahren) mit Fragebögen zu wesentlichen Merkmalen und Umständen (Indikatoren) verwendet, um schon zu einem frühen Zeitpunkt Patienten mit psychischem Betreuungsbedarf auch bei knappen personellen und räumlichen Ressourcen zu identifizieren.[239] Diese positive Entwicklung öffnet den Raum für menschliche Begegnung und die Entwicklung einer guten Arzt-Patienten-Beziehung. Es ist zu hoffen, dass mehr Ärzte diese Öffnung zum menschlichen, ganzheitlichen Behandeln hin als Bereicherung ihrer Patientenversorgung und ihres Arbeitslebens zu schätzen lernen. Aktuell ist die Dunkelziffer nicht aufgedeckten Bedarfs kaum abzuschätzen. Nichts scheint also noch immer dringlicher, als eine geeignete Versorgung von Krebspatienten, die diese vor allem auch psychisch betreut, auszubauen.

VORTEILE EINER PSYCHISCHEN VERSORGUNG

DIE VORTEILE EINER PSYCHISCHEN VERSORGUNG von Krebspatietnen liegen im Grunde auf der Hand: Eine solche mildert nicht nur den Schock der Diagnose, sie erhöht erfahrungsgemäß auch das kooperative Verhalten (die Compliance) der Patienten und ihre Zufriedenheit mit der Behandlung.

Aber auch die Belastung der Ärzte, die zum Beispiel weniger unvorbereitet mit ihrer Rolle als Überbringer schlechter Nachrichten konfrontiert sind, wird reduziert. Über diese unmittelbaren Vorteile hinaus kann verhindert werden, dass sich irrationale Ängste und ein Gefühl der Hilflosigkeit nach der Diagnose breitmachen. Eine rasche Erholung von den meist strapaziösen Eingriffen und Behandlungen zu Beginn einer Krebserkrankung wird außerdem möglich.

STRESS MINDERT DEN WIDERSTAND
DES KÖRPERS GEGEN KREBS

VOR ALLEM STUDIEN aus der Psychoneuroimmunologie (PNI) machen zunehmd deutlich, dass nicht nur die üblichen Stresserzeuger aus der Umwelt, sondern auch psychosozialer Stress direkt in die Entstehung und Verschlechterung der Krebstumore eingreifen können. Über eine veränderte Ausschüttung von Stressbotenstoffen wird in der Abwehrantwort des Körpers eine Situation geschaffen, die die Herausbildung und die Vermehrung von Tumorzellen begünstigt.[240]

Der Ausbruch und das Fortschreiten von Krebserkrankungen werden unter anderem durch das Immunsystem kontrolliert, das Immunsystem wiederum durch Botenstoffe, die auf Stress reagieren. Tumorzellen entwickeln sich ständig im menschlichen Körper und es braucht eine sogenannte Immunantwort von Körperzellen, um diese Zellen laufend zu beseitigen. Die Forschung der Psychoneuroimmunologie hat nachgewiesen, dass chronischer Stress die Bildung und Ausschüttung von Kortisol verändert. Kortisol wird in der Nebennierenrinde gebildet und in dem Moment ausgeschüttet, in dem das Hormon ACTH auf die Hirnanhangdrüse des Gehirns, die Hypophyse, einwirkt. Das Hormon ACTH wiederum wird in der Hirnanhangdrüse gebildet, wenn diese durch das Hormon CRH (Cortisol Reteasing Hormone) dazu angeregt wird. CRH wird nun wieder von einem Teil des Zwischenhirns, dem Hypothalamus, ausgeschüttet, wenn zu wenig Kortisol im Blut vorhanden ist. All das reguliert die HPA-Achse (die Hypothalamus-Hypophysen-Nebennieren-Achse).

LEBEN UND TOD EINES TUMORS HÄNGEN
VON HÖCHST KOMPLEXEN KÖRPERVORGÄNGEN AB

ES KOMMT ALSO unter einem fortdauernden Stress zu einer Veränderung des Hormonsystems des Körpers. Diese Veränderung betrifft die Kortisolausschüttung des Körpers. Die Folge dieser Veränderung ist eine Dominanz der sogenannten Th2-Helferzellen. Das heißt, es werden im Falle einer Aktivierung der Immunantwort des Körpers durch Stress vor allem Antikörper produziert. Das nennt der Mediziner auch humorale, durch Körperflüssigkeiten verursachte Immunität. Gleichzeitig kommt es zu einer Abschwächung der Immunantwort der Zellen, zur Reduktion von T-Zellen, die fähig sind, Zellen und Gewebe zu schädigen, und zu einer Herabsetzung der natürlichen Aktivitäten von Killerzellen des Körpers. Diese Konstellation begünstigt Tumorwachstum. Sie ist bei älteren Menschen und bei Menschen, die psychosozial chronisch belastet sind, besonders häufig anzutreffen.

Zusätzlich beeinflusst Stress den Teil des zentralen Nervensystems, der die nach außen gerichtete Aktionsfähigkeit des Körpers bei tatsächlichen und gefühlten Belastungen erhöht. Es handelt sich hier um das sympathische Nervensystem. Das sympathische Nervensystem schüttet bei Stress sogenannte Mediatoren wie zum Beispiel Noradrenalin (NA) aus. Noradrenalin kann direkt das Tumorzellwachstum fördern und gemeinsam mit den Botenstoffen der HPA-Achse die Bewegungen von Tumoren und Immunzellen (Migration) sowie das Wachstum von Blutgefäßen (Angiogenese) beeinflussen. Auch körpereigene Signalstoffe wie Neurotrophine und Neuropeptide (NNA) tragen zu einer Immunantwort bei, die das uferlose Wachstum von Tumorzellen begünstigt. Zahlreiche Mediatoren spielen hier am Ende mit. Stress-Mediatoren wie die Substanz P (SP) oder der sogenannte Nervenwachstumsfaktor ändern zum Beispiel die Funktion von Zellen, die die Erkennung und Eliminierung von Tumorzellen koordinieren.[241] Außerdem sind sie potente Zell-Teiler und sorgen für Gefäßneubildung und Tumorzellwachstum.

Für die Entwicklung und das Fortschreiten eines Tumors werden im Wesentlichen Störungen der folgenden fünf Mechanismen angenommen: eine Störung der für den Fortbestand des Organismus nötigen Entfernung von Zellen, des programmierten Zelltods[242], eine Störung der Reparatur von DNA-Schäden, eine Störung in der Aktivität der Signalüberträger (des Wachstumsfaktors), eine Störung in der Tötung von Tumorzellen durch natürliche Killerzellen und andere Zellen, eine Störung in der Kontrolle von T-regulatorischen Funktionen. Stress und psychische Belastung können alle diese Störungen mit hervorrufen.

HAUTZELLEN REAGIEREN EMPFINDLICH UND MUTIEREN

DIE ZELLEN HABEN die Fähigkeit, die Elektronenaufnahme und -abgabe der Moleküle zu regulieren. Ein Ungleichgewicht überfordert die normale Reparatur- und Entgiftungsfunktion einer Zelle und es kommt folglich zu einer Schädigung von Molekülen. Diese wird als oxidativer Stress bezeichnet. Die Pigmentzellen der Haut, die Melanozyten, sind sehr empfindlich für diese Art von Stress. Er tötet sie rasch ab, egal ob er seine Ursache in Umweltstressoren oder in Entzündungsprozessen hat. Die Haut belastende, äußere Kontakte, die aus der Umwelt kommen, wie UV-Licht, aber auch psychosozialer Stress erzeugen oxidativen Stress und zerstören zunächst wirkungsvoll die Pigmentzellen der Haut. Gleichzeitig sorgt oxidativer Stress in einem Ausmaß für DNA-Schäden, das die Reparaturkapazitäten des Körpers rasch überschreiten kann. Damit werden Mutationen begünstigt. Interessanterweise verlieren gerade die bösartigen Melanomzellen aufgrund der Mutation, aus der sie hervorgegangen sind, ihre Empfindlichkeit gegenüber oxidativem Stress. So stellt sich die Frage, ob psychosozialer Stress über einen gesteigerten oxidativen Stress an der Erzeugung von transformierten Zellen beteiligt ist.

Auffällig ist auch, dass die Pigmentzellen der obersten Hautschicht sowie Zellen anderer Hautschichten genauso wie die sie bekämpfenden Immunzellen Träger von Andockstellen (Rezeptoren[243]) für die genannten Stressmediatoren sind. Das jeweilige Andocken ist stressabhängig und kann also über Leben und Tod von Tumorzellen entscheiden.

Für Mäuse, denen bösartige Hautkrebszellen, Melanomzellen, gespritzt wurden, konnte gezeigt werden, dass unter Haltungsbedingungen, die Stress reduzieren, weniger und kleinere Lungenmetastasen auftraten. Mäuse, die in großen Käfigen gehalten wurden, die Möglichkeiten zum Rückzug, zum Bauen und zur körperlichen Aktivität boten, produzierten mehr an einem Wachstumsfaktor, der die Struktur des sympathischen Nervensystems verändern kann. Man hat vermutet, dass in diesem Experiment die höhere körperliche Aktivität der Tiere der ausschlaggebende, vor Krebs schützende Faktor war. In einem Experiment mit gesteigerter körperlicher Aktivität im Laufrad zeigte sich jedoch kein Effekt auf die Größe und Menge der Lungenmetastasen.

Für weißen Hautkrebs konnte im Tiermodell ebenfalls gezeigt werden, dass chronischer Stress seine Entstehung und sein Voranschreiten fördert. Es konnte im Tierexperiment allerdings auch gezeigt werden, dass akuter Stress davor schützt, dass UV-Strahlen Hautkrebszellen fördern.[244] Das heißt, es kam zu weniger weißem Hautkrebs, wenn Mäuse, bevor sie längere Zeit UV-Strahlen ausgesetzt wurden, für eine kurze Zeit in ihrer Bewegungsfreiheit eingeschränkt und dadurch gestresst wurden.

EINE „KREBSPERSÖNLICHKEIT" GIBT ES WOHL NICHT

BISLANG SIND DIE EFFEKTE von psychisch wirksamen Behandlungen hauptsächlich in Bezug auf die Verbesserung der Lebensqualität von Patienten untersucht worden. Wechselwirkungen zwischen Psyche und den Vorgängen im Körper wurden dabei meist nur im Hinblick auf die Anzahl und Aktivität von natürlichen Killerzellen und Lymphozyten untersucht.[245] Patienten mit Hautkrebs, vor allem solche mit schlechter Prognose, also in fortgeschrittenen Stadien, sind hoch belastet. Sechs Monate nach der Erstdiagnose sollte die Belastung erheblich reduziert sein. Denn ist das nicht der Fall, beobachtet man bei Krebspatienten eine dreifach erhöhte Wahrscheinlichkeit, psychische Erkrankungen zu entwickeln. Patienten mit schwarzem Hautkrebs (Melanomen) scheinen dabei einen höheren Bedarf an psychosozialen Interventionen zu haben als Patienten mit weißem Hautkrebs (Spinaliom oder Basaliom). Dies trifft vor allem für Patienten mit Tumoren im Kopf- oder Nackenbereich zu, für weibliche Patienten, für Patienten, die allein leben, und für Patienten, die über vierzig Jahre alt sind. Eine „Krebspersönlichkeit" konnte jedoch nicht identifiziert werden.

Der Bedarf an psychischer Unterstützung von Krebspatienten und der Erforschung ihrer Wirksamkeit ist also, was die körperlichen Abwehrreaktionen angeht, überwältigend. Derzeit ist die Datenlage über einen möglichen Einfluss von psychosozialen Maßnahmen auf das langfristige Überleben von Hautkrebs-Patienten jedoch widersprüchlich. Es ist zum Beispiel nicht klar, ob Patientengruppen, die in schwierigen sozialen

Umständen leben und bestimmte psychische Merkmale aufweisen, besonders gefährdet sind, nicht lange zu überleben, weil ihre Körperabwehrreaktionen sich entsprechend ihrer psychosozialen Situation weiterentwickeln. Auch ist unklar, ob eine psychosoziale Dauerbelastungssituation mit einer bestimmten Konstellation der Körperabwehr zum Zeitpunkt der Diagnose oder zur Zeit des Fortschreitens des Tumors einhergeht. Und schließlich ist zu klären, ob eine Psychotherapie oder andere Maßnahmen, die sozusagen die Psyche schulen, das heißt, die Patienten sinnvoll aufklären, einen positiven Einfluss sowohl auf die Lebensqualität als auch auf die Tumorabwehr haben. Denn der Unterschied zwischen im Umgang mit Hautkrebs geschulten und ungeschulten „Krebspersönlichkeiten" könnte sich durchaus auf die Schwere und Ausweglosigkeit der Krankheit auswirken.

WAS SAGEN UNS DIE WENIGEN STUDIEN?

WERFEN WIR AN DIESER STELLE einen Blick auf die wenigen klinischen Studien zu diesem Thema. Eine amerikanische Studie[246] zeigt, dass sechs Monate nach einer psychotherapeutischen oder die Patienten über die Krankheitszusammenhänge aufklärenden Kurzintervention die Depressivität genauso wie die natürliche Funktion der Killerzellen verbessert waren. Sechs Jahre nach der Intervention wurde ein siebenfach vermindertes Risiko beobachtet, an den Auswirkungen eines malignen Melanoms zu sterben. Das relative Risiko für einen Rückfall wurde um das 2,5-Fache verringert. Im Rückblick nach zehn Jahren war das Risiko zu sterben immer noch statistisch signifikant reduziert – im Vergleich zu einer Kontrollgruppe.[247]

Diese positiven Effekte konnten durch eine dänische Studie nicht wiederholt werden.[248] Bei genauer Betrachtung gibt es allerdings einige interessante Unterschiede zwischen den beiden Studien, die eine mögliche Erklärung für die umstrittenen Ergebnisse liefern: Beide Studien stimmten hinsichtlich der verwendeten Fragebögen und im Wesentlichen auch im strukturellen Vorgehen überein. Allerdings gab es deutliche Unterschiede in Bezug auf die therapeutische Wirkung, die Skala, die die Stärke des Stresses anzeigte (Baseline-Stress), und die einbezogenen Tumorstadien.

Auf den ersten Blick scheint die dänische der amerikanischen Studie überlegen zu sein, da sie deutlich mehr Patienten umfasst. In beiden Studien wurden eine Verringerung der Müdigkeit und erhöhte Vitalität beobachtet, allerdings nur in der amerikanischen Studie wurden auch reduzierte depressive Symptome und eine verbesserte Funktion der Killerzellen festgestellt. Dieser Unterschied kann durch die Tatsache erklärt werden, dass die amerikanischen Patienten im städtischen Milieu lebten und höhere Basis-Stresspegel zeigten als die dänische, ländliche Bevölkerung, aus der die dänische Studie ihre Patienten bezogen hatte. In der amerikanischen Studie wurden außerdem durchschnittlich dickere, das heißt tiefer hinein in die Haut gehende Melanome eingeschlossen. Die dünneren Melanome haben jedoch eine weitaus bessere Prognose, da die Tumorzellen nur selten Anschluss an das Lymph- und Blutgefäßsystem finden und damit womöglich auch kaum an wesentliche Elemente einer fehlgeleiteten Stressreaktion.

ERKENNTNISSE ZUR GESTÖRTEN KÖRPERABWEHR BEI STRESS VERÄNDERN DIE KREBSTHERAPIE UND -FORSCHUNG

DIE DATEN LEGEN NAHE, dass es einen engen Zusammenhang zwischen den psychischen sowie sozialen Lebensumständen und dem Krankheitsverlauf bei Hautkrebs-Patienten gibt. Diese Verbindung kann in einen Zusammenhang mit veränderten und gestörten Vorgängen im Körper gebracht werden, die der Aufrechterhaltung der Widerstandskraft des Körpers dienen. Dieses Wissen sollte einen Wandel in der Behandlung, Betreuung und Therapie von Patienten mit Hautkrebs nach sich ziehen.

Es ist wichtig, früh zu erkennen, welche an Hautkrebs erkrankten Patienten im besonderen Maße einer psychischen Betreuung bedürfen. Sie sollten gemäß ihrer psychischen Situation behandelt und versorgt werden. Zudem sollten sie schnell in Studien aufgenommen werden, die effektive psychosoziale und die Patienten sinnvoll über Krankheitszusammenhänge aufklärende Maßnahmen und ihre Auswirkungen auf die Körperreaktionen im Bereich der Zellvorgänge untersuchen: Es sind am Ende die Abläufe im Immunsystem – das, was in und zwischen den

Zellen passiert und was der Patient nicht sieht – was die Bildung und das weitere Wachstum der Tumore bewirkt.

Der aktuelle Versorgungsstand bei Krebs ist ebenso wie der aktuelle Forschungsstand zu Krebs hinsichtlich des Zusammenspiels von Psyche und Körperreaktionen weit hinter dem zurück, was not tut, um den Kranken zu helfen. Der momentane „Stand der Dinge" ist den zusammenwirkenden Kräften bei Hautkrebserkrankungen nicht gewachsen. Unterstützt von Stress, von sozialen und psychischen Belastungen variiert der Körper seine Abwehrmechanismen und der Krebs wuchert. Es ist daher wichtig, zum einen ganzheitliche, das heißt Körpervorgänge, Psyche und soziale Beziehungen umfassende Therapiekonzepte zu entwerfen und zum anderen Forschungsstrategien, die eine optimale Versorgung der Krebspatienten ebenso wie die Entwicklung eines ganzheitlichen Verständnisses von Krebs zum Ziel haben.

FAZIT

WIR FRAGEN UNS HEUTE: Warum nehmen Hautkrebserkrankungen immer mehr zu? Wissenschaftliche Untersuchungen zeigen, dass hier offenbar viele Faktoren eine Rolle spielen: die persönlichen Lebensumstände, Faktoren, die die Vererbung betreffen, Arbeitsbedingungen, Umwelteinflüsse, aber auch kulturelle und spirituelle Umstände.

Fragen wir uns weiter, ob psychische Faktoren einen Einfluss auf die Entstehung und Unterhaltung eines Hauttumors haben können, so finden wir eine Reihe von Hinweisen, teilweise sogar Beweisen, dass Stress eine besondere Bedeutung zukommt. Untersuchungen weisen darauf hin, dass Stress über eine Störung der Immunitätslage, das heißt der Abwehrkräfte, direkten Einfluss auf Tumorerkrankungen der Haut haben kann. Daher ist es in einem modernen Behandlungskonzept von Krebspatienten wichtig, nach Stressfaktoren in deren persönlichem Leben zu fahnden und Entspannungsverfahren oder andere Psychotherapiekonzepte in den Behandlungsplan zu integrieren.

WAS DER HAUT UND DER PSYCHE HILFT

ZU WENIG ZEIT? – HAUTERKRANKUNGEN UND PSYCHISCHE BELASTUNG DIFFERENZIERT MIT MINIMALEM ZEITAUFWAND THERAPIEREN
GABRIELE RAPP

DIE PSYCHISCHE BELASTUNG eines Patienten teilt sich häufig schon in einem kurzen Augenblick mit: bei der Terminvereinbarung. Daran, wie der Patient die dermatologische Praxis betritt, beim ersten Blickkontakt oder bei der Art, wie der Patient die Hand gibt, wird uns oft bereits bewusst, dass dieser Patient psychisch belastet ist.

Im engen Zeittakt der Praxis oder des Krankenhauses stellt sich dann die Frage, wie man jenen Patienten auch auf dieser komplexen Ebene gerecht werden kann. Zeitknappheit ist relativ und hängt unter anderem von der jeweiligen Versorgungsrealität, der subjektiven Wahrnehmung und den entsprechenden Zielen ab. Finanziell besteht in der dermatologischen Routine derzeit kein Anreiz, längere Gespräche mit Patienten zu führen. Dennoch entsteht vielfach der Wunsch, psychosomatisch orientiert zu arbeiten, um die eigene arbeitsplatzbezogene Lebensqualität möglichst hoch zu halten, im Sinne der eigenen Psychohygiene seelische Kräfte zu sparen und einen Patientenstamm an sich zu binden, der mit großer Zufriedenheit aus der Praxis geht und wiederkommt. Solange Zeit für ein professionelles Gespräch nicht besser vergütet wird, ist es also nötig, mit minimalem Zeitaufwand das Wesentliche zu erfassen und bezogen auf das Ziel konzentriert zusammenzufassen.

Meist besteht bei den Ärzten die Angst, dass, fragt man den Patienten, was ihn aktuell belaste, seine Antwort nicht nur zeitlich, sondern auch emotional ausufern könnte. Wenn die Beschwerdeschilderung eines Patienten nicht gleich zu Beginn unterbrochen wird, dann dauert sie durchschnittlich nicht länger als eine Minute, maximal 2,5 Minuten. Eine weitere häufige Befürchtung der behandelnden Ärzte ist, dass sie mit den geschilderten Problemen und den damit einhergehenden Affekten nicht umgehen bzw. diese nicht auffangen könnten. Übersehen wird dabei jedoch, was es für den Patienten allein schon bedeutet, dass sein Anliegen überhaupt wahr- und ernst genommen wird. Die Zielsetzung des kurzen, psychosomatisch orientierten Gespräches ist ja nicht, in fünf Minuten das psychische Problem zu lösen, sondern es erst einmal anzuhören und aufzunehmen. Bereits dadurch ist den Patienten schon sehr geholfen. Diese fünf Minuten – nimmt sich der Arzt Zeit für sie – können Möglichkeiten erschließen, in welcher Form der Patient bei Bedarf auch an anderer Stelle weiter unterstützt werden kann. Die Verantwortung für den Umgang und gegebenenfalls die Behandlung der psychischen Problematik des Patienten, nachdem er sich geöffnet hat, liegt nicht alleine auf den Schultern des Dermatologen.

WAS GEHT IN WELCHER ZEIT?
WAS IST BEREITS IN EINER MINUTE MÖGLICH?

IM FOLGENDEN PRÄSENTIERE ICH einige Anregungen, wie bei begrenzter Zeit, in wenigen bis zu höchstens zwanzig Minuten, relevante psychische Probleme angesprochen und in einen weiteren möglichen Therapieprozess eingeordnet werden können.

Es ist bereits viel in einer einzigen Minute möglich. So kann der Arzt in einer Minute allein mit seinem Blick einiges schnell diagnostizieren, so zum Beispiel den belasteten Gesichtsausdrucks des Patienten. Ebenso ermöglicht sein Gefühl für einen schlaffen oder auch festen Händedruck eine erste, schnelle psychische Einschätzung der Patientenverfassung. Es ist möglich, bestimmte Dinge gezielt abzufragen. So benötigt die Frage: „Wie sehr beeinträchtigt Sie der von Ihnen geschilderte Makel auf einer Skala von 1–10?", die die Technik der Analogskala nutzt, nicht mehr als eine Minute und enthält eine gezielte Fragestellung im Hinblick auf eine Hässlichkeitsfurcht. Eine empathische Spiegelung eines Gefühls des Patienten braucht ebenfalls nur eine Minute: „Sie wirken heute sehr traurig auf mich", ebenso eine sachliche Beruhigung. Viel mehr kann in einer Minute nicht geschehen. Vielleicht ist damit für den Patienten eine kleine Tür geöffnet worden, ein Anstoß gegeben, weiter nachzudenken und vielleicht beim nächsten Kontakt oder an anderer Stelle das Thema noch einmal aufzugreifen.

WAS IST IN DREI MINUTEN MÖGLICH?

SCHON IN DER KURZEN ZEITSPANNE von drei Minuten sind es komplexe Informationen und Zusammenhänge, die Arzt und Patient bewusst werden. Nach dem „Vier-Ohren-Modell" von Friedemann Schulz von Thun[249] betreffen diese zum Beispiel vier Ebenen: den Sachinhalt bzw. die informative Ebene, die Selbstoffenbarung, die Beziehung und den Appell. Wenn ein Patient sich bei Ihnen beklagt: „Die Cremes, die Sie mir gegeben haben, helfen überhaupt nicht", so kann diese Beschwerde Botschaften enthalten, die Sie sozusagen auf vier verschiedenen Ohren hören. Das heißt, sie kann nach dem Vier-Ohren-Modell vier Aussagen-Ebenen enthalten:

▸ Die informative Ebene: Was ist der Sachinhalt in der Aussage des Patienten? – Die Aussage teilt Ihnen als Fakt mit, dass die Cremes nicht helfen.

- Die Selbstoffenbarungsebene: Was sagt der Patient über sich? – Der Patient teilt Ihnen mit, dass er sich hilflos und wütend fühlt.
- Die appellative Ebene: Wozu will der Patient den Arzt bringen? – Der Patient will Sie dazu bringen, ihm Cremes zu verschreiben, die helfen.
- Die Beziehungsebene: Wie gestaltet der Patient die Beziehung zum Arzt? – Der Patient sieht Ihre Rolle in der Patienten-Arzt-Beziehung darin, dass Sie für ihn als Patienten verantwortlich sind, während er sich als denjenigen sieht, der Ihre Hilfe braucht.

Eine Botschaft enthält also explizite, direkt ausgesprochene, und implizite, indirekt zu erschließende, Anteile. Wenn der Empfänger der Botschaft die verschiedenen Ebenen erkennt und entsprechend nachfragt, kann die Thematik der verschiedenen Informationsebenen bereits in drei Minuten gebündelt werden. Dies ist eine gute Voraussetzung für ein besseres Verständnis und gleichzeitig wird dadurch die Kooperation zwischen Arzt und Patient gefördert. Ziel ist es, Vertrauen in die Kompetenz des Arztes zu schaffen und die Selbstwirksamkeit des Patienten zu erhöhen. Für den Arzt besteht die Möglichkeit, den Patienten besser einzuschätzen und einzuordnen. Damit eröffnet er der Behandlung im sich anschließenden Procedere mehr Möglichkeiten und stärkt gleichzeitig die eigene Selbstwirksamkeit, das heißt Kompetenz, in der Behandlung etwas zu bewirken.

WAS IST IN FÜNF MINUTEN MÖGLICH?

IN FÜNF MINUTEN kann mithilfe einer aktiven Gesprächsführung ein guter Kontakt zu einem enttäuschten, vielleicht vorwurfsvollen Patienten hergestellt werden. Voraussetzung ist ein ungestörtes Setting und die eigene Sicherheit im persönlichen Umgang mit Stress. Vorausgegangen sein kann zum Beispiel, dass der Patient sich beklagt hat, dass ihn die komplexe Behandlung seines Ekzems überfordere. Oder der Patient hat dem Arzt die langen Wartezeiten auf einen Termin vorgeworfen. Es kann auch die Enttäuschung darüber sein, dass die Hauterkrankung einfach nicht besser wird, oder auch Kritik bezüglich der Unfreundlichkeit des Personals.

Eine eröffnende Frage des Arztes könnte in solchen Situationen sein: „Herr X, was ist heute das Wichtigste, das Sie mit mir besprechen wollen?" Oder: „Frau Y, was beschäftigt Sie im Moment am meisten?" Oder: „Herr Z., was hat Sie so enttäuscht?" Oder: „Frau Q, was hat Sie so verärgert?"

Hilfreich kann bei aggressiv fordernden Patienten auch ein Umgang nach dem CALM-Modell sein, wobei das C von CALM für Kontakt (*contact*), das A für Verabredung (*appoint*), das L für Vorwärtsschauen (*look ahead*), das M für Entscheiden (*make a decision*) steht. Daraus ergeben sich vier Schritte. Das heißt genauer: Das Modell versucht, durch folgende vier Schritte aus einer angespannten, eskalierenden Beziehungssituation heraus und wieder hin zu einer beruhigten, kooperierenden Beziehungssituation zu führen – in der Praxis können sich die vier Schritte allerdings überschneiden:

▶ Erster Schritt – *contact:* Ruhig und sachlich bleiben, sich möglichst nicht von den Aggressionen des Patienten anstecken lassen. Respektieren, dass sich der Patient in einer schwierigen Situation befindet, sonst würde er sich nicht so verhalten. Freundlich zugewandtes Verhalten zeigen, auch non-verbal. Mögliche eigene Fehler eingestehen, dabei auf Rechtfertigungen verzichten. Zusammenhänge sehen und aufzeigen, die zu der Situation geführt haben.

▶ Zweiter Schritt – *appoint:* Die vom Patienten gezeigte Emotion direkt benennen, zum Beispiel: „Sie wirken wütend/enttäuscht auf mich." Einen eventuellen kurzfristigen Anstieg des Ausdrucks von Ärger oder Enttäuschung, der unter anderem beim Beschreiben des Gefühls nochmals auftauchen kann, aushalten; abwarten. Hinter der Aggression/ Enttäuschung oder dem Vorwurf liegende Emotionen erkennen und ansprechen, zum Beispiel Ängste, Sorgen, Befürchtungen.

▶ Dritter Schritt – *look ahead* (falls der Patient noch nicht beruhigt werden konnte): die professionelle Beziehung von Arzt und Patient verdeutlichen, insbesondere im Hinblick auf das Ziel dieser Beziehung. Klären, wie beide gemeinsam weitermachen können, gegebenenfalls ein Angebot machen. Falls nötig, Grenzen und Spielregeln benennen, mit denen die weitere Zusammenarbeit erfolgt, jedoch ohne Drohungen.

▶ Vierter Schritt – *make a decision:* Einen „Vertrag" anbieten, den der Patient akzeptieren kann oder nicht. Alternative Angebote machen, sofern möglich. Deutlich machen, dass es nur die angebotenen Möglichkeiten gibt oder der Patient einen anderen Arzt konsultieren sollte. Zeit anbieten, darüber nachzudenken.

Und hier ein konkretes Beispiel, wie das CALM-Modell funktionieren kann: Eine Patientin klagt, dass sie mit der komplexen Behandlung des Ekzems überfordert sei, nicht wisse, wann sie welches Präparat verwenden solle und insgesamt das Ekzem nicht besser werde. Der Arzt kann folgendermaßen reagieren: „Die Vielzahl der Präparate überfordert Sie. Bisher war es viel einfacher, das kann ich verstehen. Ich habe wohl beim letzten Mal vergessen, Ihnen mein Merkblatt mitzugeben. Ich unterstreiche jetzt nochmals, was für Sie besonders wichtig ist. Wie steht es mit dem Zeitaufwand, wie viel Zeit können und wollen Sie morgens und abends investieren?" Patientin: „Na, mehr als zehn Minuten geht nicht, ich muss die Kinder dann zur Schule bzw. ins Bett bringen." Arzt: „In Ordnung. Ich schlage Ihnen vor, sich im Bad einen Wecker zu stellen und diesen auf zehn Minuten zu stellen. Sie behandeln sich, wie wir es besprochen haben und wie es auf dem Merkblatt steht. Bitte notieren Sie, für welche Behandlung die Zeit nicht reicht. Dann sehen wir uns ausnahmsweise in einer Woche gleich noch einmal und besprechen, was man vielleicht ändern kann. Wenn Ihnen weiterhin alles zu viel wird, können wir auch gerne gemeinsam überlegen, ob Ihnen eventuell eine tagesklinische Behandlung guttun würde."

WAS IST IN ZEHN MINUTEN MÖGLICH?

ZEHN MINUTEN SIND bereits genügend Zeit für die Besprechung eines komplexen Sachverhaltes wie zum Beispiel der Auswirkungen von Stress auf die Haut. Viele Patienten geben selbst unspezifischen Stress als mit bedingend oder gar ursächlich für den Verlauf ihrer Hauterkrankung an oder verweisen darauf, dass die Symptomatik selbst einen Stress auslöst, der sie runterziehe. Psychischer Stress kann nachgewiesenerweise die Haut beeinflussen, ebenso kann entzündete Haut Stress auslösen.

Die Stressreaktion wird durch eine psychisch reale, eine imaginierte oder auch eine vorweggenommene und erst noch erwartete Belastung ausgelöst. Sie ist zum einen durch die ständige Wechselwirkung zwischen einer sich über mehrere Phasen entwickelnden Bewertung der Belastung für einen selbst durch das Gehirn und einer solchen durch die Gefühle charakterisiert. Zum anderen ist sie Resultat einer Reihe psychischer, kognitiver, emotionaler und verhaltensbezogener Reaktionen, die das Ziel haben, die Situation zu bewältigen: Eine Situation wird erst dann als Stress empfunden, wenn keine adäquaten Bewältigungsstrategien mehr wahrgenommen werden können.

In zehn Minuten kann man durchaus feststellen, an welcher Stelle genau ein nächster Bewältigungsschritt für den Patienten nicht mehr möglich ist. Das kann sowohl Alltagsthemen betreffen, wie zum Beispiel Konflikte am Arbeitsplatz, finanzielle Probleme oder familiäre Schwierigkeiten, als auch den Umgang mit der Krankheit selbst. Durch gezielte Fragen nach dem Erleben der sozialen Situation kann zum Beispiel verdeutlicht werden, dass der Patient nach Handlungs- und Verhaltensmustern lebt, die nicht zweckmäßig sind und auch und gerade bei steter Wiederholung nicht zum Erfolg führen. Dabei ist es wichtig, die bislang gelebten Muster und mit ihnen verbundenen Bewältigungsstrategien explizit zu würdigen, aber darauf zu verweisen, dass sie vielleicht inzwischen ihre Wirksamkeit und somit Gültigkeit verloren haben. Besonders hilfreich ist es oft, vergleichbare bildhafte Beispiele zu geben: „Es wirkt, als ob sie so hart gearbeitet und so viel investiert und immer wieder innerlich geschluckt hätten, dass jetzt alles zu viel wird, als ob ein Fass zum Überlaufen käme", oder: „Sie arbeiten und rackern so viel, und es ist, als ob der Berg nicht kleiner würde, als ob Sie wie Sisyphus immer wieder das Gleiche von vorne anfangen müssten, ohne wirklich weiterzukommen." In zehn Minuten ist es möglich, dem Patienten Adressen zu vermitteln, wo zum Beispiel ein Stressbewältigungstraining angeboten wird. Man kann den Wert der Jacobson-Entspannung, des autogenen Trainings oder von Achtsamkeitsübungen skizzieren und dann am Ende fragen, welche der vorgeschlagenen Maßnahmen den Patienten am meisten ansprechen. Es empfiehlt sich, mit dem Patienten einen weiteren Termin, zum Beispiel in vier Wochen, zu vereinbaren, um darüber zu sprechen, was er für die Umsetzung der Vorschläge tun konnte.

WAS IST IN ZWANZIG MINUTEN MÖGLICH?

IN ZWANZIG MINUTEN ist ein begrenztes psychosomatisches Gespräch im eigentlichen Sinne möglich. Diese Zeiteinheit wird in der täglichen Praxis selten, aber für wenige bestimmte Patienten angezeigt sein. In Einzelfällen wird auch der Dermatologe ein solch längeres Gespräch als wünschenswert und wichtig einschätzen.

Im Rahmen eines solchen Gesprächs kann man etwas über biografische Zusammenhänge erfahren, die den Patienten zu dem gemacht haben, was er heute ist. Es wird möglich, eine Hypothese aufzustellen, wie sich frühere Erfahrungen auf die heutige Situation im Sinne einer Aktualisierung eines Konfliktes auswirken. Manchmal ist es möglich, im Verlauf eines Gesprächs, in dem der Patient starke Affekte zeigt, das Auftreten eines Symptoms direkt in Zusammenhang mit dem gerade besprochenen Thema zu bringen, indem man zum Beispiel das Kratzverhalten anspricht oder das Erröten in einer bestimmten, für den Patienten belastenden Situation. Einige Zeit braucht man in der Regel auch, die Patienten bezüglich einer unterstützenden Therapie mit Psychopharmaka zu motivieren und die entsprechenden Wirkungen ebenso wie mögliche Nebenwirkungen zu erläutern. Die Haltung der dermatologischen Patienten gegenüber Psychopharmaka ist oft reserviert. Manchmal hilft es, wenn man die anatomische und physiologische enge Verbindung zwischen Nerven und Haut erklärt.

ZEIT FÜR SICH SELBER –
AUCH DER ARZT MUSS SICH ENTSPANNEN UND ENTLASTEN

WIE KÖNNEN SIE sich als Hautarzt selbst entlasten? Hilfreich können Trainings sein, in denen Techniken der Gesprächsführung vermittelt und Sie darin geschult werden. Auch die regelmäßige Teilnahme an Balintgruppen, an Arbeitsgruppen von Ärzten und Ärztinnen, die von einem erfahrenen Psychotherapeuten geleitet werden, kann hilfreich sein. Unterstützend wirken Netzwerke mit Psychotherapeuten, Psychosomatikern und Psychiatern ebenso wie das Wissen um weiterführende Therapiemöglichkeiten, sollte ein Patient diese benötigen. Wenn Sie Arzt oder Ärztin sind und sich weiter informieren möchten, können Sie die Einteilung spezifischer Krankheitsbilder der psychosomatischen Dermatologie unter anderem in den AWMF-Leitlinien nachlesen. Ausführlicher sind sie zum Beispiel in der „Psychosomatischen Dermatologie"[250] zu finden. Informationen zur psychopharmakologischen Behandlung finden Sie im Kapitel „Gibt es Pillen für Hautprobleme? – Psychopharmaka in der Hautarztpraxis" und im „Kompendium der Psychiatrischen Pharmakotherapie".[251]

DIE VOLLE TEILHABE – PSYCHOSOMATISCHE REHA VON HAUTKRANKEN
JOCHEN WEHRMANN

WAS BEDEUTET INKLUSION? Menschen sollen nicht ausgegrenzt werden, sondern Teil einer Gemeinschaft sein, zum Beispiel was den Schultyp betrifft. Sie sollen Teil einer Stadt (also keine Ghettobildung) oder eines Landes und seiner Strukturen sein. Das gilt auch für Behinderte. Die Diskussion um Inklusion ist durch die Ratifizierung der UN-Behindertenrechtskonvention 2009 durch den Deutschen Bundestag sowohl politische wie gesellschaftliche Verpflichtung. In Artikel 25 (Gesundheit) und Artikel 26 (Habilitation und Rehabilitation: Eingliederung, Inklusion von Behinderten) wird konkret das Gesundheitssystem erwähnt, wenn es darum geht, für behinderte Menschen „ein Höchstmaß an Unabhängigkeit […] sowie die volle Einbeziehung in alle Aspekte des Lebens und die volle Teilhabe an allen Aspekten des Lebens zu erreichen und zu bewahren." Dies beinhaltet besonders die Bereitstellung von Gesundheitsleistungen.

DAS RECHT BEHINDERTER MENSCHEN AUF VOLLE TEILHABE

DAS KURZWORT FÜR REHABILITATION ist Reha und es steht für die (Wieder)-Eingliederung eines Kranken oder einer körperlich oder geistig behinderten Person in das berufliche und gesellschaftliche Leben. Der in Artikel 26 formulierte Anspruch der vollen Teilhabe ist für Psychosomatiker, die sich auf ein biopsychosoziales Krankheitsmodell verstehen, nicht neu, wenn auch die Thematik bislang vorrangig aus dem Blickwinkel des betroffenen Individuums gesehen wurde. Mit der Verabschiedung des Sozialgesetzbuches IX im Jahr 2001 wurde das Verständnis der Rehabilitation erweitert. Man ging von einem Therapieansatz aus, der den Umgang mit bzw. das Management einer Behinderung im Fokus hatte. Dieser Umgang wurde für den Therapeuten zu einem umfassenden Auftrag erweitert, der dem Behinderten die Teilhabe sowohl am sozialen Leben als auch am Berufsleben sichern bzw. ermöglichen soll. Rehabilitation überschreitet damit in ihrer Zielsetzung die ausschließliche Behandlung einer körperlichen oder psychischen Störung, auch wenn dies mit zu ihren Aufgaben gehört. Im Unterschied zu diesem übergreifenden Ansatz fokussiert die kurative, heilende und regenerierende Versorgung im Sinne des Sozialgesetzbuches V auf das klinische Bild, also die aktuelle Schädigung. Diese Schädigung wird hier einer möglichst kausalen, das heißt begründeten und zweckmäßigen Therapie zugeführt, im besten Fall im Sinne einer vollständigen Ausheilung einer Krankheit oder Verletzung, die den unversehrten Zustand des Körpers, wie er vor der Krankheit oder Verletzung war, wiederherstellt – im Sinne einer restitutio ad integrum, wie die Mediziner sagen.

ALS HAUTARZT KRANKEN DIE TEILHABE AM SOZIALEN UND BERUFLICHEN LEBEN ERMÖGLICHEN

WANN HAT DIE THERAPIE von Hautkranken nun laut Sozialgesetzbuch einen erweiterten Auftrag zu erfüllen? Wann ist eine Reha nötig? Fragt sich der Dermatologe, wann der Hautkranke Hilfe zur Teilhabe am sozialen und beruflichen Leben braucht, dann fallen ihm bzw. den Akteuren im Gesundheitswesen, die mit dermatologischen Patienten zu tun haben, sofort Menschen mit chronisch wiederkehrenden Hauterkrankungen wie Neurodermitis und Schuppenflechte ein.

Glücklicherweise schaffen es viele Patienten mithilfe ihres Dermatologen oder Hausarztes, aber auch ihrer Familie, von Freunden und der eigenen Widerstandskraft und Bewältigungsfähigkeit (medizinisch Resilienz genannt), mit der chronischen Erkrankung umzugehen und diese in ihre Lebenswelt zu integrieren. Antonovsky,[252] von dem das Konzept der Salutogenese stammt – der Gesundheit als ein Prozess, der ihre Entstehung und Erhaltung umfasst –, hat sich viele Jahre intensiv mit dem Phänomen der Resilienz beschäftigt: Wie und warum gelingt es Menschen, Krankheiten aus eigener Kraft zu bewältigen? Er stellte drei Faktoren heraus: dass das Leben mit der Krankheit eine Bedeutung, einen Sinn hat (*meaningfulness*), dass es handhabbar ist, der Kranke also etwas tun kann (*manageability*), und dass er die Krankheit verstehen kann (*comprehensibility*). Diese drei Faktoren fasst Antonovsky zu einem Kohärenzgefühl, einem Gefühl des sinnvollen Zusammenhangs, des roten Lebens-Fadens, im Sinne einer allgemeinen und umfassenden Orientierung zusammen, die Teilhabe ermöglicht. Menschen mit Behinderungen bzw. chronischen Erkrankungen, denen dies so nicht gelingt, sind auf professionelle Unterstützung angewiesen.

Die professionellen Leistungen, die Hautkranken per Reha die Teilhabe ermöglichen sollen, betreffen die medizinische Rehabilitation, das heißt medizinische Leistungen zur Abmilderung des Gesundheitsschadens oder zur Wiederherstellung der Gesundheit, und die berufliche Rehabiltitation, das heißt Leistungen zur Teilhabe am Arbeitsleben. Sie umfassen des Weiteren finanzielle Leistungen zur Unterhaltssicherung und zur Teilhabe am Leben in der Gemeinschaft.[253] In Abhängigkeit vom Alter und vom sozialen bzw. beruflichen Status differieren die Träger der Reha. Weil dies für Laien nur schwer durchschaubar ist, wurde im Sozialgesetzbuch (SGB) IX geregelt, dass die primär zur Rehabilitationsmaßnahme aufgeforderte Institution innerhalb von zwei Wochen klären muss, ob sie zuständig ist, bzw. wenn nicht, das Verfahren an den richtigen Träger weiterleiten muss. Sollte dies nicht gelingen, muss bei Vorliegen der Gründe für die Reha die als Erstes angefragte Institution die Kosten übernehmen und dann später anderweitig abrechnen. Die beiden wichtigsten Träger der medizinischen Reha sind die gesetzliche Krankenversicherung für nicht erwerbstätige Personen, also hauptsächlich Kinder, dauerhaft Erwerbsgeminderte und Altersrentner (Formulare F60 und F61), und die Deutsche Rentenversicherung. Menschen im Erwerbsleben, zeiterwerbsgemindert Berentete und auch Kinder und Jugendliche, soweit sie an Erkrankungen leiden, die ihre spätere Erwerbsfähigkeit gefährden, werden durch die Deutsche Rentenversicherung (DRV) betreut. Das Antragsformular der DRV (G1204 für Erwachsene) hat lediglich zwei Seiten und ist unkompliziert. Menschen mit beruflich bedingten Hauterkrankungen werden durch die gesetzliche Unfallversicherung (BG) versorgt, kommen aber nicht vorzugsweise in eine psychosomatische Reha.

WO FINDET IN DER DERMATOLOGIE EINE REHA STATT?

IN DER PSYCHOSOMATIK,[254] aber auch in der Dermatologie finden Reha-Maßnahmen ganz überwiegend stationär statt. Voraussetzung für die Inanspruchnahme ist die Reha-Bedürftigkeit.[255] Diese ergibt sich zum einen wegen therapeutischer Probleme, wenn trotz adäquater Therapie keine ausreichende Stabilität des Krankheitsprozesses und des Betroffenen erreicht werden kann. Ein anderer Aspekt sind soziale, berufliche oder auch psychische Risikofaktoren, die im Rahmen einer Reha bearbeitet werden sollen, oder es liegen Probleme in der Krankheitsbewältigung (Coping) oder funktionelle Einschränkungen vor, die die Erwerbsfähigkeit gefährden. Ein weiterer wichtiger Grund ist das Bestehen mehrerer Krankheiten (Multimorbidität), sei es die „Begleitung" (Komorbidität) einer somatischen Hauterkrankung von einer psychischen Erkrankung, sei es der systemische Charakter einer Erkrankung, der sich auf den gesamten Organismus bezieht (zum Beispiel bei der Schuppenflechte) und daher mit vielfältigen internistischen, orthopädischen, dermatologischen und psychischen Aspekten verbunden ist. All das erfordert eine vielfältige Behandlung, die in ihrem Umfang, in der geforderten Intensität und Koordination verschiedener Verfahren praktisch nur stationär zu erbringen ist.

WAS HAT DIE DERMATOLOGISCH-PSYCHOSOMATISCHE REHA ZU BIETEN?

IN DER DERMATOLOGISCH-PSYCHOSOMATISCHEN REHA wird die Dermato-therapie (Haut-Therapie) in ihren verschiedenen Ausprägungen ebenso wie darüber hinaus die differenzierte Psychotherapie, Sporttherapie, Edukation (Krankheits-Aufklärung), Sozialberatung und anderes mehr[256] angeboten. Im Unterschied zur ausschließlich dermatologischen Reha gibt es eine vollumfängliche psychotherapeutische Behandlung, was sich auch im Stellenplan niederschlägt (sechs Psychologen pro hundert Patienten statt einem Psychologen pro hundert Patienten). Auch die durchschnittliche Behandlungsdauer ist mit vierzig Tagen fast doppelt so lange wie in der somatischen dermatologischen Rehabilitation mit 23 Tagen.

WER BENÖTIGT EINE DERMATOLOGISCH-PSYCHOSOMATISCHE REHA?

MIT DEM DIFFERENZIERTEN ANGEBOT der dermatologisch-psychosomatischen Reha ist es möglich, Patienten ihrem subjektiven Krankheitsverständnis und der aktuell vorliegenden körperlichen bzw. psychischen Symptomatik entsprechend zu behandeln. So gibt es Patienten, die psychosoziale Belastungen in Verbindung zu Aktivitäten und Verschlechterungen ihrer Krankheit setzen und von sich aus ein psychosomatisches Krankheits- und Behandlungsmodell befürworten. Es gibt aber auch Betroffene, die von einer genetischen Ursache oder einer Umweltursache ausgehen bzw. diese suchen und einer psychischen Beteiligung an ihrem Krankheitsbild skeptisch bzw. ablehnend gegenüber stehen. Wir sehen hier eine Tendenz, das Problem nach außen zu verlagern, die ihre Ursache meist in unbewussten Scham- und Schuldgefühlen hat. Zu realisieren, dass das eigene Verhalten, die eigene Einstellung und eigene Erwartungen Teil der Krankheitsdynamik sind, wird nicht als Chance gesehen, diesen Prozess selbst aktiv beeinflussen zu können, sondern negativ mit einem Versagen verbunden, das das Selbstkonzept bzw. Selbstwertgefühl bedroht. So irren gerade diese Patienten von einem Behandler oder Therapieangebot zum nächsten. Wie bereits gesagt, steht diese Gruppe der extern Fixierten der Psychosomatik meist skeptisch gegenüber, nichtsdestotrotz können wir diesen Patienten ein Behandlungsangebot machen, ähnlich anderen Institutionen, an die diese Patienten zu Untersuchungen oder Therapien verwiesen werden. Mit dem vielfältigen Angebot der dermatologisch-psychosomatischen Reha kann häufig doch ein Zugang zur psychischen Problematik erreicht werden, so dass im weiteren Verlauf das Störungsmodell des Patienten hinterfragt und dann modifiziert werden kann. Dabei hilft ganz besonders der Austausch mit anderen Patienten, die vergleichbare Krankheitsbilder, aber unterschiedliche Herangehensweisen zeigen.

Deshalb ist die stationäre dermatologisch-psychosomatische Reha zum einen für Patienten geeignet, die ein besonders intensives Behandlungsprogramm benötigen. Zum anderen bietet sie sich für jene Patienten an, die bisher keine Besserung erreichten, weil sie auf der Suche nach externen Ursachen ihres Leidens die psychischen Ursachen nicht beachtet haben. Diesen können wir einen anderen Behandlungsansatz und damit Therapiemöglichkeiten anbieten, unterstützt durch die Erfahrungen der Mitpatienten.

GIBT ES PILLEN FÜR HAUTPROBLEME? – PSYCHOPHARMAKA IN DER HAUTARZTPRAXIS
GABRIELE RAPP

HÄUFIG ZEIGT SICH im Verlauf einer Hautkrankheit, dass psychische Symptome ein Teil oder auch Hauptbestandteil sind oder gleichzeitig nebeneinander Hautveränderungen und psychische Störungen bestehen, die sich gegenseitig beeinflussen. So kann zum Beispiel einerseits die Verschlechterung des Hautzustandes eine latente Depression verstärken. Andererseits kann der Hautzustand durch eine Depression verschlechtert werden, weil die Hautpflege vernachlässigt wird oder die Behandlungsbereitschaft und Kooperation mit dem Arzt gestört ist.

Ist deswegen in jedem Fall ein Besuch beim Psychosomatiker oder Psychiater zur medikamentösen Einstellung mit Psychopharmaka nötig? Oft ist dies allein deswegen nicht möglich, weil viele Patienten eine Kooperation mit einem „Nervenarzt" ablehnen, entweder weil sie der Überzeugung sind, dass sie keine psychischen Probleme haben, oder weil sie das Stigma, welches vielfach mit psychischen Erkrankungen verbunden wird, fürchten. Sie haben Angst, gesellschaftlich abgewertet zu werden. Doch was ist, wenn die Hautpatienten ihre psychischen Probleme akzeptieren? Kann sich dann der Hautarzt ausreichendes Wissen und Erfahrungen mit Psychopharmaka hinsichtlich Indikation, Kontraindikation, Neben- und Wechselwirkungen aneignen, um selbst eine begleitende psychopharmakologische Therapie zu verordnen?

Die folgende Zusammenstellung soll insbesondere Hautärzte ermutigen, ihre Patienten bei entsprechendem Krankheitsbild auch psychopharmakologisch zu unterstützen. Als Nachschlagewerk kann das „Kompendium der Psychiatrischen Pharmakotherapie" von Benkert und Hippius, erschienen im Springer Verlag, sehr hilfreich sein. Unabhängig davon empfiehlt es sich, ein Netz mit Psychotherapeuten, Psychosomatikern und Psychiatern aufzubauen, sowohl für fachärztliche Diskussionen und Fragen als auch zur Weitervermittlung von Patienten.

WANN SOLLTE DER HAUTARZT PSYCHOPHARMAKA VERSCHREIBEN?

EINE PSYCHOPHARMAKOLOGISCHE THERAPIE in der Dermatologie kann bei einigen Erkrankungen angezeigt sein. So kann bei primär psychischen Störungen mit Hautbezug die Verschreibung von Psychopharmaka sinnvoll sein, wie zum Beispiel beim Dermatozoenwahn, bei dem der Patient die falsche Vorstellung hat, es befänden sich Tiere unter seiner Haut, beim hypochondrischen Wahn, bei dem der Patient im Wahn lebt, er sei schwer erkrankt, bei Zwangsstörungen wie dem Waschzwang mit entsprechendem Handekzem oder beim Juckreiz ohne erkennbare Ursache (somatoformer Pruritus).

Aber auch bei sekundär psychischen Störungen aufgrund von Hautkrankheiten können Psychopharmaka hilfreich sein, wie zum Beispiel bei Anpassungsstörungen, Depressionen oder Angststörungen. Dass die

Psyche mit derartigen psychischen Störungen reagiert, ist meist eine Folge der Bewältigung einer chronischen Hautkrankheit oder der Bewältigung von juckenden Entzündungen, deren Juckreiz zu Schlafstörungen und weiteren Belastungen führt. Hier können Psychopharmaka zu einer Erleichterung führen, indem sie die psychischen Beschwerden reduzieren und die Lebensqualität der Betroffenen erhöhen.

Bei einem Nebeneinander von psychischer Störung und Hautkrankheit ist zu beachten, dass der Übergang zu den sekundären psychischen Störungen fließend ist, denn die Erkrankungen können sich in einem schwer messbaren Maß gegenseitig beeinflussen.

PSYCHOPHARMAKA BEI PSYCHIATRISCHEN ERKRANKUNGEN, DEPRESSIONEN, ZWANGS-, ANGST- UND PANIKSTÖRUNGEN

ES GIBT VERSCHIEDENE BEREICHE von psychischen Störungen, mit denen Hautärzte besonders häufig konfrontiert werden: mit psychiatrischen Erkrankungen und mit depressiven Störungen, mit Zwangsstörungen und mit Angst- und Panikstörungen. Daher möchte ich hier als Erstes einen Überblick über die Psychopharmaka geben, die sich bei diesen Störungen bewährt haben.

▸ Zu der ersten Gruppe, den *psychiatrischen Erkrankungen*, gehören unter anderem der Dermatozoenwahn und der hypochondrische Wahn. Bei beiden bestehen die Patienten auf Hautkrankheiten, die aus ärztlicher Sicht nicht vorhanden und somit psychisch verursacht sind. Im einen Falle spricht der Patient von Würmern oder Insekten, die, wie er glaubt, unter seiner Haut leben und ein Kribbeln verursachen, im anderen Falle von einem Hautkrebs, den er habe. Als Psychopharmaka bieten sich hier *Neuroleptika* an: *Risperidon (Risperdal®), Quetiapin (Seroquel®) oder Olanzapin (Zyprexa®).*
Depressive Störungen bilden eine zweite Gruppe. Sie entwickeln sich im Zusammenhang mit vielen Hautkrankheiten. Da die Haut in starkem Maße das Aussehen bestimmt, kann es schnell zu einem Gefühl der Entstellung und zu sozialen Problemen kommen. Stigmatisierung ist eines der Hauptthemen bei Hautkrankheiten. Doch nicht nur das

entstellte Aussehen kann zu Depressionen führen. Auch andere Symptome wie nicht zuletzt der oft vorhandene quälende und den Schlaf raubende Juckreiz und die Schwere der Krankheit trüben die Stimmung und beeinträchtigen die Lebensmotivation. Depressionen liegen zum Beispiel bei Hautkrebs oder der aussichtslos fortschreitenden Schmetterlingsflechte nahe. Hautkrankheiten können Lebensqualität, Lebensfreude und Lebenswunsch extrem beeinträchtigen. Wird die depressive Verstimmung zur depressiven Störung, stellen folgende Psychopharmaka eine Möglichkeit dar, auf die Störung einzuwirken, folgende Verschreibungen können dann vom Hautarzt erwogen werden: *SSRI: Citalopram (Cipramil®), Escitalopram (Cipralex®), Sertralin (Zoloft®), Fluoxetin (Fluctin®), Paroxetin (Seroxat®), SNRI: Venlafaxin (Trevilor®), Duloxetin (Cymbalta®), trizyklische Antidepressiva, Doxepin (Aponal®), Opipramol (Insidon®), Amitryptilin (Saroten®), tetrazyklisches Antidepressivum: Mirtazapin (Remergil®).*

▶ Auch *Zwangsstörungen* kommen häufig im Zusammenhang mit der Haut vor. Die Haut kann mit vielen Zwängen verbunden sein, angefangen beim Zwang, sich die Haut oder Pickel aufzukratzen, über den Zwang, ständig in den Spiegel zu schauen und das eigene Aussehen zu kontrollieren, bis hin zum Zwang, sich fortwährend eincremen oder waschen zu müssen. Bei Zwangsstörungen sind folgende Psychopharmaka üblich: *Paroxetin (Seroxat®), Fluoxetin (Fluctin®), Fluvoxamin (Fevarin®), Clomipramin (Anafranil®).*

▶ *Angst- und Panikstörungen* kommen ebenfalls häufig in der Hautarztpraxis vor. Vor allem schwere Hauterkrankungen können sie auslösen. Todesängste kommen auf. Aber auch die mit den Hauterkrankungen bestehenden oder erwarteten Einschränkungen und Veränderungen in der Lebensqualität und den Lebensumständen, in den privaten und beruflichen Beziehungen erzeugen Angst- und Panikstörungen. Bei akuten Angst- und Panikstörungen kann der Hautarzt *Benzodiazepine (cave: Suchtpotential)* verschreiben, bei chronischen bieten sich eventuell *SSRI (Citalopram, Escitalopram, Paroxetin), SNRI (Venlafaxin), trizyklische Antidepressiva (Opipramol)* an.

MIT PILLEN DIE DENK- UND ERLEBNISSTRUKTUREN BEEINFLUSSEN: ANTIPSYCHOTIKA (NEUROLEPTIKA)

WAHNHAFTE STÖRUNGEN IN DER DERMATOLOGIE sind der Dermatozoenwahn, der Eigengeruchswahn, der hypochondrische Wahn, der körperdysmorphe Wahn (die Hässlichkeitsfurcht) sowie weitere körperbezogene Wahnstörungen, wobei es sich oftmals um Verlaufsformen mit nur einem Symptom (monosymptomatische Verlaufsformen) handelt. Die Therapie erfolgt durch Neuroleptika, welche die Denk- und Erlebnisstrukturen beeinflussen. Zudem dämpfen sie psychomotorische Erregungszustände, wirken angstlösend (anxiolytisch) und reduzieren affektive Spannungen sowie Halluzinationen. Sie helfen den Patienten, Abstand zur Krankheit zu gewinnen. Es gibt unterschiedliche Gruppen von Neuroleptika (schwach potente, stark potente und atypische), wobei die schwach potenten aufgrund der oftmals guten anitallergischen und antihistaminergen Wirkung als antiallergische Neuroleptika auch bei Urticaria und Neurodermitis wirksam sind (siehe Tabelle 3). In der Dermatologie werden stark potente Neuroleptika wie Pimozid (Orap®) oder Haloperidol (Haldol®) aufgrund der möglichen starken extrapyramidalen Nebenwirkungen kaum eingesetzt. Zur neuroleptischen Wirkung werden die atypischen Neuroleptika bevorzugt verordnet.

Bei den genannten Neuroleptika sollten die Dosissteigerungen langsam erfolgen, sowohl zeitlich (alle paar Tage) als auch in der Dosis selbst. Zudem empfehlen sich regelmäßige Labor- und EKG-Kontrollen, da es in unterschiedlichem Ausmaß zu Blutbildveränderungen, Lebertransaminasenerhöhungen, Veränderungen von Blutzucker und Blutfetten kommen kann. Auch EKG-Veränderungen sind möglich, insbesondere eine Verlängerung des QT-Intervalls. Das QT-Intervall bezeichnet beim EKG die Zeitspanne, die vom Herz benötigt wird, um den elektrischen Impuls in die Herzkammern zu schicken und sich anschließend wieder aufzuladen, eine Aktion, die mit Herzfrequenz und Herzrhythmus zu tun hat. Denn in dieser Zeit zieht sich der Herzmuskel zusammen, pumpt das Blut in den Körper und erschlafft dann wieder. Ein verlängertes QT-Intervall gilt als eine Hauptursache für Herzrhythmusstörungen.

Somit empfiehlt sich die Labor- und EKG-Kontrolle vor der Einnahme eines atypischen Neuroleptikums, nach einer Woche Einnahme, dann nach einem Monat und im Verlauf der Einnahme schließlich alle drei Monate.

Tabelle 3 können Sie entnehmen, bei welchen atypischen Neuroleptika welche Dosierung unbedingt beachtet werden sollte. Sie weist zudem auf das jeweilige psychische Krankheitsbild hin, welches eine Verschreibung anzeigt (Indikation oder Heilanzeige genannt) und auf mögliche Nebenwirkungen.

Atypische Neuroleptika	Dosierung	Indikation	Mögliche Nebenwirkungen
Risperidon (Risperdal®)	Anfangsdosierung: 0,5 mg/Tag Maximaldosis 4–6 mg/Tag	Kutane (zur Haut gehörige) Psychose, Dermatozoenwahn, Artefakte (scheinbare, jedoch künstlich herbeigeführte Kausalzusammenhänge), Dysästhesien (Missempfindungen)	Schlaflosigkeit, Unruhe, Angstzustände, Kopfschmerzen (geringes Risiko für extrapyramidale Störungen, Störungen im Bewegungsablauf)
Quetiapin (Seroquel®)	Anfangsdosierung: 25 mg/Tag Maximaldosis 300–750 mg/Tag	Kutane (zur Haut gehörige) Psychose, Schizophrenie/ Wahn, Dermatozoenwahn	Schläfrigkeit/Sedierung (Beruhigungsmittel), Benommenheit, orthostatische Hypotonie (Regulationsstörung des Blutdrucks beim Wechsel der Körperlage), Schwindelgefühl, Tachykardie (Herzrasen), Kopfschmerzen

Olanzapin (Zyprexa®)	Anfangsdosierung 2,5 mg/Tag Maximaldosis 20 mg	Kutane (zur Haut gehörige) Psychose, Schizophrenie/ Wahn, Dermatozoenwahn, Zwangsstörungen, Artefakte (scheinbare, jedoch künstlich herbeigeführte Kausalzusammenhänge), Dysästhesien (Missempfindungen)	Gewichtszunahme, Haarausfall, Schläfrigkeit, erhöhter Prolaktinspiegel (Prolaktin ist ein Hormon, das vor allem für die Muttermilchherstellung zuständig ist), Eosinophilie, erhöhte Glucose- und Triglyceridspiegel (Zucker- und Blutfettwerte betreffend), Hypotonie (niedrige Blutdruckwerte), leichte anticholinergische Effekte (Verstopfung, Mundtrockenheit), passagere Lebertransaminasenerhöhung, Ödeme, Schwindelgefühl, Dyskinesien (Störungen im Bewegungsablauf)

Tabelle 3: Atypische Neuroleptika –
Dosierung, Heilanzeige und mögliche Nebenwirkungen

MIT PILLEN DIE STIMMUNG AUFHELLEN: ANTIDEPRESSIVA

ANTIDEPRESSIVA WERDEN ZUR STIMMUNGSAUFHELLUNG angewendet. Zusätzlich wirken sie angstlösend, antriebssteigernd oder antriebsdämpfend und reduzieren Zwangssymptome. Sie sind nach der chemischen Struktur und entsprechenden Wirkweise in sechs Gruppen unterteilt:

▸ SSRI: Selektive Serotonin-Wiederaufnahmehemmer (Citalopram, Escitalopram, Fluoxetin, Paroxetin, Sertralin),
▸ SNRI: Serotonin-Noradrenalin-Wiederaufnahmehemmer (Venlafaxin, Duloxetin),
▸ trizyklische Antidepressiva (Doxepin, Opipramol, Amitryptilin),
▸ tetrazyklische Antidepressiva (Mirtazapin),
▸ Melatoninrezeptor-Agonisten (Agomelatin),
▸ Monoaminooxidase-Hemmer (Moclobemid).

Depressive Symptome und Angstsymptome sind bei Hautpatienten häufig vorhanden. Dass es bei derartigen Symptomen für die dermatolgische Therapie und Krankheitsheilung angezeigt ist, Antidepressiva zu verschreiben, kann bei folgenden Krankheitsbildern der Fall sein:

Neurodermitis, Prurigo, Psoriasis (Schuppenflechte), Alopecia areata (kreisrunder Haarausfall), chronische Urticaria (Nesselsucht), Trichotillomanie (zwanghaftes Haarausreißen), Skin-Picking-Syndrom (ständiges Kratzen und Zupfen an der Haut, neurotische Exkoriationen, Substanzdefekte der Haut), somatoforme Störungen (nicht auf eine Krankheit zurückzuführen), Zwangsstörungen mit Hautbezug, hypochondrische Störungen, körperdysmorphe Störungen (Hässlichkeitsfurcht), kutane Dysästhesien (Missempfindungen der Haut) und idiopathische Formen des Pruritus (Juckreiz ohne erkennbare Ursache).

Auch die neueren Substanzen (beispielsweise die SSRI und SNRI) benötigen meist zwei bis drei Wochen, um eine stimmungsaufhellende Wirkung zu erreichen, jeweils abhängig vom Plasmaspiegel und einer adäquaten Dosis. Wenn das Medikament einen stimulierenden oder auch agitierenden Effekt vor der Stimmungsaufhellung bewirkt, steigt das Risiko für einen Suizid. Deswegen sollte vor der Verschreibung des Medikaments das potentielle suizidale Risiko des Patienten erfragt und eingeschätzt werden.

Zur Entscheidungsfindung, welches Medikament gewählt werden soll, sind die individuellen Patientenprofile zu berücksichtigen. Dies beinhaltet unter anderem mögliche Interaktionen mit anderen Medikamenten wie zum Beispiel beruhigenden (sedierenden) Antihistaminika, welche zu Herzrhythmusstörungen führen können. Wenn bei Patienten mit depressiven Symptomen gleichzeitig Agitiertheit und Angst auftreten, könnten Substanzen mit einem beruhigenden Effekt (zum Beispiel Mirtazapin oder trizyklische Antidepressiva wie zum Beispiel Doxepin, Trimipramin) unterstützend sein, ebenso bei Patienten mit ausgeprägten Schlafstörungen (hier kann unter anderem auch die Verschreibung von Agomelatin angezeigt sein). Bei antriebsgehemmten Patienten kommen eher antriebssteigernde Präparate (unter anderem Citalopram) zum Einsatz.

Die Kooperation des Patienten hinsichtlich einer Einnahme von Antidepressiva kann erhöht werden, wenn die Anfangsdosis möglichst niedrig ist (zum Beispiel die Hälfte der kleinsten Tablette) und langsam gesteigert wird (zum Beispiel jeden vierten Tag um die kleinste Einheit), da die Nebenwirkungen früh eintreten können, die volle Wirkung sich jedoch erst nach einer gewissen Zeitspanne von meist zwei bis drei Wochen zeigt. Wenn die Zieldosis erreicht ist, sollte das Medikament nach dem Nachlassen der Hauptsymptome (bei ursprünglich psychischen Erkrankungen) mindestens sechs Monate eingenommen werden. Dann empfiehlt sich bei stabilem, dauerhaftem Nachlassen vor dem Absetzen ein langsames Reduzieren entsprechend der Aufdosierung, um Absetzphänomene zu vermeiden. Antriebssteigernde Medikamente werden eher morgens eingenommen, beruhigende eher am Abend.

Aufgrund der günstigen Nebenwirkungsprofile der SSRI und SNRI werden diese bevorzugt eingesetzt. Trizyklische Antidepressiva werden insbesondere zur Beruhigung und Schlafanstoßung sowie zur antihistaminergen Wirkung (Auswirkungen auf das zentrale Nervensystem, die zum Beispiel Reaktionsschwäche bewirken) in eher niedrigen Dosen angewendet, welche dann meist keine ausreichende antidepressive Wirkung erzielen.

Eine schnelle angstauflösende und auch schlafanstoßende Wirkung kann mit Benzodiazepinen erfolgen. Eine diesbezügliche Verschreibung wird hier jedoch aufgrund der relativ schnellen Gewöhnungs- bzw. Abhängigkeitsgefahr nicht weiter aufgeführt.

Monoaminooxidasehemmer werden aufgrund vieler Nebenwirkungen (unter anderem hypertensive Krisen, das heißt massiver, plötzlicher Blutdruckanstieg nach Einnahme von tyraminhaltigen Nahrungsmitteln) immer weniger verordnet.

Eine Kombination von zum Beispiel einem antriebssteigernden SSRI und einem niedrigdosierten trizyklischen Antidepressivum (zum Beispiel Doxepin) zur Nacht ist grundsätzlich möglich.

Bei den Antidepressiva empfiehlt sich ebenso wie bei den Neuroleptika die regelmäßige Kontrolle von Laborwerten inklusive Blutbild, Leber- und Nierenwerten und EKG vor Verordnung des Medikaments, nach einer Woche, dann nach einem Monat und schließlich im Verlauf alle drei Monate (bei den trizyklischen monatlich).

Tabelle 4 können Sie entnehmen, welche Antidepressiva bei welchen psychischen Störungen angezeigt sein können, wie Sie sie dosieren und welche Nebenwirkungen sie haben können.

Antidepressiva	Dosierung	Indikation	Mögliche Nebenwirkungen
Citalopram (Cipramil®)	20–40 mg/Tag, maximal 60 mg/Tag	Depression Panikstörung mit und ohne Agoraphobie (Platzangst)	Appetitlosigkeit, Neigung zu Schweißausbrüchen, Übelkeit, Diarrhoe (Durchfall), innere Unruhe, Agitiertheit (gesteigerte, unmotivierte Aktivität), Schlafstörungen, Kopfschmerzen, Schwindel, Sexualfunktionsstörungen
Escitalopram (Cipralex®)	10–20 mg/Tag	Depression, Panikstörung mit und ohne Agoraphobie (Platzangst), Generalisierte Angststörung	Appetitlosigkeit, Übelkeit, Diarrhoe (Durchfall), innere Unruhe, Agitiertheit (gesteigerte, unmotiverte Aktivität), Kopfschmerzen, Schwindel, Sexualfunktionsstörungen
Paroxetin (Seroxat®)		Depression, Hinweise auf Wirksamkeit bei Zwangsstörungen	Übelkeit, Sexualfunktionsstörungen, gastrointestinale Beschwerden (Magen und Darm betreffend), Mundtrockenheit, Schwitzen, Unruhe, Schlafstörungen, Kopfschmerzen, Tremor (Zittern), Schwindel, Zwangsgähnen
Sertralin (Zoloft®)	50–200 mg/Tag	Depression, Panikstörung mit und ohne Agoraphobie (Platzangst)	Appetitlosigkeit, Übelkeit, Diarrhoe (Durchfall), Mundtrockenheit, Schwindel, Schlafstörungen, Müdigkeit, Sexualfunktionsstörungen

Fluoxetin **(Fluctin®)**	20–60 mg/tag	Depression, Zwangsstörung	Appetitlosigkeit, Übelkeit, Diarrhoe (Durchfall), vermehrtes Schwit- zen, innere Unruhe, Agitiertheit (gesteigerte, unmotivierte Aktivität), Schlafstörungen, Kopfschmerzen, Tremor (Zittern), Schwindel
Venlafaxin **(Trevilor®)**	37,5–375 mg/Tag	Depression, Generalisierte Angststö- rung, Soziale Phobie, Panikstörung mit und ohne Agoraphobie	Blutdruckanstieg (insbe- sondere bei hohen Dosie- rungen), Appetitlosigkeit, Übelkeit, Diarrhoe (Durch- fall), Schwitzen, innere Unruhe, Agitiertheit (gesteigerte, unmotivierte Aktivität), Schlafstörun- gen, Kopfschmerzen, Zwangsgähnen
Duloxetin **(Cymbalta®)**	30–120 mg/Tag	Depression, neuropathische Schmerzen	Übelkeit, Schlaflosigkeit, Kopfschmerzen, Mund- trockenheit, Obstipation (Verstopfung), vermin- derter Appetit, Angst, Schwindel, Schläfrigkeit, Nervosität, Diarrhoe (Durchfall), vermehrtes Schwitzen, Sexuelle Funktionsstörung
Mirtazapin **(Remergil®)**	15–45 mg/Tag	Depression, insbeson- dere mit Schlafstörung	Müdigkeit, Benommen- heit, Schwindelgefühl, Kopfschmerzen, Appetit- und Gewichtszunahme, Ödeme
Agomelatin **(Valdoxan®)**	25–50 mg/Tag	Depression	Sehr günstiges Neben- wirkungsprofil, keine sexuelle Funktionsstö- rung, keine Tagesmü- digkeit bei Verbesserung des Schlafverhaltens bei depressiven Patienten, keine Absetzphänomene

Tabelle 4: Antidepressiva –
Dosierung, Heilanzeige und mögliche Nebenwirkungen

PILLEN BEI JUCKREIZ UND SCHLAFLOSIGKEIT: ANTIHISTAMINIKA UND TRIZYKLISCHE ANTIDEPRESSIVA

HAUTERKRANKUNGEN GEHEN SEHR HÄUFIG mit quälendem Juckreiz einher. Begleitend oder auch als Folge haben viele Patienten Schlafstörungen. Bei diesen Patienten kann eine psychopharmakologische Unterstützung mit einem trizyklischen Antidepressivum in niedriger Dosierung oder einem niederpotenten Neuroleptikum, welches zentrale antihistaminerge Wirkung hat, angezeigt sein. Sind insbesondere Schlafstörungen das Hauptsymptom, so kann mit 7,5–15 mg Mirtazapin (siehe Tabelle 4) oder auch mit Agomelatin (siehe ebenfalls Tabelle 4) behandelt werden.

Die Therapie, insbesondere des Juckreizes, erfolgt meist nach einem Stufenplan, wobei zunächst mit nichtsedierenden (nicht-beruhigenden) Antihistaminika behandelt wird und im Weiteren der Einsatz von sedierenden (beruhigenden) Antihistaminika erfolgt.

Juckreiz (Pruritus) kann zweifelsfrei durch Stress ausgelöst oder verstärkt werden. Bei einigen Fällen von ausgeprägtem Juckreiz sind nicht-beruhigende und beruhigende Antihistaminika erfolglos. Dann kann eine zentrale Erzeugung des Juckreizes vorliegen, welche besser oder nur auf Psychopharmaka anspricht.

Niedrigpotente Neuroleptika entfalten zusätzlich einen guten zentralen Anti-Juckreiz-Effekt. Sie können demzufolge ebenso wie trizyklische Antidepressiva bei therapieresistentem zentralem Juckreiz eine gute Wirksamkeit aufweisen.

Tabelle 5 und 6 können Sie entnehmen, welche Arten von Juckreiz auf welche Antihistaminika ansprechen. Außerdem sind die Dosierungen sowie die möglichen Nebenwirkungen aufgeführt. Tabelle 6 listet speziell und für sich die trizyklischen Antidepressiva auf. Sie zählen zu den vor allem bei Depressionen bereits am längsten angewandten Präparaten, zu den Psychopharmaka der ersten Stunde. Heutzutage sind sie jedoch nicht unbedingt mehr die Mittel erster Wahl.

Antihistaminika mit zentraler Wirkung	Dosierung	Indikation	Mögliche Nebenwirkungen
Hydroxyzin (Ararax®)	25–75 mg/Tag bevorzugt abends in 2–3 Gaben	Juckreiz bei Urticaria (Nesselsucht) und Neurodermitis, Angst, Spannungs- und Unruhezustände, Schlafstörungen	Schwindel, Benommenheit, Konzentrationsstörung, verlängerte Reaktionszeit
Promethazin (Atosil®, Prothazin®)	Anfang: 25 mg/Tag, maximal bis 200 mg/Tag	Allergische Erkrankungen, Unruhe, Erregungszustände, Schlafstörungen, Ersatzmedikation bei hartnäckigem Pruritus (Juckreiz)	Mundtrockenheit, orthostatische Kreislaufprobleme (Kreislaufprobleme beim Wechseln der Körperlage), Störungen der Hämatopoese, Akkommodationsstörungen (führen zu unscharfem Sehen)

Tabelle 5:

Antihistaminika – Dosierung, Heilanzeige und mögliche Nebenwirkungen

Medikament	Dosierung	Indikation	Nebenwirkungen
Doxepin (Aponal®)	25–50 mg/Nacht, Maximaldosis 100–200 mg/Tag	Antidepressive Wirkung, anithistaminerge Wirkung, Schmerzstörungen	Anticholinerge Begleitwirkungen (Mundtrockenheit, Akkommodationsstörungen, die zu unscharfem Sehen führen, Obstipation/Verstopfung), Müdigkeit
Opipramol (Insidon®)	50–300 mg/Tag (Hauptdosis abends)	Generalisierte Angststörung (Verselbständigung der Angst), Spannung, depressive Verstimmung, somatoforme Störungen (vegetative Organbeschwerden ohne Organbefund), Pruritus (Juckreiz)	Müdigkeit, Mundtrockenheit, Schwindel, Benommenheit, keine Abhängigkeits- oder Absetzphänomene
Amitryptilin (Saroten®)	25–50 mg/Nacht Maximaldosis 300 mg (Dosisverteilung zum Beispiel 1/3 morgens, 2/3 abends)	Depression, Schmerzen, Schlafstörungen	Müdigkeit, vegetative Symptome wie Schwindel, Mundtrockenheit, Akkommodationsstörungen (unscharfes Sehen), Tachykardien (Herzrasen), orthostatische Dysregulation (Probleme bei Veränderungen der Körperlage), Störungen der Erregungsleitung des Herzens, Gewichtszunahme

Tabelle 6: Trizyklische Antidepressiva –
Dosierung, Heilanzeige und mögliche Nebenwirkungen

SELBSTHILFE BEI HAUTPROBLEMEN –
PLÄDOYER FÜR EIN NEUES SELBSTBEWUSSTSEIN
HANS-DETLEV KUNZ UND KLAUS-MICHAEL TAUBE

WAS BEDEUTET SELBSTHILFE? Selbsthilfegruppen sind selbstorganisierte Zusammenschlüsse von Menschen, die ein gleiches Problem oder Anliegen haben und gemeinsam etwas dagegen bzw. dafür unternehmen möchten. Typische Probleme sind etwa der Umgang mit chronischen oder seltenen Krankheiten, mit Lebenskrisen oder belastenden sozialen Situationen. Die Zahl der Selbsthilfegruppen in Deutschland wird auf 70.000 bis 100.000 geschätzt. Laut einer telefonischen Gesundheitsumfrage des Robert-Koch-Institutes 2003 waren etwa 9 Prozent der erwachsenen Bevölkerung Deutschlands schon einmal Teilnehmer einer Selbsthilfegruppe. Fragt man danach, wie hoch der Anteil derer ist, die zum Zeitpunkt der Befragung eine Selbsthilfegruppe besuchen, so lag dieser 2005 bei 2,8 Prozent.[257]

SELBSTHILFEGRUPPEN IN DEUTSCHLAND

DIE LEISTUNGEN DER SELBSTHILFEGRUPPEN werden inzwischen als wichtige Ergänzung zum professionellen Gesundheitssystem von den Kostenträgern anerkannt. Daher werden gesundheitliche Selbsthilfegruppen von der gesetzlichen Krankenversicherung gefördert. Nach § 20c des Sozialgesetzbuches V sind alle Krankenkassen dazu verpflichtet. Vielfältige Unterstützungsmöglichkeiten bieten auch andere Institutionen (zum Beispiel gesetzliche Rentenversicherungen, aber auch Kommunen und Länder). Für die Unterstützung von örtlichen Selbsthilfegruppen sind neben den Selbsthilfeorganisationen die circa 280 Selbsthilfekontaktstellen und Selbsthilfe unterstützenden Einrichtungen von Bedeutung. Sie befinden sich in unterschiedlichen Trägerschaften – teils bei den Wohlfahrtsverbänden, teils bei den kommunalen Trägern. Professionelle Mitarbeiter (in der Regel Sozialarbeiter/Sozialpädagogen) vermitteln Suchende an bestehende Selbsthilfegruppen oder unterstützen bei der Gründung und In-Gang-Setzung einer neuen Gruppe. Im Unterschied zu

Selbsthilfeorganisationen, die ein spezifisches Gebiet von Erkrankungen vertreten, haben die Selbsthilfekontaktstellen keinen expliziten Bezug zu bestimmten Erkrankungen oder sozialen Problemen.[256]

WAS SIND SELBSTHILFEORGANISATIONEN?

SELBSTHILFEORGANISATIONEN SIND ZUSAMMENSCHLÜSSE von Menschen mit chronischen Krankheiten und Behinderungen (zum Beispiel Allergie, Neurodermitis, Schuppenflechte [Psoriasis], Diabetes, Krebs, Rheuma) und/oder (psycho-)sozialen Anliegen (zum Beispiel Alleinerziehende, Obdachlosigkeit etc.). Sie sind in der Regel auf Länder- und/oder Bundesebene in der Rechtsform gemeinnütziger Vereine (e. V.) organisiert. Die meisten von ihnen sind Mitglied in einer Dachorganisation auf Bundesebene (zum Beispiel in der Bundesarbeitsgemeinschaft Selbsthilfe oder dem Deutschen Paritätischen Wohlfahrtsverband [DPWV]). Beispiele für Gruppen und Verbände, die sich auf Bundesebene auch eigenständig vertreten, sind die Deutsche Alzheimer-Gesellschaft und die Bundesarbeitsgemeinschaft Hospiz.

Zu den Mitgliedern von Selbsthilfeorganisationen gehören neben Einzelpersonen (Betroffene, Angehörige von Betroffenen, teilweise auch Professionelle) auch viele der auf örtlicher Ebene arbeitenden Selbsthilfegruppen.

Finanzielle Unterstützung erhalten die gesundheitsbezogenen Selbsthilfeorganisationen vor allem von der Gesetzlichen Krankenversicherung, aber auch aus Mitgliedsbeiträgen, Spenden und von Rentenversicherungen (Landesversicherungsanstalten, Bundesversicherungsanstalt). Durch das Gesundheitsmodernisierungsgesetz des Jahres 2004, das für die Krankenkassen gilt, haben die Selbsthilfeorganisationen über ihre Dachorganisationen Mitspracherechte in wichtigen Fragen der Gesundheitsversorgung. Sie wirken seit Anfang 2004 als Patientenvertreter im gemeinsamen Bundesausschuss und seinen einzelnen Ausschüssen mit.[257]

DER DEUTSCHE PSORIASIS BUND (DPB) – BEISPIEL EINER AKTIVEN SELBSTHILFEGRUPPE IN DER DERMATOLOGIE

DER DEUTSCHE PSORIASIS-BUND E.V. vertritt die Interessen aller an Schuppenflechte erkrankten Menschen in der Bundesrepublik Deutschland. Er setzt sich für die Anliegen der Menschen mit Schuppenflechte in allen Bereichen der Gesellschaft ein.

Das Anliegen des Psoriasis-Bundes ist:

▸ die medizinische Versorgung aller Menschen mit Schuppenflechte (Psoriasis) in Deutschland zu verbessern,

▸ die Schuppenflechte uneingeschränkt als Behinderung anerkannt zu sehen,

▸ die Öffentlichkeit über die Krankheit Schuppenflechte/Psoriasis aufzuklären,

▸ die Forschung über Ursachen und Behandlungsmöglichkeiten der Schuppenflechte zu fördern und alle Informationen hierzu zu sammeln und zu vermitteln,

▸ die nationale und internationale Zusammenarbeit mit anderen Selbsthilfeorganisationen im Gesundheitswesen sowie mit ausländischen Psoriasis-Vereinigungen zu aktivieren.

Der Deutsche Psoriasis-Bund (DPB) wurde 1973 als Selbsthilfeverein gegründet. Der Gründungspräsident ist Prof. Dr. Bernward Rohde. Heute ist diese Interessengemeinschaft mit etwa 6.000 Mitgliedern die stärkste deutsche Patientenorganisation im Bereich der Hautkrankheiten.

In Regionalgruppen und Kontaktkreisen veranstalten Teams von ehrenamtlich engagierten Mitgliedern zwanglose Treffen und fördern den Erfahrungsaustausch unter den Erkrankten. Sie organisieren Fachvorträge und helfen bei persönlichen Problemen. Es hat sich ein Netz von Regionalgruppen gebildet. Besonders engagierte Mitglieder sind auch bei Anliegen von Menschen mit Schuppenflechte als Kontaktpersonen tätig. Alle haben große Kenntnisse aus dem eigenen Erleben der Schuppenflechte, der Behandlung und im täglichen Management der ursächlich nicht heilbaren Krankheit. Die Geschäftsstelle des Verbandes in Hamburg ist die zentrale Auskunfts- und Vermittlungsstelle für alle. Sie beantwortet die Anfragen, berät, stellt Informationsmaterial zur Verfügung oder leitet Wünsche in eine Regionalgruppe oder zu einer Kontaktperson in der Nähe weiter.[260]

ERMUNTERUNG ZU EINEM GESTÄRKTEN SELBSTBEWUSSTSEIN

KOMMT DIE DISKUSSION auf den Begriff der Selbsthilfe, insbesondere bei seltenen oder chronischen Erkrankungen, ist es ein ganz selbstverständlicher erster Reflex, von Selbsthilfegruppen zu sprechen. Verkannt wird dabei oft die ehrenamtliche Tradition. Auf spezielle Erkrankungen bezogene Organisationen der Patientenselbsthilfe, häufig verbunden mit einer Untergliederung in Gruppen, können auf eine lange ehrenamtliche Tradition zurückblicken. Diese Form des gesellschaftlichen Engagements ist öffentlich wenig bekannt, da immer noch eine ernsthafte gesellschaftliche Anerkennung fehlt. Die gesundheitsbezogene Patientenselbsthilfe wird mittlerweile zwar als Säule der Gesundheitsversorgung in Deutschland politisch dargestellt und genutzt, ohne aber dafür nachhaltig finanzielle Ressourcen bereitzustellen. Das ist ein Nach- und Vorteil zugleich. Die schwierige, aber weitestgehend nicht abhängige Finanzierung ermöglicht eine unabhängige Form der Patientenselbsthilfe. So ist die Patientenselbsthilfe unabhängig von Strukturen des professionellen Versorgungssystems. Sie bietet vor allem Hilfen zur Selbsthilfe.

Das Ziel jeder therapeutischen Aktion muss als Ergebnis die individuelle Lebenszufriedenheit in der jeweiligen Lebenswelt des Patienten haben. Krankheit ist von der Lebenswelt nicht abzukoppeln oder aus ihr herauszunehmen. Gerade chronisch Erkrankte müssen mit der Erkrankung leben (lernen), insbesondere bei ursächlich nicht heilbaren Krankheiten sogar lebenslang. Erst wer seine Erkrankung kennt, ist in der Lage, „auf Augenhöhe" mit Leistungserbringern, Ärzten, Therapeuten und Klinikbediensteten seine Vorstellungen und Erwartungen bezüglich einer erfolgreichen Behandlung zu steuern.

Negative Reaktionen von „gesunden" Mitmenschen auf eine Erkrankung erfolgen oft aus Unwissenheit und Sorge um die eigene Gesundheit und nicht aus bösem Willen. Das dadurch erzeugte Stigma, das die Erkrankten erleben, hat aber eine erhebliche soziale und psychische Belastung zur Folge. Aufklärung über die jeweilige stigmatisierende Erkrankung und die unmissverständliche Darstellung der Probleme, die die daran erkrankten Menschen trotz gesetzlicher medizinischer Versorgung haben, stoßen notwendige Veränderungen – nicht nur im Wissen, Fühlen und Verhalten der Patienten, auch im Verhalten der Nicht-Erkrankten, sogenannten Gesunden – an. Auch dafür steht Patientenselbsthilfe.

Selbsthilfe setzt Kompetenz und Eigenverantwortung voraus. Auf dem Wege dahin bietet die Patientenselbsthilfe authentische Hilfestellung und Rückhalt. Erkrankte erleben real, dass sie nicht allein sind. Sie sehen, dass eine chronische, das heißt lebenslange Erkrankung auch die Chance eröffnet, bewusster zu leben und neue, bisher nicht erkannte Stärken und Fähigkeiten aus sich selbst heraus zu entwickeln. Erst mit diesem Rüstzeug sind Kranke grundversorgt und können gemeinsam mit dem Arzt eine partnerschaftliche Entscheidung über die eigene Behandlung treffen.

Vor dem Hintergrund der diversen Gesundheitsreformen übt eine aktive Selbsthilfearbeit, die die Behandlung kranker Menschen in allen Bereichen unterstützt, über die Aufklärung hinsichtlich der Krankheit und die Stärkung der Eigenverantwortung hinaus eine immer wichtigere Orientierungs-Funktion aus. Sie ermöglicht es, dass sich die Patienten im Gesundheitssystem und bei den gesetzlichen Ansprüchen auf Behandlung zurechtfinden.

Selbsthilfe stärkt die Kompetenz nicht von außen durch professionelle, autoritäre Helfer, sondern aufgrund eines eigenen Patienten-Erlebens im Umgang mit der Krankheit, der Patient eignet sich die Kompetenz selbständig und in Eigenverantwortung an. Selbsthilfe zielt auf eine Patientin und einen Patienten, die oder der selbst Expertin oder Experte im Umgang mit der eigenen Erkrankung ist! Erste Studien belegen den Nutzen einer Mitgliedschaft.

OHNE EHRENAMTLICHES ENGAGEMENT
KEINE SELBSTHILFE

PATIENTENSELBSTHILFE MOTIVIERT und unterstützt Mitglieder, sich ehrenamtlich der Aufgabe der Information und Beratung sowie der Mitberatung nach § 140f des Steuergesetzbuches V im Gemeinsamen Bundesausschuss zu stellen. So können die Mitglieder aktiv an der Ausgestaltung der Versorgung gesetzlich Versicherter mit Nutzen stiftenden medizinischen Methoden, Arzneimitteln, Hilfs- und Heilmitteln und der besonderen Therapieausrichtung mitwirken.

Selbsthilfeorganisationen sind häufig sowohl auf Bundes- und Landesebene als auch vor Ort mit Regionalgruppen, Kontaktkreisen und Kontaktpersonen tätig. Meist sind ehrenamtlich aktive Mitglieder Vertrauensleute vor Ort. Regelmäßige aktuelle Informationen über medizinische Entwicklungen und Erfahrungen im Umgang mit der Erkrankung sind die Grundlage ihres Engagements. Programme zur Fortbildung ehrenamtlich Tätiger bieten auf bestimmte Krankheiten (Indikationen) bezogene Patientenselbsthilfeorganisationen mit dem Ziel an, Art und Inhalte der Angebote zur Selbsthilfe kontinuierlich zu verbessern. In den Gruppen und Kontaktkreisen selbst werden regelmäßige Treffen mit Fachvorträgen, Fragerunden, Teilnahmen an Messen, Besichtigungen von Kliniken und zahlreiche andere Aktivitäten organisiert.

Neue Erkenntnisse und Therapieverfahren sind die Hoffnung chronisch kranker Menschen. Die Verbände krankheitsbezogener Patientenselbsthilfe erfahren meist ehrenamtliche Unterstützung durch interdisziplinäre wissenschaftliche Beiräte. Experten stellen ehrenamtlich ihre Fachkompetenz auf dem speziellen Gebiet der jeweils von der Selbsthilfe betroffenen Erkrankung und anderer medizinischer Bereiche zur Verfügung. Diese bewährten Wege einer Zusammenarbeit von kranken Menschen und Medizinern führen zu einer aktiven Partnerschaft zwischen Patienten und Ärzten. In Arbeitsgruppen werden wissenschaftliche Themen erörtert und fachlich begleitet. Informelle, das heißt formlose Kontakte zu Ärzten, deren Verbänden und Fachorganisationen sowie Kliniken und Herstellern von Medikamenten sind dabei selbstverständlich geworden.

KRANK ZU SEIN GENÜGT NICHT –
SELBSTHILFE WIRKT UND FÜHRT
INS SELBSTBESTIMMTE LEBEN

PATIENTENSELBSTHILFEVERBÄNDE PUBLIZIEREN Informationen, die im Rahmen von Mitgliedschaften kostenlos verfügbar sind. Internetauftritte schaffen weltweit Transparenz über die Organisationen und deren Wirken. Der individuelle Rat im Patientenkontakt bis hin zum Kontakt zu Wissenschaftlern ist dabei inzwischen eine Selbstverständlichkeit. Das alles dient dem Bemühen, dem Einzelnen den Weg zu einer Verbesserung seiner Situation zu bereiten. Zauberkünstler sind die Aktiven und deren Administration aber nicht.

Zahlreiche Publikationen werden gegen adressierte und frankierte Briefumschläge an jedermann, das heißt auch an Nicht-Mitglieder, kostenlos abgegeben. Zu solchen Publikationen zählen auch Patientenversionen von S3-Leitlinien als Leitfaden für eine sachgerechte Behandlung, an der Mediziner sich orientieren (sollten). Patientenbroschüren mit ausführlichen Hinweisen zur Entstehung und Diagnose, alltagsrelevanten Informationen sowie einem Überblick über alle zugelassenen Therapiemöglichkeiten sind in der Regel verfügbar und mit keinen wirtschaftlichen oder politischen Interessen verbunden.

„Dass Selbsthilfe wirkt, ist denen klar, die sich seit langem dort engagieren. Viele Menschen verbinden mit Selbsthilfe aber immer noch nur ‚den händchenhaltenden Stuhlkreis' und werten es als ein Zeichen von Schwäche, Teil einer Selbsthilfegruppe zu sein. Diese Menschen wissen gar nicht, wie stark der gegenseitige Austausch in der Selbsthilfe die Lebensqualität vieler chronisch kranker und behinderter Menschen verbessert. Und auch die Bedeutung der Selbsthilfe für das gesamte Gesundheitssystem ist vielen Menschen nicht bewusst", schreibt die Bundesarbeitsgemeinschaft Selbsthilfe (BAGS) als Dachverband der organisierten Patientenselbsthilfe in Deutschland.

Mit Kampagnen wird dahingehend sensibilisiert, Berührungsängste von Kranken und Gesunden abzubauen. Die aktuelle Selbsthilfe agiert immer am Puls der Bedürfnisse von Menschen. Patienten haben trotz häufig schwerem Leid und Los durch Selbsthilfeorganisationen wieder neuen Mut und zu einem selbstbestimmten Leben gefunden.

Krank zu sein genügt nicht. Engagement für sich selber mit Hilfe von anderen ist ein Weg aus der Isolation, schafft Wissen und Selbstvertrauen zu sich und der Lebenssituation.[261]

DAS NETZWERK DER UNTERSTÜTZUNG

BETROFFENE MIT CHRONISCHEN ERKRANKUNGEN generell, in unserm Falle mit chronischen Hautkrankheiten, sind gut beraten, aus einer möglichen Isolation herauszutreten und die vielfältigen Hilfen zu nutzen. Es gibt den Hausarzt, den Dermatologen, vielleicht noch einen weiteren Kollegen für eine „Zweitmeinung". Bei der Schuppenflechte mit Gelenkbeteiligung wird ein Rheumatologe oder der Physiotherapeut hinzugezogen – bei kindlicher Schuppenflechte der Pädiater. Hautkrankheiten, die mit anderen Erkrankungen einhergehen, mit Komorbiditäten, wie der Mediziner sagt, werden nicht nur vom Hautarzt behandelt. So werden Depressionen oder Angststörungen, die mit den Hautkrankheiten zusammen auftreten, von Psychologen und von Psychiatern betreut und kardiovaskuläre Störungen, also Störungen im Blutgefäßsystem, von Internisten. Oft fügt der Partner, die Partnerin eine eigene Meinung hinsichtlich der Erkrankung und ihrer Behandlung hinzu. Freunde geben gute Ratschläge. In diesem Spannungsfeld hat ein Kranker seine Entscheidungen zu fällen.

Ärzte, die gut mit ihren Patienten kooperieren, können es bedenkenlos aushalten und werden es sogar fördern, dass sich „*ihr*" Patient ausreichend informiert fühlt. Das Internet kommt hinzu, führt aber oft durch sein Überangebot an Informationen sowie aufgrund der Zweifel an der Glaubwürdigkeit dieser Informationen eher zu einer Verunsicherung.

In diesem komplexen Netzwerk an Unterstützung übernehmen Selbsthilfegruppen eine tragende Rolle. Die von den Mitbetroffenen oft gründlich recherchierten, neuen Informationen sowie die Nähe zu Miterkrankten schaffen eine solide Vertrauensbasis und damit eine Sicherheit für die Erkrankten. Patienten mit diesen Erfahrungen können schließlich viel eher dem Arzt und dem Therapeuten ein Partner sein und engagiert gemeinsam getroffene Entscheidungen umsetzen.

FAZIT

ORGANISIERTE, GESUNDHEITSBEZOGENE SELBSTHILFE präsentiert Zusammenschlüsse von Menschen, die einander außerhalb des professionellen Versorgungssystems bei meist chronischer Erkrankung oder Behinderung helfen und gemeinsam stützen. Selbsthilfeorganisationen, Selbsthilfegruppen und Selbsthilfe unterstützende Einrichtungen sind eingebettet in ein Netzwerk vieler Helfer: Ärzte, Physiotherapeuten, Pflegekräfte, Sozialarbeiter. Selbsthilfegruppen arbeiten bewusst unabhängig, um für die Betroffenen weitgehend unabhängige, freiwillige und selbstlose Unterstützung liefern zu können, die aus einer von finanziellen Zwängen freien und einer nicht von anderen Interessen geleiteten Position herrühren. So kann zum Beispiel für Menschen mit einer chronischen Hauterkrankung persönliches Engagement in einer Selbsthilfegruppe nur von Vorteil sein.

WAS ES NOCH ZU SAGEN GIBT

Vor ein paar Jahren war der Arbeitskreis Psychosomatische Dermatologie (APD) bei einer seiner Jahrestagungen in einer Universitäts-Hautklinik in Deutschland zu Gast. Der Hörsaal war gut gefüllt und die Teilnehmer sahen erwartungsfroh die Referenten an. Nachdem der Tagungsleiter gesprochen hatte, kam der Klinikdirektor dieser Hautklinik, ein labororientierter Dermatologe, zu Wort. Er sagte, dass er sich wundere, wie viele Kollegen sich für dieses Randthema unseres Faches, die psychosomatische Dermatologie, interessieren.

Randthema? Ein Zuhörer sagte damals: „Wenn Sie einmal selbst von einer ausgedehnten Hauterkrankung mit Juckreiz und Hautschuppen, vielleicht noch sogar an sichtbaren Stellen, betroffen wären, würden Sie vielleicht anders darüber denken."

HAUTKRANKHEITEN:
FÜR VIELE ALLES ANDERE ALS EIN RANDTHEMA

DIESES BUCH WURDE, wie wir das jetzt in der Rückblende noch deutlicher sehen, für viele Menschen geschrieben. Wir wollen aber drei Gruppen besonders herausheben: als Erstes die Betroffenen, unsere Patienten, die, wie die lateinische Bedeutung von *Patient* schon sagt, Leidende, Erleidende und Erduldende sind. Als Zweites deren Angehörige, die ja in der sozialen oder Familienstruktur in das Leiden und Erdulden zwangsläufig mit einbezogen werden. Und nicht zuletzt und als Drittes ist das Buch für unsere Fachkollegen geschrieben, in der Hoffnung, ihr Verständnis für die vielfachen Leiden und Bedrückungen, mit denen unsere hautkranken Patienten konfrontiert sind, zu vergrößern und den Blick für die psychosomatischen Aspekte zu schärfen.

DIE PSYCHE IST BEI ALLEN BETROFFENEN BETEILIGT

ZUNÄCHST ALSO ZU den von einer Hautkrankheit Betroffenen. Es gibt Statistiken darüber, zu welchem Prozentsatz Hautkranke auch psychische Störungen aufweisen. Was meinen Sie? Was ist eine reale Zahl? Sind 5 Prozent schon zu hoch gegriffen? Manche Autoren sprechen von 20 bis 30 Prozent. Wir sind der Meinung, dass die Psyche bei 100 Prozent, das heißt bei allen Betroffenen mit einer Hauterkrankung, in Mitleidenschaft gezogen ist. Was ist mit dem Aussehen, der Stigmatisierung, dem Gefühl des Entstelltseins? Diesen Gefühlen ist der Hautkranke in jedem Fall unterworfen. Die Patienten berichten, dass sie auf ihre Hautkrankheit angesprochen werden, man fragt sie, ob das, was sie da haben, vielleicht ansteckend sei. Manche Patienten fragen sich selbst und/oder ihren Arzt, ob sie vielleicht mit ihrer Schuppenflechte den Enkel anstecken können.

Schließlich zeigt das eigene Körperbild im Spiegel jeden Makel der Haut und sich so entstellt zu sehen, ist nur schwer zu ertragen. Eine neue Untersuchung zeigt, welchen Effekt das Phänomen der Gegenübertragung, der Spiegelung von Aussehen, Gefühlen und Verhaltensweisen beim Gegenüber, im täglichen Umgang zwischen Menschen hat. Wir wissen: Wenn wir angelächelt werden, ist das erfreulich, oft lächeln wir zurück. Offenbar spielt dieser Effekt auch eine Rolle, wenn Menschen sich mit Botox Falten wegspritzen lassen. Das faltenärmere Gesicht wird als schöner empfunden. Man lächelt in den Spiegel und das eigene lächelnde

Gesicht führt in der Gegenübertragung zu einer erlebbaren, einer sichtbaren Verbesserung der Stimmung und damit der Lebensqualität.

Oft sind Hautkrankheiten mit Empfindungsstörungen, insbesondere einem Juckreiz verbunden. Gerade bei der Neurodermitis ist der Stress als Ingangsetzer eines Teufelskreises bekannt: Juckreiz – Schlafstörung – Verschlechterung des Hautzustandes – Erhöhung des Stresses. Bei einigen Hautkrankheiten ist der Juckreiz fast unerträglich und lässt bei den Betroffenen Suizidgedanken aufkommen. Aber auch Schmerzen, wie sie beispielsweise nach einer Gürtelrose über Monate bestehen bleiben können, können die Lebensqualität sehr stark einschränken.

Bei von einer chronischen Hauterkrankung Betroffenen gibt es Hilflosigkeit und Hoffnungslosigkeit. Hilflos der Krankheit Monate, manchmal Jahre ausgeliefert zu sein, lässt einen resignieren und verzagen. Die oft unzureichenden Möglichkeiten einer effektiven Behandlung deprimieren und entmutigen. Häufig reagieren Betroffene daher mit Depressionen sowie Ängsten auf ihre Krankheit. Ihre Ängste betreffen den Verlauf der Hautkrankheit. Wird diese sogar das Gesicht befallen? Ängste bei bösartigen Hauttumoren liegen allzu nahe. Als Ventil greifen manche Hautkranke dann zu einer Betäubung. So gibt es einen erhöhten Verbrauch von Antidepressiva oder Alkohol. Hier können Selbsthilfegruppen hilfreich sein. Voraussetzung dafür ist allerdings die Entscheidung des Patienten, sich darauf einzulassen.

Verbunden mit der Entstellungsproblematik ist wohl auch die Scham den anderen Menschen aus dem sozialen Umfeld gegenüber. „Wie peinlich, wenn die meine Haut sehen! Die können doch sicher kaum hinsehen, so schrecklich sieht das aus!" In der gesteigerten Form wird aus dieser Scham eine regelrechte Soziophobie. Diese finden wir beispielsweise bei Jugendlichen mit Akne.

AUCH DIE ANGEHÖRIGEN SIND BETROFFENE

NUN SIND WIR bei der zweiten Gruppe, an die sich das Buch in besonderer Weise wenden möchte. Es ist sicher nicht einfach, mit einem chronisch kranken Menschen zusammenzuleben. Man muss Rücksicht nehmen, muss manchmal auf etwas verzichten, muss vielleicht akzeptieren, dass der Hautkranke nicht mitkommen möchte, wenn auch er mit eingeladen ist, oder nicht mit ins Konzert möchte. Warum? Der Hautkranke schämt sich, es fällt ihm aber schwer, das zu sagen, weil es ihm peinlich ist, dass er sich schämt. Er schämt sich seiner Scham, kommt aber nicht gegen sie an.

Wir erleben Eltern von Kindern mit Neurodermitis, die über den schlechten Hautzustand klagen, dem Weinen nahe sind oder sogar vor den Kindern im Sprechzimmer in Tränen ausbrechen. Sicher ist es schwer, sein Kind so leiden zu sehen. Das manchmal noch kleine Kind nimmt aber wahr, dass seine Mutter, seine Eltern wegen ihm so traurig sind, dass sie weinen. Es fühlt sich schuldig und schlecht. Sicher wollen die Eltern dies nicht, aber dieses Gefühl des Kindes: „Ich bin so schlecht, dass meine Eltern darüber weinen", führt bei ihm oft zu psychischen Störungen.

Schön ist es daher, wenn Angehörige von Hautkranken Verständnis für die Probleme entwickeln und ihren kranken Angehörigen mit seiner Erkrankung akzeptieren können: wenn somit die Hauterkrankung nicht dazu führt, dass sie zwischen den Patienten und den Angehörigen steht, sondern im besten Falle das Gegenteil passiert – nämlich dass das gegenseitige Verständnis wächst. Was also auch bedeutet, dass sich ein zunehmendes Verständnis des Patienten für die Schwierigkeiten und Probleme der Angehörigen herausbildet. Mit gegenseitigem Verständnis kann dann eine erhöhte Verbundenheit entstehen. Vielleicht kann die Auswahl an Themen, die dieses Buch enthält, dazu beitragen.

ÄRZTE, DIE NETZWERKEN, SIND HIER GEFRAGT

SCHLIESSLICH HABEN WIR uns an Ärzte verschiedener Fachrichtungen gewendet, um ihren Blick auf die speziellen psychosomatischen Probleme zu lenken, die bei hautkranken Menschen entstehen können. Es handelt sich keineswegs nur um Hautärzte. In das Netzwerk von Ärzten, Pflegepersonal, Psychologen und anderen Spezialisten gehören Psychosomatiker, Psychiater, Kinderärzte, Pflegekräfte auf den verschiedenen Ebenen, Internisten, Sozialarbeiter, Apotheker und Selbsthilfegruppen, die sich in vielfältiger Weise um den hautkranken Patienten kümmern. All diesen Menschen kann die besondere Sichtweise, die sich darin zeigt, auch die bei der Hautkrankheit auftretenden psychosomatischen Beschwerden und Zusammenhänge zu beachten, helfen, die Betroffenen in ihrer Gesamtsituation besser zu betreuen und zu verstehen.

Juni 2015

Klaus-Michael Taube

Gabriele Rapp

Kurt Seikowski

Uwe Gieler

KONTAKTE UND
LITERATUREMPFEHLUNGEN

ANLAUFSTELLEN BEI HAUTKRANKHEITEN
MIT SEELISCHEN FAKTOREN

▶ *Entspannungsverfahren*: Sowohl die Progressive Muskelrelaxation als auch das Autogene Training helfen nicht nur bei psychogenen Anspannungen, sondern auch nachweislich bei vielen Hauterkrankungen. Kurse bieten Volkshochschulen an, gelegentlich sogar die Krankenkassen selbst.

▶ *Beratungsstellen*: Sie werden von verschiedenen Institutionen angeboten, zum Beispiel von der Diakonie, der Caritas, den Johannitern, den psychologischen Beratungsstellen der Landkreise usw. Die ersten Gespräche sind häufig kostenfrei, dann wird gegebenenfalls ein geringer Betrag je nach Einkommen veranschlagt.

▶ *Neurodermitisschulungen*: werden durch die Arbeitsgemeinschaft Neurodermitisschulung e. V. angeboten (AGNES): *www.neurodermitisschulung.de*

▸ *Ambulante Psychotherapie*: Die Suche nach ambulanten Psychotherapeuten kann mühsam sein. Die Kassenärztliche Vereinigung bietet einen Informationsservice für freie Therapieplätze an: MedCall – Telefon: 01805-6 33 22 55 (0,14 Euro/Minute), Sprechzeiten: Montag bis Donnerstag 8 bis 16 Uhr, Freitag 8 bis 12 Uhr.

Zusätzlich gibt es den *Psychotherapie-Informations-Dienst* (PID): Telefon: 030-209 16 63 30, Sprechzeiten: Montag bis Dienstag 10 bis 13 und 16 bis 19 Uhr, Mittwoch bis Donnerstag 13 bis 16 Uhr.

Eine ausführliche Broschüre bezüglich ambulanter Psychotherapie finden Sie unter: *http://www.bptk.de/fileadmin/user_upload/Patienten/ Druckerzeugnisse/BPtK-Broschuere_Wege_zur_Psychotherapie.pdf*

▸ *Tagesklinische oder stationäre psychosomatische oder psychiatrische Behandlung*: in einem Krankenhaus möglichst in der Nähe. Bezüglich einer psychosomatischen Behandlung kann der Patient meist selbst anrufen und einen Vorgesprächstermin vereinbaren. Für eine psychiatrische Behandlung ist normalerweise ein ambulanter Psychiater für die Überweisung oder Einweisung zuständig.

▸ Die *Rothaarklinik* ist eine anerkannte Fachklinik für Psychosomatik mit dem Schwerpunkt psychosomatische Dermatologie, Psychotherapie und Rehabilitation von Psychosen mit 180 Betten. Hauptbeleger ist die Deutsche Rentenversicherung Bund:

Psychodermatologische Rehabilitation: Rothaarklinik
Helios Rehazentrum Bad Berleburg
Arnikaweg 1
57319 Bad Berleburg
www.helios-kliniken.de/rothaarklinik
info.rothaarklinik@helios-kliniken.de

VEREINE UND SELBSTHILFEGRUPPEN

Deutscher Vitiligo Verein e. V.

Friedensallee 27

25436 Tornesch

Telefon: +49 (0) 4122/960090 oder 040/578690

Fax: +49 (0) 4122/960091

E-Mail: info@vitiligo-verein.de

http://www.vitiligo-verein.de

Deutscher Allergie- und Asthmabund e.V. (DAAB e. V.)

An der Eickesmühle 15–19

41238 Mönchengladbach

Telefon: +49 (0) 2166/6478820

Fax: +49 (0) 2166/6478880

E-Mail: info@daab.de

HAE Vereinigung e. V.

Mühlenstraße 42c

Fax: +49 (0) 2464/908788

E-Mail: hae.shg@t-online.de oder lucia.schauf@onlinehome.de

http://www.angiooedem.de/

Tulpe e. V.– Verein

Amselweg 4

68766 Hockenheim

Telefon: +49 (0) 6205/208921

Fax: +49 (0) 6205/208920

E-Mail: info@tulpe.org

http://www.gesichtsversehrte.de

Verband für Unabhängige Gesundheitsberatung (UGB) e. V.
Sandusweg 3
35435 Wettenberg/Gießen
Telefon: +49 (0) 641/80896-0
Fax: +49 (0) 641/80896-50
E-Mail: info@ugb.de
http://www.ugb.de

**NAKOS Nationale Kontakt- und Informationsstelle
zur Anregung und Unterstützung von Selbsthilfegruppen
Otto-Suhr-Allee 115**
10585 Berlin-Charlottenburg
Telefon: +49 (0) 30/31018980
Fax: +49 (0) 30/31018970
E-Mail: selbsthilfe@nakos.de
http://www.nakos.de
Zu diesen Zeiten können Sie unser Servicetelefon unter der Nummer
+49 (0) 30/310189 60 erreichen:
Dienstag   10–14 Uhr
Mittwoch   10–14 Uhr
Donnerstag   14–17 Uhr
Freitag   10–14 Uhr

Akne Forum e.V.
Frau Dr. Birgit Kunze
Oldesloer Strasse 2a
22457 Hamburg
Fax: +49 (0) 40/5504931
E-Mail: dr.kunze@akne-forum.de
http://www.akne-forum.de

Alopecia Areata Deutschland e. V.

Postfach 10 01 45

47701 Krefeld

Telefon: +49 (0) 1805/786006

Fax: +49 (0) 2151/6535453

E-Mail: alopecie@aol.com

http://www.kreisrunderhaarausfall.de

Deutscher Neurodermitis Bund e. V. (DNB e.V.)

Baumkamp 18

22299 Hamburg

Telefon: +49 (0) 40/230744

Fax: +49 (0) 40/231008

E-Mail: info@neurodermitis-bund.de

http://www.neurodermitis-bund.de/

Deutscher Psoriasis Bund e.V.

Seewartenstraße 10

20459 Hamburg

Telefon: +49 (0) 40/223399-0

Fax: +49 (0) 40/223399-22

E-Mail: info@psoriasis-bund.de

Urtikaria Gesellschaft e. V.

Schiffenberger Weg 55

35394 Gießen

Telefon: +49 (0) 641/7960666

Fax: +49 (0) 641/7960667

E-Mail: urtikaria.gesellschaft@urtikaria.de

http://www.urtikaria.de

Kontakt und Informationsforum für Selbstverletzungen

http://www.rotelinien.de

WEITERFÜHRENDE LITERATUR

AMBÜHL, H. (2007): Wege aus dem Zwang. Wie Sie Zwangsrituale verstehen und überwinden. Patmos, Ostfildern.

ANDERSSEN-REUSTER, U. (2013): Achtsamkeit. Das Praxisbuch für mehr Gelassenheit und Mitgefühl (mit Audio-CD). TRIAS Verlag, Stuttgart.

BAE, L. (2007): Alles unter Kontrolle. Zwangsgedanken und Zwangshandlungen überwinden. Huber, Bern.

DETIG-KOHLER, C. (2002): Hautnah: Im psychoanalytischen Dialog mit Hautkranken. Psychosozial-Verlag, Gießen.

HARTH, W., GIELER, U. (2006): Psychosomatische Dermatologie. Springer, Heidelberg.

RUFER, M., ALSLEBEN, H., WEISS, A. (2011): Stärker als die Angst. Ein Ratgeber für Menschen mit Angst- und Panikstörungen und deren Angehörige. Huber, Bern.

SEIKOWSKI, K., TAUBE, K.-M. (2015): Einführung Psychodermatologie. Ernst Reinhardt Verlag, München.

VOLLMEYER, K., FRICKE (2012): Die eigene Haut retten – Hilfe bei Skin Picking. Balance Verlag, Köln.

ANMERKUNGEN

1 Nach Kalbe (2002).
2 Die Aufzählung orientiert sich an einer Übersicht zum Begriffskontext der Scham aus Sicht verschiedener Autoren, die Rost (1990) erstellte.
3 Leibig (1998).
4 S. Kalbe (2002).
5 Leibig (1998).
6 Schenk-Danzinger (1999).
7 Nach Lewis (1993).
8 Leibig (1998).
9 Krause (2002).
10 Kalbe (2002).
11 Wurmser (1993).
12 Seidler (1997).
13 Beckmann et al. (1998).
14 Rost (1990).
15 Wurmser (1993).
16 Aufzählung der drei Schamarten folgt insgesamt, auch in den Beispielen, Rost (1990).
17 Rost (1990); Leibig (1998).
18 Krause (2002).
19 Das Fallbeispiel stammt aus dem Buch „Die Sprache der Haut", Gieler (2005).
20 Vgl. Küchenhoff (2005).
21 Eisler (1904).
22 S. Walter et al. (2005).
23 S. Anzieu (1992).
24 Vgl. Detig-Kohler (2002).
25 Vgl. Koblenzer u. Koblenzer (1988).
26 S. hierzu auch unsere Ergebnisse zur Berührung im Gießen-Test
27 Anzieu (1991).

28   S. Brosig u. Gieler (2004).
29   S. Website der US-Gesellschaft für Taubblinde: http://www.iaim.us.com.
30   Vgl. Freud (1978).
31   Vgl. Blakemore et al. (1998).
32   Gieler (2005), S. 181.
33   Vgl. Fritzsche et al. (1999), Picardi u. Albeni (2001), Picardi et al. (2003), Schaller et al. (1998); Windemuth et al. (1999).
34   Montagu (1979).
35   Field (2003).
36   S. auch Landers (1985).
37   Vgl. Schanberg (1995).
38   Vgl. Niemeier et al. (1997).
39   Der Fragebogen geht auf den Psychologen Gerd Arentewicz zurück.
40   Ebenfalls eine Fragebogen-Studie.
41   S. Daud et al. (1993), die diesen Fremde-Situations-Test nach Ainsworth durchgeführt haben.
42   Prochazka u. von Uslar (1989).
43   Pines (1980).
44   Bick (1968).
45   S. Wenninger et al. (1991); Pauli-Pott (1997), Erhebung bei der U4 und U6.
46   Vgl. Harlow u. Harlow (1962, 1965).
47   S. Levine et al. (1993).
48   S. Blennerhasset u. Bienenstock (1991), Blennerhasset et al. (1998), Pincelli et al. (1990), Hashizume et al. (2005), Sugiura et al. (1992).
49   S. Järvikallio et al. (2003).
50   S. Järvikallio et al. (2003).
51   S. Steinman (2004).
52   S. Walter et al. (2005).
53   S. Buske-Kirschbaum et al. (2002).
54   Die Gegenüberstellung orientiert sich an Anzieu (1991), S. 131 ff.
55   S. auch die Idee der Kontaktschranken bei Freud, das heißt der Verbindung der Nervenzellen durch Kontaktschranken, die den Zu- und Abfluss von Energien bestimmen.
56   Vgl. Field (2003).
57   Schachner et al. (1998).
58   Mullany et al. (2005).
59   Field et al. (1998), es handelt sich um eine randomisierte Studie (eine nach Zufallsprinzip bestimmte Teilnehmerauswahl).
60   Staab et al. (2006).
61   Savin (1998).
62   Papoiu et al. (2011).
63   Ständer et al. (2007).
64   Ständer u. Schmelz (2006).
65   Dalgard et al. (2012).
66   Ständer et al. (2010).
67   Dalgard et al. (2012).
68   Hanifin u. Rajka (1980).
69   Hanifin u. Rajka (1980).
70   Novak u. Bieber (2004).
71   Chida et al. (2008).
72   Abramovits (2005).
73   Zuberbier u. Maurer (2007).
74   Reich et al. (2010).
75   Eine Zusammenfassung der Studien ist zu finden bei Ständer et al. (2006).

76 Chida et al. (2008).
77 Gupta u. Gupta (2004).
78 Chrostowska-Plak et al. (2013).
79 Dalgard et al. (2012).
80 Fjellner et al. (1985).
81 Fjellner et al. (1985).
82 Spradley et al. (2012).
83 Van Laarhoven et al. (2012).
84 Van Laarhoven et al. (2012).
85 Verhoeven et al. (2006).
86 Conrad et al. (2008).
87 Schut et al. (2014); Schut et al. (2015a).
88 Schut et al. (2014).
89 Schut et al. (2014).
90 Schut et al. (2015a).
91 Schut et al. (im Druck).
92 Schut et al. (im Druck).
93 Verhoeven et al. (2008).
94 Pavlovic et al. (2008).
95 Zachariae et al. (2012).
96 Werfel et al. (2008).
97 Schut et al. (2013); Schut et al. (2015b); Lavda et al. (2012).
98 Melin et al. (1986); Norén u. Melin (1989).
99 Werfel et al. (2008).
100 Jacobson (1990).
101 Ellis (1993).
102 Habib u. Morrissey (1999); Evers et al. (2009).
103 Vgl. Seikowski (1999); Seikowski u. Taube (2015).
104 Ananjew (1974).
105 Jantzen (1979).
106 Schröder (1996).
107 Schröder (1996).
108 Seikowski et al. (2009).
109 Seikowski et al. (2009).
110 Weizsäcker (1935).
111 Weizsäcker (1948).
112 Weizsäcker (1955).
113 Vgl. dazu auch Remröd et al. (2015).
114 S. Seikowski (2007).
115 S. auch Seikowski (2003).
116 S. Literaturverzeichnis.
117 S. Kaplan (2006).
118 Buhlmann et al. (2010), Rief et al. (2006), T. Gieler et al. (2015).
119 Faravelli et al. (1997), Koran et al. (2008).
120 T. Gieler et al. (2015).
121 Oesterle (1998).
122 http://elainedavidson.co.uk/
123 Zum Beispiel Pierre Janet.
124 S. American Psychiatric Association (1994).
125 S. American Psychiatric Association (2013).
126 Stirn et al. (2013).
127 Brosig et al. (2006).
128 Gabbay et al. (2003).

129 McElroy et al. (1994).
130 Phillips et al. (1995).
131 Patterson et al. (2001); Phillips et al. (1998, 2002); Phillips u. Najjar (2003).
132 Nierenberg et al. (2002).
133 Biby (1998).
134 Ohlsen et al. (1979).
135 Sarwer et al. (1998a, b).
136 Veale et al. (1996); Stangier et al. (2003a).
137 Hollander u. Aronowitz (1999).
138 Stangier et al. (2003a).
139 Veale u. Riley (2001).
140 Küchenhoff (1984).
141 Lipsitt (1974); Nissen (2000).
142 Schmidt et al. (2002).
143 Mantymaa et al. (2003).
144 Berg-Nielsen et al. (2003).
145 Phillips et al. (2001).
146 Veale et al. (2001).
147 Mc Kay (1999).
148 Wilhelm et al. (1999); Kassel u. Franko (2000).
149 Phillips et al. (1998, 2002); Biby (1998).
150 Zuberbier et al. (2009a).
151 Zum Beispiel die Urticaria pigmentosa oder die Urticaria-Vasculitis.
152 Henz u. Zuberbier (2000); Mlynek et al. (2008).
153 Chung et al. (2010).
154 Suchbegriffe: „urticaria" und entweder „psychological" oder „psychotherapy" oder „depression".
155 Beattie u. Lewis-Jones (2006).
156 O'Donnell et al. (1997).
157 Staubach et al. (2006).
158 Und zwar Studien von Engin et al. (2008) sowie Özkan et al. (2007).
159 So konnten Uguz et al. (2008) mithilfe strukturierter Interviews bei 89 Patienten mit chronischer spontaner Urticaria und 64 Kontrollpersonen zeigen, dass bei 49,4 Prozent der Patienten eine Achse I-, bei 44,9 Prozent eine Achse II-Erkrankung besteht. Bei den gesunden Kontrollpersonen kamen solche Erkrankungen nur bei 12,5 bzw. 14,1 Prozent vor.
160 Özkan et al. (2007).
161 Uguz et al. (2008).
162 Özkan et al. (2007).
163 Chung et al. (2010).
164 Gupta (2006); Willemsen (2008).
165 Gupta (2006).
166 Staubach (2006).
167 Bahmer et al. (2007).
168 Koblenzer (1987).
169 Zuberbier et al. (2009b).
170 Arck et al. (2006); Mlyneck et al. (2008).
171 So konnte in der Studie von Ständer et al. (2009) ein den Juckreiz lindernder Effekt durch selektive Serotonin-Wiederaufnahmehemmer (SSRI) belegt werden: ein Effekt, der in Abhängigkeit von der Ursache des Juckreizes jedoch unterschiedlich stark ausgeprägt war. Die Studie von Shohrati (2007), die bei Patienten mit durch Senfgas ausgelöstem chronischem Juckreiz die lindernde Wirkung von Doxepin mit der durch die Antihistaminika Cetirizin und Hydroxyzin verglich, zeigte, dass Doxepin einen

vergleichbaren Effekt wie Hydroxyzin und einen besseren Effekt als Cetirizin hatte.

172 S-2k-Leitlinie; Nast et al. (2010).
173 Dreno et al. (2010), Yentzer et al. (2009, 2011).
174 In einer Erhebung von n = 3339 Patienten, s. Dreno et al. (2010).
175 De Jong et al. (2012), Park et al. (2014).
176 Dumont-Wallon u. Dreno (2008); Williams u. Layton (2006).
177 Dreno et al. (2015).
178 Dalgard et al. (2015).
179 Dalgard et al. (2009).
180 Zouboulis et al. (2002).
181 Dalgard et al. (2015).
182 Misery et al. (2015).
183 Chiu et al. (2003).
184 Yosipovitch et al. (2007).
185 Bahmer u. Bahmer (2012).
186 S. Vollmeyer u. Fricke (2012).
187 Vgl. Gordon (2009), Ezzedine (2008).
188 Vgl. Schmidt-Borko (2011).
189 Vgl. Harrington (2011).
190 Vgl. Cafri (2006), Poorsattar (2007).
191 Vgl. Sansone (2010).
192 Vgl. Philipps (2006).
193 Vgl. Warthan (2005), Zeller (2006), Moscher (2010), Harrington (2011).
194 Vgl. Zeller (2006).
195 Vgl. van Steensel (2009).
196 Vgl. Leary (1997), Harrington (2011), (Kourosh) 2010.
197 S. Harth et al. (2008).
198 Sader (2011).
199 Philipp-Dormston et al. (2013).
200 Harth u. Linse (2001).
201 Lewis (2011).
202 Hennenlotter et al. (2009).
203 Wollmer et al. (2012).
204 Nachgewiesen mittels der Hamilton-Depressionsskala: einer Skala, die den Schwere-grad einer Depression einschätzt, und mittels des Beck-Depressionsinventars: eines psychologischen Testverfahrens, das die Schwere einer Depression erfasst.
205 Finzi u. Wasserman, (2006); Han et al. (2012).
206 Hill (2003).
207 Havas et al. (2010).
208 Alam (2008); Davis et al. (2010); Havas et al. (2010).
209 Doya (2007); Havas et al. (2010).
210 3. Mose 19,28 – Feige et al. (2010); Tettenborn (2001).
211 Feige u. Krause (2004); Tettenborn (2001).
212 Pölmann u. Joraschky (2006).
213 Kasten u. Body (2004); Tettenborn (2001).
214 Tettenborn (2001).
215 Kopera (1997).
216 Einerseits wird in der Fachwelt ein autosomal dominanter Vererbungsmodus mit vari-abler Expression und Penetration diskutiert, andererseits davon ausgegangen, dass rezessive Allele von vier nicht verbundenen diallelen Loci einbezogen sind.
217 Westerhof (1997).
218 Periorifizielle Bereiche: periorbital, perioral, perianogenital.
219 Picardo (2010).

220 Hann (1997).
221 Dies gilt für Morbus Addison, Morbus Crohn, autoimmunbedingten Hyperparathy-
     reoidismus, Diabetes mellitus Typ I, Alopecia areata und perniziöse Anämie und in
     Einzelfällen für Myasthenia gravis, Sarkoidose und Sklerodermie.
222 Schallreuter et al. (1994).
223 Gieler et al. (2000); Hautmann u. Panconesi (1997).
224 Pfeiffer (2004).
225 Tschuschke (2007).
226 Schwarz (2004).
227 DeVita et al. (2001).
228 Beuth (2002), Rehse (2001).
229 Angenendt (2003).
230 Worunter die Gesamtbilirubinwerte dann bei 4 mg/dl lagen (ohne Zeichen eines
     Ikterus).
231 Im Labor Halbierung der mäßig erhöhten GOT und GPT (bei Aufnahme um 220 U/l)
     bei gleichbleibend stark erhöhter y-GT um 3.600 U/l. Rückgang des Gesamtbilirubins
     von 4,9 auf 3,9 mg/dl, leichter Rückgang des Cholesterins auf 340 mg/dl.
232 Brinks et al. (2014).
233 Kuhn et al. (2015).
234 Transverse Myelitis.
235 Kuhn et al. (2015).
236 Bertsias et al. (2010).
237 Angelopoulos (2004); Haupt (2004); Seikowski et al. (1995).
238 Whitehead u. Hearn (2014).
239 Herschbach et al. (2003); Mehnert et al. (2006); Strittmatter (2008).
240 Peters (2012); Peters et al. (2012); Dhabar (2013).
241 Dendritische Zellen.
242 Apoptose, zum Beispiel durch oxidativen Stress.
243 Unter ihnen sind Neurotrophine wie NGF und Brain Derived Neurotrophic Fac-
     tor (BDNF), die über ihre hochaffinen Tyrosinkinaserezeptoren als potente Wachs-
     tumsfaktoren wirken können, über die Aktivierung des pan-Neurotrophinrezeptors
     p75NTR hingegen regulieren sie Apoptose von Melanozyten.
244 Dhabar et al. (2010).
245 CD4+ bzw. CD8+Lymphozyten.
246 Von Fawzy et al. (1993).
247 Wenn auch nur nach Adjustierung für Geschlecht und Breslow-Tiefe; siehe Fawzy
     (1995a, 1995b); Fawzy et al. (1993).
248 Obwohl sie sich bei der Durchführung ihrer Untersuchung an der Studie von Fawzy et
     al. orientierten. Siehe Boesen et al. (2005, 2007a, 2007b).
249 Von Thun (1981).
250 Harth u. Gieler (2006).
251 Benkert u. Hippius (2014).
252 Antonovsky (1987).
253 Bundesarbeitsgemeinschaft Rehabilitation bzw. BAR (2013).
254 Köllner (2014).
255 DRV Bund (2012).
256 Wehrmann (2010).
257 Haller u. Gräser (2012).
258 Haller u. Gräser (2012); Mitleger-Lehner (2010).
259 Haller u. Gräser (2012); Matzat (2004).
260 Deutscher Psoriasis-Bund (2015).
261 Deutscher Psoriasis-Bund (2015).

BIBLIOGRAPHIE

ABRAMOVITS, W. (2005): Atopic dermatitis. Journal of the American Academy of Dermatology 53, 86–93.

ALAM, J. (2008): Botulinum toxin and the facial feedback hypothesis: can looking better make you feel happier? Journal of the American Academy of Dermatology 58 (6), 1061–1072.

AMERICAN PSYCHIATRIC ASSOCIATION (1994): Diagnostic and Statistical Manual of Mental Disorders (4. Aufl.). American Psychiatric Publishing, Washington.

AMERICAN PSYCHIATRIC ASSOCIATION (2013): Diagnostic and Statistical Manual of Mental Disorders (5. Aufl.). American Psychiatric Publishing, Washington.

ANANJEW, B. G. (1974): Der Mensch als Gegenstand der Erkenntnis. Deutscher Verlag der Wissenschaften, Berlin.

ANGELOPOULOS, N. V., DROSOS, A. A., MOUTSOPOULOS, H. M. (2004): Psychiatric symptoms associated with scleroderma. Psychotherapy and Psychosomatics 70, 145–150.

ANGENENDT, G. (2003): Entwicklung eines Beratungs- und Therapiemanuals zur Begleitung der Selbsthilfebroschüre „Neue Wege aus dem Trauma". Dissertation, Universität Köln.

ANTONOVSKY, A. (1987): Salutogenese – zur Entmystifizierung der Gesundheit. DGVG, Tübingen.

ANZIEU, D. (1991): Das Haut-Ich. Suhrkamp, Frankfurt a. M.

ANZIEU, D. (1992): Das Haut-Ich (3. Aufl.). Suhrkamp, Frankfurt a. M.

ARCK, P., PAUS, R. (2006): From the brain-skin connection. The neuroendocrine-immune misalliance of stress and itch. Neuroimmunomodulation 13, 347–356.

AUGUSTIN, M., ZSCHOCKE, I., DIETERLE, W.,SCHÖPF, E., MUTHNY, F. (1997): Bedarf und Motivation zur psychosozialen Intervention bei Patienten mit malignen Hauttumoren. Zeitschrift für Hautkrankheiten 5 (72), 333–338.

BAHMER, F. A., BAHMER, J. A. (2012): Charles Bukowski's acne. Hautarzt 63, 344–346.

BAHMER, J. A., KUHL, J., BAHMER, F. A. (2007): How do personality systems interact in patients with psoriasis, atopic dermatitis and urticaria? Acta Dermato Venerologica 87, 317–324.

BEATTIE, P. E., LEWIS-JONES, M. S. (2006): A comparative study of impairment of quality of life in children with skin disease and children with other chronic childhood diseases. British Journal of Dermatology 155, 145–151.

BECKMANN, D., BRÄHLER, E., KLEIN, M., KUPFER, J., LAUBACH, W., SCHRÖDER, C. (1998): Skriptum zur Medizinischen Psychologie und Medizinischen Soziologie. Fachbereich Humanmedizin der Universität Gießen und Medizinische Fakultät der Universität Leipzig.

BENKERT, O., HIPPIUS, H. (2014): Kompendium der Psychiatrischen Pharmakotherapie (10. Aufl.). Springer, Heidelberg.

BENSCHOP, R., SCHEDLOWSKI, M. (1996): Akute psychische Belastungen. In: M. Schedlowski, U. Tewes (Hg.): Psychoneuroimmunologie. Spektrum Akademischer Verlag, Heidelberg, 381–398.

BERG-NIELSEN, T. S., VIKA, A., DAHL, A. A. (2003): When adolescents disagree with their mothers: CBCL-YSR discrepancies related to maternal depression and adolescent self-esteem. Child: Care, Health and Development 29, 207–213.

BERTSIAS, G. K., IONNIDIS, J. P., ARINGER, M. (2010): EULAR recommendation for management of systemic lupus erythematosus with neuropsychiatric manifestations: report of a task force of the EULAR standing committee for clinical affairs. Annals of the Rheumatic Diseases 69, 2074–2082.

BEUTH, J. (2002): Grundlagen der Komplementäronkologie. Theorie und Praxis. Hippokrates, Stuttgart.

BEWLEY, A., TAYLOR, R. E., REICHENBERG, J. S., MAGID, M. (2014): Practical psychodermatology. John Wiley & Sons, Hoboken, New Jersey.

BIBY, E. L. (1998): The relationship between body dysmorphic disorder and depression, self-esteem, somatization, and obsessive-compulsive disorder. Journal of Clinical Psychology 54, 489–499.

BICK, E. (1968): Das Hauterleben in frühen Objektbeziehungen. In: E. Bott-Spillrus (Hg.): Melanie Klein Heute. Bd. 1. Klett-Cotta, Stuttgart, 3. Aufl. 2002, 236-240.

BLAKEMORE, S. J., WOLPERT, D. M., FRITH, C. D. (1998): Central cancellation of self produced tickle sensation. Nature Neuroscience 1, 635–640.

BLENNERHASSETT, M. G., BIENENSTOCK, J. (1998): Sympathetic nerve contact causes maturation of mast cells in vitro. Journal of Neurobiology 35, 173–82.

BLENNERHASSETT, M. G., TOMIOKA, M., BIENENSTOCK, J. (1991): Formation of contacts between mast cells and sympathetic neurons in vitro. Cell and Tissue Research 265, 121–128.

BOESEN, E. H., ROSS, L., FREDERIKSEN, K., THOMSEN, B. L., DAHLSTRØM, K., SCHMIDT, G., NAESTED, J., KRAQ, C., JOHANSEN, C. (2005): Psychoeducational intervention for patients with cutaneous malignant melanoma: a replication study. Journal of Clinical Oncology 23, 1270–1277.

BOESEN, E., BOESEN, S., CHRISTENSEN, S., JOHANSEN, C. (2007a): Comparison of participants and non-participants in a randomized psychosocial intervention study among patients with malignant melanoma. Psychosomatics 48, 510–516.

BOESEN, E. H., BOESEN, S. H., FREDERIKSEN K., ROSS, L., DAHLSTRØM, K., SCHMIDT, G., NAESTED, J., KRAQ, C., JOHANSEN, C. (2007b): Survival after a psychoeducational intervention for patients with cutaneous malignant melanoma: a replication study. Journal of Clinical Oncology 25, 5698–5703.

BRINKS, R., FISCHER-BETZ, R., SANDER, O., RICHTER, J. G., CHAHEB, G., SCHNEIDER, M. (2014): Age-specific prevalence of diagnosed systemic lupus erythematosus in Germany 2002 and projection to 2030. Lupus 23, 1407–1411.

BROCQ, L., JACQUET, L. (1891): Notes pour servir a l'histoire des neurodermatitis. Annales Dermatologie et Venerologie 97, 193–195.

BROSIG, B., GIELER, U. (2004): Die Haut als psychische Hülle. Psychosozial Verlag, Gießen.

BÜCHNER, G. (1967): Dantons Tod. Reclam, Stuttgart.

BUHLMANN, U., GLAESMER, H., MEWES, R., FAMA, J. M., WILHELM, S., BRÄHLER, E., RIEF, W. (2010): Updates on the prevalence of body dysmorphic disorder: a population-based survey. Psychiatry Research 178, 171–175.

BUHLMANN, U., MCNALLY, R. J., WILHELM, S., FLORIN, I. (2002): Selective processing of emotional information in body dysmorphic disorder. Journal of Anxiety Disorders 16, 289–298.

BUNDESARBEITSGEMEINSCHAFT REHABILITATION (BAR) (2013): Arbeitshilfe für die Rehabilitation von Menschen mit allergischen Hauterkrankungen, S. 15. Zugriff am 27.07.2015 unter http://www.bar-frankfurt.de/publikationen/reha-info/reha-info-2013/reha-info-032013/rehabilitation-von-menschen-mit-allergischen-hauterkrankungen/

BURKLEY, L. (1885): Acne: Its etiology, pathology and treatment. Churchill, London.

BUSKE-KIRSCHBAUM, A., GEIBEN, A., HELLHAMMER, D. (2001): Psychobiological aspects of atopic dermatitis: An overview. Psychotherapy and Psychosomatics 70, 6–16.

BUTLER, D. C., HOWARD J (2013): Psychotropic medications in dermatology. Seminars in Cutaneous Medicine and Surgery 32, 126–129.

CAFRI, G., THOMPSON, J. K., JACOBSEN, P. B. (2006): Appearance reasons for tanning mediate the relationship between media influence and UV exposure and sun protection. Archives of Dermatology 142 (8), 1067–1069.

CHIDA, Y., HAMER, M., STEPTOE, A. (2008): A bidirectional relationship between psychosocial factors and atopic dermatitis: a systematic review and meta-analysis. Psychosomatic Medicine 70, 102–116.

CHIU, A., CHON, S. Y., KIMBALL, A. B. (2003): The response of skin disease to stress: changes in the severity of acne vulgaris as affected by examination stress. Archives of Dermatology 139, 897–900.

CHROSTOWSKA-PLAK, D., REICH, A., SZEPIETOWSKI, J. C. (2013): Relationship between itch and psychological status of patients with atopic dermatitis. Journal of the European Academy of Dermatology and Venereology 27, 239–242.

CHUNG, M. C., SYMONS, C., GILLIAM, J., KAMINSKI, E. R. (2010): The relationship between posttraumatic stress disorder, psychiatric comorbidity, and personality traits among patients with chronic idiopathic urticaria. Comprehensive Psychiatry 51, 55–63.

CONRAD, R., GEISER, F., HAIDL, G., HUTMACHER, M., LIEDTKE, R., WERMTER, F. (2008): Relationship between anger and pruritus perception in patients with chronic idiopathic urticaria and psoriasis. Journal of the European Academy of Dermatology and Venereology 22, 1062–1069.

DALGARD, F ., GIELER, U., HOLM, J., BJERTNESS, E ., HAUSER, S . (2009): Self-esteem and body satisfaction among late adolescents with acne: results from a population survey. Journal of the American Academy of Dermatology 59, 746–751.

DALGARD, F., STERN, R., LIEN, L., HAUSER, S. (2012): Itch, stress and self-efficacy among 18-year-old boys and girls: A Norwegian population-based cross-sectional study. Acta Dermato Venereologica 92, 547–552.

DALGARD, F. J., GIELER, U., TOMAS-ARAGONES, L., LIEN, L., POOT, F., JEMEC, G. B. E., MISERY, L., SZABO, C., LINDER, D., SAMPOGNA, F., EVERS, A. W. M., HALVORSEN, J. A., BALIEVA, F., SZEPIETOWSKI, J., ROMANOV, D., MARRON, S. E., ALTUNAY, I. K., FINLAY, A. Y., SALEK, S. S., KUPFER, J. (2015):The psychological burden of skin diseases. Journal of Investigative Dermatology 135 (4), 984–991.

DAUD, L. R., GARRALDA, M. E., DAVID, T. J. (1993): Psychosocial adjustment in preschool children with atopic eczema. Archives of Disease in Childhood 69, 670–776.

DAVIS, J. I., SENGHAS, A., BRANDT, F., OCHSNER, K. N. (2010): The effects of BOTOX injections on emotional experience. Emotion 10 (3), 433–440.

DE JONGH, T., GUROL-URGANCI, I., VODOPIVEC-JAMSEK, V., CAR, J., ATUN, R. (2012): Mobile phone messaging for facilitating self-management of long-term illnesses. Cochrane Database of Systematic Reviews, 12: CD007459. doi: 10.1002/14651858.CD007459.pub2.

DETIG-KOHLER, C. (2002): Hautnah: Im psychoanalytischen Dialog mit Hautkranken. Psychosozial-Verlag, Gießen.

DEUTSCHER PSORIASIS-BUND (2015): Persönliche Mitteilungen. Hamburg.

DEVITA, V. T., HELLMANN, S., ROSENBERG, S. A. (2001): Cancer. Principles and practice of oncology (6. Aufl.) Lippincott Williams and Williams, Philadelphia.

DHABHAR, F. S. (2013): Psychological stress and immunoprotection versus immunopathology in the skin. Clinics in Dermatology 31, 18–30.

DHABHAR, F. S., SAUL, A. N., DAUGHERTY, C., HOLMES, T. H., BOULEY, D. M., OBERYSZYN, T. M. (2010): Short-term stress enhances cellular immunity and increases early resistance to squamous cell carcinoma. Brain, Behavior, and Immunity 24, 127–137.

DIERIS-HIRCHE, J., GIELER, U. (2009): Suizidgedanken, Angst und Depression bei erwachsenen Neurodermitikern. Hautarzt 60, 641–646.

DIERIS-HIRCHE, J., MILCH, W. E. (2011): Alexithymie bei Neurodermitis. Psychotherapeut 57, 1–8.

DIERIS-HIRCHE, J., MILCH, W. E. (2012): Atopic dermatitis, attachment and partnership: A psychodermatological case-control study of adult patients. Acta Dermato Venereologica 92, 462–466.

DORST, J., SEIKOWSKI, K. (2012): Haut, Bindung, Partnerschaft bei Patienten mit Neurodermitis und Psoriasis. Hautarzt 63, 214–222.

DÖPFNER, M. (2001): Tic-Störungen. In: G.W. Lauth, F. Linderkamp, S. Schneider, U.B. Brack: Verhaltenstherapie mit Kindern und Jugendlichen. Psychologie Verlag Union, Weinheim.

DOYA, K. (2007): Reinforcement learning: Computational theory and biological mechanisms. HFSP Journal 1, 30.

DRENO, B., THIBOUTOT, D., GOLLNICK, H., FINLAY, A. Y., LAYTON, A., LEYDEN, J. J., LEUTENEGGER, E., PEREZ, M. (2010): Global alliance to improve outcomes in acne. International Journal of Dermatology 49, 448–456.

DRENO, B., THIBOUTOUT, D., LAYTON, A. M., BERSON, D., PEREZ, D., KANG, S. (2015): Global alliance to improve outcomes in acne. Large scale international study enhances understanding of an emerging acne population: adult females. Journal of the European Academy of Dermatology and Venereology 29, 1096–1106.

DRUNKENMÖLLE, E., HELMBOLD, P., KUPFER, J., LÜBBE, D., TAUBE, K. M., MARSCH, W. C. (2001): Metastasenfreies Langzeitüberleben bei malignem Melanom ist mit effektivem Coping assoziiert. Zeitschrift für Hautkrankheiten 76, Supplement 1, 47.

DRV BUND (2012): Leitlinie zur Rehabilitationsbedürftigkeit bei Krankheiten der Haut, S. 10. Zugriff am 27.07.2015 unter www.deutsche-renten-versicherung.de

DUMONT-WALLON, G., DRENO, B. (2008): Acné de la femme de plus de 25 ans. Presse Medical 37, 585–591.

EISLER, R. (1904): Wörterbuch der philosophischen Begriffe. Mittler, Berlin.

ELLIS, A. (1993): Reflections on rational-emotive therapy. Journal of Consulting and Clinical Psychology 61, 199–201.

ENGIN, B., UGUZ, F., YILMAZ, E., ÖZDEMIR, M., MEVLITOGLU, I. (2008): The levels of depression, anxiety and quality of life in patients with chronic idiopathic urticaria. Journal of the European Academy of Dermatology and Venereology 22, 36–40.

EVERS, A. W. M., DULLER, P., DE JONG, E. M. G. J., OTERO, M. E., VERHAAK, C. M., VAN DER KALK, P. G. M., VAN DE KERKHOFM, P. C. M., KRAAIMAAT, F. W. (2009): Effectiveness of a multidisciplinary itch-coping training programme in adults with atopic dermatitis. Acta Dermato Venereologica 89, 57–63.

EZZEDINE, K., MALVY, D., MAUGER, E., NAGEOTTE, O., GALAN, P., HERCBERG, S., GUINOT, C. (2008): Artificial and natural ultraviolet radiation exposure: beliefs and behaviour of 7200 French adults. Journal of the European Academy of Dermatology and Venereology 22 (2), 186–194.

FARAVELLI, C., SALVATORI, S., GALASSI, F., AIAZZI, L., DREI, C., CABRAS, P. (1997): Epidemiology of somatoform disorders: A community survey in Florence. Social Psychiatry and Psychiatric Epidemiology 32, 24–29.

FAWZY, F. I. (1995A): A short-term psychoeducational intervention for patients newly diagnosed with cancer. Support Care Cancer 3, 235–238.

FAWZY, F. I., FAWZY, N. W., HYUN, C. S., ELASHOFF, R., GUTHRIE, D., FAHEY, J. L., MORTON D. L. (1993): Malignant melanoma. Effects of an early structured psychiatric intervention, coping, and affective state on recurrence and survival 6 years later. Archives of General Psychiatry 50, 681–689.

FAWZY, N. W. (1995B): A psychoeducational nursing intervention to enhance coping and affective state in newly diagnosed malignant melanoma patients. Journal of Cancer Nursing 18, 427–438.

FEIGE, B., KRAUSE, M. (2004): Tattoo- und Piercing-Lexikon. Kult und Kultur der Körperkunst. Schwarzkopf & Schwarzkopf Verlag, Berlin.

FIELD, T. (2003): Streicheleinheiten. Gesundheit und Wohlergehen durch die Kraft der Berührung. Knaur Mens Sana, München; Originalausgabe: Field, T. (2001): Touch. Massachusetts Institute of Technology Press, Cambridge, Mass.

FIELD, T. (2005): Massage therapy for skin conditions in young children. Dermatology Clinics 23, 717–721.

FIELD, T., HENTELEFF, T., HERNANDEZ-REIF, M., MARTINEZ, E., MAVUNDA, K., KUHN, C., SCHANBERG, S. (1998): Children with asthma have improved pulmonary functions after massage therapy. The Journal of Pediatrics 132 (5), 854–558.

FIELD, T., PECK, M., HERNANDEZ-REIF, M., KRUGMAN, S., BURMAN, I., OZMENT-SCHENCK, L. (2000): Postburnitching, pain, and psychological symptoms are reduced with massage therapy. Journal of Burn Care and & Research 21 (3), 189–93

FIELD, T., HERNANDEZ-REIF, M., DIEGO, M., SCHANBERG, S., KUHN, C. (2005): Kortisol decreases and serotonin and dopamine increase following massage therapy. International Journal of Neuroscience 15 (10), 1397–413.

FINZI, E., WASSERMAN, E. (2006): Treatment of depression with botulinum toxin A: a case series. Dermatologic Surgery 32 (5), 645–650.

FJELLNER, B., ARNETZ, B. B., ENEROTH, P., KALLNER, A. (1985): Pruritus during standardized mental stress. Acta Dermato Venereologica 65, 199–205.

FREUD, S. (1978): Das Ich und das Es. Psychologie des Unbewußten. Studienausgabe 3. Fischer, Frankfurt a. M.

FRITZSCHE, K., OTT, J., SCHEIB, P., WETZLAR, V., ZSCHOCKE, I., WIRSCHING, M. (1999): Psychosoziale Belastung und Behandlungsbedarf bei dermatologischen Patienten einer Station der Universitätshautklinik. Poster anlässlich der 50 Tagung des DKPM, Berlin.

GABBAY, V., ASNIS, G. M., BELLO, J. A., ALONSO, C. M., SERRAS, S. J., O'DOWD, M. A. (2003): New onset of body dysmorphic disorder following frontotemporal lesion. Neurology 61, 123–125.

GIELER, T., SCHMUTZER, G., BRÄHLER, E., SCHUT, C., PETERS, E., KUPFER, J. (2015): Shadows of the beauty – prevalence of body dysmorphic concerns is increasing: Data from two representative samples in Germany from 2002 and 2013. Eingereicht.

GIELER, U. (1988): Sozialmedizinische Aspekte der Psoriasis. Hautarzt, Supplement VIII, 39, 87–88.

GIELER, U. (2005): Die Sprache der Haut. Patmos, Ostfildern.

GIELER, U., HARTH, W. (2013): Psychodermatologie. Hautarzt 64, 400–401.

GIELER, U., BROSIG, B., SCHNEIDER, U., KUPFER, J., NIEMEIER, V., STANGIER, U., KÜSTER, W. (2000): Vitiligo – coping behavior. Dermatology and Psychosomatics 1, 6–10.

GORDON, D., GUENTHER, L. (2009): Tanning behavior of London-area youth. Journal of Cutaneous Medicine and Surgery 13 (1), 22–32.

GRODDECK, G. (2004): Das Buch vom Es. Psychoanalytische Briefe an eine Freundin. 2 Bde. Stroemfeld/Roter Stern, Frankfurt a. M.

GROLLE, M., KUPFER, J., BROSIG, B., NIEMEIER, V., HENNIGHAUSEN, L., GIELER, U. (2003): The Skin Satisfaction Questionnaire – an instrument to assess attitudes toward the skin in healthy persons and patients. Dermatology and Psychosomatics 4, 14–20.

GUPTA, M. A (2006): Somatization disorders in dermatology. International Review of Psychiatry 18, 41–47.

GUPTA, M. A., GUPTA, A. K. (2004): Stressful major life events are associated with a higher frequency of cutaneous sensory symptoms: an emipirical study of non-clinical subjects. Journal of the European Academy of Dermatolgy and Venereology 18, 560–565.

HABIB, S., MORRISSEY, S. (1999): Stress management for atopic dermatitis. Behaviour Change 16, 226–236.

HALLER, F., GRÄSER, H. (2012): Selbsthilfegruppen. Konzepte, Wirkungen und Entwicklungen. Beltz/Juventa, Weinheim.

HAN, C., PARK, G. Y., WANG, S. M., LEE, S. Y., LEE, S. J., BAHK, W. M., PAE, C. U. (2012): Can botulinum toxin improve mood in depressed patients? Expert Review of Neurotherapeutics 12 (9), 1049–1051.

HANIFIN, J. M., RAJKA, G. (1980): Diagnostic features of atopic dermatitis. Acta Dermato Venereologica 92, 44–47.

HANN, S. K., PARK, Y. K., CHUN, W. H. (1997): Clinical features of vitiligo. Clinics in Dermatology 15, 891–897.

HARLOW, H. F. (1962): The heterosexual affectional system in monkeys. American Psychologist 17, 1–9.

HARLOW, H. F., HARLOW, M. K. (1965): The effects or rearing conditions on behaviour. Bulletin of the Menninger Clinic 26, 213–224.

HARRINGTON, C. R., BESWICK, T. C., LEITENBERGER, J., MINHAJUDDIN, A., JACOBE, H. T., ADINOFF, B. (2011): Addictive-like behaviours to ultraviolet light among frequent indoor tanners. Clinical and Experimental Dermatology 36 (1), 33–38.

HARTH, W., GIELER, U. (2005): Lehrbuch Psychosomatische Dermatologie. Springer, Heidelberg.

HARTH, W., GIELER, U. (2006): Psychosomatische Dermatologie. Springer, Heidelberg.

HARTH, W., LINSE, R. (2001): Botulinophilia: contraindication for therapy with botulinum toxin. International Journal of Clinical Pharmacology and Therapeutics 39 (10), 460–463.

HARTH, W., SEIKOWSKI, K., GIELER, U., NIEMEIER, V., HILLERT, A., (2007): Psycho-pharmacological treatment of dermatological patients – when simply talking does not help. Journal der Deutschen Dermatologischen Gesellschaft 5, 1101–1107.

HASHIZUME, H., HORIBE, T., OHSHIMA, A., ITO, T., YAGI, H., TAKIGAWA, M. (2005): Anxiety accelerates T-helper 2-tilted immune responses in patients with atopic dermatitis. British Journal of Dermatology 152, 1161–1164.

HAUPT, M. (2004): Psychische Störungen bei rheumatischen Erkrankungen am Beispiel des Systemischen Lupus erythematodes (SLE). Zeitschrift für Rheumatologie 63, 122–130.

HAUTMANN, G., PANCONESI, E. (1997): Vitiligo: a psychologically influenced and influencing disease. Clinics in Dermatology 15, 879.

HAVAS, D. A., GLENBERG, A. M., GUTOWSKI, K. A., LUCARELLI, M. J., DAVIDSON, R. J. (2010): Cosmetic use of botulinum toxin-a affects processing of emotional language. Psychological Science 21 (7), 895–900.

HENNENLOTTER, A., DRESEL, C., CASTROP, F., CEBALLOS-BAUMANN, A. O., WOHLSCHLÄ-GER, A. M., HASLINGER, B. (2009): The link between facial feedback and neural activity within central circuitries of emotion – new insights from botulinum toxin-induced denervation of frown muscles. Cerebral Cortex 19 (3), 537–542.

HEN7, B. M., ZUBERBIER, T. (2000): Urtikaria – neue Entwicklungen und Perspektiven. Hautarzt 52, 302–308.

HERSCHBACH, P., MARTEN-MITTAG, B., HENRICH, G. (2003): Revision und psychometrische Prüfung des Fragebogens zur Belastung von Krebspatienten (FBK-R23). Zeitschrift für Medizinische Psychologie 12, 1–8.

HILL, A. (2003): Actors warned to keep off the Botox. The Observer, Sunday 9 February 2003. Zugriff am 27.07.2015 unter http://www.guardian.co.uk/uk/2003/feb/09/film.filmnews

HOLLANDER, E., ARONOWITZ, B. R. (1999): Comorbid social anxiety and body dysmorphic disorder: managing the complicated patient. Journal of Clinical Psychiatry 60, Suppl. 9, 27–31.

HÖRING, C.-M. (2008): Neurodermitis – Psychosomatische und psychotherapeutische Behandlung. Hautarzt 59, 308–313.

JACOBSON, E. (1990): Entspannung als Therapie. Pfeiffer, München.

JANTZEN, W. (1979): Grundriß einer allgemeinen Psychopathologie und Psychotherapie. Pahl-Rugenstein, Köln.

JÄRVIKALLIO, A., HARVIMA, I. T., NAUKKARINEN, H. (2003): Mast cells, nerves and neuropeptides in atopic dermatitis and nummular eczema. Archives of Dermatological Research 295, 2–7.

KALBE, W. (2002): Scham – Komponenten, Determinanten, Dimensionen. Dissertation zur Erlangung der Würde des Doktors der Philosophie der Universität Hamburg.

KAPLAN, H. S. (2006): Sexualtherapie bei Störungen des sexuellen Verlangens. Thieme, Stuttgart.

KASSEL, P., FRANKO, D. L. (2000): Body image disturbance and psychodynamic psychotherapy with gay men. Harvard Review of Psychiatry 8, 307–317.

KASTEN, E. (2006): Body Modification – Psychologische und medizinische Aspekte von Piercing, Tattoo, Selbstverletzung und anderen Körperveränderungen. Ernst Reinhardt Verlag, München.

KAUR, M., LIGUORI, A., LANG, W., RAPP, S. R., FLEISCHER, A. B., JR., FELDMAN, S. R. (2006): Induction of withdrawal-like symptoms in a small randomized, controlled trial of opioid blockade in frequent tanners. Journal of the American Academy of Dermatology 54 (4), 709–711.

KLÖSS-ROTMANN, L. (1992): Haut und Selbst. Jahrbuch der Psychoanalyse 29, 29–62.

KOBLENZER, C. (1987): Psychocutaneous disease. Grune & Stratton, Orlando.

KOBLENZER, C., KOBLENZER, P. (1988): Chronic intractable atopic eczema. Its occurence as a physical sign of impaired parent-child relationships and psychologic development arrest: improvement through parent insight and education. Archives of Dermatolical Research 124, 1673–1677.

KÖLLNER, V. (2014): Psychosomatische Rehabilitation. Psychotherapeut 59, 485–502.

KOPERA, D. (1997): Historical aspects on definition of vitiligo. Clinics in Dermatology 15, 841–843.

KORAN, L. M., ABUJAOUDE, E., LARGE, M. D., SERPE, R. T. (2008): The prevalence of body dysmorphic disorder in the United States adult population. CNS Spectrums 13 (4), 316–322.

KOUROSH, A. S., HARRINGTON, C. R., ADINOFF, B. (2010): Tanning as a behavioral addiction. The American Journal of Drug and Alcohol Abuse 36 (5), 284–290.

KRAUSE, R. (2002): Zur Destruktivität der strukturellen Emotion Hybris und Scham. Vortrag an den Lübecker Psychotherapietagen, Magdeburg.

KÜCHENHOFF, J. (1984): Dysmorphophobie. Nervenarzt 55, 122–126.

KUHN, A., BONSMANN, G., ANDERS, H.-J., HERZER, P., TENBROCK, K., SCHNEIDER, M. (2015): Diagnostik und Therapie des Systemischen Lupus erythematodes. Deutsches Ärzteblatt 112 (25), 423–432.

KYUNGHWA PARK, K., KOO, J. (2013): Use of psychotropic drugs in dermatology: Unique perspectives of a dermatologist and a psychiatrist. Clinics in Dermatology 31, 92–100.

LANDERS, A. (1985): Sex: Why women feel short-changed. Family Circle, Juni 1985, 131–132.

LANGE, S., ZSCHOCKE I., LANGHARDT, S. AMON, U., AUGUSTIN, M. (1999): Effekte kombinierter therapeutischer Maßnahmen bei Patienten mit Psoriasis und atopischer Dermatitis. Hautarzt 50, 791–797.

LAVDA, A. C., WEBB, T. L., THOMPSON, A. R. (2012): A meta-analysis of the effectiveness of psychological interventions on adults with skin conditions. British Journal of Dermatology 167, 970–979.

LEARY, M. R., SALTZMAN, J. L., GEORGESON, J. C. (1997): Appearance motivation, obsessive-compulsive tendencies and excessive suntanning in a community sample. Journal of Health Psychology 2 (4), 493–499.

LEIBIG, B. (1998): Aspekte der Scham in der Psychotherapie. Psychotherapeut 43, 26–31.

LEVINE, S., WIENER, S. G., COE, C. L. (1993): Temporal and social factors influencing behavioral and hormonal responses to separation in mother and infant squirrel monkeys. Psychoneuroendocrinology 18 (4), 297–306.

LEWIS, M. (1992): Shame, the exposed self. The Free Press, New York.

LEWIS, M. B. (2012): Exploring the positive and negative implications of facial feedback. Emotion 12, 852–809.

LEWIS, M., HAVILAND, J. (HG.) (1993): Handbook of emotions. Guilford Press, New York.

LIPSITT, D. R. (1974): Psychodynamic considerations of hypochondriasis. Psychotherapy and Psychosomatics 23, 132–141.

MANTYMAA, M., PUURA, K., LUOMA, I., SALMELIN, R., DAVIS, H., TSIANTIS, J., ISPANOVIC-RADOJKOVIC, V., PARADISIOTOU, A., TAMMINEN, T. (2003): Infant-mother interaction as a predictor of child's chronic health problems. Child: Care, Health and Development 29, 181–191.

MATZAT, J. (2004): Wegweiser Selbsthilfegruppen. Eine Einführung für Laien und Fachleute. Psychosozial-Verlag, Gießen.

MCANARNEY, E. (1984): Touching and adolescent sexuality. In: C. C. Brown (Hg.): The many facets of touch. Pediatric round table 10. Johnson & Johnson, New York.

MCELROY, S. L., PHILLIPS, K. A., KECK, P. E., JR. (1994): Obsessive compulsive spectrum disorder. Journal of Clinical Psychiatry 55, Supplement, 33-51; Diskussion 52–53.

MCKAY, D. (1999): Two-year follow-up of behavioral treatment and maintenance for body dysmorphic disorder. Behavior Modification 23, 620–629.

MEHNERT, A., MÜLLER, D., LEHMANN, C., KOCH, U. (2006): Die deutsche Version des NCCN Distress-Thermometers – Empirische Prüfung eines Screening-Instruments zur Erfassung psychosozialer Belastung bei Krebspatienten. Zeitschrift für Psychiatrie, Psychologie und Psychotherapie 54, 213–223.

MELIN, L., FREDERIKSEN, T., NOREN, P., SWEBELIUS, B. G. (1986): Behavioural treatment of scratching in patients with atopic dermatitis. British Journal of Dermatology 115, 467–474.

MISERY, L., WOLKENSTEIN, P., AMICI, J. M., MAGHIA, R., BRENAUT, E., CAZEAU, C., VOISARD, J. J., TAIEB, C. (2015): Consequences of acne on stress, fatigue, sleep disorders and sexual activity: a population-based study. Acta Dermato Venereologica 95, 485–488.

MITLEGER-LEHNER, R. (2010): Recht für Selbsthilfegruppen. Ag Spak, Neu-Ulm.

MITSCHENKO, A. V., LWOW, A. N., KUPFER, J., NIEMEIER, V., GIELER, U. (2008): Neurodermitis und Stress – Wie kommen Gefühle in die Haut? Hautarzt 59, 314–318.

MLYNEK, A., MAURER, M., ZALEWSKA, A. (2008): Update on chronic urticaria: focusing on mechanism. Current Opinion in Allergy and Clinical Immunology 8, 433–437.

MONTAGU, A. (1979): Körperkontakt. Klett-Cotta, Stuttgart.

MOSHER, C. E., DANOFF-BURG, S. (2010): Addiction to indoor tanning: relation to anxiety, depression, and substance use. Archives of Dermatology 146 (4), 412–417.

MULLANY, L. C., DARMSTADT, G. L., KHATRY, S. K., TIELSCH, J. M. (2005): Traditional massage of newborns in Nepal: implications for trials of improved practice. Journal of Tropical Pediatrics 51 (2), 82–86.

MUSAPH, H. (1968): Psychodynamics in itching states. International Journal of Psycho-Analysis 49, 336–339.

NAST, A., BAYERL, C., BORELLI, C., DEGITZ, K., DIRSCHKA, T., ERDMANN, R., FLUHR, J., GIELER, U., HARTWIG, R., MEIGEL, E. M., MÖLLGER, S., OCHSENDORF, F., PODDA, M., RABE, T., RZANY, B., SAMMAIN, A., SCHINK, S., ZOUBOULIS, C. C., GOLLNICK, H. (2010): Germany Society of Dermatology (DDG) and the Association of German Dermatologists (BVDD). S2k-guideline for therapy of acne. Journal der Deutschen Dermatologischen Gesellschaft 8, Supplement 2, 1–59.

NIEMEIER, V., KUPFER, J., GIELER, U. (2006): Acne vulgaris – psychosomatic aspects. Journal der Deutschen Dermatologischen Gesellschaft 4, 1027–1036.

NIEMEIER, V., WINCKELSESSER, T., GIELER, U. (1997): Hautkrankheit und Sexualität. Eine empirische Studie zum Sexualverhalten von Patienten mit Psoriasis vulgaris und Neurodermitis im Vergleich mit Hautgesunden. Der Hautarzt 48, 629–633.

NIERENBERG, A. A., PHILLIPS, K. A., PETERSEN, T. J., KELLY, K. E., ALPERT, J. E., WORTHINGTON, J. J., TEDLOW, J. R., ROSENBAUM, J. F., FAVA, M. (2002): Body dysmorphic disorder in outpatients with major depression. Journal of Affective Disorders 69, 141–148.

NIN, A.: Das Delta der Venus: Erotische Erzählungen (verschiedene Ausgaben).

NIN, A.: Die verborgenen Früchte (verschiedene Ausgaben).

NIN, A.: Henry, June und ich (verschiedene Ausgaben).

NIN, A.: Trunken vor Liebe. Intime Geständnisse (verschiedene Ausgaben).

NISSEN, B. (2000): Hypochondria: a tentative approach. International Journal of Psychoanalysis 81, 651–666.

NORÉN, P., MELIN, L. (1989): The effect of combined topical steroids and habit-reversal treatment in patients with atopic dermatitis. British Journal of Dermatology 121, 359–366.

NOVAK, N., BIEBER, T. (2004): Pathophysiologie der atopischen Dermatitis. Deutsches Ärzteblatt 101, 108–120.

NOWAK, P. (2010): Eine Systematik der Arzt-Patient-Interaktion. Peter Lang, Frankfurt a. M.

O'DONNELL, B. F., LAWLOR, F., SIMPSON, J., MORGAN, M., GREAVES, M. W. (1997): The impact of chronic urticaria on the quality of life. British Journal of Dermatology 136, 197–101.

OESTERLE, G (1998) Entwurf – Ästhetik des Hässlichen. In: Kluwe, S.: Das verschwundene Thema. Ästhetik des Hässlichen und transzendentalpoetische Selbstthematisierung. Hausarbeit. Ruprecht-Karls-Universtität, Heidelberg.

OHLSEN, L., PONTEN, B., HAMBERT, G. (1979): Augmentation mammoplasty: a surgical and psychiatric evaluation of the results. Annals of Plastic Surgergy 2 (1), 42–52.

ÖZKAN, M., OFLAZ, S. B., KOCAMAN, N., ÖZŞEKER, F., GELINCIK, A., BÜYÜKÖZTÜRK, S., ÖZKAN, S., ÇOLAKOĞLU, B. (2007): Psychiatric morbidity and quality of life in patients with chronic urticaria. Annals of Allergy, Asthma & Immunology 99, 29–33.

PAPOIU, A. D. P., TEY, H. L., COGHILL, R. C., WANG, H., YOSIPOVITCH, G. (2011): Cowhage-induced itch as an experimental model for pruritus. A comparative study with histamine-induced itch. Plos One 6 (3), e17786.

PARK, C., KIM, G., PATEL, I., CHANG, J., TAN, X. (2014): Improving adherence to acne treatment: the emerging role of application software. Journal of Clinical, Cosmetic and Investigational Dermatology 7, 65–72.

PATTERSON, W. M., BIENVENU, O. J., CHODYNICKI, M. P., JANNIGER, C. K., SCHWARTZ, R. A. (2001): Body Dysmorphic Disorder. International Journal of Dermatology 40, 688–690.

PAVLOVIC, S., DANILTCHENKO, M., TOBIN, D. J., HAGEN, E., HUNT, S. P., KLAPP, B. F., ARCK, P. C., PETERS, E. M. J. (2008): Further exploring the brain-skin connection: Stress worsens dermatitis via Substance-P-dependent neurogenic inflammation in mice. Journal of Investigative Dermatology 128, 434–446.

PETERS, E. M. (2012): Psychological support of skin cancer patients. Britisch Journal of Dermatology 167, Supplement 2, 105–110.

PETERS, E. M. J. (2013): Stress und molekulare Psychosomatik. Hautarzt 64, 402–409.

PETERS, E. M. J., MICHENKO, A. (2014): Mental stress in atopic dermatitis – neuronal plasticity and the cholinergic system are affected in atopic dermatitis and in response to acute experimental mental stress in a randomized controlled pilot study. Plos One, 2,9 (12), e113552.

PETERS, E. M., LIEZMANN, C., KLAPP, B. F., KRUSE, J. (2012): The neuroimmune connection interferes with tissue regeneration and chronic inflammatory disease in the skin. Annals of the New York Academy of Sciences 1262, 118–126.

PFEIFFER, B. (2004): Die Ultraviolett-B Phototherapie in Kombination mit Calcipotriol zur Behandlung der Vitiligo und die Untersuchung des somatopsychischen Aspekts der Erkrankung. Dissertation, Medizinische Fakultät, Halle.

PHILIPP-DORMSTON, W. G., BERGFELD, D., SOMMER, B. (2013): Konsensusempfehlungen zur Behandlung mit Onabotulinumtoxin A in der ästhetischen Medizin. Journal der Deutschen Dermatologischen Gesellschaft 11, Supplement 1, 7.

PHILIPPS, K. A., NAJJAR, F. (2003): An open-label study of citalopram in body dysmorphic disorder. Journal of Clinical Psychiatry 64, 715–720.

PHILLIPS, K. A., ALBERTINI, R. S., RASMUSSEN, S. A. (2002): A randomized placebo-controlled trial of fluoxetine in body dysmorphic disorder. Archives of General Psychiatry 59, 381–388.

PHILLIPS, K. A., ATALA, K. D., POPE, H. G. (1995): Diagnostic instruments for body dysmorphic disorder. In: American Psychiatric Association: 148th annual meeting. New research program and abstracts, Miami, S. 157.

PHILLIPS, K. A., CONROY, M., DUFRESNE, R. G., MENARD, W., DIDIE, E. R., HUNTER-YATES, J., FAY, C., PAGANO, M. (2008): Tanning in body dysmorphic disorder. Psychiatric Quarterly 77 (2), 129–138.

PHILLIPS, K. A., DWIGHT, M. M., MCELROY, S. L. (1998): Efficacy and safety of fluvoxamine in body dysmorphic disorder. Journal of Clinical Psychiatry 59, 165–171.

PICARDI, A., ABENI, D. (2001): Stressful life events and skin diseases: disentangling evidence from myth. Psychotherapy and Psychosomatics 70, 118–136.

PICARDI, A., ABENI, D., RENZI, C., BRAGA, M., MELCHI, C. F., PASQUINI, P. (2003): Treatment outcome and incidence of psychiatric disorders in dermatological out-patients. Journal of the European Academy of Dermatology and Venereology 17, 155–159.

PICARDO, M., TAIEB, A. (2010): Handbook of vitiligo. Springer, Berlin.

PINCELLI, C., FANTINI, F., MASSIMI, P. ET AL. (1990): Neuropeptides in skin from patients with atopic dermatitis: an immunohistochemical study. Britisch Journal of Dermatology 122, 745–750.

PINES, D. (1980): Skin communications: early skin disorders and their effect on transference and countertransference. International Journal of Psychoanalysis 61, 315–323.

PLEWIG, G., LANDTHALER, M. (2011): Braun-Falco`s Dermatologie, Venerologie und Allergologie (6. Aufl.). Springer, Heidelberg.

PÖLMANN, K., JORASCHKY, P. (2006): Körperbild und Körperbildstörung: Der Körper als gestaltbare Identitätskomponente. Psychotherapie im Dialog 7, 191–195.

POORSATTAR, S. P., HORNUNG, R. L. (2007): UV light abuse and high-risk tanning behavior among undergraduate college students. Journal of the American Academy of Dermatology 56 (3), 375–379.

PROCHAZKA, P., VON USLAR, A. (1989): Zunahme herrschsüchtiger Neurodermitis-Kinder und Zunahme unterwürfiger Mütter. Zeitschrift für Hautkrankheiten 64, 863–866.

RAAP, U., KAPP, A., DARSOW, U. (2012): Psychopharmakotherapie bei Pruritus. Hautarzt 7, 553–557.

REHSE, B. (2001): Metaanalytische Untersuchungen zur Lebensqualität adjuvant psychoonkologisch betreuter Krebsbetroffener. Shaker, Aachen.

REICH, A., HREHOROW, E., SZEPIETOWSKI, J. C. (2010): Pruritus is an important factor negatively influencing the well-being of psoriatic patients. Acta Dermato Venereologica 90, 257–263.

REMRÖD, C., SJÖSTRÖM, K., SVENSSON, A. (2015): Pruritus in psoriasis: A study of personality traits, depression and anxiety. Acta Dermato Venereologica 95, 439–443.

RIEF, W., BUHLMANN, U., WILHELM, S., BORKENHAGEN, A., BRÄHLER, E. (2006): The prevalence of body dysmorphic disorder: a population-based survey. Psychological Medicine 36, 877–885.

ROST, W. (1990): Emotionen: Elixiere des Lebens. Springer, Heidelberg.

RUZICKA, T., WOLFF, H., THOMAS, P., PRINZ, J. (2008): Fortschritte der praktischen Dermatologie und Venerologie. Springer, Heidelberg.

SADER, R. (2011): Überlegungen zu Normativität und Konsumdenken bei der ästhetischen Behandlung des Gesichts. Journal für Ästhetische Chirurgie 4, 84–89.

SANSONE, R. A., SANSONE, L. A. (2010): Excessive tanning: some psychopathological explanations. Psychiatry 7 (6), 13–17.

SARWER, D. B., WADDEN, T. A., PERTSCHUK, M. J., WHITAKER, L. A. (1998a): The psychology of cosmetic surgery: a review and reconceptualization. Clinical Psychology Review 18, 1–22.

SARWER, D. B., PERTSCHUK, M. J., WADDEN, T. A., WHITAKER, L. A. (1998b): Psychological investigations in Cosmetic surgery: a look back and a look ahead. Plastic and Reconstructive Surgery 101, 36–1142.

SAVIN, J. A. (1998): How should we define itching? Journal of the American Academy of Dermatology 39, 268–269.

SCHACHNER, L., FIELD, T., HERNANDEZ-REIF, M., DUARTE, A. M., KRASNEGOR, J. (1998): Atopic dermatitis symptoms decreased in children following massage therapy. Pediatric Dermatology 15, 390–395.

SCHALLER, C. M., ALBERTI, L., POTT, G., RUZICKA, T., TRESS, W. (1998): Psychosomatische Störungen in der Dermatologie – Häufigkeiten und psychosomatischer Mitbehandlungsbedarf. Hautarzt 49, 276–279.

SCHALLREUTER, K. U., LEMKE, R., BRANDT, O., SCHWARTZ, R., WESTHOFEN, M., MONTZ, R., BERGER, J. (1994): Vitiligo and other diseases: coexistence or true association? Dermatology 188, 269–275.

SCHANBERG, S. (1995): The genetic basis for touch effects. In: Field, T. (Hg.): Touch in early development. Lawrence Erlbaum, New York, S. 67–69.

SCHENK- DANZINGER, L. (1999): Entwicklungspsychologie. Öbv & hpt, Wien.

SCHMIDT, S., STRAUSS, B., BRAEHLER, E. (2002): Subjective physical complaints and hypochondriacal features from an attachment theoretical perspective. Psychology and Psychotherapy 75, 313–332.

SCHMIDT-BORKO, K. M. (2011): Tanorexia – a new lifestyle disease. Deutsche Medizinische Wochenschrift 136 (20), 16.

SCHRÖDER, H. (1996): Psychologische Interventionsmöglichkeiten bei Streßbelastung. In: H. Schröder, K. Reschke (Hg.): Intervention zur Gesundheitsförderung für Klinik und Alltag. S-Roderer-Verlag, Regensburg, S. 7–26.

SCHULZ VON THUN, F. (1981): Miteinander reden. Bd. 1–3. Rowohlt, Reinbek.

SCHUT, C., KUPFER, J. (2013): Juckreiz und Psyche. Hautarzt 64, 414–419.

SCHUT, C., WEIK, U., TEWS, N., GIELER, U., DEINZER, R., KUPFER, J. (2013): Psychophysiological effects of stress management in patients with atopic dermatitis: randomized controlled trial. Acta Dermato Venereologica 93, 57–61.

SCHUT, C., BOSBACH, S., GIELER, U., KUPFER, J. (2014): Personality traits, depression and itch in patients with atopic dermatitis in an experimental setting: a regression analysis. Acta Dermato Venereologica 94 20–25.

SCHUT, C., MUHL, S., REINISCH, K., CLASSEN, A., JÄGER, R., GIELER, U., KUPFER, J. (2015a): Agreeableness and self-consciousness as predictors of induced scratching and itch in patients with psoriasis. International Journal of Behavioral Medicine, doi:10.1007/s12529-015-9471-5.

SCHUT, C., MOLLANAZAR, N. K., KUPFER, J., GIELER, U., YOSIPOVITCH, G. (2015b): Psychological interventions in the treatment of chronic itch. Acta Dermato Venerelogica, doi: 10.2340/00015555-2177.

SCHUT, C., RÄDEL, A., FREY, L., GIELER, U., KUPFER, J. (IM DRUCK): Role of personality and expectations for itch and scratching induced by audiovisual itch stimuli. European Journal of Pain.

SCHWARZ, R. (2004): Die „Krebspersönlichkeiten" – Mythen und Forschungsresultate, Psychoneuro 30 (4), 201–209.

SEIDLER, G. (1997): Scham und Schuld – Zum alteritätstheoretischen Verständnis selbstreflexiver Affekte. Zeitschrift für psychosomatische Medizin und Psychoanalyse 43 (2), 119–137.

SEIKOWSKI, K. (1999): Haut und Psyche. Medizinisch-psychologische Problemfelder in der Dermatologie. Westdeutscher Verlag, Opladen u. Wiesbaden.

SEIKOWSKI, K. (2007): Erkrankungen der Atemwege und Hautaffektionen. In: H. Hopf, E. Windaus (Hg.): Lehrbuch der Psychotherapie, Bd V: Psychoanalytische und tiefenpsychologisch fundierte Kinder- und Jugendlichen-Psychotherapie. CIP-Medien, München, S. 403–412.

SEIKOWSKI, K., FRANK, U. (2003): Role of psychosomatic factors in the development and course of prurigo simplex subacuta. Dermatology and Psychosomatics 4, 72–78.

SEIKOWSKI, K., TAUBE, K. M. (2015): Einführung Psychodermatologie. Ernst Reinhardt Verlag, München.

SEIKOWSKI, K., WEBER, B., HAUSTEIN, U. F. (1995): Zum Einfluß der Hypnose und des autogenen Trainings auf die akrale Durchblutung und die Krankheitsverarbeitung bei Patienten mit progressiver Sklerodermie. Hautarzt 46, 94–101.

SEIKOWSKI, K., GELBRICH, M., HARTH, W. (2008): Sexuelle Selbstreflexion bei Patienten mit Neurodermitis und Psoriasis. Hautarzt 59, 297–303.

SEIKOWSKI, K., GOLLEK, S., RICHTER, V. (2009): Methoden zur Untersuchung belastender Lebensereignisse bei hautkranken Personen. In: V. Niemeier, U. Stangier, U. Gieler (Hg.): Hauterkrankungen. Psychologische Grundlagen und Behandlung. Hogrefe, Göttingen, S. 41–61.

SHOHRATI, M., DAVOUDI, S. M., KESHAVARZ, S., SADR, B., TAJIK, A. (2007): Cetirizine, doxepine, and hydroxyzine treatment of pruritus due to sulphur mustard: a randomized clinical trial. Cutaneous Ocular Toxicology 26, 249–255.

SINGH, L. K., PANG, X., ALEXACOS, N. ET AL. (1999): Acute immobilization stress triggers skin mast cells degranulation via corticotrophin releasing hormone, neurotensin, and substance P: a link to neurogenic skin disorders. Brain, Behavior and Immunity, 13, 225–239.

SPRADLEY, J. M., DAVOODI, A., IODI, M., CARSTENS, E. (2012): Effects of acute stressors on itch- and pain-related behaviors in rats. Pain 153, 1890–1897.

STAAB, D., DIEPGEN, T., FARTASCH, M., KUPFER, J., LOB-CORZILIUS, T., RING, J., SCHEEWE, S., SCHEIDT, R., SCHMID-OTT, G., SCHNOPP, C., SZCZEPANSKI, R., WERFEL, T., WITTENMEIER, M., WAHN, U., GIELER, U. (2006): Age-related, structured education programmes improve the management of atopic dermatitis in children and adolescents: results of the German Atopic Dermatitis Intervention Study (GADIS). British Medical Journal 332, 933–938.

STÄNDER, S. (2008): Pruritus. UNI-MED Verlag, Bremen.

STÄNDER, S., GRUNDMANN, S. A. (2012): Chronic pruritus. Ital Dermatol Venereol 147 (2), 161–169.

STÄNDER, S., SCHMELZ, M. (2006): Chronic itch and pain – similarities and differences. European Journal of Pain 10, 473–478.

STÄNDER, S., STREIT, M., DARSOW, U., NIEMEIER, V., VOGELGSANG, M., STÄNDER, H., GIELER, U., GOLLNICK, H., METZE, D., WEISSHAAR, E. (2006): Leitlinie: Diagnostisches und therapeutisches Vorgehen bei chronischem Pruritus. Journal der Deutschen Dermatologischen Gesellschaft 4, 350–370.

STÄNDER, S., WEISSHAAR, E., METTANG, T., SZEPIETOWKSI, J. C., CARSTENS, E., IKOMA, A., BERGASA, N. V., GIELER, U., MISERY, L., WALLENGREN, J., DARSOW, W., STREIT, M., METZE, D., LUGER, T. A., GREAVES, M. W., SCHMELZ, M., YOSIPOVITCH, G., BERNHARD, J. D. (2007): Clinical classification of itch: a position paper of the International Forum for the Study of Itch. Acta Dermato Venereologica 87, 291–294.

STÄNDER, S., BÖCKENHOLT, B., SCHÜRMEYER-HORST, F., WEISHAUPT, C., HEUFT, G., LUGER, T. A., SCHNEIDER, G. (2009): Treatment of chronic pruritus with the selective serotonin re-uptake inhibitors paroxetine and fluvoxamine: results of an open-labelled, two-arm proof-of-concept study. Acta Dermato Venereologica 89, 45–51.

STÄNDER, S., SCHÄFER, I., PHAN, N. Q., BLOME, C., HERBERGER, K., HEIGEL, H., AUGUSTIN, M. (2010): Prevalence of chronic pruritus in Germany: results of a cross-sectional study in a sample working population of 11,730. Dermatology 221, 229–235.

STANGIER, U. (2002): Hautkrankheiten und körperdysmorphe Störung. Hogrefe, Göttingen.

STANGIER, U., ADAM-SCHWEBE, S., MÜLLER, T., WOLTER, M. (2003a): Wiedererkennung ästhetisch relevanter Gesichtsmerkmale bei Körperdysmorpher Störung. Verhaltenstherapie 13, Supplement 1, 45–46.

STANGIER, U., KÜHNLEIN, B., GIELER, U. (2003b): Somatoforme Störungen bei ambulanten dermatologischen Patienten. Psychotherapeut 48, 321–328.

STAUBACH, P., ECKHARDT-HENN, A., DECHENE, M., VONEND, A., METZ, M., MAGERL, M., BREUER, P., MAURER, M. (2006): Quality of life in patients with chronic urticaria is differentially impaired and determined by psychiatric comorbidity. British Journal of Dermatology 154, 294–298.

STEENSEL, M. A. M. VAN (2009): UV addiction: a form of opiate dependency. Archives of Dermatology 145, 211.

STEINMAN, L. (2004): Elaborate interactions between the immune and nervous systems. Nature Immunology 5 (8), 763.

STRITTMATTER, G. (2006): Screening-Instrumente zur Ermittlung der Betreuungsbedürftigkeit von Tumorpatienten. In: P. Herschbach, P. Heußner, A. Sellschopp (Hg.): Psycho-Onkologie. Perspektiven heute. Papst Science Publishers, Lengerich, S. 122–142.

SUAREZ, A. L., FERAMISCO, J. D. (2012): Psychoneuroimmunology of psychological stress and atopic dermatitis: pathophysiologic and therapeutic updates. Acta Dermato Venereologica 92 (1), 7–15.

SUGIURA, H., MAEDA, T., UEHARA, M. (1992): Mast cell invasion of peripheral nerve in skin lesions of atopic dermatitis. Acta Dermato Venereologica, 90, 613–622.

SULZBERGER, N. B., ZAIDENS, S. H. (1948): Acne vulgaris. Medical Clinics of North America 32, 669–688.

TAUBE, K. M., GIELER, U. (1998): Psychosomatische Dermatologie. In: C. Garbe, G. Rassner (Hg.): Dermatologie. Springer, Heidelberg, S. 453–454.

TETTENBORN, K. (2001): Faktoren für den Wunsch nach Entfernung von Tätowierungen. Dissertation, Medizinische Fakultät Halle.

TSCHUSCHKE, V. (2005): Psychologische Aspekte der Entstehung und Bewältigung von Krebs (2. Aufl.). Schattauer, Stuttgart.

TSCHUSCHKE, V. (2007): Literatur-Review zum wissenschaftlichen Stand psychoonkologischer Maßnahmen im Haus LebensWert e. V. Köln. In: G. Angenendt, U. Schütze-Kreilkamp, V. Tschuschke: Praxis der Psychoonkologie. Hippokrates, Stuttgart, S. 13–22.

UGUZ, F., ENGIN, B., YILMAZ, E. (2008): Axis I and axis II diagnoses in patients with chronic idiopathic urticaria. Journal of Psychosomatic Research 64, 225–229.

UN BEHINDERTENRECHTSKONVENTION. Zugriff am 27.07.2015 unter www.behindertenrechtskonvention.info

VAN LAARHOVEN, A. W. M., WALKER, A. L., WILDER-SMITH, O. H., KROEZE, S., VAN RIEL, P. L. C. M., VAN DE KERKHOF, P. C. M., KRAAIMAAT, F. W., EVERS, A. W. M. (2012): Role of induced negative and positive emotions in sensitivity to itch and pain in women. British Journal of Dermatology 167, 262–269.

VEALE, D., RILEY, S. (2001): Mirror, mirror on the wall, who is the ugliest of them all? The psychopathology of mirror gazing in body dysmorphic disorder. Behavior Research and Therapy 39, 1381–1393.

VEALE, D., GOURNAY, K., DRYDEN, W., BOOCOCK, A., SHAH, F., WILLSON, R., WALBURN, J. (1996): Body dysmorphic disorder: a cognitive behavioural model and pilot randomised controlled trial. Behavior Research and Therapy 34, 717–729.

VEALE, D., KINDERMAN, P., RILEY, S., LAMBROU, C. (2003): Self-discrepancy in body dysmorphic disorder. British Journal of Clinical Psychology 42, 157–169.

VERHOEVEN, E. W. M., KRAAIMAAT, F., DULLER, P., VAN DE KERKHOF, P., EVERS, A. (2006): Cognitive, behavioral, and physiological reactivity to chronic itching: analogies to chronic pain. International Journal of Behavioral Medicine 13, 237–243.

VERHOEVEN, E. W. M., DE KLERK, S., KRAAIMAAT, F. W., VAN DE KERKHOF, P. C. M., DE JONG, E. M. G. J., EVERS, A. W. M. (2008): Biopsychosocial mechanisms of chronic itch in patients with skin diseases: a review. Acta Dermato Venereologica 88, 211–218.

VOLLMEYER, K., FRICKE, S. (2012): Die eigene Haut retten – Hilfe bei Skin Picking. Balance Verlag, Köln.

WALTER, B., SADLO, M. N., KUPFER, J., NIEMEIER, V., BROSIG, B., STARK, R., VAITL, D., GIELER, U. (2005): Brain activation by histamine prick test-inducted itch Journal of Investigative Dermatology 125, 380–382.

WARTHAN, M. M., UCHIDA, T., WAGNER, R. F. JR. (2005): UV light tanning as a type of substance-related disorder. Archives of Dermatology 141 (8), 963–966.

WEHRMANN, J. (2010): Dermatologisch-psychosomatische Rehabilitation. Hautarzt 61, 317–322.

WEIZSÄCKER, V. VON (1935): Studien zur Pathogenese. Thieme, Leipzig.

WEIZSÄCKER, V. VON (1947): Körpergeschehen und Neurose. Klett, Stuttgart.

WEIZSÄCKER, V. VON (1948): Grundfragen medizinischer Anthropologie. In: V. von Weizsäcker (Hg.): Diesseits und jenseits der Medizin (1950), S. 113–164.

WEIZSÄCKER, V. VON (1955): Soziale Krankheit und soziale Gesundung. Vandenhoeck & Ruprecht, Göttingen.

WEIZSÄCKER, V. VON (1987): Gesammelte Schriften. Bd 7. Suhrkamp, Frankfurt a. M., 135–146.

WENNINGER, K. A., EHLERS, A., GIELER, U. (1991): Kommunikation von Neurodermitis-Patienten mit ihren Bezugspersonen. Eine empirische Analyse. Zeitschrift für Psychologie 20, 251–264.

WERFEL, T., LOTTE, C., SCHEEWE, S., STAAB, D. (2008): Manual Neurodermitisschulung. Dustri-Verlag, München.

WESTERHOF, W., NJOO, M. D., SCHALLREUTER, K. U. (1997): Vitiligo. Hautarzt 48, 677–693.

WHITEHEAD, N. E., HEARN, L. E. (2014): Psychosocial interventions addressing the needs of black women diagnosed with breast cancer: a review of the current landscape. Psycho-Oncology 24 (5), 497–507.

WILHELM, S., OTTO, M. W., LOHR, B., DECKERSBACH, T. (1999): Cognitive behavior group therapy for body dysmorphic disorder: A case series. Behavior Research and Therapy 37, 71–75.

WILLEMSEN, R., ROSEEUW, D., VANDERLINDEN, J. (2008): Alexithymia and dermatology: the state of the art. International Journal of Dermatology 47, 903–910.

WILLIAMS, C., LAYTON, A. M. (2006): Persistent acne in women: implications for the patient and for therapy. American Journal of Clinical Dermatology 7, 281–290.

WINDEMUTH, D., STÜCKER, M., HOFFMANN, K., ALTMEYER, P. (1999): Prävalenz psychischer Auffälligkeiten bei dermatologischen Patienten in einer Akutklinik. Hautarzt 50, 338–345.

WOLLMER, M. A., BOER C. DE, KALAK, N., BECK, J., GÖTZ, T., SCHMIDT, T., HODZIC, M., BAYER, U., KOLLMANN, T., KOLLEWE, K., SÖNMEZ, D., DUNTSCH, K., HAUG, M. D.,

SCHEDLOWSKI, M., HATZINGER, M., DRESSLER, D., BRAND, S., HOLSBOER-TRACHS-LER, E., KRUGER, T. H. (2012): Facing depression with botulinum toxin: a randomized controlled trial. Journal of Psychiatric Research 46 (5), 574–581.

WONG, J. W., KOO, J. Y. (2013): Review: Psychopharmacological therapies in dermatology. Dermatology Online Journal 19 (5), 1.

WURMSER, L. (1993): Die Maske der Scham. Springer, Heidelberg.

YENTZER, B. A., ALIKHAN, A., TEUSCHLER, H., WILLIAMS, L. L., TUSA, M., FLEISCHER, A. B. JR., KAUR, M., BALKRSIHNAN, R., FELDMAN, S. R. (2009): An exploratory study of adherence to topical benzoyl peroxide in patients with acne vulgaris. Journal of the American Academy of Dermatology 60, 879–880.

YENTZER, B. A., WOOD, A. A., SAGRANSKY, M. J., O'NEILL, J. L., CLARK, A. R., WILLIAMS, L. L., FELDMAN, S. (2011): An internet-based survey and improvement of acne treatment outcomes. Archives of Dermatology 147, 1223–1224.

YOSIPOVITCH, G., TANG, M., DAWN, A. G., CHEN, M., GOH, C. L., HUAK, Y., SENG, L. F. (2007): Study of psychological stress, sebum production and acne vulgaris in adolescents. Acta Dermato Venereologica 87, 135–139.

ZACHARIAE, R., LEI, U., HAEDERSDAL, M., ZACHARIAE, C. (2012): Itch severity and quality of life in patients with pruritus: preliminary validity of a Danish adaptation of the itch severity scale. Acta Dermato Venereologica 92, 508–514.

ZELLER, S., LAZOVICH, D., FORSTER, J., WIDOME, R. (2006): Do adolescent indoor tanners exhibit dependency? Journal of the American Academy of Dermatology 54 (4), 589–596.

ZOUBOULIS, C. C., SELTMANN, H., HIROI, N., CHEN, W., YOUNG, M., OEFF, M., SCHERBAUM, W. A., ORFANOS, C. E., MCCANN, S. M., BORNSTEIN, S. R. (2002): Corticotropin-releasing hormone: an autocrine hormone that promotes lipogenesis in human sebocytes. Proceedings of the National Academy of Sciences of the United States of America 14, 7148–7153.

ZUBERBIER, T., MAURER, M. (2007): Urticaria: Current opinions about etiology, diagnosis and therapy. Acta Dermato Venereologica 87, 196–205.

ZUBERBIER, T., ASERO, R., BINDSLEV-JENSEN, C., WALTER CANONICA, G., CHURCH, M. K., GIMÉNEZ-ARNAU, A. M., GRATTAN, C. E., KAPP, A., MERK, H. F., ROGALA, B., SAINI,

S., SÁNCHEZ-BORGES, M., SCHMID-GRENDELMEIER, P., SCHÜNEMANN, H., STAU-BACH, P., VENA, G. A., WEDI, B., MAURER, M. (2009a): Dermatology Section of the European Academy of Allergology and Clinical Immunology; Global Allergy and Asthma European Network; European Dermatology Forum; World Allergy Organization: EAACI/GA(2)LEN/EDF/WAO guideline: definition, classification and diagnosis of urticaria. Allergy 64, 1417–1426.

ZUBERBIER, T., ASERO, R., BINDSLEV-JENSEN, C., WALTER CANONICA, G., CHURCH, M. K., GIMÉNEZ-ARNAU, A. M., GRATTAN, C. E., KAPP, A., MERK, H. F., ROGALA, B., SAINI, S., SÁNCHEZ-BORGES, M., SCHMID-GRENDELMEIER, P., SCHÜNEMANN, H., STAUBACH, P., VENA, G. A., WEDI, B. (2009b): Dermatology Section of the European Academy of Allergology and Clinical Immunology; Global Allergy and Asthma European Network; European Dermatology Forum; World Allergy Organization: EAACI/GA(2)LEN/EDF/WAO guideline: management of urticaria. Allergy 64, 1427–1443.

AUTOREN UND AUTORINNEN

FRONHOFFS, KRISTINA, Dr. med., 2000–2007 Studium der Humanmedizin in Bonn und Straßburg, anschließend Facharztweiterbildung in Dermatologie und Venerologie sowie die Zusatzweiterbildung in Allergologie an der Klinik und Poliklinik für Dermatologie und Allergologie der Universitätsklinik Bonn. Jetzt ist sie in Weiterbildung zur fachgebundenen Psychotherapie bei der Köln-Bonner Akademie für Psychotherapie (KBAP). Schwerpunkte ihrer klinischen Tätigkeit sind Psoriasis, Allergologie und Urticaria, klinische Studien sowie die allgemeine dermatologische Poliklinik.

E-Mail: kristina.fronhoffs@ukb.uni-bonn.de

GIELER, TANJA, Ausbildung zur Assistenzärztin an der Vitos-Klinik für Psychosomatik in Gießen. Schwerpunkte ihrer klinischen Tätigkeit sind Psychosomatische Medizin, körperdysmorphe Störungen und Skin Picking. Sie hat viele Jahre in der Klinik für Psychosomatik und Psychotherapie des Universitäts-Klinikums Gießen zusammen mit Uwe Gieler die stationäre Behandlung der psychodermatologischen Patienten mitgestaltet. Jetzt ist sie Assistenzärztin in der Abteilung Psychosomatik der Vitos-Klinik Gießen - Zentrum für soziale Psychiatrie.

E-Mail: Tanja.gieler@vitos-giessen-marburg.de

GIELER, UWE, Prof. Dr. med., Ausbildung zum Facharzt für Dermatologie, Allergologie, Umweltmedizin in Göttingen und Gießen; Facharzt für Psychosomatische Medizin und Psychotherapie an der Universitätshautklinik Marburg. Prof. Dr. med. Uwe Gieler ist komm. Leiter der Universitäts-Hautklinik Gießen, Präsident der European Society for Dermatology and Psychiatry (ESDaP) und Leiter der Psychotherapie-Akademie Hessen sowie Balint-Leiter. Schwerpunkt seiner Arbeit ist die Psychodermatologie.

E-Mail: Uwe.Gieler@psycho.med.uni-giessen.de

HARTH, WOLFGANG, Prof. Dr. med., Dermatologe und Psychotherapeut an der Klinik Vivantes Netzwerk für Gesundheit, Chefarzt der Klinik für Dermatologie und Allergologie Vivantes Klinikum Spandau.

E-Mail: wolfgang.harth@vivantes.de

KUNZ, HANS-DETLEV, Lehre zum Verwaltungsangestellten, betriebswirtschaftliches Studium. Schwerpunkte seiner Arbeit sind die Geschäftsführung vom Deutschen Psoriasis-Bund e.V., der Selbsthilfe bei Schuppenflechte in Deutschland.

E-Mail: kunz@psoriasis-bund.de

KUPFER, JÖRG, PD Dr., Diplom-Psychologe, Forschungsarbeiten im Bereich der psychologischen Aspekte der Juckreizwahrnehmung und Verarbeitung, epidemiologische Studien zur Prävalenz von Juckreiz, Schulungsprogramme für Patienten mit dermatologischen und allergologischen Erkrankungen.

E-Mail: p.kupfer@psycho.med.uni-giessen.de

PETERS, EVA M. J., PD Dr. med., 2006 Promotion an der Universitäts-medizin Charité Berlin, 2009 Zertifikat Psychoonkologie, 2010 Fach-ärztin für Dermatologie und Venerologie in Berlin und Trainerschein ARNE, seit 2010 Leitung Psychoneuroimmunologie Labor an der Klinik für Psychosomatik und Psychotherapie der Justus-Liebig-Universität in Gießen, seit 2011 Vizesprecherin des Arbeitskreises Neuro-Endokrino-Immunologie (AKNEI) in der Deutschen Gesellschaft für Immunolo-gie (DGFI), seit 2011 Vorstandsmitglied Arbeitskreis Psychosomatische Dermatologie (APD). Ihr Schwerpunkt ist Psychoneuroimmunologie; der interdisziplinäre Schwerpunkt ihrer Lehre und Forschung integriert Neuroendokrinologie, Dermatologie und molekulare Psychosomatik.
E-Mail: eva.peters@eva-peters.com

RAPP, GABRIELE, Dr. med., Fachärztin für Haut- und Geschlechtskrank-heiten, Fachärztin für Psychosomatische Medizin und Psychotherapie. Jetzt ist sie Oberärztin in der Klinik für Psychosomatische Medizin und Psychotherapie am Klinikum Stuttgart mit dem Schwerpunkt Psycho-dermatologie.
E-Mail: grapp@klinikum-stuttgart.de

SCHUT, CHRISTINA, Dr., Diplom-Psychologin, Forschungsarbeiten im Bereich Psychologische Aspekte der Juckreizwahrnehmung und Verar-beitung.
E-Mail: Christina.Schut@psycho.med.uni-giessen.de

SEIKOWSKI, KURT, PD Dr., studierte in Leningrad Medizinische Psycholo-gie und Philosophie, arbeitete vier Jahre am Fachbereich Psychologie der Universität Leipzig, promovierte dort. Seit 1983 ist er als Psychologe und Psychotherapeut an der Medizinischen Fakultät der Universität Leipzig angestellt (von 1983 bis 2009 an der Hautklinik, ab 2009 am Department für Psychische Gesundheit), wo 1998 seine Habilitation erfolgte. Seit 2008 ist er Sprecher für die theoretische Grundlagenausbildung des Instituts für Psychologische Therapie e.V. (IPT) und seit 2000 Vorsitzender der

Gesellschaft für Sexualwissenschaft e.V. (GSW). Sein Schwerpunkt ist die Psychosomatik von Hauterkrankungen sowie der Sexualität, vor allem bei Männern.

E-Mail: kurt.seikowski@medizin.uni-leipzig.de

TAUBE, KLAUS-MICHAEL, Prof. Dr. med., Facharzt für Dermatologie, arbeitet seit über dreißig Jahren an der Universitätshautklinik in Halle sowie seit zwanzig Jahren im Arbeitskreis Psychosomatische Dermatologie (APD) und in der Europäischen Gesellschaft für Dermatologie und Psychiatrie (ESDaP) an der Klinik und Poliklinik für Dermatologie der Martin-Luther-Universität Halle-Wittenberg. Seine Schwerpunkte sind Psychodermatologie und Geschichte der Dermatologie.

E-Mail: klaus-michael.taube@uk-halle.de

WEHRMANN, JOCHEN, Dr., CA der Rothaarklinik im Rehazentrum Bad Berleburg, Fachklinik für psychosomatische Dermatologie, Psychotherapie und psychiatrische Rehabilitation; Facharzt für Dermatologie, Zusatzbezeichnung Allergologie; Facharzt für Psychosomatische Medizin, Zusatzbezeichnung Rehabilitationswesen. Schwerpunkt seiner Arbeit ist die Rehabilitation chronisch kranker Patienten, insbesondere mit Hauterkrankungen.

E-Mail: jochen.wehrmann@helios-kliniken.de

Hans Morschitzky
ENDLICH LEBEN OHNE PANIK

Die besten Hilfen bei Panikattacken

14 x 22 cm, ca. 290 Seiten
ISBN 978-3-903072-05-3

ES KOMMT WIE AUS HEITEREM HIMMEL: Atemnot, Schwindel, Herzrasen –
plötzlich nur mehr die Panik! Und weil diese Attacken so unberechenbar
auftreten, beginnt die Angst vor der Panik das Leben zu dominieren.
Hans Morschitzky erklärt vor dem Hintergrund seiner jahrzehntelangen
Erfahrung als Psychotherapeut, was man über Panikattacken wissen
sollte und wie man den Teufelskreis der Angst durchbricht. Anhand von
Checklisten und Fragen lernen Betroffene, Ursachen und Auslöser für
ihre Panikattacken individuell zu analysieren.
Ein umfangreiches Selbsthilfeprogramm bietet bewährte Übungen aus
sieben zentralen Bereichen: Achtsamkeits- und Akzeptanzübungen,
mentales Training bis hin zu Bewegungs-, Atem- und Entspannungstechniken.
Ein fundierter Ratgeber, der Betroffenen hilft, der Panik den Schrecken
zu nehmen und sie nachhaltig in den Griff zu bekommen.

fischer & gann

Das gesamte Verlagsprogramm finden Sie unter www.fischerundgann.com

Klaus Sejkora
TRENNUNG ODER NEUBEGINN

Hilfe für Paare in der Krise

14 x 22 cm, ca. 350 Seiten
ISBN 978-3-903072-00-8

WAS TUN, WENN ALLE VERSÖHNUNGEN immer wieder scheitern, Konflikte und Verletzungen bei einem Paar den Alltag bestimmen? Bleibt dann nur die Trennung oder gibt es eine Chance auf einen Neubeginn? Der erfahrene Paartherapeut hilft Betroffenen, die Konfliktmuster in ihrer Beziehung zu erkennen. Um sie zu verändern, müssen auch die Herkunftsfamilien von Frauen und Männern in den Blick genommen werden. Welche Erfahrungen aus der Vergangenheit wirken in die Gegenwart des Paares hinein?

Beziehungs-Checklisten und Fragebögen unterstützen Paare, ihre lange Geschichte von Liebe und Verletzung ehrlich zu durchleuchten. Anhand von speziell entwickelten Übungen lernen sie Schritt für Schritt, die Spielräume für tiefgreifendere Veränderungen auszuloten. Erst dann kann eine tragfähige Entscheidung für die gemeinsame Zukunft gefällt werden: eine Trennung in Respekt und Würde – oder Verzeihen, Versöhnung und ein wirklicher Neubeginn.

fischer & gann

Das gesamte Verlagsprogramm finden Sie unter www.fischerundgann.com

Ingrid Riedel
LEBENSPHASEN – LEBENSCHANCEN

Vom gelassenen Umgang mit dem Älterwerden

14 x 22 cm, ca. 200 Seiten

ISBN 978-3-903072-02-2

WENDEPUNKTE, ABSCHNITTE, BESTIMMTE PHASEN prägen unser Leben. Und jede Phase bringt Herausforderungen, aber auch Chancen mit sich, so die bekannte Psychotherapeutin Ingrid Riedel.

In diesem Interviewband, in dem sie uns an ihren reichen persönlichen Lebenserfahrungen teilhaben lässt, beschreibt sie die einzelnen Lebensphasen und die damit verbundenen inneren Gefühle – von der Kindheit und Jugend, den verschiedenen Abschnitten des Erwachsenseins bis hin zum frühen und späteren Alter.

Was heißt es für Frauen wie auch für Männer, »phasengerecht« zu leben? Welche seelischen Kräfte stehen uns zur Verfügung, um Krisen und Übergänge gut zu meistern?

Welche Chancen bietet uns die zweite Lebenshälfte, und wie können wir uns dem Thema des Lebensendes stellen?

Diesen und vielen anderen großen Lebensfragen geht die erfahrene Psychotherapeutin nach – voller Wärme, Souveränität und tiefer Lebensweisheit.

fischer & gann

Das gesamte Verlagsprogramm finden Sie unter www.fischerundgann.com